método diario

ASSIMIL

el nuevo inglés sin esfuerzo

Texto Original Inglés de

Anthony BULGER

Adaptado para el uso de los hispanohablantes
por

José García VÁZQUEZ

Dibujos de J.-L. Goussé

ASSIMIL

B.P. 25
94431 Chennevières-sur-Marne Cedex
FRANCE

ISBN : 2.7005.0099.7

Métodos ASSiMiL®

Libros encuadernados con abundantes ilustraciones y grabaciones disponibles en CD audio y cassettes

"Sin Esfuerzo"
El nuevo inglés sin esfuerzo
El inglés americano sin esfuerzo
El nuevo francés sin esfuerzo
El nuevo alemán sin esfuerzo
El nuevo italiano sin esfuerzo
El nuevo ruso sin esfuerzo
El nuevo portugués sin esfuerzo
El catalán sin esfuerzo
Iniciación al Euskara
El árabe sin esfuerzo
El chino sin esfuerzo
El Japonés Sin Esfuerzo 1
El Japonés Sin Esfuerzo 2*
La escritura kanji*

Colección "Negocios"
El inglés de los negocios

Colección "Perfeccionamiento"
Inglés perfeccionamiento
Francés perfeccionamiento

Col. "Lenguas y civilizaciones"
Los Americanos

Colección "De Bolsillo"
Inglés de bolsillo
Inglés sin complejos
Americano sin complejos
Francés de bolsillo
Alemán de bolsillo
Italiano de bolsillo
Holandés de bolsillo
Ruso de bolsillo
Portugués de bolsillo
Chino de bolsillo
Griego de bolsillo
Árabe marroquí de bolsillo

** Disponibles durante 2006*

INTRODUCCIÓN

¿ Por qué un « Nuevo Inglés sin Esfuerzo » ?

Varias décadas separan el antiguo « Inglés sin Esfuerzo » de este « Nuevo Inglés sin Esfuerzo ».
La obra actual, que sigue siendo fiel al « espíritu Assimil » — progresión gramatical bien dosificada, humor e « ilustraciones » — ofrece al lector situaciones y diálogos tomados de la vida cotidiana. Los consejos que se exponen a continuación le permitirán abordar el aprendizaje del inglés sin ideas preconcebidas ni temores inútiles.

¿ CÓMO PRONUNCIAR EL INGLÉS ?

« La gramática inglesa es fácil, pero la pronunciación es muy complicada » Esta frase escuchada con tanta frecuencia, tiene algo de verdad pero ¡ no hay que exagerar !
El inglés es ante todo una lengua hablada. La pronunciación inglesa (a diferencia de la pronunciación española) difiere mucho de los sonidos escritos, sobre todo en los vocablos más habituales.
Cuando aprendemos un idioma acostumbramos a pronunciar todos los sonidos con mucha claridad ; no ocurre lo mismo con el inglés. Para comprender y hacerse comprender, la entonación (las palabras que se resaltan en una frase acentuándolas) tiene mucha importancia. Esta entonación se debe en gran parte al acento tónico o « stress » : en las palabras se acentúa una de las sílabas en detrimento de las demás. Según la colocación del acento tónico en una palabra y la extensión de la misma, algunas sílabas « se suprimen » y la palabra deja de pronunciarse como se escribe.
Sin embargo, y aunque los acentos regionales en inglés difieren enormemente de unas zonas a otras, los acentos tónicos son iguales en todas partes.
Es casi imposible darle reglas exactas para la colocación del acento tónico. De igual forma, es muy difícil representar la mayor parte de los sonidos ingleses sin recurrir a los simbolos del alfabeto fonético internacional, que hemos decidido no utilizar aquí con el fin de no dificultar sus primeros contactos con el inglés.
Para ayudarle a pronunciar correctamente los sonidos ingleses, le proponemos, al final de cada lección, una pronunciación figurada en la que hemos intentado reproducir el sonido de las palabras en sus frases correspondientes. Al final de esta intro-

ducción encontrará un pequeño cuadro con unos signos convencionales que le ayudarán a reproducir estos sonidos. Tenga en cuenta, no obstante, que esta pronunciación figurada no debe ser para usted más que un « apoyo ». Su mejor auxiliar serán nuestras grabaciones, realizadas por locutores ingleses profesionales : escúchelas diariamente, repítalas en voz alta y vuelva a escucharlas para comprobar si lo ha hecho bien.
Con el fin de ayudarle a colocar bien el acento tónico, en este libro, las silabas acentuadas van en letra negrilla. Pero como sucede con los sonidos, las grabaciones serán las que le enseñen realmente a acentuar las palabras como nuestros locutores ; imítelos día tras día, como un niño cuando aprende su lengua materna repitiendo lo que oye : ¡ se sorprenderá de sus progresos !

El Nuevo Inglés sin Esfuerzo
¿ Cómo utilizarlo ?

En primer lugar, deberá familiarizarse directamente con la lengua inglesa : en cada frase de su lección diaria deberá consultar la traducción española impresa en la página de en frente, y repetirla en voz alta, con la ayuda de la pronunciación figurada y sobre todo de las grabaciones.
Los puntos que pueden plantear dificultad se explican en notas sencillas y claras añadidas al final de la traducción.
Por último, cada lección va acompañada de breves ejercicios que le permitirán comprobar sus conocimientos utilizando las palabras o estructuras que acaba de aprender.
Esta « inmersión » le exigirá aproximadamente 30 minutos de atención cada día, no más. Para sacar

el mayor provecho, sea fiel a su cita diaria con Assimil : la constancia será la mejor garantía del éxito.
Cada siete lecciones, se incluye una de « Revision and notes » (repaso y observaciones) que le ayudará a racapitular lo que acaba de aprender y a perfeccionar sus conocimientos.

A partir de la mitad del libro (se lo indicaremos claramente), habrá acumulado suficiente vocabulario y práctica para comenzar a construir sus propias frases.
Así pues, además de su lección diaria, convendrá que repase una de las lecciones del libro : deberá traducir al inglés los ejercicios y la lección, de viva voz o por escrito. Y así hasta terminar el libro. Este es un método eficaz y a la vez agradable de asimilar **El Nuevo inglés sin esfuerzo** (146 lecciones) en poco más de 7 meses.

El resultado será un idioma bien aprendido, que podrá utilizar y desarrollar, tanto por escrito como verbalmente, sin esfuerzo ni vacilaciones.

LA PRONUNCIACIÓN FIGURADA

Le ofrecemos a continuación un cuadro con los principales sonidos de la lengua inglesa, con pronunciación figurada de cada uno tal como la encontrará en las lecciones.
No intente aprender este cuadro de memoria : descubrirá poco a poco y a medida que avanza en su estudio, las reglas que rigen la pronunciación inglesa... ¡ al mismo tiempo que sus excepciones !
Por último, recuerde que la pronunciación de un mismo sonido puede variar sensiblemente en función del acento tónico (ver páginas VI y VII).
¡ No se asuste ! Repita las lecciones en voz alta, sin temor a exagerar el acento inglés y no olvide que únicamente la escucha continuada de nuestras cintas de audio, le permitirá adquirir progresivamente un buen acento.

LOS SONIDOS INGLESES

« ä », « ë », « ö » Gama de sonidos muy frecuente en inglés ; representan generalmente vocales o terminaciones no acentuadas. No trate de distinguir las diferentes letras tal y como se escriben en inglés ; fíjese sencillamente en la pronunciación figurada que le indicamos.

« ä » simboliza un sonido que se encuentra entre la « a » y la « e » españolas. Se pronuncia colocando la boca como para decir « e » y emitiendo el sonido « a ».

« ë » indica un sonido parecido a la « e » española aunque menos intenso y un poco más abierto.

« ö » indica, a su vez, un sonido entre « o » y « e », o sea, el que se produce cuando colocamos los labios para decir « o » y decimos « e ».

« i », « ii » Existen dos sonidos muy parecidos en inglés que corresponden al sonido « i » : uno de ellos muy corto y abierto, que indicaremos con la letra « i » ; otro más similar a la « i » española, más largo y relajado, que representaremos con la doble letra « ii ».

« r » La « r » inglesa se pronuncia suavemente al principio de palabra o sílaba. Al final de la sílaba pierde su sonido característico y sirve únicamente para alargar la vocal a la que sigue. En consecuencia, cuando se encuentre con una « r » en el texto inglés, debe saber que si esta « r » ha sido transcrita — en la pronunciación figurada — como « r », deberá pronunciarla suave y ligeramente ; en el caso de que la « r » no haya sido transcrita, deberá alargar la vocal precedente.

« s », « ss » La « s » inglesa tiene dos sonidos. La pronunciación dependerá, en cada caso, de la posición que ocupe dicha « s » en cada palabra o grupo de palabras. Con el signo « s » representaremos un sonido vibrante y sonoro, similar al que emitimos en castellano al pronunciar « rasgo » ; con « ss » indicaremos el sonido corriente de la « s » castellana.

« sh » El sonido de este grupo de letras es muy similar al de la « ch » castellana aunque en inglés es más suave. Si la conoce, reproduzca la pronunciación andaluza de la « ch ».

« z », « dz » Con estas letras se hace referencia al sonido que expresa el diptongo inglés « th ». Cuando hayamos transcrito dicho sonido como « z » en la pronunciación figurada, pronúncielo como una « z » española. Cuando indique « dz » deberá reproducir aproximadamente la « z » castellana, pero :

— procurando que la lengua no sobresalga entre los dientes y apoyándola más bien en los dientes superiores,

— intentando hacer vibrar las cuerdas vocales.

Quizá todo esto le parezca difícil ; no se preocupe : con la práctica y la ayuda que le proporcionaremos, lo que ahora parece complejo se convertirá luego en un juego de niños.

« h » La « h » inglesa no es como la castellana, porque es sonora. Se trata de un sonido que debe emerger del fondo de la garganta. Es un sonido muy similar al de la « j » pero, más suave, es decir, procurando no « rascar » cuando el sonido « pase » por la laringe.

« dch » Se pronuncia apoyando la punta de la lengua sobre la cara interior de los incisivos superiores y emitiendo un sonido « ch » sordo, algo menos vibrante que la « ch » española habitual.

Y AHORA... LET'S GO TO WORK !
(¡ Manos a la obra !)

First Lesson

Presentamos aquí las contracciones. Observe que se trata principalmente del inglés hablado. El singular **is** *se convierte en* **-'s** *tras un pronombre y el plural* **are** *se convierte en* **-'re.**

1 — You're an **ex**cellent **doc**tor. — Thank you, you're **ve**ry po**lite.** (**1**)
2 — This is my **bro**ther John. — Hel**lo**, I'm **Da**vid.
3 — Oh **de**ar, we're late ag**ain**.
4 — It **is**n't my fault. There **is**n't a clock in my house. (**2**)
5 — This **is**n't very **di**fficult. — Not at all. It's **ea**sy. (**3**)
6 — She **is**n't very **pre**tty. — No, but she's kind.
7 — I'm sure this is our house. — No, it **is**n't! (**4**) (**N. 3**)
8 I am; I'm - you are; you're.
9 it is; it's - he is; he's - we are; we're.
10 **is**n't; he **is**n't late.
11 aren't; we aren't po**lite.**

NOTES

Los pronombres personales están siempre presentes junto al verbo, cosa que no occurre en español, pues casi siempre se suprimen. A lo largo de las lecciones verá

PRONUNCIATION (Pronönsieishën)

1 iur ën **ek**sëlënt **dok**tör... zankiuë, iuë **ve**ri pö**lait**. — **2** dziss is mai **bra**dzë dchan. he**lou**, aim **dei**vid. — **3** oo **dii**ä, uiië léit ë**guein**. — **4** it **i**sent mai foolt. dzer **i**sent ä klok in mai hauss. — **5** dziss **di**fikölt. not ät ool. itss **ii**si. — **6** shi **i**sent veri **pri**ti. nou, bat shiis kaind. — **7** aim shuör dziss is auë hauss, nou it **i**sent. — **8** ai am, aim ; iu aa, iuë. — **9** it is, its ; iu aa, iuë. — **10** **i**sent ; hii**s**ent leit. — **11** aant ; uii aant pö**lait**.

Lección primera

1 — (Tú) eres (usted es) un médico excelente (excelente médico). — Gracias, (tu eres) (usted es) muy amable.
2 — Este es mi hermano John. — Hola, (yo) soy David.
3 — ¡ Vaya ! (nosotros) llegamos (estamos) tarde de nuevo..
4 — (Ello) no es culpa mía (mi culpa). No tenemos (hay un) reloj en mi casa.
5 — Esto no es muy difícil. — En absoluto. (Ello) es fácil.
6 — (Ella) no es muy guapa. — No, pero (ella) es amable.
7 — (Yo) estoy seguro [de que] ésta es nuestra casa. — No, no (lo) es.
8 Yo soy -o estoy- ; yo soy -o estoy- (contracción). Tú eres -o estás- (o también « usted es » -o « está »- o « vosotros-vosotras-sois »
-o « estáis »-) ; tu eres -o estás-... etc. (contracción).
9 (Ello) es -o está- ; (ello) es -o está- (contracción). (el) es -o está- ; (El) es -o está- (contracción). (nosotros) somos -o estamos- ; (nosotros) somos -o estamos- (contracción).
10 (Ello no es -o no está- (contracción). - (el) no llega (está) tarde.
11 No eres -o no estás-, no somos -o no estamos-, no sois -o no estáis-, no son -o no están-, (tratamiento de usted). (Nosotros) no somos amables.

NOTES (continued)
usted que a veces los incluímos en la traducción española y a veces no. Con todo, en las primeras lecciones, en las frases en las que se suprimen en español, pondremos los pronombres entre paréntesis.

(**2**) Además de los pronombres masculino y femenino singular (*he* y *she*), existe el neutro *it* que se emplea para los objetos y para la mayoría de los animales. Para la tercera persona del plural hay solamente un pronombre : *they,* que significa ellos o ellas.

(**3**) En la contracción *it's,* la « s » es dura, sorda -como la « s » española. Por ejemplo : *it's easy :* « itssiisi ».

(**4**) Fíjese bien en la pronunciación de *sure :* « shuör ».

(**N.3**) Esto significa que hay una nota especial en la revisión de fin de semana (lecciones múltiplos de siete). El número se refiere al parágrafo.

3 **three** (zrii) (*Ver en la pag. 7, la pronunciación de* th)

EXERCISES

1 He isn't very kind. — **2** It's my fault. — **3** He's an excellent doctor. — **4** I'm sure he's your brother. — **5** Oh dear, we're late again.

Fill in the missing words (fill in dzë mïssin uëds)
-rellene los espacios en blanco (las palabras que faltan)-
* Formas con contracciones.

1 *(Ella) es muy guapa.*
She . . very pretty.
* She . . very . . . . . .

(Ella) no es muy guapa.
She . . . . . very pretty.
* She . . . . . very pretty.

2 *(Nosotros) somos corteses.*
We . . . polite.
* We . . . polite.

(Nosotros) no somos corteses.
We . . . . . . polite.
* . . . . polite.

3 *De nada. (Ello) es fácil..*
. . . at all. It . . easy.
* Not at . . . , ... easy.

(Ello) no es fácil en absoluto.
It . . not at all easy.
* . . . . not . . all easy.

Second Lesson

Insistimos en que recuerde usted las normas dadas en la introducción para la pronunciación de la « h ».

1 — Where are you? (**1**)
2 — We're here, in the house.
3 — But where's John? (**2**)

PRONUNCIATION (Pronönsieishën)

1 uer aar iu ? — **2** uiië hiië, in dzë hauss. — **3** bat uërs dchon ? —

4 *Hola, (yo) soy John.* *(Yo) no soy Anne.*
Hello, . . . John. I . . . . . Anne.
* Hello . . . John. * . . . not Anne.

5 *Esto no es difícil.* *(Ello) es culpa mía.*
This . . . . . difficult. It . . . . fault.
* . . . . difficult. * . . . . my fault.

EJERCICIOS

1 (El) no es muy cortés. — **2** (Ello) es culpa mía. — **3** (El) es un excelente médico. — **4** (Yo) estoy seguro [de que] es tu (vuestro, su) hermano. — **5** ¡ Vaya !, llegamos (estamos) tarde de nuevo.

***

Respuestas al ejercicio de la lección 1ª.

1 - is -. - is not -./- 's - pretty. - isn't -. **2** - are -. - are not -./- 're -. We aren't -. **3** Not - is -. - is -./- all, it's -. It's - at -. **4** - I am -. - am not -./- I'm -. I'm -. **5** - is not -. - is my -./This isn't -. It's -.

Lección segunda

1 — ¿ Dónde estáis (vosotros) ?
2 — (Nosotros) estamos aquí, en la casa.
3 — Pero ¿ Dónde está John ?

NOTES

(**1**) Preste usted atención al grupo de letras « wh ». En algunos casos, se pronunciará como si la « h » no existiera ; en este caso tenemos la palabra *where* : « uer » y otros que más adelante veremos. En otras ocasiones, la pronunciación correcta se efectúa anteponiendo la « h » a la « w » y pronunciando la « h » como indicamos en la introducción. Lo veremos en algunas palabras que aparecerán más adelante como *who* que se pronuncia « hu », etc. Le recomendamos, pues, que preste atención a la pronunciación figurada, ya que en inglés un mismo grupo de letras no tiene por qué pronunciarse forzosamente siempre igual y puede variar bastante la pronunciación de una palabra a otra.

4 — He's there, **ne**ar the trees.
5 — They're in the house, but John **is**n't. He's **ne**ar the trees. (**3**)
6 — Where are my ciga**re**ttes? Are they on the **ta**ble?
7 — Yes they are. — And my **pa**per, where is it? (**4**)
8 — It's there, on the chair. (**5**)
9 — Where's my **pa**per? — Your **pa**per is there.
10 — It's **ne**ar the tele**vi**sion. — **Thank** you. You're **ve**ry kind. (**6**)

11 Where's John? Where are my ciga**re**ttes?
12 **He**re; there; in; on;

4 hiis dzeë, **nii**ä dzë triis. — **5** dzeir in dzë hauss bat dchon isent. Hiis **nii**ä dzë triis. — **6** uër aa mai siguë**ets** ? aa dzei on dzë **tei**böl ? — **7** ies, dzei aa.an mai **pei**pë, uër is it ? — **8** its dzeë, on dzë cheë. — **9** uërs mai **pei**pë ? iuë **pei**pë is dzeë. — **10** its **nii**ä dzë televishën. **zan**kiu. iuë **ve**ri kaind. — **11** uërs dchon ? uër aa mai siguë**rets** ? — **12** **hii**ë, dzeë, in, on.

***

EXERCISES

1 He's **ne**ar the house. — **2** Where are your **pa**pers? — **3** They're on the chair. — **4** Are they my ciga**re**ttes? — **5** **Pe**ter is in the house but John **is**n't.

Fill in the missing words:

* Formas con contracciones.

1 *(Ellos) están cerca de la televisión.*	*(Ellos) no están cerca de la televisión.*
.... near the television.	They ... ... near the television.
* ...... near the tv.	* They ..... near ... television.

4 — (El) está allí, cerca [de] los árboles.
5 — (Ellos) están en la casa, pero John no está. (El) está cerca [de] los árboles.
6 — ¿ Dónde están mis cigarrillos ? ¿ Están (ellos) sobre la mesa ?
7 — Sí, (ellos) están. — ¿ Y mi periódico, dónde está (ello) ?
8 — (Ello) está allí, sobre la silla.
9 — ¿ Dónde está mi periódico ? — Tu (su) periódico está allí.
10 — (Ello) está cerca [de] la televisión. — Gracias, (tú) eres (es usted) muy amable.
11 ¿ Dónde está John ? ¿ Dónde están mis cigarrillos ?
12 Aquí ; allí ; en (dentro de) ; sobre.

NOTES (continued)

(**2**) Las contracciones existen para facilitar el modo de hablar. Por tanto *where are* no se abrevia, pues resultaría molesto de pronunciar, mientras que *where's* suena mucho más natural. Se acostumbrará usted fácilmente a las contracciones, porque son la forma habitual y natural de hablar.

(**3**) Consulte usted la nota 1 de la lección 1ª.

(**4**) *Paper* (papel) significa también *newspaper* (papel de noticias), es decir : periódico.

(**5**) La « ch » inglesa en este caso es prácticamente igual a la española.

(**6**) El grupo « sion », en inglés, al final de una palabra, se pronuncia siempre « shën », no como el diptongo español.

EJERCICIOS

1 (El) está cerca [de] la casa. — **2** ¿ Dónde están tus (vuestros, sus) periódicos ? — **3** (Ellos) están sobre la silla. — **4** ¿ Son (ellos) mis cigarrillos ? — **5** Peter está en casa pero John no está.

2 *¿ Dónde está el médico ?*

Where .. the doctor?

* .... the ......?

¿ Dónde están mis periódicos ? ?

Where ... my papers?

Where are .. ..?

3 *(El) está aquí, cerca de los árboles.*

.... here, near the trees.

* He .. here, ... the .....

(Nosotros) no llegamos (no estamos) tarde.

We ... ... late.

* We ...... late.

4 *Gracias (tú, vosotros, usted, ustedes) eres (sois, es, son) muy amable.*

Thank you, ... very kind.

* Thank you, ... very ....

Este periódico (él) no es muy bueno.

This paper, it .. ... very good.

* .... paper, it ..... very good.

Third Lesson

Pronunciación de « th ». — *Es uno de los sonidos más complejos del inglés, sobre todo para explicarlo. Además, como pudo usted ver en la introducción, no siempre se pronuncia del mismo modo. Pero siguiendo las normas que le hemos dado podrá usted llegar a pronunciar este sonido. No se desanime si al comienzo le resulta difícil ;*

1 — **He**re's the book. — Is it **in**teresting?
2 — Yes, it's **ve**ry **in**teresting.
3 — There are the **pa**pers. — Where are they?
4 — There, on the **book**case. — **Thank** you. (**1**)

PRONUNCIATION :

1 **hiiës** dzë buk. is it **in**tresstin ? — **2** ies, itss **ve**ri **in**tresstin. — **3** dzër aa dzë **pei**pës, uer aa dzei ? — **4** dzër on dzë 46'buk keiss. —

5 *Mi periódico esta sobre la mesa.* — *Mi periódico no esta sobre la mesa.*

.. paper .. on the table. — .. paper .. ... on the table.

My paper is .. the table. — * .. paper ..... on ... table.

Respuestas

1 They are - are not/They're - aren't - the. — **2** is - are/Where's - doctor - my papers. — **3** He is - are not/'s - near - trees/aren't. — **4** You are - is not/you're - kind - This - isn't. — **5** My - is - My - is not/on - My - isn't - the.

No se olvide de los números de las páginas y de las lecciones.

Lección tercera

tenga en cuenta que los niños ingleses tardan tiempo en llegar a pronunciar este sonido. Así pues, cuando en la pronunciación figurada vea usted una « z », se indica que el sonido es sordo y debe usted pronunciar una « z » española pues el sonido es muy similar.

1 — Aquí está el libro. — ¿ Es (él) interesante ?
2 — Sí, (él) es muy interesante.
3 — Allí están los periódicos. — ¿ Dónde están (ellos) ?
4 — Allí sobre la librería. — Gracias.

NOTES

(**1**) En una palabra compuesta, el acento tónico principal recae sobre la primera, es decir, sobre *book* (cf. *thank you*). *Case* (kaiss) : maletín, caja ; *book-case :* librería.

5 — **He**re's your tea, James. **Su**gar? — No, **thank** you.
6 — Milk? — Yes please. (**2**)
7 — Ow! It's **ve**ry hot. — I'm **so**rry.
8 — Where's the **ash**tray? — **He**re, with my ciga**re**ttes.
9 — Where are the **mat**ches? — There, **ne**ar your hand. — Thanks **ve**ry much. (**3**)
10 — **He**re's your tea. **He**re are my ciga**ret**tes.
11 — There's the **ra**dio. There are the **mat**ches. (**4**)

12 It's hot. It **is**n't very **in**teresting.
13 Hand; **book**case; **mat**ches.
14 Yes please. No, **thank** you.

5 **hi**iës iuë tii, dcheims. **shu**gä ? nou **zänk** iu. — **6** milk ? ies pliis. — **7** au ! itss **ve**ri höt. aim **so**ri. — **8** uers dzë **ash**trei ? **hi**ië, uiz mai siguë**rets**. — **9** uer aa dzë **mat**chës ? dzeë **nii**ë iuë hand. zänks **ve**ri match. — **10** **hi**iers iuë tii. **hi**ië aa mai siguë**rets**. — **11** dzërs dzë **reu**diou. dzër aa dzë **mat**chës. — **12** itss höt. it **i**sent **ve**ri **in**tresstin. — **13** hand ; **buk**-keiss ; **mat**chës. — **14** ies pliis ; nou **zänk** iu.

***

EXERCISES

1 Milk in your tea? — **2** Yes please, it's **ve**ry hot. — **3** The **su**gar is **ne**ar your hand. — **4** Where? — **He**re it is. — **5** The **mat**ches are on the **book**case. — **6** There's the **ash**tray and here are the ciga**ret**tes.

5 — Aquí está tu (su) té, James. ¿ Azúcar ? — No, gracias.
6 — ¿ Leche ? — Sí, por favor.
7 — ¡ Uy ! (ello) está muy caliente. Lo siento.
8 — ¿ Dónde está el cenicero ? — Aquí, con mis cigarrillos.
9 — ¿ Dónde están las cerillas ? — Allí, cerca [de] tu (su) mano. (Muy) muchas gracias.
10 — Aquí está tu (su) té. Aquí están mis cigarrillos.
11 — Allí está la radio. Allí están las cerillas.

12 (Ello) está caliente. (Ello) nó es muy interesante.
13 Mano ; libreria ; cerillas.
14 Sí, por favor. No, gracias.

NOTES (continued)

(**2**) *Please* (pliis) : significa agrado, agradar ; su sentido es siempre el equivalente a nuestro « por favor ».

(**3**) *Thanks* (gracias) tiene un aire más informal y coloquial que *thank you.*

(**4**) Lección 2, note (2).

(**5**) *It's hot* significa en el contexto de esta lección « (ello) está caliente », pues se refiere al té. Sin embargo la misma expresión « *it's hot* » significa también « hace calor ».

EJERCICIOS

1 ¿ [Quieres] leche con (en) el té ? — **2** Sí, por favor, (ello) está muy caliente. — **3** El azúcar está cerca [de] tu (su) mano. — **4** ¿ Dónde ? aquí (ello) está. — **5** Las cerillas están sobre la librería. — **6** Allí está el cenicero y aquí están los cigarrillos.

Fill in the missing words:

* Formas con contracciones.

1 *Aquí está el libro.*

. . . . . . the book.

* . . . . . . the book.

El azúcar no está aquí.

The sugar . . . . . . here.

* The sugar . . . . . here.

2 *(Ella) está con tu (su, vuestro) hermano.*

She . . with . . . . brother.

* . . . . . with your . . . .

(El) no está aquí.

He . . . . . here.

* He . . . .

3 *¿ Dónde está tu (su, vuestro) médico ?*

Where . . your doctor ?

* . . . . your . . . . . .?

¿ Dónde están las cerillas ?

Where . . . the matches ?

. . . . . are the . . . .?

Fourth Lesson

1 — This is my **sis**ter. — How old is she? (**1**)
2 — She's thir**teen.**
3 — This is our **gar**den. — Is it big? — Not **re**ally.
4 — These are my **par**ents. — Are they old? — I'm not sure!

PRONUNCIATION

1 dziss is mai **sis**tä. hau old is shii ? — **2** shiis zör**tiin**. — **3** dziss is auë **gaa**rdën. is it big ? not **ri**ëli. — **4** dziss aa mai **pe**rënts. aa dzei old ? aim no shuër !

4 *¡ Ay ! (ello) está muy caliente.*

Ow! . . . . very . . .

* Ow! . . . . very hot.

¡ Vaya ! (ello) no es muy interesante.

Oh dear, ... very interesting.

* Oh . . . . it . . . . . very . . . .

5 *¿ Leche ? No, gracias.*

Milk? . . . .

¿ Azúcar ? Sí, por favor.

Sugar ? . . . .

***

Respuestas

1 Here is - is not/Here's - isn't. — **2** is - your - is not/She's - brother - isn't here. — **3** is - are/Where's - doctor - Where - matches. — **4** It is - hot - it is not/It's - dear - isn't - interesting. — **5** No, thank you - Yes please.

Lección cuarta

1 — Esta es mi hermana. — ¿ Cuántos años tiene ? (¿ Cómo vieja es ella ?)
2 — (Ella) tiene (es) 13 años.
3 — Este es nuestro jardín. — ¿ Es (él) grande ? — No exactamente.
4 — Estos son mis padres. — ¿ Son (ellos) viejos ? — ¡ (Yo) no estoy seguro !

NOTES

(**1**) En inglés « se es » la edad, « se son » los años, no se « tienen », como en español. P. ej. : *I'm twenty*: tengo (soy) veinte, etc. Igualmente ocurre con el frío o el calor. Se dice *I'm hot, she's cold*, literalmente : « Yo estoy caliente », « ella está fría », es decir : « tengo calor », « tiene frío ».

5 — This is our new car. It's a big red car. (**2**)
6 — That is our **li**brary. It's a small **li**brary.
7 — Is this **Sta**tion Street? — No, you're in Bridge Street. (**3**) (**N. 6**)
8 — **Sta**tion Street is **o**ver there. — Where? — **Ne**ar those shops. (**4**) (**5**)

9 An old car but a new bike.
10 Our **par**ents are in the car.
11 A small house with a big **gar**den.
12 — Hello, John. Where are your **par**ents? — I'm not **rea**lly sure.
13 — Per**haps** they are at the shops. Ah, **here** they are!

5 dziss is auë niu kaa.itss ä big red kaa ? — **6** **dzat** is auë **lai**brëri.itss ä smol **lai**breri. — **7** is dziss **stei**shën striit ? no, iuër in brich striit. — **8** **stei**shën striit is **ou**vë dzeë.uër ? **nii**ë dzous shops. — **9** ën old kaa böt ä niu baik. — **10** auë **pe**rënts aar in dzë kaa. — **11** ä smol hauss uiz a big **gaa**dën. — **12** he**lou**, dchon, uër aa iuë **pe**rënts ? aim not **rië**li shuör. — **13** pë**haps** dzei aar at dzë shops. a, **hii**ë dzeir aar !

EXERCISES

1 How old are you? — **2** Where is your new car? — **O**ver there. — **3** Is this your **li**brary? — **4** How old are they? — **5** I'm not sure. — **6** This is a big red car. — **7** Are these your **par**ents?

5 — Este es nuestro nuevo coche. (El) es un coche grande [y] rojo.
6 — Esa es nuestra biblioteca. (Ella) es una biblioteca pequeña.
7 — ¿ Es ésta Station Street ? — No, (tú, vosotros, usted, ustedes) estás (estáis, está, están) en Bridge Street.
8 — Station Street está por allí. — ¿ Dónde ? — Cerca [de] aquellas tiendas.

9 Un coche viejo pero una bicicleta nueva.
10 Nuestros padres están en el coche.
11 Una casa pequeña con un jardín grande.
11 — Hola, John. ¿ Dónde están tus (sus) padres ? — Realmente, (yo) no estoy seguro.
13 — Quizá (ellos) están en las tiendas. ¡ Ah, aquí (ellos) están !

***

NOTES (continued)

(**2**) Los adjetivos preceden siempre a los nombres y son invariables. Así pues : *a new car* : un coche nuevo ; *new cars* : coches nuevos.

(**3**) Le recordamos la pronunciación « -shën ». Todos los sustantivos que acaban en « -ion » se acentúan en la penúltima sílaba.

(**4**) *Over* significa también « terminado ». *The lesson is over* : la lección ha terminado (o se ha terminado, o está terminada). *Over there* es ya una expresión hecha : « por allí ».

(**5**) El plural de *this* es *these*. El plural de *that* es *those*.

***

EJERCICIOS

1 ¿ Cuantos años tienes (tiene, tenéis...) (tú usted, vosotros) ? (¿ cómo viejo eres -es, sois... — tú — usted, vosotros... ?) — **2** ¿ Dónde está tu (su, vuestro...) nuevo coche ? — Por allí. — **3** Es ésta tu (vuestra, su) biblioteca ? — **4** ¿ Cuántos años tienen (ellos) ? (¿ cómo viejos son ellos ?). — **5** (Yo) no estoy seguro. — **6** Este es un coche grande [y] rojo. — **7** ¿ Son éstos tus padres ?

Fill in the missing words:
* Formas con contracciones..

1 *Este es mi coche.*

. . . . is . . car.

Estos son nuestros jardines.

. . . . . are . . . gardens.

2 *¿ Qué es esto ?*

. . . . is . . . .?

Aquellas son mis hermanas.

. . . . . are . . sisters.

3 *Quizá (ellos) están en las tiendas.*

* Perhaps . . . . at the . . . . .

(Yo) no estoy realmente seguro.

* . . . not . . . . . . sure.

4 *Estos son mis cigarrillos.*

. . . . . are . . cigarettes.

Esas son tus/vuestras cerillas.

. . . . . are . . . .

Fifth Lesson

1 — There's a good **pro**gramme on the television. There are **al**ways good **pro**grammes on **Sa**turday. (**1**)
2 — There are **al**ways friends in the house.
3 — Is **Mi**chael in his room? — **Pro**bably, the door of his room is **o**pen. (**2**)

PRONUNCIATION

1 dzërs ä gud **proo**gram on dzë tele**vi**shën. dzër aar **o**lueis gud **proo**grams on **sa**tëdei. — **2** dzër aar **o**lueis frends in dzë hauss. — **3** is **mai**kël in his rum ? **pro**bëbli, dzë door of his rum is **ou**pën. —

5 *Es una casa pequeña con un jardín grande.*
* ... a ..... house .... a ... garden.

Respuestas

1 This - my - These - our. — **2** What - this? - Those - my. — **3** they're - shops - I'm - really. **4** These - my - Those - your matches. — **5** It's - small - with - big.

No nos olvidemos

— *De pronunciar todas las consonantes de la pronunciación figurada.*
— *De pronunciar la « i » muy breve, salvo que se indique como « ii » en la pronunciación figurada.*
— *De pronunciar la « h » de la forma que hemos indicado.*
— *Y, sobre todo, de elevar el tono de voz en las sílabas escritas en negrita (acento tónico), para diferenciarlas bien del resto de las sílabas de la palabra o la frase.*

Lección quinta

1 — Hay (allí está) un buen programa en la televisión. Hay (allí son) siempre buenos programas los (en) sábados.
2 — Hay (allí están) siempre amigos en casa.
3 — ¿ Está Michael en su habitación ? Probablemente, la puerta de su habitación está abierta.

NOTES

(**1**) *On* indica siempre « en » (sobre) un día. *On Monday we're open* : Abrimos los (en) lunes. Los días de la semana, así como los meses, se escriben con mayúscula.

(**2**) Su, sus, se dice en inglés *his* cuando el poseedor es masculino y *her* cuando es femenino. No se tiene en cuenta el género del objeto poseído. El doctor, su jardín, su casa : *the doctor, his garden, his house.* Mi hermana, su jardín y su casa : *My sister, her garden and her house.* En estas primeras lecciones indicaremos entre paréntesis este matiz del poseedor (de él... de ella... etc.) para que usted se vaya acostumbrando

4 — **He**re is **Pe**ter and his friend Anne. (**3**)
5 — This is her **bro**ther Paul.
6 — Her **bro**ther is **ve**ry **cle**ver. He's an **ar**chitect. (**4**)
7 — Yes, but his clothes are **te**rrible! (**5**)
8 — Yes, his **tai**lor **pro**bably **is**n't rich!
9 — Where are Jim and Steve?
10 — They aren't **he**re yet. (**6**)
11 — Well, there's still time. They're **ve**ry rude, they're **al**ways late.

12 **cle**ver; **pro**bably; **o**pen.

4 **hiië** is **piitë** and his frend ann. — **5** dziss is ha **bra**dzë pol. — **6** hë **bra**dzër is **ve**ri **kle**vë. hiis ën **aa**kitekt. — **7** ies, bat his kloudzs aa **te**rriböl ! — **8** ies, his **tei**lär **pro**bëbli **i**sent rich. — **9** uërs aa achim and stiv ? — **10** dzei aant **hiië** yet. — **11** uel, dzër stil taim. Dzeië **ve**ri ruud, dzeir **o**lueis, leit. — **12** **kle**vë ; **pro**bëli, **ou**pën.

***

EXERCISES

1 This is Anne. Her **bro**ther is a **doc**tor. — **2** This is a **te**rrible film. — **3** They're **al**ways late. It's **ve**ry rude. — **4** **Mi**chael **is**n't in his room. — **5** There **is**n't a clock in my house.

Fill in the missing words:

* Formas con contracciones.

1 *(Ella) es rica. Su hermano es pobre.*

* . . . . . rich . . . brother . . poor .

2 *(Ellos) no están aquí todavía. Hay (allí es) tiempo todavía.*

* They . . . . . . here . . . There's . . . . . time .

4 — Aquí está Peter y su amiga Anne.
5 — Este es su (de ella) hermano Paul.
6 — Su (de ella) hermano es muy inteligente. (El) es (un) arquitecto.
7 — Sí, ¡ pero su (de él) vestimenta es horrorosa !
8 — Sí, su (de él) sastre probablemente no es rico.
9 — ¿ Dónde están Jim y Steve ?
10 — (Ellos) todavía no están aquí.
11 — Bueno, todavía hay (allí es) tiempo. (Ellos) son muy mal educados ; (ellos) llegan (están) siempre tarde.

12 Inteligente ; probablemente ; abierto.

NOTES (continued)

a este uso, que con el tiempo se convertirá en algo connatural a su práctica de la lengua inglesa.

(**3**) *His,* pues es la amiga de un chico : « de él ».

(**4**) *Clever* tiene un sentido más amplio que « inteligente ». Significa más bien « listo », « capaz », « rápido de ideas », etc.

(**5**) *Clothes* (ropas, vestidos,...) no tiene singular. Hemos traducido *clothes* en este caso por « vestimenta », pero podríamos haberlo traducido por « ropa », en singular genérico. Depende de cada caso.

(**6**) « Todavía » se dice *still* cuando la frase es afirmativa y *yet* cuando la frase es negativa.

EJERCICIOS

1 Esta es Anne. Su (de ella) hermano es (un) médico. — **2** Esta es una película horrorosa. — **3** (Ellos) llegan (están, son) siempre tarde. (Ello) es de mala educación (mal educado). — **4** Michael no está en su habitación. — **5** No hay (aquí no es) (un) reloj en mi casa.

3 *Hay siempre amigos en su habitación.*

.... always .... in his/her* room .

4 *Aquí está John y su amigo. (Ellos) son muy amables.*

* ...... John and ... friend .... very ....

** Nota al ejercicio 3 : Con « su » no sabemos el sexo de la persona poseedora de la habitación, por lo que la traducción exacta no es posible pudiendo valer tanto his : su (de él), como her : su (de ella).*

Sixth Lesson

1 — Hel**lo**, how are you? — **Ve**ry well, thanks. And **you**?
2 — Oh, I'm al**right**. — What's the **ma**tter? (**1**)
3 — It's **Mon**day, the first day of the week; I'm **ne**ver well on **Mon**day. (**2**)
4 — Where's the High Street please? — This is the High Street. — Of course; thanks **ve**ry much.
5 — Is that your car? — No, my boss is still ab**road**. It's his car. (**3**)

PRONUNCIATION

1 He**lou**, hau ariu ? **ve**ri uel, zankss, and**iu** ? — **2** ou, aim ol**rait**. uots dzë **ma**të ? — **3** itss **mön**dei, dzë fërst dei of dzë uiik. aim **ne**vë uel on **mön**dei. — **4** uers hai striit, pliis ? dziss is dzë hai striit. of coors. zankss **ve**ri möch. — **5** is dzat dzë kaa ? nou, mai boss is stil ä**broud**. its his kaa.

5 *(El) es arquitecto, probablemente. (El) es muy inteligente.*

* . . . . an architect. He's very . . . . . .

Respuestas

1 She's - Her - is. — **2** aren't - yet - still. — **3** There are — **4** Here's - his - They're - kind. — **5** He's probably - clever.

No se empeñe usted en aprender cada lección hasta el último detalle antes de pasar a la siguiente ; « las lagunas » que usted crea tener se irán cubriendo poco a poco y con su propio estudio las superará. Déjenos guiarle, y pronto notará grandes progresos.

Lección sexta

1 — Hola, ¿ Cómo estás (tú) (está usted) ? — Muy bien, gracias, ¿ Y tú (usted) ?
2 — Oh, (yo estoy) perfectamente. — ¿ Qué ocurre ? (¿ Cuál es el asunto ?).
3 — (Ello) es lunes, el primer día de la semana ; (yo) nunca estoy bien los (en) lunes.
4 — ¿ Dónde está High Street (la calle mayor), por favor ? — Esta es High Street. — Por supuesto, (muy) muchas gracias.
5 — Es ese tu (su) coche ? — No, mi jefe todavía está [en el] extranjero. (Ello) es su coche.

NOTES

(**1**) Dos palabras muy usadas son *alright* y *matter. Alright* (o *all right*) significa, literalmente, « todo correcto », es decir, « perfectamente », « bien », « esto marcha », etc. Es menos intenso que *good* o *fine*: muy bien. *Matter* quiere decir asunto, materia, tema, problema : *what's the matter ?*: ¿ Qué ocurre ? ¿ Cuál es el problema ?

(**2**) Aunque aquí no presenta dificultad, la traducción de esta frase de adverbio negativo y la construcción de las frases negativas, en general, no es igual en inglés que en español. En su momento, cuando surjan las dificultades, encontrará usted las aclaraciones oportunas.

(**3**) Lección 5, nota (6).

6 — What's that? — That is the cas**sette pla**yer and this is the ciga**rette li**ghter.
7 — **Ve**ry nice. Is your boss **o**ften a**broad**? (**4**) (**5**)
8 — Not **o**ften e**nough**. (**6**)
9 — Is his **bro**ther in yet? — No, not yet. (**7**)
10 — I'm well; we're **ti**red; it's **Mon**day a**gain**.
11 — **Su**gar? — No **thank** you, this is e**nough**.
12 — How is your **sis**ter? — Not **ve**ry well.

6 uotss dzat ? dzat is dzë kë**set pleië** and dziss is dzë siguë**ret laitë**. — **7 ve**ri naiss. is iuë boss **o**fën ë**broud** ? — **8** not **o**fën i**nöf**. — **9** is hiis **bra**dzë in iet ? nou, not iet. — **10** aim uel ; uiir **ta**iiëd ; itss **man**dei ë**guein**. — **11 shu**gä ? nou **zan**kiu, dziss is i**nöf**. — **12** hau is iuët **sis**tä ? not **ve**ri uel.

***

EXERCISES

1 How are your **pa**rents? — Not very well. — **2** My friends aren't in. — **3** Is that your car? — **4** No, this is my car. — **5** What's that? — **6** That's my ciga**re**tte lighter. — **7** They're in the house.

Fill in the missing words:

1 *¿ Que te (le) ocurre ? — Nunca estoy bien los lunes.*

What's . . . . ? — . . . never well . . Monday .

2 *¿ Estás (está, estáis, están (tú, usted, vosostros, ustedes) cansados ? - No, todaviá no.*

. . . . . . tired? — No, ...

6 — ¿ Qué es eso ? — (Ese) es el casete (reproductor de casetes) y este es el mechero.
7 — Muy bien. — ¿ Está tu (su, vuestro) jefe frecuentemente [en el] extranjero ?
8 — No lo suficiente (no con bastante frecuencia).
9 — ¿ Está su (de él) hermano ya aquí ? — No, todavía no.
10 — (Yo) estoy bien ; (nosotros) estamos cansados ; (ello) es lunes de nuevo.
11 — ¿ Azúcar ? — No, gracias, (esto) es suficiente.
12 — ¿ Cómo está tu (vuestra, su) hermana ? — No muy bien.

NOTES (continued)

(**4**) *Nice* es una palabra de múltiple uso. Puede significar : bien, agradable, bonito, etc.

(**5**) Cuidado con la pronunciación de *often* : « **ofën** ».

(**6**) Cuidado con la pronunciación de *enough* : « **inöf** ».

(**7**) *In* (en, dentro de) quiere decir también : « aquí », « en casa », « en su despacho », etc. *He's in* : (él) está aquí (en su despacho, en casa, etc.). *She isn't in* : (ella) no está aquí.

EJERCICIOS

1 ¿ Cómo están tus (vuestros, sus) padres ? — No muy bien. — **2** Mis amigos no están en su casa (en, allí). — **3** ¿ Es ese su coche ? — **4** No, éste es mi coche. — **5** ¿ Qué es eso ? — **6** Ese es mi mechero. — **7** (Ellos) están en la casa.

3 *¿ Dónde están mis casetes ? - Allí, cerca de la librería.*

.... my cassettes? — .... there, ... the bookcase .

4 *¿ Está (va) su jefe frecuentemente en el (al) extranjero ? No lo suficiente.*

.. your boss ..... abroad? — ... often ......

Seventh Lesson

REVISION AND NOTES

(pron. : « rivishëns and **nou**ts »)

1 Relea las notas siguientes, remitiéndose en cada caso al texto correspondiente : **1ª :** (1) ; **2ª :** (2), (5), (6) ; **3ª :** (1) ; **4ª :** (1), (2), (5) ; **5ª :** (2), (6) ; **6ª :** (2), (7).

2 Las contracciones no deben preocuparle excesivamente. Existen para facilitar el modo de hablar. Sin duda las recuerda usted perfectamente : *I am : I'm ; you are : you're ; he is : he's ; she is ; she's ; we are ; we're ; they are : they're ; is not : isn't ; are not : aren't.* Repitiendo en alta voz se irá usted acostumbrando y acabará por lograr un inglés completamente natural.

3 En « Astérix en Bretaña », los autores hacen hablar a los británicos del siguiente modo : « Hace calor, ¿ no es ello ? ; sí, ello lo es ». Aunque es un tanto exagerado, se reproduce así la fórmula inglesa para plantear una pregunta : *It's hot, isn't ? ; Yes it is. She is nice, isn't she ? ; Yes she is.* La respuesta no se contrae porque no sigue ninguna palabra.

5 *Esta es Station Street y aquella es Bridge Street.*

. . . . is . . . . Street and . . . . is . . . . . . Street .

Respuestas

1 the matter - I'm - on. — **2** Are you - not yet. — **3** Where are - Over - near. — **4** Is - often - Not - enough. — **5** This - Station - that - Bridge.

Lección séptima

4 La pronunciación. — Es lo que más nos preocupa en estas primeras lecciones. No nos cansaremos de decirle que debe insistir especialmente en marcar la sílaba que lleva el acento tónico mucho más que las otras. Este acento no va siempre en las mismas sílabas, por lo que debe usted retener lo mejor que le sea posible su posición en cada palabra. La « s » del plural se pronuncia siempre. Como « ss » (es decir, según la pronunciación figurada, « s » sorda, casi igual que la española) tras un sonido duro y sordo (t, f, k, p,...), p. ej. : *parents, books, cigarettes,* etc. ; en cambio se pronuncia como « s » (según lo establecido en la introducción para la pronunciación figurada), es decir « s » suave y sibilante, en los demás casos, p. ej. : *friends, cars, gardens,* etc.

5 *He's in his house in Holland.* Intente pronunciar repetidas veces esta frase (hiis in his hauss in **holä**nd) sin pausas. No lo olvide nunca : pronuncie la « h » siempre, de la forma convenida, pues si no corre usted el riesgo de confundir palabras, como *his* con *is*, etc.

6 No olvide que la « i » en inglés es bastante breve y de sonido sordo e indeterminado ; la letra « e » y algunos diptongos como « ee », « ea », en algunos casos, son las que ofrecen un sonido « i » más semejante al del español *-he, she, street, easy-* pero un poco más alargado.

7 ¿Recuerda usted la pronunciación de *friends, often, enough, where, television, chair, eight, high, station?* La encontrará en el párrafo 9 de esta lección.

8 Pronunciación figurada. — Es como una especie de chaleco salvavidas que le permite a usted flotar, aunque pueda resultar incómodo. Poco a poco, conforme usted vaya comenzando a « nadar », irá usted prescindiendo de él. Lo importante es que usted se habitúe visualmente al texto inglés y solo haga uso de la pronunciación figurada para resolver

Eighth (8th) Lesson

1 — Can I help you?
2 — Have you got any tea? (**1**)
3 — Of course. Do you want some? (**1**)
4 — Yes please. Give me two pounds. And a **pa**cket of **bis**cuits. (**2**)
5 — Do you want some beans?

NOTES

(**1**) Veamos el uso de *some* y *any* : *some* se usa en frases afirmativas, *any* en frases negativas o interrogativas. Su traducción sería, según los casos, « algo de... »,

PRONUNCIATION

1 känai... — **2** ... äni tii ? — **3** of coors. duiu uont sam ? — **4** ies, pliis... tu paunds... ändä **pa**kit of **bis**skits. — **5** ... sam biins ?

las dudas relacionadas con la pronunciación. Si dispone de las grabaciones, tiene usted este problema resuelto.

9 frend, **o**fën, i**nöf**, uër, tele**vish**ën, cheär, eit, hai, **stei**shën.

Nos permitimos recordarle que su trabajo debe limitarse por el momento a comprender el texto inglés, y a repetir en alta voz cada párrafo de las lecciones y los ejercicios, inmediatamente después de haberlos leído. Esta simple repetición, renovada cada día, le permitirá, poco a poco, ir asimilando la lengua inglesa, es decir, pensar directamente en inglés sin traducción previa.

Lección octava

1 — ¿ Qué desea ? (¿ Puedo ayudarle ?)
2 — ¿ Tiene usted té ?
3 — Por supuesto, ¿ quiere usted (algo [de té]) ?
4 — Sí, por favor. Déme dos libras. Y un paquete de galletas.
5 — ¿ Quiere usted (algunas) judías ?

NOTES (continued)

« alguno/alguna » o los plurales de estas formas ; *any*, por emplearse en frases negativas, puede traducirse, a veces, por « ninguno/ninguna ». En ocasiones comprobará usted que no se han traducido estas palabras ; se trata de formas coloquiales ya estandarizadas en el uso del inglés ; suponen una matización del propio lenguaje. En esta lección por ejemplo, el cliente pregunta al dependiente si tiene té ; no « todo el té del mundo », sino « algo de té ». Son giros usuales que usted asimilará con el uso y la práctica.

(**2**) *Pound* puede ser tanto la libra esterlina, moneda nacional británica, como una medida de peso equivalente a 0,453 gramos.

6 — No thanks. We've got some at home. (**N. 1**) (**3**)
7 — Well, some bread?
8 — Yes please. Two loaves. Oh, and half a pound of **bu**tter. That's all.
9 How much is that? (**4**)
10 — That's six pounds.
11 — Oh **de**ar, I've **on**ly got five pounds.
12 — You can pay the rest next time.
13 — Thanks **ve**ry much. Good-**bye**.
14 — Good-**bye** **ma**dam. (**5**)

7 ... sam brëd ? — **8** tu louvs. o änd half ä paund of **ba**të... — **9** hau mach is dzat ? — **10** dzats six paunds. — **11** o **dii**ä... **12** ... kän pei... nekst taim. — **14** ...**ma**däm.

No olvide nunca aspirar la **h** *aunque le parezca que exagera.*

***

EXERCISES

1 Can I help you? — **2** Have you got any **bu**tter? — **3** Do you want some bread? — **4** He can pay next time. — **5** Give me some **mo**ney. — **6** She's **on**ly got two pounds.

Put in the missing word:

1 Have we got . . . sugar?

2 They haven't got . . . money.

3 We've got . . . . beans at home.

4 I want . . . . sugar in my coffee.

5 Well, do you want . . . . cigars?

6 ... I help you, madam?

« **Señales** ». — *Si en la lección diaria le resulta especialmente difícil de entender una palabra, la forma de una frase o algún detalle de la pronunciación, haga usted una*

6 — No, gracias. (Nosotros) tenemos (algunas) en casa.
7 — Bueno. ¿ (algo de) pan ?
8 — Sí, por favor. Dos hogazas (barras). Ah, y media libra de mantequilla. Eso es todo.
9 ¿ Cuanto es (eso) ?
10 — (Eso) es una libra veinte.
11 — ¡ Vaya ! sólo tengo una libra.
12 — Puede usted pagar el resto [la] próxima vez.
13 — Muchas gracias. Adiós.
14 — Adiós, señora.

NOTES (continued)

(**3**) *Home* es hogar, casa. *At home :* en casa.

(**4**) *How much (money) :* cuánto dinero. Al pie de la letra *how much* sería « cómo mucho ».

(**5**) Los ingleses no son excesivamente partidarios de los tratamientos de « señor » o « señora ». En este caso el dependiente es muy educado. Se emplea con cierta facilidad el nombre en lugar del apellido, quizá debido a que el tuteo no existe y es ésta una forma de indicar el nivel de confianza existente.

***

EJERCICIOS

1 ¿ Puedo (yo) ayudarle ? — **2** ¿ Tiene (usted) (algo de) mantequilla ? — **3** ¿ Quiere (usted) (algo de) pan ? — **4** (El) puede pagar la próxima vez. — **5** Déme (algo de) dinero. — **6** (Ella) sólo tiene dos libras.

Respuestas

1 any. — **2** any. — **3** some — **4** some — **5** some. — **6** Can.

***

« **señal** » : *subraye la palabra o palabras en cuestión, y anote al margen el número de la página en la que se encuentra la dificultad unas cuantas páginas más adelante. Cuando, unos días más tarde, se encuentra usted con esta señal, lo más probable es que la dificultad haya desaparecido, porque la expresión dificultosa habrá ido apareciendo en lecciones posteriores ; será, con todo, una precaución útil. En caso de persistir en su duda, haga usted, de nuevo, otra señal unas páginas más adelante.*

Ninth (9th) Lesson

1 — I've got some; I don't want any.
2 — Have you got any peas, please?
3 — Yes, I've got some big tins. (**1**)
4 — Is **any**one at home? I can **hear** **so**meone. (**2**) (**3**)
5 — Yes it's me. I'm in the **kit**chen. (**4**)
6 — Do you want a cup of tea? — Yes please. (**5**)
7 — Come in then.
8 — Have a cig**a**re**tt**e. — **Thank** you, I **ha**ven't got any. (**6**)
9 — These are good! — Yes, they're **Tur**kish.
10 — I've got a pipe, but I pre**fer** ciga**re**ttes.
11 — A pipe **is**n't as **dan**gerous as ciga**re**ttes. (**7**)
12 — I know... but it **is**n't as good!
13 — Have you got a light? — Thanks. (**8**)

PRONUNCIATION

1 ... sam... ëni. — **2** ... ëni piis... **3** ... sam big tins. — **4** ... **ë**niuan... hi**i**ë **sa**muan. — **5** ... **ki**tchen. — **6** ... ä cäp of tii ?... — **9** ... dzei aa **të**ëkish. — **10** ä paip... pri**fë**r... — **11** ... **dei**ndchërës. — **13** ... ä lait ?...

NOTES

(**1**) Las « i » muy breves : *big, tins ; tin* significa estaño, de ahí que, siendo antiguamente las latas de conservas de estaño, tomaron el nombre de *tins*.

(**2**) Al igual que lo dicho con *some* y *any, someone* se usa con afirmativos y *anyone* con negativos, interrogativos y frases que implican duda. « Nadie » se dice *no-one* (nouuan).

(**3**) Los verbos de percepción involuntaria, *hear* (oir), *see* (verb), suelen ir precedidos de *can* en el presente.

(**4**) Para decir « soy yo », los ingleses utilizan esta fórmula : *it's me*, o sea, « ello es mí ». Es una expresión coloquial ya hecha.

Lección novena

1 — (Yo) tengo (algo, alguno/a, algunos/as) ; (yo) no quiero (ninguno/a, ningunos/as).
2 — ¿ Tiene (usted) (algunos) guisantes, por favor ?
3 — Sí, tengo (algunas) latas grandes.
4 — ¿ Hay (está) alguien en casa ? (Yo) oigo (puedo oir) a alguien.
5 — Sí, soy yo. Estoy en la cocina.
6 — ¿ Quiere usted una taza de té ? Sí, por favor.
7 — Pase, entonces.
8 — Tenga un cigarrillo. — Gracias, yo no tengo (ninguno)
9 — (Estos) son buenos. — Sí, (ellos) son turcos.
10 — (Yo) tengo una pipa, pero (yo) prefiero [los] cigarrillos.
11 — Una pipa no es tan peligrosa como [los] cigarrillos.
12 — (Yo) lo sé... pero (ello) no es igual de (tan) bueno.
13 — ¿ Tiene fuego (una luz) ? — Gracias.

NOTES (continued)

(**5**) La forma interrogativa usada es *Do you...* para todos los verbos. Se usa pues el auxiliar *do* siempre, excepto en los defectivos (*can*, etc.) y *to be* (ser) : *can you...*, *are you...*

(**6**) Forma imperativa que se dice al ofrecer algo. Tiene el sentido de « tome », « tenga ».

(**7**) Observe usted la fórmula : *as... as* (tanto... como). Puede decirse también en negativo *so... as. He is not so big as John* : No es tan grande como John. Las palabras breves como *as, a, for*, quedan a veces enmascaradas dentro de la conversación. Oímos « ä » en lugar de « a », « äs » en lugar de « as », « fö » en lugar de « for ».

(**8**) Retenga bien en su memoria esta expresión inglesa : *Have you got a light* ? Si traduce literalmente al inglés la expresión que se usa en español para pedir fuego, podrían tomarle por pirómano. *Light* significa luz.

EXERCISES

1 I don't want any, **tha**nk you. — **2** **Some**one is in the **ki**tchen. — **3** Does **an**yone want a cigar**ette**? — **4** We can see **some**one in the **gar**den. — **5** Come in.

Fill in the missing words:

1 *(Yo) oigo (puedo oir) a alguien en el comedor.*

I . . . hear . . . . in the . . . . . . room.

2 *¿ Tiene alguien fuego ?*

Has . . . . . . got a . . . . . ?

3 *(Nosotros) no queremos (nada, ninguno/a/os/as)*

We . . . . . want . . .

Tenth (10th) Lesson

On the telephone

1 — Hello. Who is this? Oh, good morning sir.
2 — No, he's not here. Have you got his **off**ice **num**ber?
3 — Wait a minute. Ah, it's four-two-six-eight. (**1**)
4 — Ask for ex**ten**sion thirty-five. It's a **plea**sure. Good-bye. (**2**)

PRONUNCIATION

1 ... hu is dziz ? — **2** ... his **o**fis **nom**ber ? — **3** ... for-tu-siks-eit. — **4** ... eks**ten**shën zërti faiv. itsä **ple**shör...

4 *(Ella) prefiere los cigarrillos turcos.*

She .... cigarettes.

5 *¿ Quiere alguien una taza de té ?*

Does ...... want a ... of tea?

EJERCICIOS

1 (Yo) no quiero, gracias — **2** Hay alguien en la cocina. — **3** ¿ Quiere alguien un cigarrillo ? — **4** (Nosotros) vemos (podemos ver) [a] alguien en el jardín. — **5** Pase.

Respuestas

1 I can hear someone in the dining room. — **2** Has anyone got a light? — **3** We don't want any. — **4** She prefers Turkish cigarettes. — **5** Does anyone want a cup of tea?

Lección décima

Al teléfono

1 — ¡ Diga ! ¿ Quién es (éste) ? Ah, buenos días (buena mañana) señor.
2 — No, (él) no está aquí. ¿ Tiene usted el número de su oficina ?
3 — Espere un minuto. Ah, (ello) es [el] 4268.
4 — Pida (por) la extensión 35. (Ello) es un placer. Adiós.

NOTES

(**1**) Los números de teléfono, de habitación de hotel, etc. se dicen uno a uno cuando sobrepasan las tres cifras.

(**2**) « Es un placer »... « de nada », son expresiones poco usadas en la conversación corriente. La traducción puede variar según las situaciones de que se trate, dado que son formas de cortesía.

5 — Hello. Who? No, I'm sorry.
6 You've got the wrong **num**ber. That's al**right**. Good-bye. (**3**)

---

7 — Have you got a **min**ute? This **sen**tence is very strange: (**4**)
8 " I'm fed up ".
9 — It's an **id**iom, it means " I am bored ". (**5**)
10 — Thank you, that's very **kind** of you.
11 — Don't **men**tion it.

6 ... rong nambër. dzats olrait... — **7** ... minit... sentëns... streinch. — **8** aim fedäp. — **9** än idiom... miins ai am bord. — **10** ... veri kaind ov iu. — **11** ... menshën...

***

EXERCISES

1 Is anyone in the office? — **2** Who is on the phone? — **3** These sentences are not very complicated. — **4** This is the wrong address. — **5** This word means " unhappy ". — **6** What do you mean?

***

Fill in the missing words:

1 *Es usted muy amable. De nada :*

That's very . . . . of you. Don't . . . . it.

2 *Pregunte por el Sr. Smith. Lo siento, (él) está al teléfono.*

Ask . . . Mr. Smith. I'm sorry. He's . . the phone.

5 — ¡ Diga ! ¿ Quién ? no, lo siento.
6 Se ha equivocado usted de número (tiene usted el número equivocado). De nada. Adiós.

---

7 — ¿ Tiene (usted) un minuto ? Esta frase es muy extraña :
8 « I'm fed up ».
9 — (Esto) es una frase hecha (ella) significa : « (yo estoy harto » (estoy aburrido, estoy « hasta la coronilla »).
10 — Gracias, es muy amable (de su parte).
11 — No tiene importancia.

NOTES (continued)

(**3**) *Wrong* (rong) : equivocado, incorrecto. *The right number :* el número correcto.

(**4**) Muchas palabras españolas que empiezan por « est » o « ext » tienen su equivalente en inglés en palabras que empiezan con « s » líquida : *strange :* extraño ; *stable :* estable, etc.

(**5**) *To mean :* querer decir, significar. *Meaning :* significado.

EJERCICIOS

1 ¿ Hay alguien en la oficina ? — **2** ¿ Quién está al teléfono ? — **3** Estas frases no son muy complicadas. — **4** Esta dirección está equivocada. — **5** Esta palabra quiere decir « infeliz ». — **6** ¿ Qué quiere decir usted ?

3 *Se ha equivocado de número (tiene usted el número equivocado). Usted quiere la extensión 38.*

You've got the .... You want .... thirty-eight.

4 *¿ Tiene (usted) un minuto ? (Yo) no comprendo esta expresión.*

.... a minute? I .... this expression.

Eleventh (11th) Lesson

1 I play; we play; you play; he (or she) plays. (**1**)
2 I speak; we speak; you speak; she (or he) speaks.
3 We play **ten**nis in the **mor**ning, and our **neigh**bours play in the **eve**ning.
4 They have a **ten**nis court in their **gar**den.

5 — Do you want to play? — Yes, but I **hav**en't got much time. (**2**)
6 — Here's a **rac**ket for you; there are some balls in the **gar**den.
7 — Are you **rea**dy? **Ser**vice! Out!
8 — That's e**nough** for to**day**. I'm **ti**red al**ready**.
9 — I know **some**one who plays as **well** as you. (**3**)

PRONUNCIATION

1 ... plei... pleis — **2** ... a spiik... spiiks. — **3** ... **ten**iss... **nei**börs... **iiv**nin. — **4** **ten**iss-kort... dzeër... — **5** ... moch taim. — **6** ... **ra**kit ... bols... **7** ... **re**di ? **ser**viss ! aut ! — **8** ... i**nöf** (preste atención al sonido « f »)... aim **taiëd** ol**redi**. **9** ai nou... äsu**el**äs.

5 *Sí, ¿ pero qué quiere decir (ello) ?*

Yes, but what .... it .... ?

Respuestas

1 That's very kind of you. Don't mention it. — **2** Ask for Mr. Smith. I'm sorry. He's on the phone. — **3** You've got the wrong number. You want extension 38. — **4** Have you got a minute? I don't understand this expression. — **5** Yes, but what does it mean?

Lección once

1 (Yo) juego ; (nosotros) jugamos ; (vosotros) jugáis ; (él o ella) juega.
2 (Yo) hablo ; (nosotros) hablamos ; (vosotros) habláis ; (ella o él) habla.
3 (Nosotros) jugamos [al] tenis por la mañana y nuestros vecinos juegan por la tarde.
4 (Ellos) tienen una pista de tenis en su jardín.

5 — ¿ Quiere usted jugar ? — Sí, pero (yo) no tengo mucho tiempo.
6 — (Aquí) hay una raqueta para usted. Hay algunas pelotas en el jardín.
7 — ¿ (Está usted) preparado ? ¡ Servicio ! ¡ Fuera !
8 — Basta (es suficiente) por hoy. (Yo) ya estoy cansado.
9 — (Yo) conozco a alguien que juega tan bien como usted.

NOTES

(**1**) Vea usted la simplicidad de la conjugación de los verbos. La única variación está en la « s » final en la tercera persona del singular.

(**2**) Como puede verse, todos los verbos salvo los defectivos y « ser » (a veces « tener ») se conjugan en sus formas negativa e interrogativa con la ayuda de *do*, que quiere decir « hacer ». *Do you play ?* : ¿ juega usted ? *Does she know ?* : ¿ sabe ella... ? La forma negativa *do not* se contrae en *don't* y *does not* en *doesn't*.

(**3**) *Know :* conocer, saber. En inglés se expresan ambas cosas con el mismo verbo.

10 — My **girl**friend speaks **Ru**ssian. Do you speak **Ru**ssian?
11 — Un**for**tunately no. Does she speak Greek, too?
12 — No, she **does**n't. Do you speak Greek?
13 — No, I don't, but I play **ten**nis well.
14 — Yes, you do. Too well for me. (**4**) (**5**)

10 guërlfrend ... **rö**shän. — **11** ön**for**tiunëtli. — **12** griik. — **13** tu (alargando un poco el sonido «u»).

EXERCISES

1 Where are your **neigh**bours? — They aren't here. — **2** Do you play as well as me? — No, I don't. — **3** She speaks three **lan**guages well. — **4** Does he play **foot**ball? — No, he **does**n't. — **5** Are the balls in the **gar**den? — Yes, they are. — **6** Is he **ti**red? — Yes he is.

Fill in the missing words:

1 *Do they play tennis? — No,* ....

2 *Does he know your brother? — No, unfortunately* .. ..

3 *Is he a businessman? —* ..., he is .

4 *Do we pay now? — Yes,* .. ..

5 *Is it their racket? — No, it* .....

6 *Do you speak English well? —* ..., . .. (es usted quien debe decirlo).

10 — Mi novia habla ruso. ¿ Habla usted ruso ?
11 — Desgraciadamente no. ¿ Habla (ella) griego también ?.
12 — No (ella no). ¿ Habla usted griego ?
13 — No (yo no), pero (yo) juego bien [al] tenis.
14 — Sí, es verdad. Demasiado bien para mí.

NOTES (continued)

(**4**) La repetición de *do* da énfasis, resalta la importancia de la respuesta. Tiene el sentido de « efectivamente » o de « es cierto », « es verdad ». *He plays well. — Yes, he does.*

(**5**) *Too* al final de una frase quiere decir « también », pero ante un adjetivo o un adverbio, tiene el sentido de « demasiado », « bastante ».

EJERCICIOS

1 ¿ Dónde están vuestros vecinos ? — No están aquí. — **2** ¿ Juega usted tan bien como yo ? — No (yo no). — **3** (Ella) habla bien tres idiomas. — **4** ¿ Juega (él) al fútbol ? — No (él no). — **5** Están las pelotas en el jardín ? — Sí (ellas están). — **6** ¿ Está (él) cansado ? — Sí (él está).

Respuestas

1 No, they don't. — **2** No, unfortunately he doesn't. — **3** Yes, he is. — **4** Yes, we do. — **5** No, it isn't. — **6** Yes, I do.

Twelfth (12th) Lesson

1 Do I play? do we play? do you play? do they play? does he (or does she) play?
2 I don't (do not) play; we don't play; you don't play; they don't play;
3 he (or she) **doe**sn't (does not) play.
4 I like cars but I don't like **mo**tor-bikes. (**1**)

5 — Do you like **su**gar in your **co**ffee? — Yes please, and a **lit**tle milk. (**2**)
6 — She plays the pi**a**no but not **ve**ry well. (**3**) (**N. 2**)
7 — **For**tunately, she **does**n't play the vio**lin**!
8 — Do you play **ru**gby? — Oh no, I'm too **old**.
9 — Can I help you? — Do you sell socks? (**2**)
10 Do you want **any**thing from the shop?
11 I have **some**thing im**por**tant to tell you.
12 — Do you play bridge? — No, I don't.
13 — Well, **some**thing else per**haps? Po**ker?
14 — Yes, but I don't play for **mo**ney.

15 We play bridge. She **does**n't play the vio**lin**.

***

PRONUNCIATION

1 ... das... — **2** ... dount... **3** ... **da**snt... — **4** ... kaas... **mo**tö-baiks. — **5** ... laik... **shu**gä... — **6** ... pi**a**no... uel — **7** **for**tiunëtli... vaio**lin**! — **8** **ra**gbi... tu **old**. — **9** ... sel soks ? — **10** ... **ë**nizin... -- **11** **sa**main im**por**tant... — **12** ... bridch ? — **13** samzing elss pë**haps** ? **pou**kë ?

Lección doce

1 ¿ Juego (yo) ? ¿ Jugamos (nosotros) ? ¿ Juegas (tú) (Juega usted...) ? ¿ Juegan, (ellos o ellas) ? ¿ Juega (él o ella) ?
2 (Yo) no juego. (Nosotros) no jugamos. Tu (usted, vosotros/as, ustedes) no juegas (no juega, no jugáis, no juegan).
3 (El o ella) no juega.
4 Me gustan [los] coches pero no me gustan [las] motos.

5 — ¿ Quiere (usted) azúcar en el (su) café ? — Sí, por favor y un poco [de] leche.
6 — (Ella) toca el piano pero no muy bien.
7 — ¡ Afortunadamente (ella) no toca el violín !
8 — ¿ Juega (usted) al rugby ? — Oh no, (yo) soy demasiado viejo.
9 — ¿ Puedo (yo) ayudarle ? — ¿ Vende usted calcetines ?
10 ¿ Quiere usted algo de la tienda ?
11 (Yo) tengo algo importante que decirle.
12 — ¿ Juega usted [al] bridge ? — No, no juego.
13 — ¿ Quizá entonces a otra cosa (algo más) ? ¿ Al póker ?
14 — Sí, pero yo no juego por dinero.

15 (Nosotros) jugamos [al] bridge. (Ella) no toca el violín.

NOTES

(1) *Like* significa gustar. Sin embargo la construcción de la frase es distinta en inglés y en español. La traducción de *I like,* al pie de la letra sería « yo gusto » ; *I like cars :* « yo gusto [los] coches », o sea, « me gustan los coches », que es como se dice correctamente en castellano. Preste usted atención a las particularidades de este uso.

(2) *Can* (poder) es un verbo defectivo, por tanto se conjuga en negativo e interrogativo sin el auxiliar *do.*

(3) En esta frase quedan expresados los dos sentidos básicos (puede tener otros) del verbo *to play*: jugar (al algo) y tocar (un instrumento). Como se verá tiene también el sentido de interpretar (una obra de teatro), desempeñar (un papel)...

EXERCISES

1 Do you play bridge? — Yes, I do but not **ve**ry well. — **2** She **does**n't like milk in her **co**ffee. — **3** We **ha**ven't got e**nough** time to play with you. — **4** They don't like **sho**pping on **Sa**turdays. — **5** Here is **some**thing for you. — **6** Have you got **any**thing to sell?

Put into the negative:

1 They play tennis very well.
2 We like him very much.
3 He has something to tell you.
4 I've got something to sell.
5 He is very happy.
6 She plays the violin.

Thirteenth (13th) Lesson

1 — Where do you live? — I live in **Lon**don.
2 — Do you like it? — Yes, I like big **ci**ties. Do you?
3 — Not **rea**lly. I pre**fer** the **coun**try.
4 — How do you spend your **eve**nings in the **coun**try? (**1**)
5 — I read, I work in the **gar**den. My wife paints.
6 — Does she paint **por**traits?
7 — No, she paints the **bath**room and the hall.
8 — Does your wife like the **coun**try too?
9 — No, she pre**fers** ho**tels** in **Lon**don.

PRONUNCIATION

1 uër liv ? — **2** ... **si**tiss... — **3** not **rie**li... **kan**tri ? — **4** hau... **iiv**nings... — **5** ... riid.... uërk... peints. — **6** ... **por**treits ? **7** ... **baz**rum... hool. — **9** ... ho**tels**...

EJERCICIOS

1 Juega usted [al] bridge ? — Sí, pero no muy bien. — **2** No le gusta [la] leche con (en) el café. — **3** No tenemos tiempo suficiente para jugar con usted. — **4** No les gusta ir de compras los sábados. — **5** Aquí hay algo para usted. — **6** ¿ Tiene usted algo para vender ?

***

Respuestas

1 They don't play tennis very well. — **2** We don't like him very much. — **3** He doesn't have anything to tell you. — **4** I haven't got anything to sell. — **5** He isn't very happy. — **6** She doesn't play the violin.

Lección trece

1 — ¿ Dónde vive usted ? — (Yo) vivo en Londres.
2 — ¿ Le gusta ? — Sí, me gustan las grandes ciudades. ¿ Y a usted ?
3 — No mucho (realmente, no). (Yo) prefiero el campo.
4 — ¿ Cómo pasa usted las (sus) tardes en el campo ?
5 — (Yo) leo, (yo) trabajo en el jardín. Mi esposa pinta.
6 — ¿ Pinta (ella) retratos ?
7 — No, (ella) pinta el baño y el vestíbulo.
8 — ¿ Le gusta también a su esposa el campo ?
9 — No, (ella) prefiere [los] hoteles de Londres.

NOTES

(**1**) *To spend* : gastar. Se utiliza para expresar también el empleo del tiempo. Los ingleses dicen « gastar el tiempo », en el sentido de « pasar el tiempo », sin el matiz peyorativo que tiene esta expresión en castellano.

10 « To read » is the **in**finitive of the verb. (**2**)
11 She likes to read **no**vels.
12 I pre**fer** to live in the **coun**try.
13 She **does**n't like to live in the **coun**try.
14 There is a lot of work. (**3**)

10 infinitiv of ... verb. — **11** novels. — **14** ä lot of uërk.

EXERCISES

1 How do you say " **ho**tel " in Spanish? — **2** Where does your **bro**ther live? — **3** Do you like **mo**dern **no**vels? — Not **re**ally. — **4** How are you and how is your wife? — **5** Where is your **girl**friend? — In a ho**tel** in **Lon**don.

Fill in the missing words:

1 *¿ Preferie usted vivir en la ciudad o en el campo ?*

Do you prefer .. .. the town or .. the country?

2 *¿ Cuánto es (esto), por favor ?*

How .... is that, ...?

3 *Le gusta leer el (su) periódico y mirar a su esposa trabajar.*

He likes .. .... his paper and watch ... wife work .

4 *¿ Le gusta también a su esposa el campo ?*

.... your wife like the country ... ?

5 *A ella no le gusta vivir en Londres.*

She .... like to .... in London .

10 « Leer » es el infinitivo del verbo.
11 Le gusta (a ella) leer novelas.
12 (Yo) prefiero vivir en el campo.
13 No le gusta (a ella) vivir en el campo.
14 Hay mucho trabajo.

NOTES (continued)

(**2**) El infinitivo de los verbos se forma con *to;* leer : *to read*; comprar : *to buy*; ser : *to be.*

(**3**) *A little*: un poco de... ; *a lot of*: mucho. La « f » de *of* suena generalmente de un modo muy similar a la « v ».

Respuestas

1 Do you prefer to live in the town or in the country? — **2** How much is that, please? — **3** He likes to read his paper and watch his wife work. — **4** Does your wife like the country, too ? — **5** She doesn't like to live in London.

EJERCICIOS

1 ¿ Cómo se dice « hotel » en español ? **2** ¿ Dónde vive tu hermano ? — **3** ¿ Le gustan (a usted) las novelas modernas ? — No exactamente (realmente). — **4** ¿ Cómo está usted y cómo está su esposa ? — **5** ¿ Dónde está tu novia ? — **6** En un hotel en Londres.

Cuando alguna palabra o frase se le resista, no olvide hacer una « señal », tal y como le indicamos en la lección 8.

Fourteenth (14th) lesson

REVISION AND NOTES

Relea las siguientes notas : 8ª lección : (1) : - **9ª :** (2), (5) - **10ª :** (4) - **11ª :** (2), (4), (5) - **12ª :** (1) - **13ª :** (2).

1 Got. — El pasado del verbo *to get* (obtener, llegar a ser, convertirse, alcanzar) es sumamente empleado en diversos giros en inglés. No hay auténticas reglas que definan su uso común, y por el momento bastará con decir que, cuando el verbo *to have* tiene sentido propio (es decir cuando no es auxiliar), se añade *got* por razones eufónicas. En efecto, la idea de posesión se repite dos veces pero el oído capta mejor el sonido duro de la « g » que el de la « h » o el de la « v » de *have*. Por el momento, debe usted limitarse a repetir y asimilar las frases que le propongamos.

2 El artículo determinado. — Su empleo se comprende mejor a través de ejemplos que a través de explicaciones. Por el momento debe usted saber que :

a) Nunca debe ir ante cosas consideradas en un sentido general : *I like tea* = el té en general ;

Lección catorce

b) nunca se incluye cuando la palabra posterior se refiere a un juego : *she plays tennis, we play football* ;
c) nunca va antes de títulos o profesiones : el doctor Smith : *doctor Smith* ; el príncipe Carlos : *Prince Charles*. Es decir que, cuando la cosa está **definida**, se omite el artículo.
d) Pero, por el contrario, siempre va delante de los instrumentos musicales : *she plays the guitar*.

3 Exámenes parciales. — Cometiendo errores es como se aprende a corregirlos. Sin duda cometerá usted errores en las frases siguientes. No se preocupe. En pocas semanas las dificultades actuales le parecerán de poca importancia, pero ahora cada una de ellas supone una trampa, o quizá más de una.

Por el momento limítese a comparar estas frases con su traducción en el párrafo 5. Cuando llegue a la fase activa del estudio, es decir a la « segunda ola » (ver lección 49), hará **por escrito** la traducción de español a inglés.
1 Aquí hay té, pero no hay leche.
2 ¿ Tiene (ella) dinero ? — Tiene, pero no mucho.
3 (Ella) no habla tan bien como su hermano.
4 Aún no están aquí. — Hay tiempo todavía.
5 ¿ Tiene fuego ? No tengo cerillas.
6 ¿ Cómo está usted ? — No muy bien. Nunca estoy bien los lunes.
7 Ana tiene veinte años, ¿ pero cuántos años tiene su hermana ? No estoy seguro.
8 ¿ Juega usted al tenis ? — No, pero toco el piano.

4 El sonido « th ». — Los sonidos de la pronunciación figurada representados por « dz » y « z » son, como ya dijimos, meramente aproximativos. Recuerde la « técnica » expuesta en la introducción para intentar pronunciar este complejo sonido. No se desanime si no lo consigue al principio. Con la práctica llegará a hacerlo con facilidad.

5 Traducción del párrafo 3 :

1 *Here's some tea, but there's no milk.*
2 *Has she got any money? — She has got some but not much (a lot).*
3 *She doesn't speak as (so) well as her brother.*
4 *They aren't here yet. — There's still time.*
5 *Have you got a light? I haven't got any matches.*

Fifteenth (15th) Lesson

Let's meet David

1 Hello, I'm **Da**vid **Wi**lson. I live in a **su**burb of **Lon**don. (**1**)

2 It's called **Ha**rrow. There's a **fa**mous school **he**re.

3 I work in **Lon**don. I'm a **jour**nalist on the " **Dai**ly Wail ". (**2**) (**3**)

4 I **tra**vel to work by tube.

***

PRONUNCIATION

1 ... **Deivid Uilsön**... liv **sabërb**... — **2** ... koold **Harrou**... **feimës** skul... — **3** ... **dchörnälist**... **deilii** ueil. — **4** **travël**... tiub.

6 *How are you ? — Not very well. On Monday I'm never well.*
7 *Anne is twenty, but how old is her sister ? I'm not sure.*
8 *Do you play tennis ? — Not, but I play the piano.*

Su inglés en este momento es un poco inestable ; esto lo remediará sin duda la práctica cotidiana. Ante todo, **no interrumpa su estudio**. Estudie un cuarto de hora cada día como mínimo ; conviértalo en una costumbre (si tiene usted las grabaciones, le será mucho más fácil estudiar todos los días).

Lección quince

Encuentro (encontrémonos) con David

1 Hola, soy David Wilson. Vivo en un barrio de las afueras de Londres.
2 Se llama (es llamado) Harrow. Hay una famosa escuela aquí.
3 Trabajo en Londres. Soy (un) periodista del Daily Wail.
4 Voy (viajo) al trabajo en metro.

NOTES

(**1**) *Hello* es una manera menos formal de saludo. Podemos usar también : *Good morning* por la mañana, *Good afternoon*, después de comer, hasta media tarde, y *Good evening*, por la noche. *Good night* se dice para despedirse al irse a la cama.
Suburb no equivale exactamente a « suburbio », por eso es preferible traducirlo por « barrio de la afueras » o « alrededores », cosa que expresa exactamente su contenido.

(**2**) Se dice también *with*.

(**3**) *Day* : día ; *daily* : diario, cotidiano. Muchos periódicos se llaman « *Daily* » (*Daily Telegraph, Daily Express*, etc.).

5 I go from the **sta**tion to the **o**ffice on foot. (**4**) (**5**) (**N. 1**)

6 — What is his name? — He's **Da**vid **Wil**son.
7 — Where does he live? — He lives in **Har**row.
8 — Does he **tra**vel to work by car?
9 — No, he takes the tube, he **does**n't take his car.

10 Hel**lo**, I'm **Da**vid **Wil**son. I'm a **jour**nalist.
11 My wife's a **sec**retary.
12 We both work in **Lon**don. (**6**)

5 ... **stei**shën... fut. — **6** uotis... neim ? – **8** ... bai **kar** ? — **9** ... teik .... — **11** mai uaifs ä **se**krëtäri.

***

EXERCISES

1 This is Mr Smith. He's a **doc**tor. — **2** There are five **pe**ople on the tube this **mor**ning. — **3** Where do you live? — **4** I **al**ways **tra**vel by car. — **5** His wife's a **sec**retary and she lives in **Ha**rrow. — **6** We both work very hard.

***

Fill in the missing words:

1 *Trabajamos, ambos, en un importante periódico.*

We .... work .. an important ....

5 Voy de la estación a la oficina a pie.

6 — ¿ Como se llama ? (¿ Cuál es su nombre ?). — Es David Wilson.
7 — ¿Dónde vive ? — Vive en Harrow.
8 — ¿ Va (viaja) al trabajo en coche ?
9 — No, coge el metro, no coge su coche.

10 Hola, soy David Wilson. Soy (un) periodista.
11 Mi mujer es (una) secretaria.
12 Ambos trabajamos en Londres.

NOTES (continued)

(**4**) Se dice *to travel* (viajar) cuando se emplea un medio de transporte ; en caso contrario se dice como aquí : *to go* (ir).

(**5**) El « en » de « viajar en... » se traduce por *by*. Los pies son una excepción, como en español. Se dice *on foot*. El plural de *foot* es irregular : feet.

(**6**) *Both* : los dos, ambos. *I like them both* : me gustan los dos, me gustan ambos. Para decir « los tres », « los cuatro », etc. sería : *I like all three ; all four.*

EJERCICIOS

1 Este es [el] Sr. Smith. Es (un) médico. — **2** Hay cinco personas en el metro esta mañana. — **3** ¿ Dónde vive usted ? — **4** Viajo siempre en coche. — **5** Su mujer es (una) secreteria y vive en Harrow. — **6** Trabajamos los dos mucho (muy duro).

2 *Hay algo muy extraño en la cocina.*

There is . . . . very . . . . in the kitchen .

3 *Mi mujer viaja siempre en metro.*

. . wife always travels . . tube .

4 *¿ Quién es usted ? Me llamo David y soy periodista.*

. . . are you? . . . David and . . . . journalist .

Sixteenth (16th) Lesson

1 — Where do you live? — I live in a **su**burb called **Ha**rrow.
2 — How do you go to work? — I take the tube **e**very **mor**ning.
3 — Why do you take the train? You've got a car. (**1**)
4 — There is too much **tra**ffic and there are too **ma**ny **peo**ple. (**2**) (**3**)
5 And **pet**rol is too ex**pen**sive.
6 — When do you use your car? — At week-**ends**. (**4**)

NOTES

(**1**) *You've* : contracción de *you have. I've, we've*, etc. *He's* puede ser *he is o he has*, según el sentido, pero seguido de *got*, es siempre *have*.

PRONUNCIATION

3 uai trein ?... — **4** ... tuumäch 46trafik... tuumäni **pii**pöl. — **5** ... **pet**öl... eks**pen**sif. — **6** **uen du iu ius iur kaar ?...**

5 *Viven en un barrio de las afueras de Londres que se llama Harrow.*

They live in a ...... of London ...... Harrow .

Respuestas

1 We both work for an important newspaper. — **2** There is something very strange in the kitchen. — **3** My wife always travels by tube. — **4** Who are you? I'm David and I'm a journalist. — **5** They live in a suburb of London called Harrow.

Lección dieciseis

1 — ¿Dónde vive usted ? — Vivo en un barrio de las afueras llamado Harrow.
2 — ¿Cómo va usted a trabajar ? — Cojo el metro todas las mañanas.
3 — ¿Por qué coge usted el tren ? Usted tiene coche.
4 — Hay demasiada circulación y (hay) demasiada gente.
5 Y la gasolina es muy cara.
6 — ¿ Cuándo usa usted su coche ? — Los fines de semana.

NOTES (continued)

(**2**) *Much* va ante un vocablo colectivo que no se puede contar (*traffic* : tráfico, circulación) y *many* ante un nombre plural (*cars* : coches). En esta frase, ambos van acompañados de *too* y la expresión completa significa *(too much, too many)* « demasiado ».

(**3**) *People* (**pii**pöl) es el plural de *person*. Puede decirse también *persons*, pero resulta más bien americano. En español es singular (gente) ; en inglés es plural.

(**4**) *On Saturday*, pero *at the weekend*. Aquí *weekend* tiene un sentido general (todos los fines de semana) por eso se ha suprimido el artículo.

7 We go to the **coun**try. We go to **Win**dsor quite **of**ten.
8 — I don't know **Win**dsor.
9 — I'm **go**ing there on **Sa**turday. Do you want to come?
10 — Yes, please.

11 Too much **tra**ffic; too many cars.
12 Too much noise; too many **pe**ople.

7 ... tu **uin**dsö kuait **ö**fën. — **9** ... **sa**tëdei... kam ? — **10** ... **tra**fik. — **12** ... nois.... **pii**pöl.

EXERCISES

1 There are many cars in **Lon**don and they make much noise. — **2** This bike is too ex**pen**sive. Take **some**thing else. — **3** I'm **go**ing to **Pa**ris next week. — **4** How many ciga**re**ttes are in the **pa**cket? — **5** How much is this car? No, it's too ex**pen**sive.

Fill in the missing words:

1 Too . . . . cigarettes are bad for you .

2 She drinks too . . . . coffee .

7 Vamos al campo. Vamos a Windsor bastante a menudo.
8 — No conozco Windsor.
9 — Voy [a ir] allí el sábado. ¿ Quiere usted venir ?
10 — Sí, por favor.

11 Demasiado tráfico ; demasiados coches.
12 Demasiado ruido ; demasiada gente.

3 .... people like London very ....

4 There are too .... people in my car .

5 That's kind of you. Thanks very ....

EJERCICIOS

1 Hay muchos coches en Londres y hacen mucho ruido. — **2** Esta bicicleta es demasiado cara. Tome otra cosa. — **3** Voy a París [la] semana próxima. — **4** ¿ Cuántos cigarrillos hay en el paquete ? — **5** ¿ Cuánto cuesta (cuánto es) este coche ? No, es muy caro.

Respuestas

1 Too many cigarettes are bad for you. — **2** She drinks too much coffee. — **3** Many people like London very much. — **4** There are too many people in my car. — **5** That's kind of you. Thanks very much.

Seventeenth (17th) Lesson

1 — What time is your train? — At eight **thir**ty. (**N. 2**)
2 — Well hurry up! It's eight fif**teen** al**rea**dy.
3 — Al**right**! Keep **calm**. (**1**)
4 — But **Da**vid, you're late.
5 — Don't shout. I can **he**ar you.
6 Where are my shoes? — Here, with your **brief**-case.
7 — O**kay**. I'm **re**ady. — At last! (**2**) (**3**)
8 — What time is it now? — It's **twen**ty past eight.
9 — Right. I'm off. Bye-**bye** love. — Good-**bye**! (**4**)

10 It's now **twen**ty-five past eight. **Da**vid is at the station.
11 He has his **pa**per **un**der his **arm**. (**5**)

PRONUNCIATION

1 uöt taim is iuë trein ?... eit **zër**ti. — **2** uel **hä**ri !... eit fif**tiin** ol**re**di. — **3** ol**rait**! kiip kaam. — **4** ... **iorleit**. — **5** ... shaut. — **6** ... shus ?... uiz iuë **briif**-keiss. — **8** ... tuenti paast eit. — **9** ... aim of bai-bai läv... — **10** ... dzë steishën. — **11** ... peipë andë hisaarm.

NOTES

(**1**) *Keep*: guardar ; sin embargo, en el imperativo, tiene muchas veces el sentido de permanecer, conservar, estar ; *keep calm*: estése tranquilo, conserve la calma, etc.

(**2**) *Okay* (O.K.) es una locución internacional, aún no muy usada en España, pero sí en Hispanoamérica. Proviene de la expresión de un presidente de los Estados Unidos, que para indicar que todo iba bien, con su acento del sur decía: *« Orl Krekt » (all correct)* de donde O.K.

Lección diecisiete

1 — ¿ A qué hora sale (es) tu tren ? — A las ocho y media (ocho treinta).
2 — ¡ Venga, dáte prisa ! Ya son (ello es) [las] ocho y cuarto (ocho quince).
3 — Bueno, no te pongas nerviosa (mantente tranquila).
4 — Pero David, vas a llegar tarde (vas retrasado).
5 — No grites, te oigo (puedo oírte).
6 ¿ Dónde están mis zapatos ? — Aquí, con tu maletín.
7 — ¡ Vale ! Estoy preparado. — ¡ Por fin !
8 — ¿ Qué hora es ahora ? — Son (ello es) [las] ocho y veinte.
9 — Bueno. Me voy. Adiós cariño. — Adiós.

10 Ahora son (ello es) [las] ocho y veinticinco. David está en la estación.
11 Tiene el (su) periódico bajo el (su) brazo.

NOTES (continued)

(**3**) *Last*: último. *The last train*: el último tren. *At last*: por fin. *To last*, durar. *The lesson lasts ten minutes*: la lección dura diez minutos.

(**4**) *Bye bye* es una expresión familiar que proviene de *goodbye*.

(**5**) Las partes del cuerpo en inglés están « personalizadas ». Bajo el brazo : *under his arm* (si es un hombre), *under her arm* (si es una mujer).

12 His **brief**-case is on the **plat**form and he is **wait**ing for the eight-**thir**ty train. (**6**) (**N. 3**)
13 " It's **ne**ver on time ", he says im**pa**tiently.
14 What time is it? **Hu**rry up. — I'm off.

12 ... on dzë **plat**form... — **13** ... **ne**vë on taim... im**pei**shëntli.

NOTES (continued)

(**6**) Cuando una acción está realizándose se emplea la forma llamada « progresiva ». Se construye con el

EXERCISES

1 David, please **hu**rry up. You're late. — **2** That man **Wil**son is **ne**ver on time. — **3** I'm **re**ady to go. Right, I'm off. — **4** We are on a **plat**form in a **sta**tion in **Lon**don. — **5** He ar**ri**ves at the **sta**tion at **twen**ty past nine. — **6** Your **pa**per is **un**der the chair.

Translate with the help of the diagram in Lesson 21 (Traducir con la ayuda del diagrama de la lección 21) :

1 *Son las nueve y veinticinco.*
2 *¿ Qué hora es ? — Son las dos menos diez.*
3 *Llego tarde. Son ya las siete y media.*
4 *Llega siempre a su hora, a las ocho.*
5 *Ahora son las once menos cuarto.*

Eighteenth (18th) Lesson

Husband and wife

1 On the train, **Da**vid reads his **pa**per.
2 He stands be**cause** the train is full. (**1**)

PRONUNCIATION

häsbënd... uaif. — **1** ... riids. — **2** hi stands... ful.

12 Su maletín está en el andén y (él) está esperando *(forma progresiva)* a (por el) tren de las ocho y media.
13 « Nunca llega (está) a su hora », dice impacientemente.
14 ¿ Qué hora es ? ¡ Date prisa ! — Me voy.

NOTES (continued)

verbo *to be* conjugado y el participio de presente (acabado en *« ing »*). *I'm reading* (estoy leyendo). Con esta expresión lo que se quiere decir es que la acción está ocurriendo en el momento de hablar. Los verbos de percepción involuntaria (ver y oir), como hemos visto, no se usan en la forma progresiva y por ello se dice (línea 5) : *can hear...* Cuando traduzcamos la forma progresiva lo haremos unas veces literalmente, pues así corresponde al uso castellano, y otras por el presente de indicativo, simplemente. Preste atención a estos usos y con la práctica los irá asimilando.

EJERCICIOS

1 David, por favor, date prisa. Llegas tarde. — **2** Ese (hombre) Wilson nunca llega (está) a tiempo. — **3** Estoy preparado para irme. Bien, me voy. — **4** Estamos en un andén de una estación de Londres. — **5** Llega a la estación a las nueve y veinte. — **6** Tu periódico está bajo la silla.

Respuestas

1 It is twenty-five past nine. — **2** What time is it? — It is ten to two. — **3** I'm late. It is already half past seven. — **4** It (he, she) always arrives on time, at eight o'clock. — **5** It is now a quarter to eleven.

Lección dieciocho

Marido y mujer

1 En el tren, David lee el (su) periódico.
2 Está de pie porque el tren está lleno.

NOTES

(**1**) *To stand*: mantenerse, estar de pie. *Stand up ! : ¡ levántese !, ¡ póngase de pie !*

3 **Pe**ople that **tra**vel to work **ev**ery day are called " comm**u**ters ".
4 The **jour**ney takes **twen**ty **min**utes and he has ten **min**utes to walk to the **o**ffice.
5 He **has**n't much time, so he walks qu**i**ckly.
6 He cr**o**sses the **Ci**ty and ar**ri**ves at his **o**ffice. (**2**)
7 He takes the lift to the fourth floor.
8 He goes to his desk and sits down. He is on time. (**3**) (**4**)

9 His wife Joan w**a**shes the d**i**shes and leaves the house at ten to nine. (**5**) (**6**)
10 Her **o**ffice is quite **ne**ar, so she **al**ways walks.
11 It takes her eight **min**utes to ar**ri**ve at her **o**ffice.
12 She is a **sec**retary in an ac**cou**ntants firm.
13 At nine o'clock, both the **Wil**sons are **wor**-king.

3 ... **evri dei... kömiutërs.** — **4** ... **dch yorni teiks... uok...** — **5** ... uoks kuikli. — **6** ... kr**o**ssis... **siti...** — **7** ... teiks dze lift... forz floor. — **8** ... däun. — **9** ... **uoshis dze dishis... liivs...** — **10** ... kuait niër. — **12** ... **sekrëtäri... ëkaun-tënts fërm.** — **13** ... uëking.

NOTES (continued)

(**2**) Los verbos de movimiento van seguidos habitualmente de *to* (con excepción de *to go home* : ir a casa). Pero « llegar » no comporta movimiento, por lo que la preposición usada es *at*.

EXERCISES

1 There are too many **pe**ople on the train, so she stands. — **2** They cross the hall and take the lift to the first floor. — **3** This **ex**ercise is quite **in**teresting.

3 [A] la gente que viaja al trabajo todos los días se la llama (son llamados) « commuters ».
4 El viaje dura (toma) 20 minutos y tarda (tiene) diez minutos para llegar (caminar) hasta la oficina.
5 No tiene mucho tiempo, por eso anda deprisa.
6 Atraviesa la « City » y llega a la (su) oficina.
7 Coge el ascensor hasta el cuarto piso.
8 Va a su mesa y se sienta. Llega a tiempo.

9 Su mujer Joan friega los platos y se va (deja la) casa a las nueve menos diez.
10 Su oficina está muy cerca, por eso va siempre andando (siempre anda).
11 Tarda (ello le toma) 8 minutos en llegar a la (su) oficina.
12 Es (una) secretaria en una empresa de contabilidad.
13 A [las] nueve los dos Wilson están trabajando.

NOTES (continued)

(**3**) *Desk* significa mesa de despacho, pupitre.

(**4**) *To sit down*: sentarse. *Sit down!*: ¡siéntese! (¡siéntate!)

(**5**) *A dish*: un plato, *To wash the dishes*: fregar los platos (aunque tiene le sentido de fregar toda la vajilla y demás utensilios de cocina). *Dishwasher*: lavavajillas.

(**6**) Preste atención a la « i » larga (liivs). No confundir con « livs » : vive.

EJERCICIOS

1 Hay demasiada gente en el tren, por eso se queda (ella) de pie. — **2** Atraviesan el vestibulo y cogen el ascensor hasta el primer

— **4** The **jour**ney to my **o**ffice takes ten **min**utes. — **5** I **al**ways **tra**vel by plane. — **6** Please wash the **dis**hes and **hu**rry up. We're late.

Fill in the missing words:

1 *Llega a la oficina y coge el ascensor hasta el cuarto piso.*

He arrives .. the office and ..... the lift .. the fourth .....

2 *Va de pie en el tren pero su maletín está bajo un asiento.*

He ...... in the train but ... brief-case is ..... a seat.

3 *Mi oficina está bastante cerca de mi casa.*

My office is ..... near my .....

Nineteenth (19th) Lesson

1 **A**nswer these **ques**tions **a**bout **les**son eighteen. (**1**)
2 What does **Da**vid do on the train? (**2**)
3 Does he sit down?

PRONUNCIATION

1 **an**sër dziis **kues**tshöns äbaut... — **2** uöt das... du... — **3** ... sit daun?

piso. — **3** Este ejercicio es bastante interesante. — **4** El trayecto hasta la (mi) oficina (me) lleva 10 minutos. — **5** Siempre viajo en avión. — **6** Por favor friega los platos y date prisa. Llegamos tarde.

Fill in the missing words (continued)

4 *Los « commuters » son la gente que coge el tren todos los días.*

Commuters ... people .... take the train ..... day .

5 *El viaje dura sólo veinte minutos.*

The .... only ..... twenty minutes .

Respuestas

1 He arrives at the office and takes the lift to the fourth floor. — **2** He stands in the train but his brief-case is under a seat. — **3** My office is quite near my house. — **4** Commuters are people that take the train every day. — **5** The journey only takes twenty minutes.

Lección diecinueve

1 Responda [a] estas preguntas sobre la lección 18.
2 ¿ Qué hace David en el tren ?
3 ¿ Se sienta ?

NOTES

(**1**) *About* tiene dos sentidos : (a) « sobre » (« en torno a ») : *this book is about Shakespeare* (este libro es sobre Shakespeare), *what is it about ?* (¿ de qué se trata ?) (b) « alrededor de » : *it was about seven thirty* (eran alrededor de las siete y media).

(**2**) Preste atención a la fórmula *does* (auxiliar), *do* (verbo principal, indica la acción). *What do you do ?* : ¿ Qué hace usted ?

4 What are com**mu**ters?
5 How long does the **jour**ney take?
6 Does he walk **quick**ly? Why?
7 On what floor is his **o**ffice?
8 Does he ar**ri**ve on time?
9 What does his wife do with the **di**shes?
10 What time does she leave the house?
11 Is her **o**ffice **ne**ar or far?
12 Her **o**ffice is **ne**ar the house; it is close.
13 The shop **clo**ses at six o'clock. (**3**)
14 Please sit down. — No, I pre**fer** to stand. (**4**)

5 ... **dchë**rni... — **6** ... uok **kui**kli ? huai ? — **7** ... on uöt floo... — **9** ... **di**shis ? — **11** ... niër or faa ? — **12** ... klouss. — **13** ... **klou**sis...

EXERCISES

1 Please **an**swer the **te**lephone. — **2** The church is close to the shops. You can walk there. — **3** **Hu**rry up, the shops close very **ear**ly. — **4** It is too far to walk. Take a **ta**xi. — **5** How far from **he**re is your **o**ffice?

Fill in the missing words:

1 *Las tiendas están demasiado lejos de la iglesia.*

The . . . . . are too . . . from the church .

2 *No está lejos. Puede usted ir andando.*

It's not . . . You . . . go there . . . . . .

4 ¿ Qué son los « commuters » ?
5 ¿ Cuánto tiempo (cómo largo) dura el viaje ?
6 ¿ Camina deprisa ? ¿ Por qué ?
7 ¿ En qué piso está su oficina ?
8 ¿ Llega a tiempo ?
9 ¿ Qué hace su mujer con los platos ?
10 ¿ [A] qué hora se va de (deja la) casa ?
11 ¿ Su oficina está cerca o lejos ?
12 Su oficina está cerca [de] casa ; (ella) está próxima.
13 La tienda cierra a [las] seis.
14 Por favor, siéntese. — No, prefiero estar de pie.

NOTES (continued)

(**3**) Nótese la pronunciación diferente de *close* (próximo) : klouss y de to **close** (cerrar) : klous. Diferénciese entre la « s » sorda, parecida a la española (« ss » en la pronunciación figurada) y la « s » sibilante (« s » en la pronunciación figurada), tal como hemos visto en la introducción.

(**4**) Es una fórmula de cortesía, que suaviza la forma del imperativo. *Please, answer my questions* : Por favor responda [a] mis preguntas.

EJERCICIOS

1 Por favor, responda [a] el teléfono. — **2** La iglesia está cerca de las tiendas. Puede usted ir a pie (caminar) allí. — **3** Dese prisa, las tiendas cierran muy pronto. — **4** Está demasiado lejos para ir a pie (para caminar). Tome un taxi. — **5** ¿ A qué distancia (cómo lejos) de aquí está tu oficina ?

3 *Pero, dese prisa. Las tiendas cierran a las cinco en punto.*

But . . . . The shops . . . . . at five . . . .

4 *Puede usted ir en taxi, en autobús o a pie.*

You can go . . . . taxi, . . bus or . . foot .

Twentieth (20th) Lesson

1 — Have you got any ciga**re**ttes?
2 — Yes, what kind do you want? (**1**)
3 — Oh, **Tur**kish ones please. — **He**re you are, sir. (**2**)
4 — **Thank** you. How much is that? — **Fif**ty pence, please. (**3**)

---

5 **Mo**ther. — My son's a **do**ctor of phi**lo**sophy.
6 **Neigh**bour. — Oh good. What kind of **ill**ness is " phi**lo**sophy "?

A bargain (4)

7 — Do you want a **car**pet, sir? Here are some **beau**tiful **car**pets.
8 — How much is that **lit**tle one?

PRONUNCIATION

1 ... siguërretss ? — **2** ... uöt kaind... — **3** ... tërkish uans... hii... — **4** fifti... — **5** ... doktör of filosofi. — **6** neibör... uöt kaind... illnëss... — ä bagäin. — **7** ... kaapët... biutiful...

5 *Sale de casa a las nueve menos diez.*

She ...... the house at ... .

Respuestas

1 The shops are too far from the church. — **2** It's not far. You can go there on foot. — **3** But hurry up. The shops close at five o'clock. — **4** You can go there by taxi, by bus or on foot. — **5** She leaves the house at ten to nine.

Lección veinte

1 — ¿ Tiene usted cigarrillos ?
2 — Sí, ¿ de qué clase [los] quiere ?
3 — ¡ Ah ! turcos, por favor. — Aquí están, señor.
4 — Gracias. ¿ Cuánto es ? Cincuenta peniques, por favor.

---

5 Madre. — Mi hijo es (un) doctor en (de) filosofía.
6 Vecino. — ¡ Qué bien ! ¿ Qué tipo de enfermedad es [la] « filosofía » ?

Una ganga

7 — ¿ Quiere una alfombra, señor ? Tenemos (aquí hay) bonitas alfombras.
8 — ¿ Cuánto cuesta esa pequeña ?

NOTES

(1) *Kind*: amable o clase (en el sentido de tipo). *He's a kind man*: es un hombre agradable. *What kind of carpet is that ?*: ¿ Qué clase de alfombra es esa ?

(2) Para evitar repetir el sustantivo se pone *one* en singular (línea 8) y *ones* en plural.

(3) *Pence* es el plural de *penny*, y su abreviatura es *p*. Cada libra (£) tiene 100 peniques.

(4) *Bargain*: ganga, ocasión, buen negocio, rebaja. *To bargain*: comerciar (« regatear »).

9 — It is a **re**al Ori**en**tal **car**pet sir. It is ma**gnif**icent. It costs **fif**ty pounds.
10 — Ri**dic**ulous! That's **much** too **de**ar.
11 — Well, make me an **o**ffer.
12 — **Fi**fty pence; and not one **pen**ny more.
13 — What? **Fi**fty pence for this **re**al **Tur**kish **car**pet? Well, take it sir, it's yours.

9 ... riöl ori**en**töl... magni**fi**sënt... kosts... — **10** ... ri**diki**ulös !... **mach** tu dië. — **11** ... änofër. — **12** ... penss... **pe**ni... — **13** ... its iörs.

EXERCISES

1 I want a new car — and a good one. — **2** What kind of car do you want? — **3** One of these, per**haps**? — **4** Oh no, they are much too **de**ar. — **5** I like this one — and it's not too ex**pen**sive.

Fill in the missing words:

1 *(Ello) me gusta : quiero una de esas.*

I . . . . it : I . . . . one of those . . . .

2 *¿ Qué tipo de alfombra quiere, señor ?*

What . . . . of carpet . . you . . . . sir?

3 *¿ Tiene usted coches nuevos esta semana ?*

. . . . you got . . . new cars . . . . week?

4 *Sí, tenemos, pero son demasiado caros (para usted).*

Yes, we've got . . . ., but they . . . much too . . . . for you .

9 — Es una alfombra oriental auténtica, señor ; es magnífica. Cuesta cincuenta libras.
10 — ¡ Es ridículo ! Es demasiado cara.
11 — Bueno, hágame una oferta.
12 — Cincuenta peniques ; y ni un penique más.
13 — ¿ Qué ? ¿ Cincuenta peniques por esta auténtica alfombra turca ? Bueno, llévesela, señor, es suya.

5 *¿ Cuánto es (eso), por favor ? Cuesta 32 libras y 23 peniques.*

... . is that, please? It .....-... pounds ans ......-..... pence .

EJERCICIOS

1 Quiero un coche nuevo. — y que sea bueno (y uno bueno). — **2** ¿ Qué clase de coche quiere ? — **3** ¿ Uno de estos quizá ? — **4** Oh no, son demasiado caros. — **5** Me gusta este y no es demasiado caro.

Respuestas

1 I like it : I want one of those. — **2** What kind of carpet do you want, sir? — **3** Have you got any new cars this week? — **4** Yes, we've got some, but they're much too dear (expensive) for you. — **5** How much is that, please? It costs thirty-two pounds and twenty-three pence.

Estudie en voz alta siempre que le sea posible, marcando con claridad el acento tónico.

Twenty-first (21st) lesson

REVISIONS AND NOTES

Notas para revisar. — Lección **15 : (1) - 16 :** (1), (2) - **17 :** (3), (5), (6) - **18 :** (2), (6) - **19 :** (2), (4) - **20 :** (2).

1 Foot. — Hay unos diez sustantivos en inglés cuyo plural es irregular. Los más importantes son *man* (hombre) : *men ; woman* (mujer) : *women ; child* (niño) : *children ; tooth* (diente) : *teeth,* y por supuesto, *foot* (pie) : *feet.*

2 La hora :

TO | **PAST**

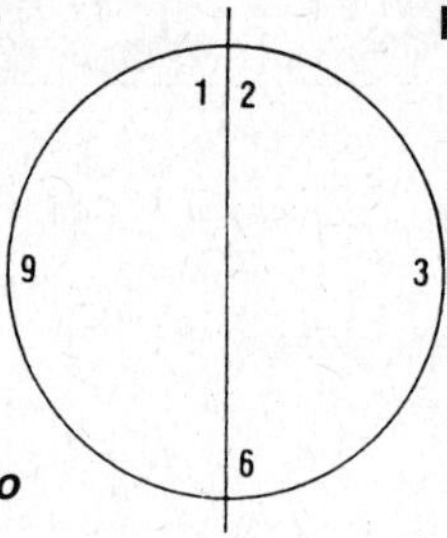

twenty to eight
8 menos 20

five to nine
9 menos 5

a quarter to six
6 menos cuarto

twenty five past three
3 y 25

a quarter past eleven
11 y 15 (cuarto)

ten past four
4 y 10

Antes de la hora (cuando en español decimos, por ejemplo, (« las tres menos... ») se dice en inglés con *to* ; tras la hora (p. ej. : « las tres y... ») se dice *past* o simplemente diciendo los minutos tras la hora : *Three twenty five, nine fifteen*, etc. Observe cuidadosamente el esquema que le presentamos sobre estas líneas y comprenderá usted el sistema de la hora en inglés. La hora en punto se dice *o'clock* (contracción de *of the clock*). Dado que el reloj de veinticuatro horas no es muy usado (aunque ahora comienzan a ponerse de moda los relojes digitales), *ten past four* significa las 4 y 10 y las 16 y 10 (hay que preguntar si se trata de la mañana o de la tarde). **Al escribir**, podemos incluir *a.m.* (del latín

Lección veintiuna

ante meridiem, o sea, antes del mediodía) para la mañana y *p.m.* (*post meridiem*, después del mediodía), para la tarde y la noche.

3 La forma progresiva añade un matiz al verbo. Si la acción es habitual, se utiliza el presente simple : *I work in an office* (trabajo en una oficina) ; pero si estamos trabajando en ese momento, se dice : *I'm working hard at the moment* (trabajo duro en este momento).
Compare :
What does she do ?: ¿ Qué hace (cuál es su profesión) ?
What is she doing ?: ¿ Qué está haciendo en este momento ?

4 Escriba en inglés (segunda ola)
1 Va a Londres en metro, pero va a su oficina a pie.
2 Hay demasiados coches y demasiado tráfico.
3 ¿ Qué hora es ? ¡ Son las ocho y veinte ! ¿ Ya ? ¡ Me voy !
4 Tiene su maletín en la mano.
5 ¿ Qué hacen ? Esperan el tren.
6 ¿ Están cerca las tiendas ? Sí pero date prisa. Cierran a las cinco y media.

7 ¿Qué clase de coche quiere usted? Un coche rápido.

5 Traducción

1 *He travels to London by tube but he goes to his office on foot.*
2 *There are too many cars and too much traffic.*
3 *What time is it? It's twenty past eight (eight twenty). Already? I'm off.*
4 *He has (he's got) his briefcase in his hand.*
5 *What are they doing? They're waiting for the train.*

Twenty-second (22nd) Lesson

At the weekend

1 At the week**e**nd, **pe**ople **u**sually do not work.
2 On **Sun**day, **ev**erything is **clo**sed ex**cept** the **ci**nemas and a few shops.
3 Few **pe**ople leave **Lon**don, but many go to the parks. (**1**)
4 There are many parks in **Lon**don and there is much grass. (**2**)
5 In the parks, you can walk **any**where (ex**cept** on the lakes). (**3**)

NOTES

(**1**) Recordemos que *people* es el plural de *person*. Se dice *people are*... *Leave* significa dejar, abandonar; se usa también, pues, para la expresión española « irse de »... como en la presente oración.

PRONUNCIATION

1 ... ui**kend**... **iu**shuëli... — **2** ... **sön**dei, **ev**rizin... **klo**usd ek**sept**... **si**nëmas ... ä fiu... — **3** ... liiv... mëni... paarks. — **4** ... mach grass. — **5** ... **äni**uër... leiks.

6 *Are the shops near (close)? Yes, but hurry up. They close at half past five.*
7 *What kind of car do you want? A fast one.*

Habrá observado que a partir de la lección décima hemos pasado a indicar el número de la lección con el número cardinal en lugar del ordinal (lección once en lugar de lección undécima). Lo consideramos más cómodo y oportuno. También puede percibir usted una progresiva eliminación de los paréntesis que indican traducciones más literales o alternativas. El aumento del dominio del inglés que usted va adquiriendo los hace cada vez más superfluos.

Lección veintidos

(En) El fin de semana

1 Los fines (en el fin) de semana [la] gente generalmente no trabaja.
2 Los (en) domingos, todo está cerrado excepto los cines y algunas tiendas.
3 Poca gente se va de Londres, pero muchos van a los parques.
4 Hay muchos parques en Londres y hay mucha hierba.
5 En los parques, puede usted pasear por todas partes (menos en los lagos).

NOTES (continued)

(**2**) Respecto al uso de *many* y *much*, puede decirse que el primero va con plurales y el segundo con singulares. Otra norma que se da es que *many* va con cosas que se pueden contar y *much* con cosas que no se pueden contar. Igual pasa con *few* (cosas que se pueden contar) y *little* (cosas que no se pueden contar) : *many parks* : muchos parques ; *much grass* : mucha hierba ; *few people* : poca gente ; *little time* : poco tiempo.

(**3**) *Anywhere* : en cualquier parte ; *somewhere* : en alguna parte.

6 At the week**end**, there is **al**ways too **li**ttle time and too **much** to **do**.
7 **Foot**ball is very **po**pular and many **pe**ople go and watch **mat**ches on **Sa**turday. (**4**)
8 You can **al**so go to the **ci**nema or the **the**atre;
9 or **sim**ply walk through the streets;
10 but on **Mon**day, you go back to work.

11 **Sun**day; **Mon**day; **Tues**day; **Wed**nesday; **Thurs**day; **Fri**day; **Sa**turday.
12 On **Sa**turday; at the week**end**; in Oc**to**ber.

6 ... tuu **mach** tu **du** (el segundo « to » debe pronunciarse muy breve). — **7** ... **po**piulä .... — **8** ... **ool**so... **zi**ätë. — **9** ... **sim**pli... zru... — **11** **san**dei ; **man**dei ; **tius**dei ; **uens**dei ; **zërs**dei ; **frai**dei ; **sa**tëdei. — **12** ... ok**to**bë.

EXERCISES

1 There are very few **pe**ople at the match. — **2** That is why there is **li**ttle noise. — **3** I can see him through the **win**dow. — **4** **Ev**eryone **he**re is a **doc**tor, ex**cept** **Pe**ter who is a **jour**nalist. — **5** In **En**gland, many shops close on **Wed**nesday after**noon**.

Fill in the missing words:

1 *Los domingos, va poca gente a las tiendas, porque están cerradas.*

.. Sunday, . . . people go .. the shops . . . . they're . . . .

2 *Tenemos muy poco tiempo : el concierto comienza a las 8 en punto.*

We've . . . very . . . . . . time : the concert begins .. 8 . . . .

6 Durante (en) el fin de semana hay siempre poco tiempo y demasiado que hacer.
7 [El] fútbol es muy popular y mucha gente va a ver (van y miran) [los] partidos los (en) sábados.
8 Pueden ir ustedes también al cine o al teatro ;
9 o simplemente [a] pasear por (a través de) las calles ;
10 pero los (en) lunes, usted vuelve al trabajo.

11 Lunes ; martes ; miércoles, jueves ; viernes ; sábado.
12 El (en) sábado ; en el fin de semana ; en octubre.

NOTES (continued)

(4) *To watch* : vigilar, pero también tiene el sentido de contemplar, mirar : *to watch the TV or a film*, pues tienen movimiento. *To look at* (mirar) indica una acción más breve.

EJERCICIOS

1 Hay muy poca gente en el partido. — **2** Por eso hay poco ruido. — **3** Puedo verlo a través de la ventana. — **4** Aquí todos (cada uno) son (es) médicos (un médico), menos Peter que es (un) periodista. — **5** En Inglaterra, muchas tiendas cierran los (en) miércoles por la tarde.

3 *Hay muy pocos pasteles, somos ocho a comer (a la mesa).*

There are . . . . cakes, we . . . eight . . table .

4 *Mi cumpleaños es el 28 de octubre, es (un) jueves.*

My birthday is the . . . . . - . . . . . . of October, . . a . . . .

Twenty-third (23rd) Lesson

Can I help you? (N. 1)

1 — **Mu**mmy, can I have some sweets? (**1**)
2 — You can, but you may not. (**2**)
3 — Oh! **Mu**mmy, may I have some sweets?
4 — Of course, **de**ar, help your**self**. (**3**)

---

5 — Can I help you?
6 — Yes please. I want a map of **Lon**don.
7 — Do you like this one? It's **ve**ry **de**tailed.
8 — Yes, that's fine. How much is it? (**4**)
9 — Well, it costs **twen**ty pence, but you can have it for fif**teen** pence.

NOTES

(**1**) *Sweet* (como adjetivo) : dulce. *A sweet wine* : un vino dulce. *Sweet* (nombre) : un caramelo, bombón, postre, dulce, etc.

PRONUNCIATION

1 **ma**mi... suiits ? — **2** ... mei... — **4** of coors, **di**ä help yor**self**. — **6** ... ä map of... — **7** ... **di**teild. — **8** .... fain... — **9** ... koosts... pens.

5 *Hay poco tráfico y pocos peatones.*

There is ...... traffic and ... pedestrians .

Respuestas

1 On Sunday, few people go to the shops because they're working. — **2** We've got very little time : the concert begins at 8 exactly. — **3** There are too few cakes: we are eight at table. — **4** My birthday is the twenty-eighth of October, on a Thursday. — **5** There is little traffic and few pedestrians.

Lección veintitres

¿ Puedo ayudarle ?

1 — Mamá, ¿ puedo tomar unos caramelos ?
2 — Puedes, pero no tienes permiso.
3 — ¡ Ah ! mamá, ¿ puedo (tengo permiso para) tomar unos caramelos ?
4 — Por supuesto, cariño, tómalos (sírvete).

5 — ¿ Qué desea ? (¿ puedo ayudarle ?).
6 — Sí, por favor. Quiero un mapa de Londres.
7 — ¿ Le gusta éste ? Es muy detallado.
8 — Sí, estupendo. ¿ Cuánto es ?
9 — Bueno, vale veinte peniques, pero se lo dejo en (usted puede tenerlo por) quince peniques.

NOTES (continued)

(**2**) *Can :* poder. *May* (se conjuga *sin do*) : poder, en el sentido de tener permiso para, estar autorizado... Se usa para pedir permiso : *May I take a sweet* ? (¿ puedo coger un caramelo ?).

(**3**) *Yourself* : usted mismo, tú mismo. *He does it himself* : lo hace él mismo (*self* : si, para sí). *Help yourself* : sírvase, sírvete. El plural es *selves* = *ourselves* (nosotros mismos), *yourselves* (ustedes mismos, vosotros mismos), etc.

(**4**) *Fine* (locución un tanto familiar) : muy bien, perfecto, estupendo.

10 — Where can I find a **te**lephone?
11 — You can find one at the **end** of the street.

12 — May I ask you **some**thing? — Of course. (**5**)
13 — Can you tell me the time? My watch **does**n't work.
14 — **Cer**tainly, it's exactly two o'clock.

10 ... **te**lefoun ? — **11** ... dzien**d**ov dze striit. — **12** ... a **sam**zin ? — **13** ... mai votch... uerk. — **14** ... eksakttli...

EXERCISES

1 May I take a cake? — Of course. Help yourself. — **2** I'm **so**rry, I can't help you. — **3** He goes home at the end of the day. — **4** This **ra**dio **does**n't work. — **5** May we leave at **se**ven o'clock? — **6** No, you may not. You can leave at nine o'clock like **e**veryone.

Translate these expressions

1 *Sírvase (sírvete).*

....

2 *Sí, estupendo.*

... .

3 *Mi reloj no funciona.*

My watch ....

4 *¿ Puedo preguntarle ?*

... . you?

10 — ¿ Dónde puedo encontrar un teléfono ?
11 — Puede encontrar usted uno al final de la calle.

12 — ¿ Puedo preguntarle algo ? — Por supuesto.
13 — ¿ Puede decirme la hora ? Mi reloj no funciona (trabaja).
14 — Desde luego, son exactamente las dos.

NOTES (continued)

(5) *Something* en vez de *anything* ya que se trata de algo preciso (*any* lleva siempre consigo la noción de duda).

5 *¡ Por supuesto ! Las ocho en punto.*

Of . . . . . . ! Eight o'clock . . . .

6 *Me voy.*

I'm . . .

EJERCICIOS

1 ¿ Puedo coger un pastel ? — Por supuesto. Cójalo (sírvase). — **2** Lo siento, no puedo ayudarle. — **3** Vuelve a casa a última hora del día — **4** Esta radio no funciona (no trabaja). — **5** ¿ Podemos irnos a [las] siete ? — **6** No, no podéis. Podéis iros a las nueve como todo el mundo.

Respuestas

1 Help yourself. — **2** Yes, that's fine. — **3** doesn't work. — **4** May I ask. — **5** course ... exactly. — **6** I'm off.

Twenty-fourth (24th) Lesson

An unwelcome conversation (1)

1 — Excuse me, may I sit down?
2 — Please **do**. — Thanks **ve**ry much.
3 Ah that's **be**tter! My name's **Bri**an **Se**llers. — Oh, very **in**teresting.
4 — Yes, I work in **Lon**don. Do you work in **Lon**don too?
5 — Yes, I do. — Have a ciga**re**tte.
6 — No, **thank** you. This is a non-**smo**king com**par**tment.
7 — Oh, do you **mind** if I smoke? — Yes, I do! (**2**)
8 — I'm **cold**. Are you cold too? — No, I'm not. (**N. 2**)
9 — Oh, you have a **pa**per. I don't like **rea**ding. I prefer **ta**lking. (**3**)
10 — Yes, I see. — No, you **hea**r. Ha! ha! ha!
11 — Good-**bye** sir. — Oh! good-**bye**.

12 Do you mind if I smoke? Mind your head.
13 He's cold; he's hot; he's unl**u**cky.

PRONUNCIATION

1 eks**kius**mii... — **2** pliis **du**... — **3** dzats **be**të !... **in**trestin. — **6** ... non-**smou**kin köm**part**mënt. — **7** ... du yu **maind**... — **8** aim **koold**... — **9** ... **rii**din... **too**kin. — **10** ... **Hii**ë... — **12** ... maind ior hed. — **13** ... an**lä**ki.

Lección veinticuatro

Una conversación desagradable

1 — Perdone, ¿ puedo sentarme ?
2 — No faltaba más (por favor, hágalo). — Muchas gracias.
3 ¡ Ah ! Así (eso) está mejor. Mi nombre es Brian Sellers. — ¡ Ah ! muy interesante.
4 — Sí, trabajo en Londres. ¿ Trabaja usted en Londres también ?
5 — Sí. — Tenga un cigarrillo.
6 — No gracias. Es un departamento para no fumadores.
7 — ¡ Oh ! ¿ Le importa si fumo ? — Sí, me importa.
8 — Tengo frío. ¿ Tiene usted también frío ? — No, no [lo] tengo.
9 — ¡ Oh ! Tiene usted un periódico. No me gusta leer. Prefiero hablar.
10 — Sí, [ya lo] veo. — No, usted [lo] oye. ¡ Ja, ja, ja !
11 — Adiós, señor. ¡ Oh ! adiós.

12 ¿ Le importa si fumo ? Cuidado con su cabeza.
13 Tiene frío ; tiene calor ; no tiene suerte.

NOTES

(**1**) *Welcome*: bienvenido (*well come*), *You're welcome*: sea bienvenido (en Estados Unidos : se lo ruego, de nada). *Unwelcome* : « mal venido », no esperado, no deseado : desagradable.

(**2**) *The mind*: el espíritu, la mente ; *to mind*: objetar, importar, estar molesto por... *Mind* ! (en imperativo) : ¡ cuidado !

(**3**) *Reading, talking*, son participios de presente y cubren el uso que a veces se hace en español del infinitivo. Fumar es peligroso : *smoking is dangerous*. No *spitting* : prohibido escupir. Resulta un poco extraño y al principio puede despistar, pero preste atención siempre que se lo encuentre y pronto le será familiar.

Si tiene las grabaciones de las lecciones, preste atención a la voz del segundo señor. Imítelo.

EXERCISES

1 Excuse me, I'm cold. May I close the window? — 2 Have a beer. — No thanks. I don't drink. — 3 Do you mind if I take your wife to the concert? — 4 No, please do. I don't want to go. — 5 Come in. You are most welcome.

Fill in the missing words:

1 *¿ Le molesta si fumo ?*

.. you .... if I smoke?

2 *¿ Puedo cerrar la ventana ? Mi mujer tiene frío.*

... I close the window .. wife .. cold.

3 *Pase. Tome algo de beber. Sea usted bienvenido..*

Come .. .... something .. drink. You are ....

4 *No le gusta la lectura, prefiere hablar.*

She .... like .... she prefers ....

Twenty-fifth (25th) Lesson

A polite conversation

1 David and his wife are at a party. David is talking to a tall, good-looking woman. (1)

2 — Hello, my name's David Wilson. — I'm Susan Price.

PRONUNCIATION

1 ... uaif... paarti... tool... gud-lukin uomän.

5 *Tiene usted suerte. No puedo ir esta noche.*

You're ..... I ..... go this ....

EJERCICIOS

1 Perdone, tengo frío. ¿ Puedo cerrar la ventana ? — **2** Tome (tenga) una cerveza. — No gracias. No bebo. — **3** ¿ Le molesta si llevo a su mujer al concierto ? — **4** No, por favor, vayan (hagan). Yo no quiero ir. — **5** Pase. Sea bienvenido.

Respuestas

1 Do - mind. — **2** May - My - is. — **3** in. - Have - to - welcome. — **4** doesn't - reading - talking. — **5** lucky - can't - evening.

Lección veinticinco

Una conversación agradable

1 David y su mujer están en una fiesta. David habla con (a) una mujer alta y guapa (bien parecida).
2 — Hola, me llamo (mi nombre es) David Wilson. — Yo soy Susan Price.

NOTES

(**1**) *Tall* : alto, empleado sólo para personas. *He's five feet tall* : Mide cinco pies de altura (1 pie = 0,30 metros). *He's very tall* : es muy alto.

3 What do you do, **Da**vid? — I'm a **jour**nalist.
4 — Oh, how **in**teresting. Do you write for the "Times"?
5 — No. I work on the "**Da**ily Wail", but I hope to change soon.
6 And what a**bout** you? — Oh, I'm an **au**thor.
7 I'm **wri**ting a book about **Bri**tish p**ai**nters.
8 — Have we got any? — Don't be **si**lly. Of course we have. (**2**)
9 People like **Con**stable. **Tur**ner and **so** on. (**3**) (**4**) (**5**)
10 But it's **ta**king a long time be**cause** the infor**ma**tion is difficult to find. (**6**)
11 — May I read it when it's **fi**nished? — With **ple**asure.
12 — Oh **de**ar, my wife's **loo**king at me. I had **be**tter go. (**7**)

13 — What do you do? — I'm an **au**thor.
14 — What are you **do**ing? — I'm **lear**ning **En**glish. (**8**)

NOTES (continued)

(**2**) *Silly*: tonto, estúpido, pero no tiene un carácter demasiado peyorativo. Lo contrario es *sensible* (sensiböl) : razonable, sensato.

(**3**) John Constable (1776-1837) : gran paisajista.

(**4**) Joseph Turner (1775-1851) : pintor apasionado por la naturaleza : ordenó que le ataran al mástil de un barco para poder así observar mejor una tormenta y luego pintarla.

4 ... **in**tresstin... rait. — **5** ... cheinch suun. — **6** ... uat ä**baut** iu ?... **oo**zör. — **7** ... **bri**tish **pein**ters. — **8** ... **si**li... — **9** ... **kôn**stäbêl... **tër**nä änd sou on. — **10** ... infö**mei**shën...

3 ¿A qué se dedica usted? (¿Qué hace usted?). — Soy periodista.
4 — ¡Oh! ¡Qué (como) interesante! ¿Escribe usted en el Times?
5 — No. Trabajo en el Daily Wail, pero espero cambiar pronto.
6 ¿Y usted? (¿y qué sobre usted?). — Oh, soy escritora (autora).
7 Estoy escribiendo un libro sobre pintores británicos.
8 — ¿Es que los hay? (¿tenemos nosotros algunos?). — No sea tonto. Por supuesto que los hay (tenemos),
9 gente como Constable, Turner, etc.
10 Pero me lleva mucho tiempo porque es difícil encontrar (la) información.
11 — ¿Puedo leerlo cuando esté terminado? Será un placer (con mucho gusto).
12 — ¡Oh, vaya! mi mujer me está mirando. Será mejor que me vaya.

13 — ¿A qué se dedica? (¿qué hace usted?). Soy (un) escritor (autor).
14 — ¿Qué hace usted? (¿qué está usted haciendo?). Aprendo (estoy aprendiendo) inglés.

NOTES (continued)

(5) *And so on*: y así sucesivamente. También en inglés se utiliza *etcétera*.

(6) *Information* es siempre singular.

(7) *I had better go*: será mejor que me vaya. Es otra frase hecha, como tantas otras. Ante ellas no debe usted desanimarse pues con el uso se acostumbrará.

(8) Ya hemos hablado de la forma progresiva del presente *(my wife's looking... I'm learning*, etc.) que puede traducirse al castellano tanto al pie de la letra (mi mujer está mirando, estoy aprendiendo) como en el presente simplemente (mi mujer mira, yo aprendo). A veces son posibles las dos traducciones ; otras veces, en cambio, una suena más correcta que otra. Son cosas que irá usted asimilando y acabará por utilizar automáticamente.

EXERCISES

1 Are you **wri**ting a book? — Yes I am. — **2** You had **be**tter ask my wife. — **3** He is **dri**ving his car and **si**nging. — **4** What are you **do**ing? — I'm **do**ing an **ex**ercise. — **5** When he comes, tell him I want to see him.

Fill in the missing words:

1 *¿ Fuma usted ? — Sí...*

Do you smoke? — Yes, . . .

2 *¿ Está usted fumando ? — No...*

Are you smoking? — No, ...

3 *¿ Es guapa ? — Si...*

Is she good-looking? Yes, ...

4 *¿ Le gusta Constable ? — No...*

Do you like Constable? — No, ...

Twenty-sixth (26th) Lesson

1 — Can you lend me five pounds?
2 — But I don't know you!
3 — That's exactly why I'm **a**sking you.

---

4 **Tea***cher.* — Jane, why do you **al**ways come to school with **di**rty hands? (**N. 3**)
5 *Jane.* — Well, miss, I **have**n't got any **o**thers.

PRONUNCIATION

1 ... lend mii... — **2** **do**unt nou... **3** ... eks**a**ktli... aim askin... — **4** **tii**chë. dchein... **oo**lueis... **dë**eti hands ? — **5** ... uel miss... **ö**dzers.

5 *¿ Está leyendo el periódico ? — Si...*

Is she reading the paper? — Yes, ...

EJERCICIOS

1 ¿ Está usted escribiendo un libro ? — Sí (lo estoy). — **2** Será mejor que preguntes a mi mujer. — **3** Conduce su coche [y va] cantando (está conduciendo su coche y cantando). — **4** ¿ Qué está usted haciendo ? — Hago un ejercicio. — **5** Cuando venga le dices que quiero verlo.

Respuestas

1 I do. — **2** I am not. — **3** she is. — **4** I do not. — **5** she is.

La progresión de nuestro método está planificada con vistas a allanar las dificultades, introduciéndolas poco a poco. No se extrañe cuando encuentre algún giro que todavía no le ha sido explicado. Cuando la explicación llegue, el giro ya le será familiar. Déjese guiar por nosotros y así su trabajo será más llevadero y no le supondrá apenas esfuerzo.

Lección veintiseis

1 — ¿ Puede prestarme cinco libras ?
2 — ¡ Pero... si yo no le conozco !
3 — Por eso [es] precisamente [por lo que] se [las] pido.

4 *Profesora.* — Jane, ¿ por qué vienes siempre al colegio con [las] manos sucias ?
5 *Jane.* — Bueno, señorita, no tengo otras.

No olvide :
que las consonantes tienen que pronunciarse enérgicamente.

At the concert

6 — This piece is a **sym**phony by **Mo**zart. I suppose it is **some**thing new.
7 — What! Don't you know that **Mo**zart is dead?
8 — Ex**cuse** me, I **ne**ver read the **pa**pers. (**1**)

9 — He **ne**ver talks to me — Don't **e**ver say that! (**1**)
10 Say: he **al**ways talks to **o**ther **peo**ple.

A nervous passenger

11 — I'm scared of the **wa**ter. — Don't be **sil**ly,
12 **peo**ple **ne**ver drown in these **wa**ters.
13 — Are you sure, young man? — Of course I am,
14 the sharks **ne**ver let **any**body drown. (**2**)

NOTES

(**1**) *Never : not ever. He doesn't ever give me a money o he never gives me money.*

6 ... piis... **simföni** bai **motsart**... sëp**ous**... niu. — **7** ... ded ? — **8** ... **ne**veë riid... — **9** ... evë... — **10** ... adzë **pii**pöl. — **nervës passandchër** — **11** aim skërd of dzë **uö**të... sili. — **12** ... draun... dziis... — **13** ...shuör... ian mann ? — **14** ... sharks... let **ë**nibodi draun.

EXERCISES

1 My son **ne**ver says **thank** you. — **2** I'm not scared of sharks, but I **ne**ver want to meet one. — **3** My **fa**ther lets me use his car at the week**end**. — **4** Let me help you, **ma**dam. — **5** Lend me your **han**dkerchief, this film is **ve**ry sad.

En el concierto

6 — Esta obra (pieza) es una sinfonía de (por) Mozart. Supongo [que] es algo nuevo.
7 — ¿ ¡ Qué ! ? ¿ No sabe que Mozart murió (está muerto) ?
8 — Perdone, nunca leo los periódicos.

9 — Nunca me habla. — ¡ No diga nunca eso !
10 Diga : Siempre habla a los demás (a otra gente).

Un pasajero nervioso

11 — El agua me da miedo (estoy aterrado del agua). — No sea estúpido,
12 la gente no se ahoga nunca en estas aguas.
13 — ¿ Está usted seguro, joven ? — Por supuesto que lo estoy,
14 los tiburones no dejan nunca que nadie se ahogue.

NOTES (continued)

(**2**) Recordemos que *someone* y *somebody* se emplean en frases positivas ; *anyone* o *anybody* en frases interrogativas o negativas. *Body :* cuerpo, cadáver.

EJERCICIOS

1 Mi hijo nunca dice gracias. — **2** No tengo miedo de los tiburones, pero no quiero encontrarme nunca con ninguno (uno). — **3** Mi padre me deja (usar) su coche (en) los fines de semana. — **4** Déjeme ayudarla, señora. — **5** Préstame tu pañuelo, esta película es muy triste.

Fill in the missing words:

1 *Nunca llegan a la hora.*

They . . . . . arrive . . . . . .

2 *No digas nunca eso delante de tu madre.*

Don't . . . . say . . . . in front of . . . . mother!

3 *Lo siento pero nunca leo los periódicos.*

I'm . . . . . but I . . . . the papers .

Twenty-seventh (27th) Lesson

Some idioms

1 Here are some idioms. We al**re**ady know some of them.
2 Please close the **win**dow, my wife is cold.
3 You are very **lu**cky to have a **char**ming wife.
4 I don't want to swim. I'm scared of fish, es**pe**cially sharks. (**1**)
5 You are right, it's very hot out**side** but I'm not hot.
6 I'm **go**ing to bed. I'm **very** **slee**py and it's late.

PRONUNCIATION

1 sam idioms... olredi nou... — **2** ... klous. — **3** ... **la**ki... **chaa**min... — **4** ... suim... fish, ës**pesh**öli... — **5** ior rait... aut**said**... hot (no se olvide de pronunciar la « h »). — **6** ... **goo**in tu bed... **slii**pi...

4 *¿ Puede usted prestarme cinco libras ? No tengo dinero.*

... you .... me five .....? I haven't got ... .

5 *No puedo dejarle el coche el sábado.*

I can't ... you use the car .. ..

Respuestas

1 never - on time. — **2** ever - that - your. — **3** sorry - never read. — **4** Can. - lend - pounds - any money. — **5** let - on Saturday.

Lección veintisiete

Algunos giros

1 He aquí algunos modismos (giros). Ya conocemos algunos (de ellos).
2 Por favor cierre la ventana, mi mujer tiene frío (está fría).
3 Tiene usted mucha suerte (es usted muy afortunado) [por] tener una mujer encantadora.
4 No quiero nadar. Tengo miedo (estoy asustado) de los peces, especialmente [de] los tiburones.
5 Tiene usted razón (está usted cierto), hace calor (ello es caliente o caluroso) fuera, pero yo no tengo calor (no estoy caliente).
6 [Me] voy a la cama (*forma progresiva*). Tengo mucho sueño (estoy muy adormilado) y es tarde.

NOTES

(**1**) El plural de *fish* (pez) es *fish*. A veces se usa *fishes*, pero es más bien literario.

7 You're **wrong**, to**day** is the twen**ty**-fifth and not the twen**ty**-sixth.
8 Come close to the **fire**, you're **ve**ry cold.
9 You're right, I'm **free**zing. I **have**n't got a coat and it's **sno**wing. (**2**)
10 She's scared of **gho**sts and I'm a**fraid** of the dark.
11 I'm a**fraid** I can't come, I have an im**por**tant ap**point**ment. (**3**)
12 **Ne**ver mind. You can come on **Fri**day ins**tead**. (**4**)
13 The months of the **ye**ar are : **Jan**uary; **Feb**ruary; March; **A**pril; May; June;
14 Ju**ly**; **Au**gust; Sep**tem**ber; Oc**to**ber; No**vem**ber; De**cem**ber. (**5**)

7 ior **rong**... tuenti fifz... tuenti siks. — **8** ... klouss **faiä**... — **9** ... **frii**sin... koët... **snou**in. — **10** ... skerd... **goosts**... a**frëid**... daak. — **11** ... ä**point**mënt. — **12** **ne**vë maind... ins**tead**. — **13** ... mönzs... iië... **dchan**uëri ; **feb**riuëri ; maach ; **ei**pröl ; mei ; dchun. — **14** dchu**lai** ; **ö**gëst ; sep**tem**bë ; ök**to**bë ; nou**vem**bë ; di**sem**bë.

EXERCISES

1 I'm not too hot, **thank** you. — **2** Go to bed, you're **ve**ry sleepy. — No, I'm not. — **3** In De**cem**ber, the **wea**ther is **of**ten **free**zing. — **4** I can't **hear** you. — **Ne**ver mind, it's not im**por**tant. — **5** The shop is close to the farm, but it **clo**ses at five o'clock ex**act**ly.

7 Está usted equivocado, hoy es (el) 25 y no (el) 26.
8 Venga cerca del fuego, usted tiene mucho (está muy) frío.
9 Tiene razón (está usted cierto), estoy helado. No tengo abrigo y nieva (*prog.*).
10 Ella tiene miedo (está asustada) de [los] fantasmas y yo tengo miedo (estoy asustado de) de la oscuridad (lo oscuro).
11 Me temo (estoy asustado de) que no puedo ir, tengo una cita importante.
12 No importa. Puede venir, en cambio, el (en) viernes.
13 Los meses del año son : enero ; febrero ; marzo ; abril ; mayo ; junio ;
14 julio ; agosto ; septiembre ; octubre ; noviembre ; diciembre.

***

NOTES (continued)

(**2**) *To freeze* : helar, helarse ; *a freezer* : un congelador. *I'm freezing* (me estoy congelando) se dice familiarmente por *I'm cold.*

(**3**) *To be afraid* : estar asustado, pero también « temerse », en el sentido de lamentarse, sentir.

(**4**) *Mind* : del verbo *to mind* [ver lección 24 (2)] ; quiere decir preocuparse, estar molesto por. *Never mind* es lo contrario : no se preocupe, no tiene importancia.

(**5**) Los meses, días de la semana y los nombres de países (nacionalidad y lengua) se escriben siempre con mayúscula.

***

EJERCICIOS

1 No tengo mucho calor (no estoy muy caluroso), gracias. — **2** Ve [te] a la cama, tienes mucho sueño (estás muy adormilado). — **3** En diciembre frecuentemente hiela (el tiempo está helando). — **4** No le oigo (no puedo oírle). — No importa, no tiene importancia (no es importante). — **5** La tienda está cerca de la granja, pero cierra exactamente a las cinco en punto.

Translate:

1 *Estás siempre equivocado.*

You . . . always . . . . .

2 *El niño no tiene sueño.*

The child . . . .

3 *Me temo que no puedo venir.*

I'm . . . . I . . . .

4 *Tenemos miedo de la oscuridad.*

We . . . . of the . . . .

Twenty-eighth (28th) lesson

REVISIONS AND NOTES

Notas para revisar. — Lección **21** : (2), (3) - Lección **24** : (2), (3) - Lección **25** : (1), (6) - Lección **26** : (2) - Lección **27** : (3), (4) (5).

1 Tras *can, may,* el infinitivo pierde la partícula *to. I can go, you may talk. Can y may* no llevan « s » en la tercera persona del singular : *he can, she may.*

2 Fíjese bien en las expresiones habituales en las que se utiliza « ser » en lugar de « tener ». Ya hemos visto *I'm hot* (tengo calor) ; *she's cold* (tiene frío) ; *you're lucky* (tiene usted suerte) ; *to be right* (tener razón) ; *to be wrong* (no tener razón). Veamos otras tres :
he's hungry (hangri) : tiene hambre ;
we're thirsty (zërsti) : tenemos sed ; *I'm sleepy (sliipi) : tengo sueño.*

5 *No tiene importancia. Venga mañana.*

. . . . Come tomorrow

6 *Sabes, tiene razón.*

You know, ...

Respuestas

1 are - wrong. — **2** is not sleepy. — **3** afraid - but - can't come. — **4** are scared (*ou* afraid) - dark. — **5** Never mind. — **6** he is right.

Lección veintiocho

3 From... to. — « de » cuando indica de dónde se proviene, el origen, se dice *from* y *no of.* La puerta de mi habitación : *the door of my room* ; pero, vengo de mi habitación : *I come from my room.*

Conviene aclarar bien el uso de *at* y *to. At* indica situación, mientras que *to* se usa con la idea de movimiento o cambio. Está en correos : *he's at the post-office* ; va a correos : *he goes to the post-office.*

Es importante fijarse en los usos de los verbos con distintas preposiciones, pues más adelante veremos cómo, cambiando de preposición, podemos cambiar el sentido del verbo (algo similar a lo que ocurre en español con los prefijos : tener, retener, contener, sostener, detener, etc.).

4 **Much... many.** — *When a man has* **much** *money, he has* **many** *friends* (Cuando un hombre tiene **mucho** dinero, tiene **muchos** amigos).

Twenty-ninth (29th) Lesson

1 Let's meet our friends the **Wil**sons a**gain**. (**1**) (**2**)
2 At the **o**ffice, **Da**vid has a lot of work. (**3**)
3 He re**cei**ves calls from **pe**ople who phone to **o**ffer him infor**ma**tion.
4 If he can, he goes **out** to see them,
5 but if he is too **bu**sy, he sends a **col**league. (**4**)
6 Be**cause** his is a **dai**ly **pa**per, the a**mount** of work is huge. (**5**)

NOTES

(**1**) Primera persona del plural del imperativo : *let us* (dejémonos), se convierte en *let's*. Recuerde la tan utilizada frase *let's go :* ¡ Vamos ! No la traduzca nunca como « deja que vayamos » o « dejémonos ir », pues sería incorrecto. A pesar de todo, *let,* en algunos casos, significa dejar o permitir.

PRONUNCIATION

1 lets miit... frends... ëg**uein**. — **3** ... r**i**sivs kools... hu foun... **4** ... göus**aut**... sii... — **5** ... **bi**sii... **kö**lig. — **6** ... hisis... **dei**lï... ë**maunt**... hiudch.

5 The. — *I like wine but not the wine he gives me*: me gusta el vino (en general) pero no el vino (particular) [que] me da.

6 Fíjese bien : *Never mind*: no se preocupe. *I'm freezing*: estoy helado. *I'm afraid I'm late*: temo llegar tarde. Tiene usted razón : *you're right. Do you mind if I smoke*? ; ¿ Le molesta si fumo ? *I haven't got a coat*: no tengo (un) abrigo.

Lección veintinueve

1 De nuevo nos encontramos con nuestros amigos los Wilson.
2 En la oficina, David tiene mucho trabajo.
3 Recibe llamadas de gente que telefonea para ofrecerle información.
4 Si puede, va a verlos.
5 Pero si está demasiado ocupado, envía a un compañero.
6 Porque su periódico es un periódico diario ; la cantidad de trabajo es enorme.

NOTES (continued)

(**2**) Los apellidos pueden ponerse en plural, como si en español dijéramos « los Garcías », « los Péreces », etc.

(**3**) Expresión muy útil que frecuentemente sustituye a *much* y *many*. A pesar de que la expresión no varía, el verbo cambia, según el sujeto sea singular o plural : *There's a lot of noise ; there are a lot of people. A lot :* mucho, mucha, muchos, muchas, según los casos.

(**4**) *Busy* (bisii) : ocupado ; *business* (bisnëss) : ocupación, negocio ; *businessman :* hombre de negocios.

(**5**) *Amount :* total, costo. En esta frase tiene el sentido de cantidad.

7 At her **of**fice, Joan types her **boss**'s **let**ters and **an**swers the phone. (**6**)
8 She only works **part**-time, so she goes home at half past twelve. (**7**)
9 Then she does the house**work**, be**cause** they **can**not af**ford** a " help ". (**8**)
10 When she **fin**ishes, she makes a cup of tea and reads a maga**zine**.
11 Then she starts pre**par**ing **Da**vid's **din**ner.
12 David **u**sually ar**rives** home a**bout** half-past six,
13 but **some**times he works late and does not ar**rive** home un**til** nine o'clock. (**N. 1**)

7 ... dchoën taips... **bossis** ... **ansërs**... — **8** ...**paat-taim**... haalf... — **9** hausu**ërk** ... **afoord**... — **10** ... **mägäsiin**. **11** ... staats... **deivids dinë**. — **12** ... iushuëli. — **13** ... **antil**..

EXERCISES

1 Our **neigh**bours have a huge dog. — **2** If you are too **bu**sy, I can come back to**mor**row. — **3** **Da**vid's wife, Joan, is a **sec**retary. — **4** We can't af**ford** a new car this **year**. — **5** She **fin**ishes her work and starts **read**ing a maga**zine**.

7 En la (su) oficina, Joan escribe a máquina las cartas de su jefe y contesta al teléfono.
8 Trabaja sólo media jornada, así que vuelve a casa a las doce y media.
9 Entonces hace las faenas de la casa, porque no pueden permitirse una asistenta (una « ayuda »).
10 Cuando termina, se prepara (hace) una taza de té y lee una revista.
11 Luego empieza a preparar (preparando) la cena de David.
12 David, normalmente, llega a casa hacia las seis y media,
13 pero a veces trabaja [hasta] tarde y no llega a casa hasta las nueve.

NOTES (continued)

(**6**) Añadiendo « 's » a un sustantivo se indica la posesión por parte de ese sustantivo. *David's wife* se traduce por « la mujer de David ». Cada vez que el poseedor es un ser animado, se emplea *« 's »* en lugar de *of the* para indicar dicha posesión. El libro de mi hermana : *my sister's book* (mi hermana su libro) ; una vida de perros : *a dog's life* (un perro de vida) ; el hijo de su jefe : *his boss's son*. Pero cuando « del », « de la », « de los », « de las », se refieren a un objeto inanimado, se dice *of the* para indicar la posesión : *the first page of the book :* la primera página del libro ; el fin de mes : *the end of the month*.

(**7**) No se emplea ninguna partícula tras el verbo en la expresión *to go home*.

(**8**) *To afford :* permitirse, tener medios para... *We can't afford a new car :* no podemos permitirnos un coche nuevo.

***

EJERCICIOS

1 Nuestros vecinos tienen un perro enorme. — **2** Si está usted demasiado ocupado puedo volver mañana. — **3** La mujer de David, Joan, es (una) secretaria. — **4** No podemos permitirnos un coche nuevo esto año. — **5** Termina su trabajo y empieza a leer una revista.

Fill in the missing words:

1 *La madre de David se llama también señora Wilson.*

.... mother is ...... Mrs Wilson ...

2 *Hoy cojo el coche de un amigo ; el mío no funciona.*

I'm taking a .... car today : mine ....

3 *Trabaja los viernes hasta las nueve.*

He works ..... nine o'clock .. ..

Thirtieth (30th) Lesson

1 — Hel**lo**, Joan, is **Da**vid in?
2 — No I'm af**raid** not. He **is**n't home yet.
3 — Is he still **work**ing?
4 — Yes; **Some**times he works un**til** nine.
5 — Oh well, I can't wait.
6 Tell him there's a darts match at the pub to**night**. (**1**)
7 — What time? — A**bout** half-past eight.
8 — If he's back in **time**, **I**'ll tell him. (**2**) (**3**)
9 — Thanks. Bye Joan. — Good-**bye** Pete.

PRONUNCIATION

1 ... is **dei**vidin ? — **2** ... äf**rlid**... iet. — **3** ... stïl (la « ï » muy breve)... — **4** ... an**til**... — **6** ... ä daats mach... päb tu**nait**. — **8** ... in **taim**... — **9** ... piit.

4 *El trabajo de Joan no es muy interesante.*

...... job .. ..

5 *No pueden permitirse una asistenta.*

They .... a " help ".

Respuestas

1 David's - called - too. — **2** friend's - does not work. — **3** until - on Friday. — **4** Joan's - is not very interesting. — **5** cannot afford.

Lección treinta

1 — Hola Joan, ¿ Está David ahí (dentro) ?
2 — No, lo siento, aún no está [en] casa.
3 — ¿ Está trabajando (prog.) todavía ?
4 — Sí ; a veces trabaja hasta [las] nueve.
5 — ¡ Ah ! bueno, no puedo esperar.
6 Dile que hay una partida de dardos en el pub esta noche.
7 — ¿ [A] qué hora ? — Hacia las ocho y media.
8 — Si vuelve a tiempo, se [lo] diré.
9 — Gracias. Adiós Joan. — Adiós Pete.

NOTES

(**1**) *Pub* es la contracción de *public house*, y equivale a las tabernas o bares españoles, salvando las distancias. Abren hacia el mediodía y cierran hacia las 23 horas.

(**2**) *On time* (« sobre tiempo ») : a su hora ; *in time* (« en tiempo ») : a tiempo.

(**3**) Contracción del futuro *will.* Se añade a todas las personas. No lleva « s » en la tercera persona del singular.

10 **Hu**rry up! I'm not **re**ady yet.
11 Are you still **wai**ting to **ma**rry a million**aire**?
12 He **al**ways asks for **mo**ney and I **ne**ver have any.
13 I can still re**mem**ber a few words of **Ger**man. (**4**)
14 Tell him a**bout** the match when he comes in.

10 ... redi iet. — **11** ... mëri.... milionëä ? — **13** ... rimembë... fiu uërds... dchermän.

EXERCISES

1 Is your **hus**band in, Mrs **Wil**son? — **2** She is still **wai**ting for you at the **sta**tion. — **3** He is **al**ways back at nine o'clock. — **4** When he comes in he is **o**ften **ti**red. — **5** Walk to the end of the road and turn left.

Fill in the missing words:

1 *Está siempre muy ocupado y nunca tiene tiempo libre.*

He is . . . . . . very . . . . and never has . . . free time .

2 *No puede entrar, señor, todavía está [hablando por] (al) teléfono.*

You can't . . . . sir, he is . . . . the phone .

3 *Todavía no ha vuelto.*

She isn't . . . .

4 *Cuando vuelva se lo preguntaré.*

When he . . . . I will ask him .

10 ¡ Dése prisa ! Aún no estoy preparado.
11 ¿ Espera usted aún casarse [con] un millonario ?
12 Siempre pide (por) dinero y nunca [lo] tengo (tengo nada).
13 Aún recuerdo (puedo recordar) unas pocas palabras de alemán.
14 Háblale (dile) del partido cuando vuelva (entre).

NOTES (continued)

(4) *To remember*: recordar algo, acordarse de algo. *To remind*: recordar algo a alguien.

5 *La señora aún no está preparada. Puede usted esperarla aquí.*

Madam is not .... You can .... her here .

EJERCICIOS

1 ¿ Está su marido ahí (dentro) Sra. Wilson ? — **2** Le está esperando todavía en la estación. — **3** Siempre vuelve a las nueve. — **4** A menudo, cuando llega (entra) está cansado. — **5** Vaya (camine) hasta el final de la calle y tuerza [a la] izquierda.

Respuestas

1 always - busy - any. — **2** go in - still on. — **3** back yet. — **4** comes back (in). — **5** ready yet - wait for.

Thirty-first (31st) Lesson

Eating

1 **Some**times, **Da**vid and Joan go out to eat.
2 There are **ve**ry few **En**glish **res**taurants where they live. (**1**) (**N. 3**)
3 Most of them are **ei**ther **In**dian or Chi**nese**, with a few **Ita**lian ones. (**2**)
4 They like **In**dian food, though Joan finds it very hot.
5 The **me**als are quite cheap and there is a lot to eat.
6 They eat **cu**rry and rice and fruit — and Joan drinks a lot of **wa**ter. (**3**) (**4**)
7 You can find **En**glish food in pubs, as **well** as **bee**r, but they shut quite **ear**ly.

8 — Hel**lo** **dar**ling. — Hel**lo** love. (**5**)
9 Do you want to go out to a **res**taurant to**night**?

PRONUNCIATION

2 ... inglish **res**töraänts... liv (la « i » muy breve). — **3** ...**ai**dzë **in**diën... chai**nis**... — **4** ... fud, dzou... fainds... — **5** ... kuaët chiip... — **6** ...**cä**ri... rais... frut. — **7** ...ës uel ës **bii**ä... shat... **ër**li. — **8** ...**daa**rlin... lav....

NOTES

(**1**) *Few :* poco ; *there are few people :* hay poca gente. *A few,* algunos, no muchos, unos pocos. Con sustantivos en singular que no pueden contarse se usa *little* (sin artículo indeterminado) : Hay poco tiempo : *there is little time.*

(**2**) *Most :* la mayor parte, la mayoría ; *most of them :* la mayoría de ellos.

(**3**) El curry es el plato nacional indio ; es un condimento para carnes, aunque también se usa con otros ali-

Lección treinta y una

Comer (comiendo)

1 A veces David y Joan salen a comer.
2 Hay muy pocos restaurantes ingleses [por] donde viven.
3 La mayoría de ellos son o indios o chinos y (con) unos pocos italianos.
4 Les gusta [la] comida india, aunque Joan la encuentra muy fuerte (caliente).
5 Las comidas son muy baratas y abundantes (hay mucho para comer).
6 Comen curry, (y) arroz y fruta, — y Joan bebe mucha agua.
7 Puede usted encontrar comida inglesa en [los] pubs, así como cerveza, pero cierran muy pronto.

8 — Hola, querido. — Hola, amor.
9 ¿ Quieres ir a un restaurante esta noche ?

NOTES (continued)

mentos, y es el resultado de la combinación de quince especias diferentes. Los restaurantes indios en Inglaterra equivalen a lo que puedan ser los restaurantes chinos de Madrid o Barcelona, aunque en nuestro país son menos numerosos.

(4) *Fruit* (frut), al igual que *« information »* es siempre singular.

(5) Al no existir el tuteo, los ingleses se sirven, a menudo, de palabras afectuosas como *darling, love, duck* (¡ pato !).

10 — No. I've cooked a roast. We're **go**ing to eat in. (**6**)
11 — **Okay**, **I**'ll go and buy some **wine** at the **off**-licence. (**7**) (**8**)
12 — Yes, but don't stop to play darts.
13 — No. The darts match was last night. (**N. 4**)

10 ... kukt... roust... — **11** ... sam **uain**... **o**flaisenss. — **13** ... uos laast.

EXERCISES

1 You can take **ei**ther the steak or the fish. — **2** There are many **tou**rists in **Lon**don. Most of them are **Ger**man. — **3** I like him, though he makes a lot of noise. — **4** **Yes**terday was **Wedn**esday. — **5** I'll go and buy some **cho**colate.

Fill in the missing words:

1 *Aunque sea tarde, quiero salir.*

...... it is late, I .... to go out .

2 *Hay pocos restaurantes chinos en mi ciudad.*

There ... very ... Chinese restaurants in my ....

3 *Se puede encontrar comida, así como bebida.*

... can find food .. .. drinks .

10 — No, he cocinado un asado. Vamos a comer en casa (dentro).
11 — De acuerdo, voy a comprar (iré y compraré) vino a la « off-licence » (« venta de licores »).
12 — Sí, pero no te entretengas jugando (no pares a jugar) [a los] dardos.
13 — No. La partida de dardos fué anoche.

NOTES (continued)

(**6**) Aquí, el presente en forma progresiva situa la acción en el futuro inmediato : *We're going to London tomorrow* (vamos a Londres mañana).

(**7**) Retenga usted la forma de traducir dos infinitivos consecutivos : quiere venir a ver : *he wants to come and see* (la repetición de *to* sonaría mal).

(**8**) *« Off-licence » :* « venta de licores ». *Driving-licence :* permiso de conducir. La *off-licence* es la sección de un pub en la que se compra bebida para llevar.

4 *Mi marido bebe mucha cerveza, quizá demasiada.*

My .... drinks a ... .. beer, perhaps ... .

5 *Hay muchos restaurantes y la mayoría son chinos.*

There are .... restaurants and .... are ....

EJERCICIOS

1 Puede usted tomar o el filete o el pescado. — **2** Hay muchos turistas en Londres. La mayoría (de ellos) son alemanes. — **3** Me gusta (él), aunque hace mucho ruido. — **4** Ayer era miércoles. — **5** Voy a comprar (iré y compraré) (algo de) chocolate.

Respuestas

1 Though - want. — **2** are - few - town. — **3** You - as well as. — **4** husband - lot of - too much. — **5** many - most of them - Chinese.

Thirty-second (32nd) Lesson

1 Here are some **sen**tences with the verbs of the last few **les**sons:
2 Joan types **let**ters all **mor**ning. (**1**)
3 **Da**vid re**cei**ves a call from a friend.
4 Joan cooks at home if she is not too **ti**red. (**2**)
5 — Is your **hus**band still **wor**king?
6 — Yes, he is not home yet.
7 Wait for him, he's ext**reme**ly **bu**sy.
8 The phone is **rin**ging. **A**nswer it, please. (**3**)
9 His wife works **full**-time,
10 but he only works **part**-time.
11 I can't af**ford** a new car. **They**'re too ex**pen**sive.
12 — Let's go out to a **res**taurant to**night**.
13 — No thanks, I'm not **hun**gry,
14 but I **am thir**sty: let's go to the pub. (**4**)

PRONUNCIATION

1 ... sentënssis... laast... — **2** ... taips... **mor**nin. — **3** rë**ssi**vs... frend. — **4** ... kuks ... **tai**ëd. — **7** ... ekstrimli **bi**sii. — **8** ... änsër... — **9** ... **ful**-taim. — **11** ... ä**ford**.... eks**pen**sif. — **12** ... **res**töränt... — **13** ... **han**gri. — **14** ... (acentuar bien **am**) **zër**sti...

Lección treinta y dos

1 He aquí algunas frases con los verbos de las últimas (pocas) lecciones :
2 Joan escribe cartas a máquina toda [la] mañana.
3 David recibe una llamada de un amigo.
4 Joan cocina en casa si no está demasiado cansada.
5 — ¿ Está aún trabajando su marido ?
6 — Sí, aún no ha llegado a (está en) casa.
7 Espérelo (espere por él), está sumamente ocupado.
8 Suena el teléfono (forma prog.). Contesta (lo), por favor.
9 Su mujer trabaja la jornada completa (tiempo completo),
10 pero él trabaja sólo media jornada (tiempo parcial).
11 No puedo permitirme un coche nuevo. Son demasiado caros.
12 — Vayamos a un restaurante esta noche.
13 — No gracias, no tengo hambre (estoy hambrienta),
14 pero tengo sed (estoy sedienta) ; vamos al pub.

NOTES

(1) *To type* : escribir a máquina ; *a typewriter* (taipraitë) : una máquina de escribir. *A typist* : una mecanógrafa.

(2) *To cook* : cocinar ; *a cook* : un cocinero o cocinera ; *a cooker* : una cocina (aparato).

(3) *Phone* es una forma abreviada de *telephone*. También es el verbo « telefonear ».

(4) Escuche bien la cassette o el disco : acentuando el *am* se obtiene el sentido de : « por el contrario, tengo sed ».

***

Estudie esta lección con especial atención, porque en ella se revisan cuestiones anteriores y no olvide hacer las correspondientes « señales » si encuentra usted dificultades en ella.

EXERCISES

1 They **ne**ver eat in a **res**taurant. — **2** His wife's **cook**ing is **ex**cellent. — **3** He is still **wai**ting for a call from his boss. — **4** We had **bet**ter buy a new car, the old one **does**n't work. — **5** **Lear**ning **En**glish is only a **part**-time job.

Fill in the missing words:

1 *Su marido tiene siempre hambre y come siempre en un restaurante.*

... husband .. always ...... and he ...... eats in a restaurant.

2 *Voy a beber una cerveza, aunque no tengo sed.*

I'm ..... to drink a beer ...... I'm ... .

3 *Vamos a ver a David, si está en casa.*

..... go ... see David, if he's ..

Thirty-third (33rd) Lesson

1 Mr **Mar**sden is **Da**vid's boss. He is the **ed**itor of the **news**paper for which **Da**vid works. (**1**) (**2**)

PRONUNCIATION

1 ... maasdën... editë... foo uich...

4 *Siempre tiene mucho que hacer en febrero.*

He ...... has a ... .. do .. ..

5 *En 1987 ; en abril ; una reunión el 28.*

.. nineteen ....; .. April; a meeting .. the ....

EJERCICIOS

1 Nunca comen en un restaurante. — **2** La cocina de su mujer es excelente. — **3** Aún espera una llamada de su jefe. — **4** Haríamos mejor en comprar un coche nuevo ; el viejo (uno) no funciona. — **5** Aprender (aprendiendo) inglés es sólo un trabajo de dedicación parcial.

Respuestas

1 Her - is - hungry - always. — **2** going - though - not thirsty. — **3** Let's - and - in. — **4** always - lot to - in February. — **5** In - eighty-seven - in - on - twenty-eighth.

Lección treinta y tres

1 El Sr. Marsden en el jefe de David. Es el redactor jefe del periódico para el que trabaja David.

NOTES

(**1**) *Editor* es una « falsa palabra amiga » (palabra que se parece a su equivalente español, pero que significa otra cosa) : *editor :* redactor jefe ; *publisher :* editor.

(**2**) Nótese la pronunciación de *which :* uich. *Which* significa, según los casos quien o el que (y sus correspondientes femenino y plurales).

2 There are **ma**ny responsibi**li**ties in his job, but he en**joys** it very much. (**3**)
3 In his wife's o**pin**ion, there are too many responsi**bi**lities; she **ne**ver sees him!
4 She pre**fers** her son's job. He is a **bank** clerk and is home every day at six.
5 His job is not as well **paid** as his **fa**ther's, but he works less, (**4**)
6 and the **ho**lidays are **be**tter.
7 In **En**gland, twice a year, there is a day's **ho**liday called a " Bank **Ho**liday ". (**5**) (**6**)

8 — **I**'ll be home late to**night**, **de**ar. — Why?
9 — I've got a new **ar**ticle a**bout** taxa**t**ion to pre**pare**.
10 — But you **al**ways go to the **o**ffice **ear**ly and come home late!
11 — I can't **help** it. An **ed**itor's life, you know...
12 — And his wife's life...!
13 — **I**'ll see you to**night**, love, good-**bye**.

2 ... rispänsë**bi**litis... dchob... end**chois**... — **3** uaifs ö**pi**niön... siis... — **4** säns... **bank** kleek... — **5** ... asuel **peid**... — **7** ... **ing**länd, tuais... — **9** ... **ar**tiköl... tak**sei**shën... pri**pear**. — **11** ... ai kant **hel**pit... **e**ditërs laif...

2 Tiene (hay) muchas responsabilidades en su trabajo, pero le divierte mucho.
3 En opinión de su mujer, tiene demasiadas responsabilidades ; ¡ nunca lo ve !
4 Prefiere el trabajo de su hijo. Es empleado de banca y está en casa todos los días a las seis.
5 Su trabajo no está tan bien pagado como el de su padre, pero trabaja menos,
6 y las vacaciones son mejores.
7 En Inglaterra hay dos días festivos al año que reciben el nombre de « Fiesta de la Banca ».

8 — Llegaré a casa (estaré en casa) tarde esta noche, querida. — ¿ Por qué ?
9 — Tengo que preparar un nuevo artículo sobre [los] impuestos.
10 — Pero siempre vas a la oficina pronto y vienes a casa tarde.
11 — No puedo evitarlo. [Es] la vida del (de un) redactor jefe, ya sabes.
12 — ¡ Y la vida de su mujer... !
13 — Te veré esta noche, cariño, adiós.

***

NOTES (continued)

(3) *To enjoy* (palabra inglesa de origen francés) ; divertirse, pasarlo bien, encontrar placer en algo, gustar... ; *he enjoys his work :* le gusta su trabajo (se divierte, lo pasa bien en su trabajo).

(4) La expresión completa sería *his father's job.* Ya hemos visto cómo hay en inglés la tendencia a evitar la repetición de una misma palabra en la misma frase o período.

(5) *Once* (uanss) : una vez ; *twice* (tuaiss) : dos veces ; *three times* (zri taims) : tres veces, etc.

(6) El posesivo *('s)* se emplea con palabras que expresan un período de tiempo así como con los nombres de los seres animados. Un año de trabajo : *a year's work ;* un día de vacaciones : *a day's holiday ;* un paseo de cinco horas : *a five hour's walk.*

EXERCISES

1 He works less than his **fa**ther but is paid more. — **2** Her job is **be**tter than mine. — **3** Read the **ex**ercise twice and say it a**loud**. — **4** The **pa**per for which he works is called the " Star ". — **5** His wife's o**pin**ion of him is not very good.

Fill in the missing words:

1 *La vida de este hombre es apasionante. Es explorador.*

That ..... life is fascinating. He's .. explorer .

2 *Dos veces al año, vamos a Londres a ver a mi madre.*

.... year, we go .. London .. .. mother .

3 *La empresa para la que trabaja está establecida en Dover.*

The company ... . he works is based .. Dover .

4 *Su trabajo no está tan bien pagado como el mío.*

His ... is ... . paid as ....

Thirty-fourth (34th) Lesson

1 **We**'ll see you to**mo**rrow night at half-past **se**ven.

2 I've got **no**thing to do — and it makes me **ti**red.

3 Her **hus**band drinks too much — or that is her o**pin**ion.

5 *Volveré tarde esta noche.*

.... be back .... this evening .

EJERCICIOS

1 Trabaja menos que su padre pero está mejor pagado. — **2** Su trabajo es mejor que el mío. — **3** Lea el ejercicio dos veces y dígalo en voz alta. — **4** El periódico para el que trabaja se llama el « Star » (estrella). — **5** La opinión de su mujer sobre (de) él no es muy buena.

Respuestas

1 man's - an. — **2** Twice a - to - to see my. — **3** for which - in. — **4** job - not as well - mine. — **5** I'll - late.

A partir de este momento, disminuirá sustancialmente el número de paréntesis y corchetes, que reservaremos para casos muy particulares porque ya debe estar usted acostumbrado a los giros ingleses más corrientes (la forma posesiva, la forma progresiva, etc.).

Lección treinta y cuatro

1 Nos veremos mañana por la noche a las siete y media.
2 No tengo nada que hacer — y eso me cansa (me hace cansado).
3 Su marido bebe demasiado — o esa es su opinión.

PRONUNCIATION

1 uiil sii (las « i » son, ambas, igualmente largas). — **3** ... **häs**bënd... tuu...

4 His wife's **spen**ding **wor**ries him.
5 **You**'ll meet his son next week. He's **co**ming to **vi**sit us. (**1**)
6 His son's **re**cord-**pla**yer is much too **noi**sy.
7 My **dau**ghter **a**lways com**plains** that I work too much.
8 The man for whom I work is **ve**ry mean. He **does**n't pay me e**nough**. (**2**)
9 Please ex**cuse** me, it is not my fault.
10 I don't want to go home. May I come with you?
11 **Is** it **far** to the tube **sta**tion? — No, a**bout** five **mi**nutes' walk.
12 What is the **max**imum **pen**alty for **bi**gamy?
13 Two **moth**ers-in-law.

4 ... **uë**ris... — **5** **iul**... **vi**sit... — **6** ... **re**kood-**plei**ër... **noi**si. — **7** ... **doo**tä... köm**pleins**... — **8** ... hum... miin...i**naf**. — **9** ... foolt. — **11** **isit faar**... — **12** ... **mak**simöm **pe**nalti... **bi**gämi... — **13** ... **ma**dzërs-in-loo.

EXERCISES

1 When he phones, **I**'ll tell him you are **he**re. — **2** The man to whom she gives the **mo**ney is her **bro**ther. — **3** I live in **Ha**rrow, is it far? — No, ten **mi**nutes' walk. — **4** Don't **wo**rry, I'm sure **he**'ll come. — **5** My **mo**ther-in-law is **co**ming next **Tues**day.

4 Los gastos de su mujer le preocupan.
5 Conocerás (encontrarás) a su hijo la próxima semana. Viene a visitarnos.
6 El tocadiscos de su hijo es excesivamente ruidoso.
7 Mi hija siempre se queja de que trabajo mucho.
8 El hombre para el que trabajo es muy avaro. No me paga bastante.
9 Por favor, perdóneme, no es culpa mía.
10 No quiero ir a casa. ¿ Puedo irme contigo ?
11 ¿ Está lejos la estación de metro ? (¿ Es lejos hasta la estación de metro ?) — No, a unos cinco minutos andando (de paseo).
12 ¿ Cuál es el máximo castigo por bigamia ?
13 Dos suegras.

NOTES

(**1**) *He is coming*: el presente en forma progresiva, con la idea de futuro cercano o seguro (en español : viene la semana que viene -seguro- ; **en cambio** : vendrá la semana que viene, si no hay huelga -dudoso-).

(**2**) *For which* [lección 33, n° (2)] : para el que ; *for whom* (hum) : para quien.

***

EJERCICIOS

1 Cuando llame por teléfono le diré [que] está usted aquí. — **2** El hombre al que da el dinero es su hermano. — **3** Vivo en Harrow ¿ está lejos ? — No, diez minutos andando (un paseo de diez minutos). -- **4** No se preocupe, estoy seguro de que vendrá. — **5** Mi suegra viene el martes próximo.

Fill in the missing words:

1 *Es un viaje de dos horas en coche.*

It is a .. .. drive .. car .

2 *La mujer a la que habla no la escucha.*

The woman to .... she .. talking is not ....
to ...

3 *Estoy demasiado ocupado para verlo.*

I .. .. to see ...

Thirty-fifth (35th) lesson

REVISIONS AND NOTES

Notas para revisar. — Lección **29** : (2), (5) - Lección **30** : (5) - Lección **31** : (1), (2), (7) - Lección **33** : (5), (6) - Lección **34** : (2), (3).

1 Until. — Hablando de tiempo, « hasta » se traduce por *until* (o *till*). Trabaja hasta las nueve : *He works until nine o'clock*. Hablando de distancias se dice *to* : Vaya hasta el final de la calle : *go to the end of the road*.

2 Se. — Este pronombre español, que tanto se usa, no se traduce exactamente al inglés. Se usa para ello un pronombre (*we, you, they*) o también *people*. Digamos que se « personaliza ». En otros casos se usa la forma pasiva.

3 Expresiones de cantidad. — Cambian según que lo descrito sea singular o plural.

4 *La persona para la que trabaja es el redactor jefe.*

The person ... . she works .. ..

5 *Por favor, perdóneme, estoy sumamente cansado.*

.... me. I'm ....

Respuestas

1 two hours' - by. — **2** whom - is - listening - her. — **3** am much too busy - him. — **4** for whom - is the editor. — **5** Please excuse - extremely tired.

Lección treinta y cinco

Ya hemos visto : *much* y *many* (y su sustituto *a lot of*).
Tenemos también little (poco) ante un nombre singular, y *few* ante un nombre plural. *He has little money and few friends* (tiene poco dinero y pocos amigos). Al poner el artículo indeterminado ante estas palabras obtenemos : *a little* (un poco) *I speak a little German* (hablo un poco de alemán) ; y *a few* (algunos, unos pocos) : *I know a few words of Spanish* (sé algunas palabras de español).

4 Las palabras compuestas. — Ya hemos visto el punto clave del inglés : su simplicidad. Esta es la razón del uso de palabras compuestas. Cuando por ejemplo, nosotros, en español, decimos « partida de dardos », la segunda palabra es como si fuera un adjetivo de la primera (¿ qué tipo de partida ?). Por otra parte, hemos dicho anteriormente que los adjetivos se ponen delante del nombre ; así pues, esta es la razón por la que en inglés, lengua que intenta simplificar todo al máximo, se usan palabras compuestas, siendo la primera como un adjetivo de la segunda : *darts-match.*

Así tenemos : *tooth-brush* : cepillo de dientes ; *lorry-driver* : conductor de camión, o sea, camionero ; con esto vemos que los ingleses, anteponiendo nombres suplen la necesidad de sufijos, etc.

¡ ¡ ¡ **Cuidado** ! ! ! : Entre *a whisky bottle* y *a bottle of whisky*, la diferencia es importante : *a whisky bottle* : una botella de whisky, en el sentido de hecha para contener whisky, es decir, la botella en cuanto material, como recipiente ; sin embargo *a bottle of whisky* significa una botella de whisky, en el sentido de « llena de whisky », con referencia al contenido de la botella. Usted podrá beber muchas *bottle of whisky*, pero nunca podrá beber *a whisky bottle*.

Thirty-sixth (36th) Lesson

1 **Da**vid and Joan are **go**ing to the **Ma**rsden's for **di**nner.

2 They ar**rive** at **se**ven **thir**ty and Mr **Ma**rsden **o**pens the door and in**vites** them in.

3 — Come into the **si**tting-room and sit down. What will you have to drink? (**N. 1**) (**1**)

PRONUNCIATION

1 ... maasdëns... — 2 ... oupëns... invaits... — 3 ... uatuiliu hav...

5 Expresiones importantes :
This restaurant is quite cheap: este restaurante es bastante barato.
Go and *buy some wine, please*: Vete a comprar vino, por favor.
His job is better paid than his son's: su trabajo está mejor pagado que el de su hijo.
The phone is ringing, answer it please: el teléfono está sonando ; contesta, por favor.
The postman (poostmän) *comes twice a day*: el cartero viene dos veces al día.
Have some fruit: tome un poco de fruta.

¿ Está usted contento con su trabajo al cabo de estas treinta y cinco lecciones ? Los conocimientos que usted posee son, sin duda, algo vagos, especialmente en algunos aspectos. No se preocupe, pues a la vez que vamos avanzando en el estudio, volveremos constantemente sobre lo ya visto, para que usted no olvide lo aprendido. Este repaso continuo será aún más intenso cuando, a partir de la lección 50, iniciemos la **segunda ola**, *pues los ejercicios que usted tendrá que realizar serán tanto los de la lección que corresponda como los de la lección que toque revisar. De este modo, el repaso y puesta al día de aspectos olvidados se harán automáticamente. Déjese guiar por nosotros y el éxito final será seguro.*

Lección treinta y seis

1 David y Joan van a casa de los Marsden a cenar.
2 Llegan a las siete y media y el Sr. Marsden abre la puerta y les invita [a entrar] (dentro).
3 — Venid al salón y sentaos. ¿ Qué queréis (tomar para) beber ?

NOTES

(**1**) *Will*, ya lo hemos visto, es el auxiliar para el futuro. Quiere decir también « ¿ quiere usted ? ». *Will you help me ? :* ¿ quiere ayudarme ?

4 — A **whis**ky for me. — Joan, what will you have? (**2**)
5 — A **sher**ry, if I may. Dry, please. (**3**)
6 He serves the drinks and they all sit down.
7 Mrs **Mar**sden comes down**stairs** and joins them. (**N. 2**)
8 The cook comes in and says: " **Din**ner is **re**ady ". They go into the **di**ning-room.
9 The meal is **ex**cellent. They eat soup, lamb, fruit **sa**lad and cheese. (**4**)
10 — You're very **lu**cky to have a cook, Mrs **Mar**sden, says Joan.
11 — Yes. You see, I have so **li**ttle time to cook.
12 — So do **I**. But **David does**n't earn **enough mo**ney, so...
13 There is an em**ba**rrassed **si**lence.
14 — Have a **bran**dy, says Mr **Mar**sden.

4 ... uiski... — **5** ... sheri ... drai... — **6** ... sërvs... — **7** ... daunsteers... — **8** ... kuk... dainin... — **9** ... eksëlent... lam, frut... chiis. -- **12** ... sooduai... ërn... — **13** ... imbarëst sailënss.

4 — Un whisky para mí. — Joan ¿ qué quieres tomar ?
5 — Un Jerez, si es posible. Seco, por favor.
6 Sirve las bebidas y todos se sientan.
7 La Sra. Marsden baja las escaleras y se une a ellos.
8 La cocinera entra y dice : « la cena está dispuesta ». Entran en el comedor.
9 La comida es excelente. Comen sopa, cordero, ensalada de frutas y queso.
10 — Tienen ustedes mucha suerte (son ustedes muy afortunados) de tener [una] cocinera, Sra. Marsden, dice Joan.
11 — Sí, verá, tengo tan poco tiempo para cocinar.
12 — Igual que yo. Pero David no gana suficiente dinero, así que...
13 Se produce un silencio embarazoso.
14 — Tomemos un brandy, dice el Sr. Marsden.

NOTES (continued)

(**2**) Sólo el *whisky* escocés puede escribirse sin « e ». En Irlanda o en Estados Unidos (y ahora en Japón) se debe escribir *whiskey.* La palabra viene del gaélico, es la que usan para decir agua (uisque).

(**3**) *Dry :* seco. Aquí se refiere a un vino o licor seco (vino dulce : *sweet wine*). Sólo (o sea, sin agua, etc.) se dice *straight.* Húmedo : *wet.*

(**4**) En Inglaterra se come el queso tras la fruta. En Francia, antes de la fruta o el postre dulce. En España, aunque comienza a tener éxito la costumbre francesa, se toma más bien como aperitivo, antes de las comidas.

(**5**) *So do I* (así hago yo) : yo también, a mí también, etc. Me gusta el whisky : *I like whisky.* A mí también : *So do I.* A él también : *So does he,* etc.

***

No se olvide fijarse en los números de las páginas y de las lecciones. Así aprenderá a contar.

EXERCISES

1 Come in and sit down. What will you have to drink? — **2** There is so much to do and so **li**ttle time. — **3** How much **mo**ney do you earn? — **4** Come and join us. — **5** She serves **di**nner at eight e**xac**tly.

Fill in the missing words:

1 *Pasad al salón. Sentaos.*

Come .... the ......-.... Sit ....

2 *Ella baja la escalera y entra en el comedor.*

She .... and comes .... the ......-room.

3 *Pase, por favor. Yo le sigo.*

.. .. please. . .... follow you.

Thirty-seventh (37th) Lesson

Directions

1 — Can you tell me the way to the **Bri**tish Museum? (**1**)

2 — Mmm... Let me **see**. Yes. Are you on foot?

PRONUNCIATION

1 ... uei... miusiäm — **2**... letmi sii...

4 *Abre la puerta y les invita a entrar.*

He .... and invites .... to .... ..

5 *¿ Qué quiere beber ? Un vino blanco seco, por favor.*

What .... you .... to drink? A ... . please .

EJERCICIOS

1 Pase y siéntese. ¿ Qué quiere (tener para) beber ? — **2** Hay tanto que hacer y tan poco tiempo. — **3** ¿ Cuánto dinero gana usted ? — **4** Venga con nosotros (a unirse a nosotros). — **5** Sirve [la] cena a las ocho exactamente.

Respuestas

1 into - sitting-room - down. **2** comes downstairs - into - dining. — **3** Go in - I will. — **4** opens the door - them - come in. — **5** will - have - dry white wine.

Lección treinta y siete

Direcciones

1 — ¿ Puede usted indicarme (decirme) el camino para el Museo Británico ?
2 — Mmm... Veamos. Sí. ¿ Va usted andando ? (¿ a pie ?).

NOTES

(1) *To tell* tiene varios sentidos, especialmente el de contar, relatar. *To tell* supone la idea de informar o dirigir a alguien. Aquí, lo traducimos por « indicar, explicar »...

3 — Yes, I am. — Well, go up **Cha**ring Cross Road and take **Sha**ftesbury **A**venue.
4 You come to New **Ox**ford Street. Er, then it's, er, just **o**pposite I think.
5 Yes, that's it, just **o**pposite is **Bloom**sbury Street. — **So**rry, say that ag**ain**?
6 — Just **o**pposite, you've got **Bloom**sbury Street. Go down there and it's on your right.
7 You can't **miss** it.
8 — Thanks very much. — That's o**kay**.

9 — Have a**no**ther **bee**r. — I don't want one, but have one your**self**.
10 — I **will**. I'm **ve**ry **thir**sty. — You're **al**ways **thir**sty.
11 — Per**haps** it's be**cause** I don't drink e**nough**.

A glutton

12 (A **mo**ther to her son, **a**fter the sixth piece of cake):
13 — Tom, you **are** a **glu**tton. How can you eat so much?
14 — I don't know. It's just good luck.

3 ... gou äp **chë**rin... roud... **Shaa**ftsbëri... — **4** ... niu **öks**fërd **ö**pösit... — **5** ... **blum**sbëri... — **7** ... **missit**. — **10** ... ai uil — ä **glä**tën. — **12** ... siksz piiss...

Escuche esta conversación « normal », prestando especial atención a las pausas, dudas, los « eh », etc. ¿ A que estos detalles cada vez le suponen menos esfuerzo ?

3 — Sí (yo soy). — Entonces suba [por] Charing Cross y tome Shaftsbury Avenue.

4 Llega (viene) usted a New Oxford Street. Eh... luego, está, eh, justo enfrente, creo.

5 Sí, eso es justo enfrente está Bloomsbury Street. — Perdone, ¿ me lo puede decir otra vez ?

6 — Justo enfrente, tiene usted Bloomsbury Street. Baje por allí y está a su derecha.

7 No tiene pérdida (no puede usted dejar de encontrarlo).

8 — Muchas gracias. — De nada.

9 — Tome (tenga) otra cerveza. — No quiero, pero tómese usted una.

10 — Lo haré. Tengo mucha sed. — Usted siempre tiene sed.

11 — Quizá es porque no bebo suficiente.

Un glotón

12 (Una madre, a su hijo, tras el sexto trozo de pastel) :

13 — Tom, eres un glotón. ¿ Cómo puedes comer tanto ?

14 — No sé. Es sólo (buena) suerte.

EXERCISES

1 Take the first street on the right. — 2 Turn left at the end of the road. — 3 It's only a **twen**ty **min**utes' walk to **Ox**ford Street. — 4 **So**rry, say that a**gain**. I can't **hear**. — 5 **Hu**rry up. Don't miss the train. — 6 **O**pposite the church you can see the school.

Fill in the missing words:

1 *Hay tanto ruido que se va a acostar.*

There is .. .. that he .. .. bed .

2 *¿ Puede indicarme el camino para ir al museo ?*

Can you .... me ... . the ......?

3 *Suba por esta calle y está a su izquierda.*

.. .. street and it's .. your ....

Thirty-eighth (38th) Lesson

At the Pub

1 **Da**vid and Pete are **pla**ying darts.
2 — I'm good, Pete, but I think you're **bet**ter. (1)
3 — No, that's not true. Oh, **six**ty! Per**haps** you're right.

PRONUNCIATION

1 ... gud... betë. — 3 ... tru...

4 *¿ Va (está) usted a pie o en coche ?*

Are you .. .... or .. a car?

5 *Tengo suerte, no me pierdo nunca.*

... . I ..... get lost .

EJERCICIOS

1 Tome la primera calle a la derecha. — **2** Tuerza [a la] izquierda al final de la calle. — **3** Hay (es) sólo veinte minutos a pie (un paseo de veinte minutos) hasta Oxford Street. — **4** Perdone, repítamelo, por favor. No le oigo (no puedo oir). — **5** Deprisa, no pierda el tren. — **6** Enfrente de la iglesia puede ver usted la escuela.

Respuestas

1 so much noise - is going to. — **2** tell - the way to - museum. — **3** Go up this - on - left. — **4** on foot - in. — **5** I'm lucky - never.

Lección treinta y ocho

En el pub

1 David y Pete juegan (*prog.*) a los dardos.
2 — Soy bueno, Pete, pero creo que tú eres mejor.
3 — No, no es verdad. ¡ Oh ! ¡ sesenta ! quizá tengas razón.

NOTES

(**1**) Recordemos que *good* (bueno) es adjetivo y que *well* (bien) es adverbio. *How are you ? — Very well*, (¿ Cómo está usted ? — Muy bien).

4 — Hey, look, you're **clo**ser than me. — Yes, but I'm short-**si**ghted. (**2**) (**3**)
5 — **That's** no ex**cuse.** You can see from **he**re.
6 — Yes, but not **ve**ry well. **Any**way, I don't **al**ways win. (**4**) (**5**)
7 — But you can buy the drinks. You're **ri**cher than me.
8 — Al**right**. What do you want? — I want to win.

9 Pete is **ri**cher than **Da**vid, but **Da**vid is **ha**ppier.
10 I'm **bi**gger than you. — Yes, but I'm more in**te**lligent.
11 How is your poor **fa**ther? — He's worse, I'm af**raid**. (**6**)
12 This is the best way to go to the museum.
13 Close, **clo**ser, **clo**sest; rich, **ri**cher, **ri**chest;
14 good, **be**tter, best; more in**tel**ligent, most in**tel**ligent.

4 ... **klousë**... shoort-**sait**it. — **5 dzats** nou eks**kius**... — **6** ... **eni**uei... — **7** ... ior **ri**chë dzan mii. — **8** ool**rait**... uin. — **9** ... **ha**pië. — **10** ... moor... — **11** ... poor... uërs... ä**freid**. — **12** uei.

NOTES (continued)

(**2**) *Close*: cercano, próximo: *closer*: más cercano, más próximo. Los adjetivos de una sílaba y los de dos, cuando llevan el acento en la primera, forman así el comparativo. Se añade « -er » (*rich, richer*), menos cuando el adjetivo termina ya en e, en cuyo caso se añade sólo « -r ». Si el adjetivo termina en « y », ésta se transforma en « i » : *happy* (feliz, contento) ; *happier* (más feliz, más contento). Para el superlativo se añade « -est » : *happiest* (el más feliz, el más contento, muy contento, contentísimo). Para las palabras más largas se usa *more* (más) y *the most* (el más) para el superlativo.

4 — ¡ Eh ! mira, estás más cerca que yo. — Sí, pero yo soy miope.
5 — Eso no es excusa. Puedes ver desde aquí.
6 — Sí, pero no muy bien. De todas formas, no siempre gano.
7 — Pero puedes pagar las copas. Eres más rico que yo.
8 — Bueno. ¿ Qué quieres ? — Quiero ganar.

9 Pete es más rico que David, pero David es más feliz.
10 Soy más grande que tú. — Sí, pero yo soy más inteligente.
11 ¿ Cómo está tu pobre padre ? — Está peor, me temo.
12 Es el mejor camino para llegar al museo.
13 Cerca, más cerca, muy cerca (o también, cercano, más cercano, el más cercano, muy cercano) ; rico, más rico, muy rico (el más rico, riquísimo) ;
14 bueno, mejor, el mejor (buenísimo) ; más inteligente, el más inteligente (o inteligentísimo).

NOTES (continued)

(3) La palabra *myopic* existe, pero es muy técnica. Para présbite se utiliza *long-sighted*. Igualmente, daltónico se dice *color-blind* (ciego para los colores), en lugar de *daltonist*.

(4) *Any* (cualquiera,...) *way* (camino, modo) : de todas formas, de cualquier manera, da lo mismo.

(5) *To win* : ganar un premio, un concurso ; *to earn* : ganar dinero.

(6) Al igual que en español, hay comparativos y superlativos irregulares. Ya hemos visto *good, better, the best* (bueno, mejor, el mejor). El contrario es *bad, worse, the worst* (malo, peor, el peor, pésimo).

***

¿Pronuncia usted siempre con energía las consonantes ?

38th LESSON

EXERCISES

1 I'm af**raid** I can't see. I'm short-**si**ghted. — **2** How is your poor **dau**ghter? — Much **be**tter. — **3** We've got no **mo**ney at all. — **4** He **al**ways wins when we play **po**ker. — **5** She earns more **mo**ney than her **fa**ther.

Fill in the missing words:

1 *El mejor jugador ganará el partido.*

... . player will ... the match .

2 *Él es más rico pero ella es más feliz.*

He is ...... but she is ....

3 *Vuestros ojos son más grandes que vuestro estómago.*

Your .... are .... your stomach .

4 *No tengo dinero ni problemas.*

I've got .. money and .. problems .

Thirty-ninth (39th) Lesson

London

1 **Lon**don is **la**rger than **Pa**ris but **sma**ller than New **York**.

5 *Es el peor estudiante de la clase.*

He . . the . . . . . student . . the class .

EJERCICIOS

1 Me temo que no puedo ver. Soy miope. — **2** ¿ Cómo está tu pobre hija ? — Mucho mejor. — **3** No tenemos dinero (en absoluto). — **4** Siempre gana cuando jugamos [al] póker. — **5** Gana más dinero que su padre.

Respuestas

1 The best - win. — **2** richer - happier. — **3** eyes - bigger than. — **4** no - no. — **5** is - worst - in.

Lección treinta y nueve

Londres

1 Londres es mayor que París pero más pequeño que Nueva York.

2 There are more than eight **mi**llion in**habi**tants in **Grea**ter **Lon**don, (**1**) (**2**)

3 more than the popu**la**tions of **Scot**land and **Wa**les to**geth**er.

4 **In**ner **Lon**don is **sma**ller. Here you find the " West **End** " with its **the**atres

5 and the **Ci**ty, which is the fi**nan**cial **cen**tre of **En**gland. (**3**) (**4**)

6 It is **al**so the oldest part of **Lon**don and still has some **an**cient tra**di**tions.

7 For e**xam**ple, the Lord **Ma**yor of **Lon**don is **ma**yor of the **Ci**ty **on**ly.

8 The most im**por**tant part of the **Ci**ty is the Stock Ex**change**

9 which is as im**por**tant as the Bourse in **Pa**ris.

10 In **al**most **e**very street, there is a **beau**tiful church, often de**si**gned by Wren. (**5**)

11 A**mong** the **pla**ces of **in**terest to see are Tra**fal**gar Square,

12 with its **co**lony of **pi**geons and four bronze **li**ons;

13 and the **Hou**ses of **Par**liament and Big Ben.

14 In fact, it is the bell and not the clock which is called Big Ben.

PRONUNCIATION

2 ... inabitänts... greitë... — **3** ... pöpiuleishëns... — **4** ... inër... uestend ... ziiätërs. — **5** ... fainansshöl sentë... — **6** ... einshënt trädishöns. — **7** foreksämpël... loord meiär... — **8** ... stok ekschench. — **10** ... chërch... disaind bai ren. — **11** ëmäng... intërest... skuear. — **12** ... pidchöns... bröns laiöns. — **13**... hausisov parliëmënt.

2 Hay más de ocho millones de habitantes en el « gran » Londres.
3 Más que la población de Escocia y Gales juntos.
4 « Inner London » (el centro) es más pequeño. Aquí puede encontrarse el West End (límite oeste) con sus teatros
5 y la City, que es el centro financiero de Inglaterra.
6 Es también la parte más antigua de Londres y aún conserva (tiene) (algunas) viejas tradiciones.
7 Por ejemplo, el « Lord Mayor » de Londres es alcalde de la City solamente.
8 La parte más importante de la City es el Stock-Exchange (la bolsa),
9 que es tan importante como la bolsa de París.
10 En casi todas las calles hay bellas iglesias, muchas de ellas diseñadas por Wren.
11 Entre los lugares interesantes (de interés) de ver, está Trafalgar Square,
12 con su colonia de palomas y cuatro leones de bronce ;
13 y la sede del Parlamento y el Big Ben.
14 De hecho es la campana y no el reloj la que se llama Big Ben.

NOTES

(**1**) Palabra engañosa : *inhabitants :* habitantes ; *inhabited :* habitado ; *uninhabited :* inhabitado.

(**2**) *Greater London :* Londres con sus alrededores, barriadas y suburbios. Se dice lo mismo de todas las grandes ciudades : el « gran » París, el « gran » Madrid, etc.

(**3**) *The City* es la capital más pequeña del mundo, una milla cuadrada (259 hectáreas).

(**4**) El pronombre relativo para cosas es *which* (o *that*) ; para personas es *who* o, a veces, *whom*.

(**5**) Christopher Wren (1632-1723), célebre arquitecto que reconstruyó la catedral de Saint-Paul (San Pablo) tras el incendio de Londres (1666).

EXERCISES

1 Your **bro**ther-in-law and his friend are ar**ri**ving to**ge**ther. — **2** It is this **sen**tence which is the most **di**fficult. — **3** We have **co**ffee or tea. Which do you want? — **4** Which is the most **beau**tiful church in **Lon**don? — **5** She is a lib**ra**rian, not a **sec**retary.

Fill in the missing words:

1 *El hombre con quien habla usted es un ex-ministro.*

The man .. .... you are .... is an ex-minister.

2 *Tenemos un amigo que toca maravillosamente el piano.*

We have a .... plays ... . marvelously .

3 *¿ Quién quiere venir a Londres con nosotros ?*

... wants .. .... to London with .. ?

4 *¿ Qué es más interesante, Londres o Edimburgo ?*

.... interesting, London .. .. ?

The more the merrier: Cuantos más seamos
Cuanta más gente
(o simplemente :

5 *Sería mejor que nos fuéramos ahora. Ya es tarde.*

We ... . now. It's ....

EJERCICIOS

1 Tu cuñado y su amigo vienen juntos. — **2** Es esta frase (la que es) la más difícil. — **3** Tenemos café o té. ¿Qué quieres? — **4** ¿Cual es la iglesia más bonita de Londres? — **5** Es bibliotecaria, no secretaria.

Respuestas

1 to whom - talking. — **2** friend who - the piano. — **3** Who - to come - us. — **4** Which is more - or Edinburgh. — **5** had better leave - already late.

más nos reiremos (merry : alegre).
más juerga.
cuantos más mejor).

Fortieth (40th) Lesson

Useful expressions

1 — Can I help you? — Yes, I'm **loo**king for...
2 Please sit down. You look **ti**red. (**1**)
3 Have a drink. What will you have?
4 Can you tell me the way to the town **cen**tre? (**N. 3**)
5 **Lon**don is **lar**ger than **Pa**ris but **sma**ller than New **York**.
6 Please come in. Make your**self** at home.
7 **So**rry, say that **again**.
8 I don't like **bee**troot. — No, **nei**ther do **I**. (**2**)
9 Can't you do **be**tter than that?
10 This **le**sson is more **in**teresting than the first one.
11 I can't speak **En**glish **flu**ently yet, but I can under**stand** quite well.
12 Please speak a **li**ttle **slo**wer. Thanks.
13 How far is it from **Lon**don to **Ed**inburgh?
14 He won't speak to you, he's in a bad mood. (**3**)

PRONUNCIATION

2 ... luk **tai**ëd — **4**... taun **sen**të ? — **5** ... **laar**dchë... **smoo**lë... — **6** ... meik iör**self**... — **7** ... ä**guein**. — **8** ... **bii**trut... **nei**dzë **duai**. — **9** kaant... — **11** ... **flu**ëntli... — **12**... **slou**ë... — **13**... **ed**inbër.

EXERCISES

1 No, sir, I'm a**fraid** he's not in. — **2** Can you come back to**mo**rrow? — **3** I like **Tur**kish **co**ffee. — So do I. — **4** Un**for**tunately, there are no **ti**ckets for **Sa**turday. — **5** We're **go**ing to see Pete. How far from here does he live?

Lección cuarenta

Expresiones útiles

1 — ¿ Puedo ayudarle ? — Sí, busco (por)...
2 Por favor, siéntese. Parece usted cansado.
3 Tome algo de beber. ¿ Qué desea ?
4 ¿ Puede decirme el camino para el centro de la ciudad ?
5 Londres es más grande que París pero más pequeño que Nueva York.
6 Por favor, entre. Siéntase como en su casa (« hágase en casa »).
7 Lo siento, dígamelo de nuevo.
8 No me gusta la remolacha. No, a mí tampoco.
9 ¿ No puedes hacerlo mejor (que eso) ?
10 Esta lección es más interesante que la primera (una).
11 Aún no hablo inglés con fluidez, pero puedo entender muy bien.
12 Por favor hable un poco más despacio. Gracias.
13 ¿ Que distancia hay (cómo lejos es) de Londres a Edimburgo ?
14 No quiere hablarte, está de mal humor.

NOTES

(**1**) *To look at :* mirar. *To look :* parecer, tener aspecto. *This meal looks nice ;* esta comida tiene buena pinta (parece agradable).

(**2**) *Neither... nor :* ni... ni. *Neither John nor Peter speaks French :* Ni Juan ni Pedro hablan francés. *Neither do I :* yo tampoco ; *neither does she :* ella tampoco. O... o se dice : *either... or.*

(**3**) *Won't = will not* (no olvide que *will* tiene también el sentido de querer).

EJERCICIOS

1 No, señor, me temo que no está ahí (dentro). — **2** ¿ Puede usted volver mañana ? — **3** Me gusta el café turco. — A mí también. — **4** Desgraciadamente, no hay entradas para el sábado. — **5** Vamos a ver a Pete. ¿A qué distancia (cómo lejos) de aquí vive ?

Fill in the missing words:

1 *No quiero ir a Grecia en septiembre. — Yo tampoco.*

I .... to go .. Greece .. September. — .... do I .

2 *Habla inglés con fluidez pero no alemán.*

... speaks English .... but .. ..

3 *Normalmente, va a su trabajo en coche.*

......., he ...... to work .

4 *Desgraciadamente, vamos a casa de mi madre para cenar.*

............., we are ..... to my .... for dinner .

Forty-first (41st) Lesson

Success

1 Peter and Dave are fishing : *Pete.* — I've got a bite!

2 *Dave.* — Is it a trout?

3 *Pete.* — Ow, no! It's a wasp!

5 *No como suficiente. — Al (Es lo) contrario, comes demasiado.*

I ..... eat ...... It's the ...., you eat ... .

Respuestas

1 don't want - to - in - Neither. — **2** She - fluently - no German. — **3** Usually - drives. — **4** Unfortunately - going - mother's. -- **5** don't enough - opposite - too much.

Lección cuarenta y una

El éxito

1 Pete y David están pescando.
Pete. — ¡ Pican ! (tengo una « picada »).
2 *Dave.* — ¿ Es una trucha ?
3 *Pete.* — ¡ Ay, no !, es una avispa.

PRONUNCIATION

säksess. — **1** ... bait. — **2** ... traut ? — **3** au... uops ! innösënss.

Innocence

4 *Little girl.* — Please drink your tea, Mr Williams. I want to watch you. (**1**)
5 *Mr Williams.* — Of course my dear. But why?
6 *Little girl.* — Because Mummy says you drink like a fish!

A Scottish prayer

7 Heavenly Father, bless us and keep us all alive. (**2**)
8 There are eight of us for dinner
9 and there's only enough for five.

10 — What is the longest word in English? — I don't know.
11 — " Smiles ", because there is a mile between the first and the last letter.

12 Keep quiet in the library. People are reading.
13 I don't want this old pullover. You can keep it.

6 ... mömi ses ... laik... preië. — 7 hevënli... kiip... älaiv. — 8 ... eit. — 9 ... inäf... — 11 smails bicos... mail bituiin... — 12 kiip kuaiët... laibrëri... — 13 ... pulovë... kiip...

Practique repitiendo cada una de las cuatro anécdotas. Son breves y no le resultará difícil.

Inocencia

4 *Niña.* — Por favor, bébase su té, Sr. Williams. Quiero verle.
5 *Sr. Williams.* — Claro, cariño, pero ¿ por qué ?
6 *Niña.* — ¡ Porque mamá dice que bebe usted como un pez ! (en español decimos « bebe como una esponja »).

Una oración escocesa

7 Padre celestial, bendícenos y consérvanos la vida.
8 Somos ocho (hay ocho de nosotros) a cenar.
9 Y hay sólo suficiente para cinco.

10 — ¿ Cuál es la palabra más larga en inglés ? — No lo sé.
11 — « Smiles » (sonrisas, risas), porque hay una « mile » (milla) entre la primera y la última letra.

12 Guarden silencio en la biblioteca. La gente está leyendo (prog.).
13 No quiero este viejo jersey. Puede usted quedárselo.

NOTES

(1) *To watch :* mirar, vigilar. *To watch television* : mirar la televisión. *A watch* : un reloj (de pulsera).

(2) *To keep* : guardar, conservar. *Keep quiet* : ¡ Guarden silencio ! *To keep left* : mantenerse a (ir por) la izquierda. *To keep a promise* : cumplir una promesa.

EXERCISES

1 Please keep **qui**et, there is too much noise. — **2** Stubbs, the famous **pai**nter, is still a**live**. — **3** There isn't e**nough** food for all of us. — **4** How many ki**lo**meters are there in a mile? — **5** She works in a library out**side Lon**don.

Fill in the missing words:

1 *Vete a la librería y cómprame la nueva novela de Greene.*

Go to the . . . . and buy . . the new . . . . . by Greene .

2 *¿ Cuál es la palabra más larga [que existe] en inglés ? Conozco la más corta.*

. . . . is the . . . . word . . English? I . . . .

3 *Deme cinco. Puede guardar el resto.*

. . . . me five. You can . . . . the rest .

Forty-second (42nd) lesson

REVISIONS AND NOTES

Notas para revisar. — Lección **36** : (1), (4) - Lección **37** : (3) - Lección **38** : (2), (6) - Lección **39** : (4) - Lección **40** : (2).

1 To come and **to go**. — *to come* : venir, es decir hacia el que habla ; *to go* : ir, irse, alejarse. *She comes downstairs* : Ella baja las escaleras (viene por las escaleras hacia abajo).

4 *Cuando conduzca usted por Inglaterra debe acordarse de ir por la izquierda.*

.... you ..... in England, you must remember:..

....

5 *No puede venderlo. No importa.*

He can't ...... Never ....

EJERCICIOS

1 Por favor, guarde silencio, hay demasiado ruido. — **2** Stubbs el famoso pintor, aún vive (está vivo). — **3** No hay suficiente comida para todos (de) nosotros. — **4** ¿Cuántos kilómetros hay en una milla? — **5** Trabaja en una biblioteca fuera [de] Londres.

Respuestas

1 bookshop - me - novel. — **2** What - longest - in - know the shortest. — **3** Give - keep. — **4** When - drive - to keep left. — **5** sell it - mind.

Lección cuarenta y dos

She goes downstairs: Ella baja la escalera (y nosotros permanecemos arriba).

Come in (pase, entre) indica que el que habla está en la habitación. *Go in* quiere decir que el que habla está con el que recibe la orden.

Into expresa la idea de movimiento *(to)* y de entrar *(in)*. *Go into*: entrar en.

2 Verbos compuestos. — Cambiando la preposición puede hacerse variar el sentido del verbo : *to come in* : entrar ; *to come down* : bajar ; *to come out* : salir ; *to come back* : volver.
En esta preposición puesta tras el verbo, la que decide el sentido ; por tanto, si un verbo posee una partícula habitual, fíjese bien en ella (por ejemplo *to ask for*) ; cuando cambia esta preposición, colocada tras el verbo, cambia también el significado del mismo.

3 To tell (contar) siempre tiene sentido de « informar ».
Tell me about your job : hábleme (dígame, cuénteme, infórmeme) sobre su trabajo.
Tell him the truth : díle (cuéntale) la verdad. *Tell me a story* : cuéntame una historia. **Siempre va seguido de un pronombre** (*you, him, someone*).
To say (decir) va seguido, normalmente de *that* (aunque este *that* se suprime muchas veces en frases coloquiales). *He says that he is tired* : dice que está cansado (pronunciación de la tercera persona *says* : ses).
To speak : (hablar) : *we speak English.*

4 Expresiones importantes (ver también la lección 37) : *I don't like this film. Neither do I* : No me gusta esta película. A mí tampoco. *He drinks like a fish* : Bebe como una esponja (un pez).

There are four of us for dinner: Somos cuatro a cenar.
Sorry, say that again: Pérdone, dígamelo de nuevo (repítamelo).
The museum is on your right: El museo está a su derecha.

5 Algunas medidas. — 1 mile = 1,609 km - 1 foot = 0,30 cm - 1 pound = 0,45 kg - 1 pint = 0,56 lit - 1 acre = 0,40 hectáreas.

6 Poner en inglés (segunda ola). — No mire el texto inglés antes de hacer la traducción; vale más cometer faltas y aprender así a corregirlas.

1 Es más rico que yo, pero yo soy más feliz.

2 Viene el martes. ¿A qué hora? A las nueve menos cuarto.

3 ¿Puede indicarme el camino a la iglesia de Wren?

4 Londres es la ciudad más extensa de Inglaterra. ¿Cuántos habitantes tiene?

5 Quiero algo de beber. ¿Qué quiere usted tomar?

6 Entre los monumentos más interesantes, el Big Ben es el mejor.

7 Traducción

1 *He's richer than me, but I'm happier.*

2 *She's coming [comes* no viene bien aquí, ver leccion 34, n° (**1**)*] on Tuesday. What time? At a quarter to nine.*

3 *Can you tell me the way to Wren's Church?*

4 *London is the largest city (town) in England. How many inhabitants are there?*

5 *I want something to drink. What will you have?*

6 *Among the most interesting monuments, Big Ben is the best.*

Forty-third (43rd) Lesson

The future

1 We will now look at the **fu**ture tense.
2 You form the **fu**ture by **pu**tting " will " in **front** of **nea**rly all our verbs. (**1**)
3 For **in**stance, the verb " to dress ", in the **fu**ture, be**comes** " I will dress; you will dress ". (**2**)
4 We con**tin**ue with the contr**action** : " **we**'ll dress, **you**'ll dress, **they**'ll dress ". (**3**)
5 You see, it's **ea**sy!
6 Let's look at some **sen**tences in the **fu**ture:
7 I'll go to the **ci**nema to**night** if **you**'ll come with me.
8 You will learn **Eng**lish **quic**kly if you read a **les**son **e**very day.
9 The word " shall " is **main**ly **u**sed for sug**ges**tions: It's **rai**ning, **shall** we take a **ta**xi? (**4**)

PRONUNCIATION

1 ... fiuchë tens. — **2** ... foorm... uil infröntov... vërbs. — **3** ... förinstänss... bikams... uil dress... — **4** ... këntiniu... köntraakshën : uiil dress, iuël dress ; dzeil dress. — **5** ...itssiisi ! — **7** aël ... — **8** iu uil ... riid... — **9** ... meinli... sädchesstshëns...

NOTES

(**1**) En efecto, *will* se coloca ante el infinitivo sin *to* **en todos los verbos** (la tercera persona del singular nunca lleva « s »). Yo seré : *I'll be ;* él será : *he'll be.*
(**2**) *For instance :* for example.
(**3**) Fíjese en la pronunciación : aël, iul, uiil, dzeil.

Lección cuarenta y tres

El futuro

1 Nos referiremos (miraremos) ahora al tiempo [de] futuro.
2 Se forma el futuro (por) poniendo *will* ante casi todos los (nuestros) verbos.
3 Por ejemplo, el verbo « vestirse », en el futuro se convierte en « yo me vestiré, tú te vestirás ».
4 Continuaremos con la contracción : « nosotros nos vestiremos, vosotros os vestiréis, ellos se vestirán ».
5 Ya ve usted, ¡ es fácil !
6 Consideremos (miremos) algunas frases en futuro :
7 Iré al cine esta noche si usted viene (vendrá) conmigo.
8 Aprenderá inglés rápidamente si lee usted una lección cada día.
9 La palabra *shall* se utiliza principalmente para las sugerencias : Está lloviendo *(prog.)* ¿ cogemos (cogeremos) un taxi ?

NOTES (continued)

(**4**) Antes, *shall* era la primera persona del singular y del plural. Aún encontramos esta palabra en el inglés antiguo o en estilos de expresión excesivamente « cuidados ». A causa de las contracciones, este matiz ha desaparecido casi por completo. *Shall,* ahora, quiere decir : ¿ quiere usted que ? (un ofrecimiento obsequioso), o ¿ debo ? (pidiendo consejo).

10 How much **mo**ney will you need? Shall I give you some more? (**5**) (**6**)

11 Will you give me some more **co**ffee, please?

12 How will you go to work? The tube's on strike. — **I**'ll take my car.

13 Shall I phone the **o**ffice and tell them **you**'ll be **la**te?

14 **I**'ll drive; **you**'ll be late; you will have **pro**blems.

10 ... **ma**ni ... niid... sam moor ? — **12** ... tiubs on straik aël... — **13** ... foun... iul bii **leit** ?

***

EXERCISES

1 **You**'ll need some more **mo**ney. — **2** Shall we go to see that new film to**night**? — **3** If they don't **hu**rry up **they**'ll be late. — **4** Will I need my **pa**ssport to go to **En**gland? — **5** Who will come with me?

Fill in the missing words:

1 *¿ Quieres ayudarme, por favor ? Aún no comprendo.*

.... you help me ......, I ..... don't understand .

2 *El metro estará en huelga, haría usted bien en coger su coche.*

The tube .... .. on strike, you ... . take .... car .

10 ¿ Cuánto dinero necesitarás ? ¿ Quieres que te dé algo más ?
11 ¿ Quiere darme algo más [de] café, por favor ?
12 ¿ Cómo irá usted a trabajar ? El metro está en huelga. — Cogeré mi coche.
13 ¿ Quiere que llame a la oficina y les diga que llegará usted tarde ?
14 Conduciré yo ; llegarás tarde ; tendrá usted problemas.

NOTES (continued)

(**5**) *To need :* tener necesidad, necesitar : *she needs help* (necesita ayuda, le hace falta ayuda).

(**6**) *Some more :* aún más, algo más. ¿ Quiere usted algo más ? : *Do you want some more ?* Deme más información : *give me some more information.* No... más se dice *no more : I want no more :* no quiero más o *I don't want any more* (recuerde : nunca dos negaciones).

***

EJERCICIOS

1 Necesitará usted más dinero ; — **2** ¿ Vamos (iremos) a ver esa nueva película esta noche ? — **3** Si no se dan prisa llegarán tarde. — **4** ¿ Necesitaré mi pasaporte para ir a Inglaterra ? — **5** ¿ Quién vendrá conmigo ?

3 *¿ Quiere que le llame por teléfono para decirle que llegaremos tarde ?*

..... I phone him to .... him we .... .. late?

4 *¿ Qué harás si no está en casa ?*

What .... you .. if he .. ..?

5 *Estoy buscando a alguien quien quiera comprar mi casa.*

I .. .. for .... will buy .. ..

Forty-fourth (44th) Lesson

1 — Give me that **wal**let, it's mine.
2 — How do you know? — Well, it's not yours, and there are ten pounds in**side** it. (**1**)
3 — He **bo**rrows my things, but he **is**n't pleased when I **bo**rrow his. (**2**) (**N. 2**)
4 — These **pe**ople are all friends of hers. They want to come to the **par**ty. (**3**)
5 — What, all of them? — Well, per**haps** only a few of them.
6 — **Whe**re is my pen? — Here, you can use mine. — That's very kind of you.
7 — Whose is this **sports** car? — It's theirs.
8 — I sup**pose** they are **ve**ry rich. — No, their house is **sma**ller than yours.
9 In fact, they live in a tent!

PRONUNCIATION

1... **uo**let... main. — **2** ... ioors... paunds in**said**... — **3** ... **bö**rrous... pliisd... his. — **4** ... hërs... **paa**rti. — **5** uot... **ä fiu**... — **6** ueris... ius main... — **7** hus... **sports**-kaar ? ... dzeërs. — **8** ... së**pous** ... rich... **smoo**lë... — **9** ... tent !

Respuestas

1 Will - please - still. — **2** will be - had better - your. — **3** Shall - tell - will be. — **4** will - do - is not in. — **5** am looking - someone who - my house.

Lección cuarenta y cuatro

1 — Déme esa cartera, es la mía.
2 — ¿ Cómo [lo] sabe ? — Pues bien, no es suya y hay diez libras dentro.
3 — Me pide prestadas mis cosas, pero no le gusta que le pida prestadas las suyas.
4 — Esta gente son (todos) amigos de ella. Quieren venir a la fiesta.
5 — ¡ Qué ! ¿ todos ? — Bueno, quizá sólo unos cuantos (de ellos).
6 — ¿ Dónde está mi pluma ? — Tenga (aquí), puede usar la mía. — Muy amable de su parte (de usted).
7 — ¿ De quién es este deportivo ? — Es de ellos.
8 — Supongo que son muy ricos — No, su casa es más pequeña que la vuestra.
9 De hecho, ¡ viven en una tienda de campaña !

NOTES

(**1**) *Inside :* dentro, en el interior. *She is inside the house :* está dentro de la casa. *Outside :* fuera, en el exterior. *To borrow :* no es « prestar » sino « pedir prestado » ; esté atento, pues, al uso de este verbo.

(**2**) *Thing :* cosa. *Everything :* cada cosa, todo. *Nothing :* ninguna cosa, nada. *Thing* es la palabra que se usa cuando no se conoce la palabra adecuada para señalar algo. *What is that... thing ? :* ¿ qué es esa cosa ? *My things :* mis cosas, mis asuntos, mis pertenencias.

(**3**) Fíjese en la fórmula : *he's a friend of mine :* es amigo mío (literalmente : « es un amigo de mí »).

A cynic

10 — So you're **go**ing to **ma**rry **Ha**rold. **What** is he **li**ke? (**4**)

11 — He's **ho**nest, kind, **gen**tle, sweet and **no**ble. (**5**)

12 — And what are you **go**ing to eat?

13 — A **cy**nic is a **per**son who knows the price of **e**verything

14 **and the va**lue of **no**thing (**O**scar **Wi**lde).

ä **si**nik. — **10** **mä**ri **ha**röld. **uo**tis hi **laik**. — **11** **o**nest, kaind, **yen**tël, suiit ... **noo**bël. — **13** **për**son ... prais. — **14** **va**liu ... **nö**zin.

EXERCISES

1 Whose are these pens? — They're mine. — **2** I want to **bo**rrow one of your books. — **3** I'm pleased to know that you're **go**ing on **ho**liday. — **4** She still wants to **ma**rry a millio**naire**. — **5** He's **poo**rer than me. In fact, he has no **mo**ney! — **6** **Thank** you, that's very kind of you.

Fill in the missing words:

1 *No es el vuestro, es el mío.*

It's . . . . , it's . . . .

2 *¿ De quién es esta tienda? — Es de ellos.*

. . . . . is this . . . . ? — It's . . . . . .

3 *No pide prestada la cartera, ¡ pero el dinero está dentro !*

He . . . . the . . . . . . but the money . . . . !

Un cínico

10 — Entonces, vas a casarte con Harold. ¿ Cómo es ?
11 — Es sincero, agradable, amable, considerado (dulce) y noble.
12 — Y ¿ [de] qué vais a comer ?
13 — « Un cínico es una persona que conoce el precio de todo
14 pero no conoce el valor de nada ». (Oscar Wilde)

NOTES (continued)

(4) *What's he like :* cómo es. *He's like his father :* Es como su padre.

(5) *Honest :* la « h » se aspira, como en *hour.*

EJERCICIOS

1 ¿ De quién son estas plumas ? — Son mías (de mí). — **2** Quiero pedir[te] prestado uno de tus libros. — **3** Estoy contento [de] saber que te vas de vacaciones. — **4** Todavía quiere casarse [con] un millonario. — **5** Es más pobre que yo. De hecho ¡ no tiene nada (ningún dinero) ! — **6** Gracias, es muy amable por su parte (de usted).

4 *El precio y el valor no son lo mismo (la misma cosa).*

..... and .... not the same .....

5 *Tienes un nuevo deportivo. ¿ Cómo es ?*

You've got a ... . What's .. ....?

Forty-fifth (45th) Lesson

Holiday plans

1 David and Joan are dis**cu**ssing their plans.
2 — I think **we**'ll go to **Bri**ghton next week**end**. (**1**)
3 — But why? There's **no**thing to do at this time of the year.
4 — I know, but look- if the **wea**ther is **fine**, we can drive a**long** the coast
5 and **vi**sit all those **li**ttle **vi**llages.
6 — Yes, but **Da**vid, er... My **mo**ther's **co**ming next wee**kend**.
7 — Damn! — But she **o**nly comes once a **year**! (**2**)
8 — Yes, and it's **a**lways when we want to go a**way**.
9 — You mean: when **you** want to go a**way**.
10 — I'm **so**rry. — She's a**rri**ving on **Fri**day.
11 — Then **we**'ll take her with us and **vi**sit the an**tique** shops. (**3**)

PRONUNCIATION

1 ... diskässin... — **2** ... **uiil** gou... **braitön**... — **3** ... **nazin**... — **4** ... **uedzë** is **fain**... **älon** dzë coost. — **5** ... dzous... **vilëdchis**. — **7** damm... uanss... — **8** ... **oo**lueis... **äuei**. — **9** ... miin. — **11** ... an**tiik**

Respuestas

1 not yours - mine. — **2** whose - tent - theirs. — **3** doesn't borrow wallet - inside it. — **4** Price - value - are - thing. — **5** new sports car - it like?

Lección cuarenta y cinco

Proyectos [para las] vacaciones

1 David y Joan discuten (*prog.*) sus proyectos.
2 — Creo que iremos a Brighton el próximo fin de semana.
3 — ¿ Pero por qué ? No hay nada que hacer en esta época del año.
4 — Ya [lo] sé, pero mira, si el tiempo es bueno, podemos pasear en coche (conducir) a lo largo de la costa
5 y visitar todos esos pueblecitos (pequeños pueblos).
6 — Sí, pero David, eh... Mi madre viene el próximo fin de semana.
7 — ¡ Vaya ! Pero si sólo viene una vez al año.
8 — Sí, y (es) siempre cuando queremos marcharnos.
9 — Querrás (quieres) decir cuando **tú** quieres marcharte.
10 — Lo siento. — Ella llega el (en) viernes.
11 — Entonces nos la llevaremos (con nosotros) a visitar las tiendas de antigüedades.

NOTES

(**1**) Aquí no se usa la forma progresiva del presente, dado que se trata de algo incierto (creo que...).

(**2**) *Damn* : ¡ Vaya ! (literalmente : ¡ maldición !). Es una palabra que, aunque en algunos ambientes puede aún chocar, es ya de uso corriente.

(**3**) *To take* tiene a veces el sentido de llevar, transportar. Llevo flores a mi tía : *I'm taking some flowers to my aunt.* Llevadme con vosotros : *take me with you.*

12 — **She**'ll **fee**l at home a**mong** all those old things.
13 — **Da**vid! Don't be **na**sty!
14 — I'll meet her at the **sta**tion, then **we**'ll be **a**ble to make our plans to**ge**ther. (**4**)

12 ... fiël... — **13** ... **naa**sti ! — **14** ... **stei**shën... **uiil** biieiböl...

EXERCISES

1 If you come to**mo**rrow, you will be **a**ble to help us. — **2** John feels at home in **Lon**don. — **3** Will you be **a**ble to lend me five pounds? — **4** All those **pe**ople are friends of mine. — **5** I will ask him the next time I see him.

Fill in the missing words:

1 *¡ Joan, no seas mala ! Ella es muy agradable.*

Joan, don't .. ..! She is ...... very ....

2 *¡Vaya ! Llega a las siete y el coche está aún en el garaje.*

Damn ! She .. .. seven and the car .. .. the ......

12 — Se sentirá [como] en casa entre todas esas cosas viejas.
13 — ¡ David ! ¡ No seas malo !
14 — Iré a buscarla (la encontraré) a la estación, luego podremos hacer juntos nuestros planes.

NOTES (continued)

(4) El infinitivo de *can*. Podré : *I'll be able to.*

3 *Se sentirá como en casa con todas esas antigüedades.*

He . . . . at . . . . with . . . those . . . .

4 *En esta época del año, estamos siempre de vacaciones.*

At . . . ., we are . . . . . . on holiday .

5 *Viene sólo una vez al año, perdón, dos veces.*

She . . . . comes . . . . . year. I'm . . . . . , ...

EJERCICIOS

1 Si viene usted mañana, podrá ayudarnos. — **2** John se siente [como] en casa en Londres. — **3** ¿ Puede usted prestarme cinco libras. — **4** Toda esa gente son amigos míos (de mí). — **5** Le preguntaré la próxima vez que lo vea.

Respuestas

1 be nasty - really - nice. — **2** is arriving at - is still at - garage. — **3** will feel - home - all - antiques. — **4** this time of the year - always. — **5** only - once a - sorry twice.

Forty-sixth (46th) Lesson

1 Read this **le**sson as **u**sual then **an**swer the **ques**tions about the pre**ce**ding one.
2 What are **Da**vid and Joan **do**ing?
3 Where does **Da**vid want to go next **week-end**?
4 Does he want to go to **Bir**mingham?
5 Does he want to drive to **Bri**ghton? (**1**)
6 Who is arriving next wee**kend**?
7 How **o**ften does she come? (**2**) (**N. 3**)
8 What will they do?
9 Do you think they will go by **train**?
10 Will the **wea**ther be fine?
11 Where will **Da**vid meet his **mo**ther-in-law?
12 When do **peo**ple take their **ho**lidays?
13 The four **sea**sons are: spring, **su**mmer, **au**tumn, **win**ter.

PRONUNCIATION

1 ... asiushuöl... ansë... kuestiöns... prissiidin... — **3** ... das... — **4** ... tu bërmingäm ? — **5** ... tu braiton ? — **6** hu... äraivin... — **7** ... ofën... — **9** ... bai trein ? — **10** ... uedze... fain ? — **11** ueer wil... madzë in loo ? — **12** ... teik dzeë... — **13**... siisöns... säme, ootëm, uintë.

Lección cuarenta y seis

1 Lea esta lección como de costumbre y luego responda a las preguntas sobre la precedente.
2 ¿ Qué hacen David y Joan ? *(prog.)*
3 ¿ Dónde quiere ir David el próximo fin de semana ?
4 ¿ Quiere ir a Birmingham ?
5 ¿ Quiere conducir hasta Brighton ?
6 ¿ Quién llega el próximo fin de semana ? *(prog.)*
7 ¿ Con qué frecuencia (cómo a menudo) viene (ella) ?
8 ¿ Qué harán ?
9 ¿ Piensa usted que irán en tren ?
10 ¿ Hará buen tiempo ?
11 ¿ Dónde esperará (se encontrará) David a (con) su suegra ?
12 ¿ Cuándo toma la gente las vacaciones ?
13 Las cuatro estaciones son : primavera, verano, otoño, invierno.

NOTES

(1) *To drive :* conducir **o** ir en coche. *Do you want to drive to London ? :* ¿ quieres ir a Londres en coche ?
He drives two hundred miles every day : conduce doscientas millas cada día.

(2) *How often :* « cómo a menudo » : con qué frecuencia, cuántas veces.
How often is there a plane for Paris ? : ¿ Cada cuánto tiempo hay avión para Paris ?

***

No se olvide de elevar la voz al final de una frase interrogativa.
¿ Pronuncia siempre vigorosamente las consonantes ?

EXERCISES

1 As **u**sual, we're **ta**king our **ho**lidays in **win**ter this **ye**ar. — 2 If your **ra**dio **does**n't work, you can **bo**rrow mine. — 3 What are you **do**ing? — I'm **wri**ting a **le**tter. — 4 How **o**ften do you read this book? — Once a day. — 5 No, I'm a**fraid** he **isn**'t back from **Bri**ghton yet.

Fill in the missing words:

1 *Hará mucho frío este invierno*

It . . . . . . very . . . . this . . . . . .

2 *Como de costumbre, toman las vacaciones en verano.*

As . . . . . they . . . . holidays in . . . . . .

3 *Nosotros las tomamos en primavera, espero que haga bueno.*

We . . . taking . . . . in . . . . . ., I . . . . it . . . . . . fine .

Forty-seventh (47th) Lesson

1 An **En**glishman and a **Spanis**hman are dis**cu**ssing their res**pec**tive **coun**tries. (1)
2 — Of course, says the **En**glishman, you **Spanis**hmen are not **gen**tlemen.

PRONUNCIATION

1 ... rispektiv kantris. — 2 ... ses... dchentëlmën.

4 *¿ Qué quiere decir ?*

What .... he .... ?

5 *¿ Cree usted que el examen será difícil ?*

Do ... . the exam .... ?

EJERCICIOS

1 Como de costumbre, tomamos nuestras vacaciones en invierno este año. — **2** Si tu radio no funciona, puedes tomar la mía prestada. — **3** ¿ Qué haces ? — Escribo una carta. — **4** ¿ Con qué frecuencia (cómo a menudo) lee usted este libro ? — Una vez al (un) día — **5** No, me temo que aún no ha vuelto de Brighton.

Respuestas

1 will be - cold - winter. — **2** usual - are taking their - summer. — **3** are - ours - spring - hope -will be. — **4** does - mean. — **5** you think - will be difficult.

Lección cuarenta y siete

1 Un inglés y un español discuten (*prog.*) [sobre] sus respectivos países.

2 — Desde luego, dice el inglés, ustedes [los] españoles no son caballeros.

NOTES

(**1**) Recordemos que los nombres que terminan en « -y » forman sus plurales con « ies ». No se olvide del uso de las mayúsculas en los nombres de países, nacionalidades, días de la semana, etc.

3 — And why not? re**plies** his friend, **sli**ghtly an**noy**ed. (**2**)
4 — Well, for ex**a**mple, if you enter a bathroom by mis**take**, (**3**)
5 and you see a young **la**dy **wa**shing, what do you say?
6 — We say " Ex**cuse** me, **ma**dam ".
7 — **Exac**tly, says the **En**glishman, but a **gent**leman says: Ex**cuse** me, sir.

8 — A **gen**tleman is a **per**son **ca**pable of two things.
9 — He can des**cribe** a pretty girl with**out** **u**sing **ge**stures,
10 and he **a**lways **he**ars a **fu**nny **sto**ry for the first time.

11 Two **En**glish **gen**tlemen are **ea**ting a **me**al in their club.
12 They **ta**ste the soup with great **in**terest, and one says to the **o**ther: (**4**)
13 — It's an **in**teresting soup, but not a great soup.

3 ... **riplais**... frend... **slaitli**... änoid. — **4** ... eks**am**pël... — **5** ... **uo**shin... — **6** eks**kiu**smi. — **7** eks**akt**li... — **8** ... **përsön** **kei**pëböl... — **9** ... dis**kraib**... iusin... **dche**schërs. — **10** ... **hiiërs**... **fä**ni... — **11** ... iitin ä **mii**öl... — **12** ... **teist**... intërest... ses... — **13** **47...** intërestin... greit...

3 — ¿ Y por qué ? responde su amigo, ligeramente molesto.
4 — Bien, por ejemplo, si usted entra [en] un cuarto de baño por equivocación
5 y ve a una joven (señora) lavándose, ¿ qué diría (dice) ?
6 — Diríamos (decimos) « Perdóneme, señora ».
7 — Exactamente, dice el inglés, pero un caballero diría (dice) : « Perdóneme, señor ».

8 — Un caballero es una persona capaz de dos cosas :
9 — Puede describir a una chica guapa sin hacer uso de gestos,
10 y siempre oye una historia divertida por primera vez.

11 Dos caballeros ingleses están comiendo (una comida) en su club.
12 Prueban la sopa con gran interés, y uno [le] dice al otro :
13 — Es una sopa interesante, pero no una gran sopa.

NOTES (continued)

(2) *Light*: ligero ; *slight*: poco importante. *To knock* (nok) *lightly*: llamar (a la puerta) suavemente, ligeramente ; *slighty annoyed*: ligeramente molesto (o sea no mucho, un tanto...).

(3) *A mistake* falta, error ; *a fault*: defecto ; *by mistake*: por error. A propósito se dice *on purpose* (**pö**rpës).

(4) *To taste : probar, gustar* **y también** degustar.

EXERCISES

1 You **En**glishmen eat **bad**ly. — **2** He **does**n't want to come. Why not? — **3** This ma**chine** (më**shîn**) is **ca**pable of **ma**ny things. — **4** He speaks **En**glish with**out ma**king mis**takes**. — **5** I **al**ways take his bag by mis**take**. — **6** His friend is **cri**ticising him and he is **sli**ghtly an**noy**ed.

Fill in the missing words:

1 *Discuten sobre sus respectivos países con gran interés.*

.... discussing ..... respective countries with ..... interest.

2 *Si usted entra por error en la cocina, ¿ qué dice ?*

If you ..... the .... by ...., what .. ..?

3 *¿ Puede describir a una chica guapa sin hacer uso de gestos ?*

He ... . a ...... girl without ....

Forty-eighth (48th) Lesson

1 — How far is it to the **sta**tion? — Oh, not too far. (**1**)

PRONUNCIATION

1... **stei**shën ? - tuu faar.

4 *Veo a dos caballeros comiendo sopa.*

I ... ... two gentlemen .... soup .

5 *Por favor, pruebe este vino y dígame lo que piensa de él.*

...... taste .... wine and .... .. what you ..... of it .

EJERCICIOS

1 Ustedes [los] ingleses comen mal. — **2** No quiere venir. ¿ Por qué no ? — **3** Esta máquina es capaz de muchas cosas. — **4** Habla inglés sin errores. — **5** Siempre cojo su bolso por error. — **6** Su amigo le critica (está criticando) y él está un poco molesto.

Respuestas

1 They are - their - great. — **2** enter - kitchen - mistake - do you say - **3** can describe - pretty - using gestures. — **4** can see - eating their . — **5** Please - this - tell me - think.

Lección cuarenta y ocho

1 — ¿ A qué distancia (cómo lejos) está (ello para) la estación ? — Oh, no demasiado lejos.

NOTES

(**1**) Ponga cuidado en la pronunciación alargada de este diptongo (son dos vocales). Se pronuncia como el número *two* y no como *to,* cuya « o » es menos intensa, y se deforma un tanto al pronunciarse.

2 It takes about ten **min**utes on foot and only two by car. (**2**)
3 Shall I call you a **ta**xi? — No thanks, I'll walk. I have **plen**ty of time. (**3**)

4 A soci**o**logist is **stu**dying the **a**verage height of the **En**glish. (**4**)
5 — Do you know, he says to his **girl**friend, **o**nly one **En**glishman in nine **hun**dred and **twen**ty (920) is six feet tall? (**5**)
6 — Yes, says the girl, but it's **al**ways him
7 that sits in front of me in the **ci**nema.

8 A **bus**inessman is **wri**ting to a com**pet**itor who is very dish**o**nest: (**6**)
9 " As my **sec**retary is a **la**dy, she **can**not tell you what I think of you.
10 and as I am a **gen**tleman, I **can**not even think it;
11 but as you are **nei**ther one nor the **o**ther,
12 I hope you under**stand**! ".

2 ... bai kaar. — **3** ... **aël**... **plen**ti... — **4** ... sossi**ä**lödchist... **äv**ridch haït... — **5** ... ses... **guër**lfrend... tool ? — **7** ... in frönt of... **si**nëma. — **8** ... **bis**nësman... **rai**tin... käm**pe**titë... dis**oo**nëst. — **9** ... **se**krëtëri... **lei**di... — **11**... **nai**dzë... noor dzi **a**dzer.

2 Necesitará (toma) alrededor de diez minutos a pie y sólo dos en coche.
3 ¿ Quiere [que] llame a un taxi ? — No gracias, caminaré, tengo mucho tiempo.

4 Un sociólogo estudia *(prog.)* la altura media de los ingleses.
5 — Sabes, dice a su novia, sólo un inglés entre (en) novecientos veinte mide seis pies (es seis pies alto).
6 — Sí, dice la chica, ése es siempre el
7 que se sienta delante de mí en el cine.

8 Un hombre de negocios escribe *(prog.)* a un competidor que es muy deshonesto.
9 « Como mi secretaria es una señora, no puede decirle lo que pienso de usted,
10 y como yo soy un caballero, no puedo ni siquiera pensarlo ;
11 pero como usted no es ni [lo] uno ni [lo] otro,
12 ¡ espero que entienda (lo que quiero decir) ! ».

NOTES (continued)

(**2**) Como el verbo « necesitar », en alguna de sus acepciones (como « hacer falta », etc.) no tiene equivalente en inglés, se utiliza otro verbo, en este caso *take* (tomar, coger, ocupar), que puede adquirir un significado parecido : *how long does it take ?* ¿ cuánto [tiempo] se tarda ? — *It takes an hour :* se tarda una hora.

(**3**) *Plenty of,* es como un sinónimo de *much o many.* Se emplea la misma forma para el singular que para el plural.

(**4**) *The English :* los ingleses (el pueblo inglés). Un inglés : *an Englishman.*

(**5**) *Tall :* alto, hablando de personas. *It is six feet tall and three feet wide :* Mide un metro ochenta de alto y noventa centímetros de ancho. *How tall are you ?* ¿ Cuánto mide usted ? (¿ cómo alto es usted ?).

(**6**) *Honest* (önëst) es una de las pocas palabras inglesas (con *hour*) cuya « h » no se pronuncia. Por tanto, olvidamos la « h » y pronunciamos sólo el resto (insincero : *dishonest* — dissönest).

EXERCISES

1 How long does it take to go to the **sta**tion? — **2** No thanks, **we**'ll go on foot. — **3** Who is **si**tting in front of them? — I think it's George. — **4** What do you think of this **le**sson? — **5** Only one man in **twen**ty wears a hat. — **6** How much is the **a**verage **sa**lary in **En**gland? — About **for**ty pounds a week.

Fill in the missing words:

1 *Ni Pablo ni yo podemos venir mañana. Lo siento.*

.... Paul ... I ... come tomorrow. I'm .....

2 *Se tarda solo media hora en hacer estos ejercicios.*

..... exercises .... half an hour .. ..

3 *¿ Cuánto mide usted ? — No puedo decírselo en metros.*

How .... are you? — I ...... tell you .. meters .

Forty-ninth (49th) lesson

REVISIONS AND NOTES

Notas para revisar. — Lección **43** : (1), (4), (6) - Lección **44** : (2), (3) - Lección **45** : (4) - Lección **46** : (2).

1 A thing [ver lección 44, (2)]. — *Something*: algo, alguna cosa. *Anything*: algo, alguna cosa (en las frases negativas e interrogativas.

4 *¿ Quiere que le diga (pida) que le llame por teléfono mañana a las seis ?*

..... I ask ... to phone ... tomorrow .. six ....?

5 *Podemos ir a pie : tenemos mucho tiempo.*

We ... go .. ..: we have .... time .

EJERCICIOS

1 ¿ Cuánto tiempo se tarda en ir a la estación ? — **2** No gracias, iremos a pie. — **3** ¿ Quien está sentado *(prog.)* delante de ellos ? — Creo [que] es George. — **4** ¿ Qué piensa de esta lección ? — **5** Sólo un hombre entre veinte lleva (gasta) sombrero. — **6** ¿ Cuál (cuánto) es el salario medio en Inglaterra ? — Alrededor de cuarenta libras a la (una) semana.

Respuestas

1 Neither - nor - can - sorry. — **2** These - only take - to do. — **3** tall - cannot (can't) - in. — **4** Shall - him -you - at - o'clock? — **5** can - on foot - plenty of.

Recordemos que la « s » final se pronuncia como « s » sonora salvo cuando sigue a p, t, f, o k, casos en los que es físicamente imposible.

Lección cuarenta y nueve

Anything = da igual, sea lo que sea, no importa.

A veces la palabra adecuada no viene a la memoria, incluso en la propia lengua ; en esos casos se usan términos como « cosa », « chisme », etc. ; no tema realizar igual operación en inglés. Pregunte sin miedo : *What is that thing called* ? : ¿ Cómo se llama esa cosa ?

2 Los pronombres posesivos no van precedidos por el artículo *the*, mientras que en español pueden llevar artículo. Recordémoslos : *mine* (el mío), *yours* (el tuyo, el vuestro, el suyo -de usted-), *hers, its, his* (el suyo, o sea, de ella, de ello, de él), *ours* (el nuestro), *theirs* (el suyo -de ellos y de ellas-). En plural no varía ; así, por ejemplo : *This is mine* : esto es mío ; *These books are mine* : estos libros son míos. Como vemos, *mine* no cambia del singular al plural.

3 Las preguntas con « how ». — Son pequeñas fórmulas muy útiles. — *How far...* (¿ A qué distancia ?) : *How far is it to the station* ? — *How often* (¿ Con qué frecuencia ?) : *how often do you go to England ?* = ¿ Con qué frecuencia va usted a Inglaterra ? — *How long* ? (¿ Cuánto tiempo ?) : *How long is the journey from Brighton to Birmingham ?* = ¿ Cuánto tiempo dura el viaje de Brighton a Birmingham ?

4 Shall (lección 43, **N.4**). — *Shall I open a window ?* ¿ Quiere que abra una ventana ? (¿ Abro una ventana ?) — *Shall I call a taxi ?* : ¿ Quiere que llame a un taxi ? (¿ Llamo un taxi ?) — *What shall I do ?* : ¿ Qué debo hacer ? (¿ Qué hago ?) — *Shall I...* ? puede sustituirse por *do you want me* + infinitivo.

5 No olvide :
When will you be able to leave ? : ¿ Cuándo podrá irse ?
She'll feel at home : se sentirá como en casa.
Don't be nasty : no seas malo.
He's a friend of mine : es amigo mío.

6 Poner en inglés (segunda ola)
1 Se lo diré cuando lo vea.
2 No podrá responder él mismo.
3 No me gustan todas estas preguntas. A mí tampoco.

4 ¿ De quién es esta cartera ? Es mía.
5 Somos amigos suyos (de ella). ¡ Qué ! ¿ todos vosotros ?
6 ¿ A qué distancia está correos desde aquí ?

Hemos elegido frases en las que usted cometerá errores. Si no es así le felicitamos. Si lo hace pasable, es lo normal, no se preocupe. Podríamos presentarle frases más fáciles, pero se trata de insistir en los puntos débiles, y no en el repertorio de conocimientos (ya bastante amplio) que usted posee.

Traducción

1 *I'll tell him when I see him*
2 *He will not (won't) be able to answer himself.*
3 *I don't like all these questions. Neither do I.*
4 *Whose is this wallet ? It's mine.*
5 *We're friends of hers. What, all of you !*
6 *How far is the post-office from here ?*

Segunda ola. — *Mañana iniciaremos la fase activa de nuestro estudio. La manera de proceder será la siguiente : después de haber visto la lección cincuenta, tal y como ha venido usted haciendo hasta aquí, deberá abordar, de nuevo, la primera lección. Una vez escuchada y releída con atención, intentará traducir, oralmente y por escrito, el texto castellano, corrigiéndose usted mismo. Esperamos que no tenga excesivas dificultades. Con el fin de dar una base sólida a su aprendizaje, seguirá usted este método todos los días, repasando una lección anterior pero sin interrumpir por ello el estudio de las nuevas lecciones (al final de cada una de ellas le indicaremos la lección de repaso correspondiente). No hay mejor sistema para consolidar lo que ya sabe, y con su ayuda llegará a expresarse en inglés sin esfuerzo. ¡ Buena suerte !*

Fiftieth (50th) Lesson

The past tense

1 We worked hard **ye**sterday, and to**day** we must look at **some**thing new. (**1**)

2 You looked at the **le**sson and **lis**tened to the **re**cords (or tapes), so now you are **rea**dy to learn the past tense.

3 It is very **sim**ple. You add " ed " to the infi**ni**tive if it ends in a **con**sonant;

4 and **sim**ply " -d " to the infi**ni**tive **en**ding in " e ".

5 For e**xa**mple: to look, I looked; to work, he worked;

6 To like, they liked; to smile, we smiled.

7 There are, of course, some ir**re**gular verbs, but they are not too **com**plicated.

8 Let's look at our old friends " to be " and " to have ".

9 " To have " is extr**em**ely **sim**ple. It be**comes** " had ": you had, he had. **(N.1)**

10 " To be " has two forms: I was, he was; and " you were, they were ". (**2**)

11 You see how **sim**ple it is!

12 We had **din**ner at eight o'clock, John and **Pe**ter were there.

13 I had a cold last week and I was quite ill.

14 We hoped to see her but she was **bu**sy.

PRONUNCIATION

1 ... uërkt haard möst... **sam**zin... — **2** ... lukt... lissënd... **re**koords... teips... **re**di... lërn... paast tenss. — **3** ... infi**ni**tif... ends **kän**sënänt. — **4** ... **sim**pli... — **5** foor ek**sam**pël... lukt ... uërkt. — **6** ... laikt... smail... smaild. — **7** ... of kors... i**re**guiulä... **käm**plikeitit. — **8** ... frends ... — **9** ... ekstr**iim**li... bi**kams**... — **10** ... uos... uër. — **11** ... hau... — **12** ... eit... uër... — **13** ... uos kuait... — **14** ... houpt... uos **bi**si.

Lección cincuenta

El pasado

1 Ayer trabajamos mucho (duro) y hoy debemos considerar (mirar) algo nuevo.
2 Viste (miraste) la lección y escuchaste los discos (o cintas), así que ahora estás preparado para aprender el pasado.
3 Es muy simple. Se añade « -ed » al infinitivo, si éste termina en consonante ;
4 y simplemente « -d » al infinitivo que termine en « e ».
5 Por ejemplo : mirar, miré (y miraba) ; trabajar, trabajé (y trabajaba) ;
6 gustar, gustaron (gustaban) ; reír, reímos (reíamos).
7 Hay, por supuesto, (algunos) verbos irregulares pero no son demasiado complicados.
8 Consideremos a nuestros viejos amigos « ser » y « tener ».
9 Tener es muy simple. Se convierte en *had* : vosotros teníais (o tuvísteis), él tenía (o tuvo).
10 Ser, tiene dos formas : yo era (fuí), él era (fué) ; y vosotros erais (fuisteis), ellos eran (fueron).
11 ¡ Ve usted qué simple es !
12 Cenamos a los ocho ; John y Peter estaban allí.
13 La semana pasa da tuve un constipado y estuve bastante enferma.
14 Esperábamos verla, pero estaba ocupada.

NOTES

(**1**) Como puede verse, el pasado inglés sirve para indicar acciones que en español expresamos con los pretéritos imperfecto e indefinido. Al pronunciar el pasado, la « e » de la terminación « -ed » no se pronuncia, salvo cuando va precedida de « d » o « t », como en *wanted* o *intended*. Fíjese bien en la pronunciación figurada : « uërkt ». La « d » suena « t » tras consonante dura. Más adelante saldrá *liked*.

(**2**) Fíjese bien en la pronunciación : « uër ». No hay contracciones en el pasado, salvo con « tener ».

EXERCISES

1 He must learn to be more po**lite**. — **2** We were both **rea**dy at **se**ven o'clock, — **3** but **no**body was at home when we called. — **4** They **fi**nished their meal and went to bed. — **5** You see how **sim**ple it is!

Fill in the missing words:

1 *Cuando hubo terminado, cerró el libro y se fumó una pipa.*

When he . . . finished, he . . . . . . the book and . . . . . . a pipe.

2 *Eran las cuatro cuando llegó. Llegaba tarde.*

It . . . four . . . . when he . . . . He . . . .

3 *Tuvo un constipado y estuvo muy enferma.*

She . . . a cold and . . . . ill.

4 *Cada vez que quería trabajar, me molestaba.*

Every time I . . . . . . to . . . . , he disturbed . .

Fifty-first (51st) Lesson

More past tenses

1 — Was he at home **yes**terday? — I think so, but I **did**n't phone. (**1**)

PRONUNCIATION

1 ... uos... zink sou... **did**ent foun.

5 *Cuando éramos jóvenes, teníamos más tiempo.*

When we .... young, we ... . time.

EJERCICIOS

1 Debe aprender [a] ser más educado. — **2** Los dos estábamos preparados a las siete. — **3** pero [no] había nadie en casa cuando llamamos. — **4** Terminaron su comida y [se] fueron a la cama. — **5** ¡ Ve usted qué simple es !

Respuestas

1 had - closed - smoked. — **2** was - o'clock - arrived - was late. — **3** had - was quite. — **4** wanted - work - me. — **5** were - had more.

Second wave: 1st Lesson

Lección cincuenta y una

Más tiempos pasados

1 — ¿ Estaba (él) en casa ayer ? — Pienso que sí (así), pero no llamé por teléfono.

NOTES

(**1**) Pronuncie enérgicamente la d de *did* y, claro está, la i atenuada (casi ë).

2 — He called **yes**terday, but he **did**n't see me. — Did he phone? — I don't think so.

3 These are the inter**rog**ative and **neg**ative forms in the past.

4 You do not change the verb, you **sim**ply put the au**xil**iary " do " into the past " did ":

5 I did not (**did**n't) like the food. He did not (**did**n't) phone. We did not (**did**n't) like him.

6 **Ques**tions are **ea**sy, too: Did he like it? Did she phone?

7 — Did you like the play last night? — I **did**n't see it. (**2**) (**3**)

8 — But did you go to the to **the**atre? — Yes, but I was so **ti**red I closed my eyes.

9 — Tell me, was the play **in**teresting? — I **did**n't under**stand** very much, it was in Greek.

10 — Then why did you go? — I liked the main **ac**tor. (**4**)

11 — Did he act well? — I **did**n't watch the **ac**ting. I looked at him. (**5**)

12 — What did you do **af**ter the play? — I dreamed a**bout** the **ac**tor! (**6**)

13 He did not, he **did**n't: He **did**n't like the play.

14 Did they...?: Did they phone you?

2 ... coold... **didnt**... — **3** dziis... intë**rog**ätif... **neg**ätif... — **4** ... cheindch... ok**sili**ari... — **5** ... did not (**did**ent)... fud... — **6** **kues**tshöns... iisi... — **7** ... plei... nait ? — **8** **ziä**të ?... **taiëd**... klousd... ais. — **9** ... ändër**stand**... griik. — **10** ... laikt... mein **ak**të. — **11** ... **did**ent uotch...lukt... — **12** ... **af**të... driimd ä**baut**...

2 — Vino (llamó) ayer, pero no me vió. — ¿ Llamó por teléfono ? — No creo (así).
3 Estas son las formas interrogativa y negativa del pasado.
4 No se cambia el verbo, simplemente se pone el auxiliar *do* (hacer) en pasado *(did)* :
5 No me gustó la comida. No llamó por teléfono. No nos gustó.
6 [Las] preguntas tambien son fáciles : ¿ Le gustó ? ¿ Llamó por teléfono ?
7 — ¿ Te gustó la obra anoche ? — No la ví.
8 — Pero ¿ fuiste al teatro ? — Sí, pero estaba tan cansado que cerré los (mis) ojos.
9 — Dime, ¿ fué interesante la obra ? — No entendí mucho, estaba en griego.
10 — Entonces ¿ por qué fuiste ? — Me gustaba el actor principal.
11 — ¿ Actuó bien ? — No contemplé la actuación. Le miré a él.
12 — ¿ Qué hiciste despues de la obra ? — ¡ Soñé con (sobre) el actor !
13 (Él hizo) no, (contracción) : No le gustó la obra.
14 (¿ Hicieron ellos ?)... ¿ Te llamaron por teléfono ?

NOTES (continued)

(2) Cuando la acción se ha terminado, se pone el verbo en pasado (*yesterday, when,* etc.) empleando el tiempo de pasado indicado. Hay otro tiempo pasado que indica una acción aún no terminada y que veremos más tarde. El tiempo pasado que estamos estudiando equivale, según los casos, al imperfecto o al indefinido españoles. Quizá encuentre usted algunos problemas. Como siempre, la práctica y el estudio los solventarán.

(3) *To play :* jugar, actuar ; *a game* (gueim) : un juego ; *a play :* una obra de teatro.

(4) *Main :* principal *A main road :* una carretera principal.

(5) *To act :* actuar en teatro, representar ; *an actor :* un actor ; *a comedian* [kömiidiän] : un actor cómico.

(6) *To dream :* soñar, puede tener también un pasado irregular : *dreamt* (dremt).

EXERCISES

1 I didn't finish it because I was disturbed. — **2** Who disturbed you? — **3** My sister and her friends invited me to go out with them. — **4** Where did you go? — **5** To the cinema, but I didn't like the film.

Fill in the missing words:

1 *¿ Por qué dijo usted eso ? ¿ Está usted enfadado ?*

Why . . . you . . . that? . . . you angry?

2 *¿ A quién viste ayer por la noche ? No salí.*

Who . . . you . . . last . . . . .? I . . . . . . go out.

3 *¿ Dónde pusiste mi periódico ? Junto al sofá.*

Where . . . you . . . my paper? . . . . the sofa.

4 *¿ Qué hizo usted después de la obra ?*

. . . . did you . . after the . . . .?

Fifty-second (52nd) Lesson

1 Here are a few more examples of regular verbs in the present, in the past and with the past participle:

EJERCICIOS

1 No lo terminé porque fuí molestado. — **2** ¿ Quíen te molestó ? — **3** Mi hermana y sus amigos me invitaron a salir con ellos. **4** ¿ Dónde fuisteis ? — **5** Al cine, pero no me gustó la película.

5 *Les pregunté, pero no quisieron hablarnos.*

I ...., but they ... not .... .. talk to us.

Respuestas

1 did - say - Are. — **2** did - see - night - didn't. — **3** did - put - Near. — **4** What - do - play. — **5** asked them - did - want to.

Second wave: 2nd Lesson

Lección cincuenta y dos

1 He aquí algunos ejemplos (más) de verbos regulares en el presente, en el pasado y en el participio pasado :

PRONUNCIATION

1 ... fiu... presënt... paartisipöl.

2 I hope, I hoped, I have hoped. He lives, he lived, he has lived. We **fin**ish, we **fin**ished, we have **fin**ished. (**1**) (**2**)
3 They talk, they talked, they have talked. She **chan**ges, she **chan**ged, she has **chan**ged. You play, you played, you have played.

4 Let's **prac**tise the past of " do ": (**3**)
5 Does he smoke? Did he smoke? We don't ask **ques**tions; we **did**n't ask **ques**tions.
6 What do you do? What did you do?
7 Does he wait? Did he wait? She **does**n't **an**swer. She **did**n't **a**nswer.
8 " Can " and " will " are ir**reg**ular and be**come** " could " and " would " in the past. They have no past par**ti**ciple. (**4**)
9 I can be**gin** now. I **coul**dn't be**gin** **yes**terday.
10 He **woul**dn't work this **mo**rning, but he will now.
11 I have (I've), I had.
12 I am (I'm), we are (we're), I was, we were, I have been.

***

2 ... houp... houpt... livs (la « i » muy breve)... livd... **fi**nish... **fi**nisht. — **3** ... took... tookt... **chein**dchis... **chein**chd... plei... pleid. — **4** ... **prak**tis... — **5** das...: smouk ?... dount ask... **di**dent... — **6** uot... — **7** ... **das**nt **aan**së... — **8** kän... uil... küd... uüd... — **9** ... be**guin** nau ... **kü**dent... — **10** ... **uü**dent... uërk... — **11** ... aiv... — **12** ... aim... uiir... uos... uër... biin.

2 Espero, esperé, he esperado. Vive, vivió, ha vivido. Acabamos, acabábamos, hemos acabado.
3 Hablan, hablámos, han hablado. Cambia, cambió, ha cambiado. Juegas, jugaste, has jugado.

4 Practiquemos el pasado de *do*.
5 ¿ Fuma ? ¿ Fumó ? No hacemos preguntas. No hacíamos preguntas.
6 ¿ Qué haces ? ¿ Qué hiciste ?
7 ¿ Espera ? ¿ Esperó ? No responde. No respondió.
8 *Can* y *will* son irregulares y se convierten en *could* y *would* en el pasado. No tienen participio pasado.
9 Ahora puedo comenzar. Ayer no pude comenzar.
10 Esta mañana no quería trabajar, pero ahora quiere.
11 Tengo (contracción), tenía.
12 Soy (contracción), somos (contracción), era, eramos, he sido.

NOTES

(**1**) Este tiempo indica una acción que ya ha terminado. La traducción corresponde al pretérito perfecto del castellano. De todas formas, como las formas y funciones del inglés no se acomodan a las de nuestra lengua, en cada contexto habrá que matizar la traducción correspondiente.

(**2**) Pronunciación : finisht [ver lección 50, n° (1)].

(**3**) *To practise* : practicar, ensayar, ejercitarse. El sustantivo se escribe con « c » : *practice* : la práctica.

(**4**) *Can* y *will*, al no tener participio deben suplirlo ; el primero con *have* y *be able to* (*I've been able to...*) y el segundo con *have wanted.*

EXERCISES

1 I hoped he would ask me, but he **did**n't. — **2** Did you take the plane or the boat? — **3** She had a few **pro**blems with her **fa**ther. — **4** He was **so**rry he **coul**dn't help me. — **5** She walked **o**ver to the **win**dow and **o**pened it.

Fill in the missing words:

1 *Cambiaron su coche por uno más pequeño.*

They .... their car for a .... one.

2 *No pudimos comprar los billetes, la agencia estaba cerrada.*

We .... the tickets, the agency ... .

3 *Hay aquí algunas ideas para tu próximo libro.*

.... a few ideas for .... book.

Fifty-third (53rd) Lesson

Difficult to please

1 A man is **try**ing to enter**tain** his guest in a club. (**1**)

2 — Would you like a Scotch? — No, **thank** you. (**2**)

PRONUNCIATION

1 ... entëtein... guest... klab. — **2** uud...

EJERCICIOS

1 Esperé que me preguntara, pero no [lo] hizo. — **2** ¿ Cogió usted el avión o el barco ? — **3** Tuvo (algunos) problemas con su padre. — **4** El sintió no poder ayudarme (estaba apenado [porque] no podía ayudarme). — **5** Fué a la ventana y la abrió.

4 *¿ Jugaron bien ? Sí, pero no demasiado bien.*

... they .... well? Yes but ... well ......

5 *Fumó 18 cigarrillos en una hora. ¡ Es demasiado !*

He .... cigarettes .. an hour. That's too ....!

Respuestas

1 changed - smaller. — **2** couldn't buy - was closed. — **3** Here are - your next. — **4** Did - play - not - enough. — **5** smoked eighteen - in - many.

Second wave: 3rd Lesson

Lección cincuenta y tres

Difícil de agradar

1 Un hombre intenta *(prog.)* distraer a su invitado en un club.

2 — ¿ Le apetece un scotch ? — No, gracias.

NOTES

(**1**) *To entertain :* distraer, divertir, o recibir a alguien en casa ; *entertainment :* distracción, diversión.

(**2**) Es otra fórmula de cortesía : *will you have...* (quiere usted...) ; *would you like...* (le apetece, le apetecería, le gustaría, etc.).

3 I tried it once and **did**n't like it. I never tried it a**gain**.
4 — Well, have some **be**er. — No, **thank** you.
5 I tried some once and **did**n't like it. I **ne**ver drank it a**gain**.
6 — How a**bout** a game of **bil**liards? — No, **thank** you. (**3**)
7 I played it once and **did**n't like it. I never tried it a**gain**.
8 — Well, a game of chess? — A**gain**, no **thank** you.
9 I played it once and **did**n't like it.
10 But here is my son. He's an **ex**cellent **pla**yer.
11 — Your **on**ly son, I pre**sume?**

12 — What did you do in A**meri**ca? — We **ren**ted a car and **vi**sited the West Coast. (**4**)
13 — Did you see the Grand **Can**yon? — No, we **did**n't have time. (**5**)

3 ... traid... uans... ë**guein**. — **4** ... **bi**ië. — **5** ... drank... — **6** ... ë**baut**... gueim... **bi**liärds ?... — **7** ... pleid... — **8** ... chess ?... — **10** ... san... **ek**sëlënt **plei**ë. — **11** ... **oon**li... pri**sium** ? — **12** ... ä**me**rikä ?... **ren**tit... uest koust. — **13** ... grand **ka**niön ?...

***

EXERCISES

1 How a**bout** a cup of tea? — Yes, please. — **2** Did you write to him? — **3** No, we **did**n't have time. — **4** You are my **o**nly friend. — **5** They never enter**tain** their friends at home.

3 [Lo] probé una vez y no me gustó. No lo probé más.
4 — Bien, tome una cerveza. — No gracias.
5 [La] probé una vez y no me gustó. Nunca más la bebí.
6 — ¿ Y si jugáramos al billar ? (¿ cómo sobre un juego de billar ?).
— No gracias.
7 Jugué una vez y no me gustó. Nunca lo intenté de nuevo.
8 — Bien ¿ una partida de ajedrez ? Una vez más no, gracias.
9 Jugué una vez y no me gustó.
10 Pero aquí está mi hijo. Es un excelente jugador.
11 — ¿ Su único hijo, supongo ?

12 — ¿ Qué hicisteis en América ? — Alquilamos un coche y visitamos la costa oeste.
13 — ¿ Visteis el Gran Cañon ? — No, no tuvimos tiempo.

NOTES (continued)

(**3**) Locución que se usa para proponer u ofrecer algo : *How about a cigar ? :* ¿ qué tal un puro ?

(**4**) Conocemos la expresion, por haberla visto en algunos anuncios, *rent-a-car* (alquile un coche). *The rent :* el alquiler (de la misma raíz es la palabra española renta). *To rent :* es pues, alquilar. Hay también otra palabra inglesa para decir alquilar : *to hire.*

(**5**) *Grand,* palabra tomada del francés, y de la misma raíz que la palabra española grande, se usa en inglés para significar « grandioso ».

***

No se olvide de aspirar la « h », pero sin asfixiarse.

***

EJERCICIOS

1 ¿ Y si tomáramos (« cómo sobre ») una taza de té ? — Sí, por favor. — **2** ¿ Le escribisteis ? — **3** No, no tuvimos tiempo. — **4** Tú eres mi único amigo. — **5** Nunca reciben a sus amigos en casa.

Fill in the missing words:

1 *¿ Y si jugáramos una partida de ajedrez ? No gracias, ya lo intenté una vez.*

How ..... a .... of chess? No .... I ..... it ....

2 *Estad callados, estoy intentando dormirme.*

Be ....., I'm ...... to .....

3 *¿ Le gustaría probar esta cerveza ? Es usted muy amable.*

..... you .... to ... . beer? ...... very ....

4 *Nos visitaron pero no estábamos allí.*

They .... us but we .... in.

Fifty-fourth (54th) Lesson

1 — Tell me more about your trip. (**1**)
2 — Well, **Pe**ter and I took a plane to San Fran**cis**co. We stayed there for two days and went down to Monter**rey**.
3 There we saw **Can**nery Row. — Didn't **some**one write a book a**bout** that?

PRONUNCIATION

1 ... moor... trip. — **2** ... **pii**të... tuk ä plein... san fran**sis**ko... steid... uent daun... montë**rei**. — **3** ... soo **ka**nëri rou... rait... ä**baut**.

5 *A Anne y a sus amigos no les gustaba su profesor.*

Anne and . . . friends . . . . . . like . . . . . teacher.

Respuestas

1 about - game - thank you - tried - once. — **2** quiet - trying - sleep. — **3** Would - like - try this - You're - kind. — **4** visited - weren't. — **5** her - didn't - their.

Second wave: 4th Lesson

Lección cincuenta y cuatro

1 — Cuéntame más de tu viaje.
2 — Bien, Peter y yo cogimos el avión hasta San Francisco. Estuvimos allí (por) dos días y bajamos a Monterrey.
3 Allí, vimos Cannery Row. — ¿ No escribió alguien un libro sobre eso ?

NOTES

(**1**) *A trip*: un viaje, con la idea de retorno ; *a journey*: un trayecto ; *a voyage*: un viaje por mar. Viajar se dice *to travel. Travel agent*: agente de viajes.

4 — Yes, John **Stein**beck wrote one. They also held a pop **fes**tival there in the **six**ties. (**2**)
5 Then we drove to Los **An**geles and **vi**sited **Dis**neyland. Peter knew it al**ready**.
6 I thought **Dis**neyland was fan**tas**tic. It re**min**ded me of the « Conciergerie » in **Pa**ris. (**3**)
7 — What an **e**ducated **per**son!

8 — It was my **birth**day last week. — How old were you? — Oh, at least **thir**ty-**two**.

9 The ten best **ye**ars of a w**o**man's life
10 are those bet**ween twen**ty-nine and **thir**ty.

11 **Shop***keeper.* — Your bill **is**n't paid yet. (**4**)
12 **Cus***tomer.* — **Did**n't you re**ceive** my cheque?
13 **Shop***keeper.* — No, I **did**n't.
14 **Cus***tomer.* — **I**'ll post it at once. (**5**)

4 ... dchan **stein**bek rout... pop **fes**tiväl... **siks**tiis. — **5** ... drouv... los **an**dchëliis... niu... — **6** ... zoot... fan**tas**tik... rë**main**did... — **7** ... **e**diukeiti... — **8** ... **bërz**dei... liist... — **9** ... liers... uumäns... — **10** ... dzous bi**tuiin tuen**ti nain... **zër**ti. — **11** **shop**kiipë... peid... — **12** **kös**tëmë... ri**siiv**... chek ? — **13** dident. — **14** ... poost... uans.

4 — Sí, John Steinbeck [lo] escribió (uno). Hubo también (tuvieron) un festival pop allí, durante los sesenta.
5 Luego fuimos (condujimos) a Los Angeles y visitamos Disneylandia. Peter ya la conocía.
6 Pensé que Disneylandia era fantástica. Me recordó al « Conciergerie » de Paris.
7 — ¡ Qué persona más culta !

8 — La semana pasada fué mi cumpleaños. — ¿ Cuantos años cumpliste (fuiste) ? — Oh, por lo menos treinta y dos.

9 Los diez mejores años de la vida de una mujer
10 son los [que hay] entre [los] veintinueve y [los] treinta.

11 *Tendero.* — Su factura no esta pagada todavía.
12 *Cliente.* — ¿ No recibió mi cheque ?
13 *Tendero.* — No, no lo recibí (hice).
14 *Cliente.* — Lo echaré al correo enseguida.

***

NOTES (continued)

(**2**) Los sesenta, se usa también en castellano para decir los años sesenta, al igual que en inglés : *the thirties* : los años treinta. Para leer el año se divide la fecha en dos : 1977 se convierte en 19 (*nineteen*), 77 (*seventy seven*). 1842 : *eighteen forty two.*

(**3**) *To think, thought, thought* (zoot) : pensar, creer, opinar, parecerle a uno : *I think Madrid is beautiful* : Creo — me parece — que Madrid es bonito.

(**4**) *Bill* : factura. En el comercio se dice *invoice* (invois). *Bill* también se utiliza para decir cuenta (la cuenta de un hotel o restaurante). En los Estados Unidos, *a bill* es un billete de banco.

(**5**) *At once* : enseguida, de inmediato ; puede decirse también *straight away* (streit ëuei).

EXERCISES

1 How old were you last **bi**rthday? — **2** I'm **so**rry sir, I thought I knew you. — **3** I want to know more a**bout** your **o**ffer. — **4** The best **a**pples are those with green skins.

Fill in the missing words:

1 *Vimos una película y oímos un concierto.*

We . . . a film and . . . . . a concert.

2 *Espero que tomara un poco de pastel. No quería.*

I hope he . . . . cake. He . . . . . . want . . .

3 *Condujo los más rápido que (tan deprisa como) pudo.*

She . . . . . as fast . . she . . . . .

Fifty-fifth (55th) Lesson

1 When I was in A**me**rica, I took some **ve**ry good **pho**tos.

2 — Hel**lo**, how are you? — I'm **ti**red. I **o**nly came back from my trip **ye**sterday.

3 That was my wife's car you saw me with.

4 We heard about his trip and the things he did. It was **ve**ry **in**teresting.

PRONUNCIATION

1 ... uos... tuk... **foo**tos. — **2** ... **ta**iëd... keim... — **3** ... uaifs... soo... — **4** ... hërd... zings... **in**tërëstin.

EJERCICIOS

1 ¿ Cuantos años cumpliste (tenías) [en] tu último cumpleaños ? — **2** Lo siento señor, pensé [que] le conocía. — **3** Quiero saber más sobre su oferta. — **4** Las mejores manzanas son esas de (con) [la] piel verde.

4 *Cuando me llamó por teléfono, me fuí enseguida.*

When he ...., I went ......

5 *¿ No escribió alguien un libro sobre esta ciudad?*

...... someone ..... a book ..... this town?

Respuestas

1 saw - heard. — **2** took some - didn't - any. — **3** drove - as - could. — **4** (tele)phoned/called me - at once. -- **5** Didn't - write - about.

Second wave: 5th Lesson

Lección cincuenta y cinco

1 Cuando estuve en América, tomé muy buenas fotos.

2 — Hola, ¿ cómo estás ? — Estoy cansado. Volví de mi viaje ayer mismo.

3 El coche en que me visteis era el de mi mujer (era el coche de mi mujer me visteis con).

4 Oímos de su viaje y las cosas que hizo. Fué muy interesante.

5 — How a**bout** a glass of **be**er? — No thanks, I'm not **thir**sty.
6 — Did you see him **yes**terday? — No, I **did**n't.
7 He **did**n't pay his bill be**cause** he **did**n't have any **mo**ney.
8 — Who was that **la**dy I saw you with last night? (**1**)
9 — That **was**n't a **la**dy, that was my wife.
10 We thought he had under**stood**.

11 **Mo***ther.* — What did you do on your first day at school?
12 *Child.* — I learnt to write.
13 **Mo***ther.* — Al**ready**! Well, what did you write?
14 *Child.* — I don't know. I can't read. (**2**)

5 hau ä**baut**... **zër**sti. — **6** ... sii...**did**ent. — **7** ... pei... bi**kos**... **ma**ni. — **8** ... **lei**di... soo... nait ? — **9** ... **uo**sent... uos... — **10** ... zoot... ändër**stud**. — **11** ... **ma**dzë... fërst dei... — **12** chaild... lërnt... rait. — **13** ... ol**redi** !... uot... — **14** ... dount nou... kaant riid.

EXERCISES

1 He **cou**ldn't come be**cause** he **did**n't have time. — **2** Why **did**n't you tell me be**fore**? — **3** I only came back **yes**terday. — **4** What did you think of George? — **5** I thought he was kind, but a **li**ttle **stu**pid.

Fill in the missing words:

1 *Después de mirar (había mirado en) el escaparate, entró en la tienda.*

After he . . . . in the window, he . . . . the shop .

5 — Qué tal un vaso de cerveza? — No gracias, no tengo sed.
6 — ¿Lo vió ayer? No, no lo ví (hice).
7 No pagó su cuenta porque no tenía dinero.
8 — ¿Quien era esa señora con [la que] te ví anoche?
9 — No era una señora, era mi mujer.
10 Pensábamos que había comprendido.

11 *Madre.* — ¿Qué hiciste durante tu primer día de clase?
12 *Niño.* — Aprendí a escribir.
13 *Madre.* — ¡¿ Ya?! Bien, ¿qué escribiste?
14 *Niño.* — No lo sé. No sé leer.

NOTES

(**1**) *Lady:* una señora; *woman* (plural *women*): una mujer; *wife:* mujer (esposa). *Lady* es también un título nobiliario; es la mujer de un *Lord* (que puede ser barón, vizconde o conde): Lady Spencer Churchill. O también por razones de parentesco: Lady Diana Spencer (la famosa Lady Di).

(**2**) No sé leer: *I can't read.* No sabe nadar: *She can't swim.* Cuando no se sabe hacer algo en español se dice literalmente; en inglés se dice que no se puede, que uno no es capaz (!?).

EJERCICIOS

1 No podía venir porque no tenía tiempo. — **2** ¿Por qué no me [lo] dijo antes? — **3** Volví ayer mismo — **4** ¿Qué pensaste de George? — **5** Pensé que era amable, pero un poco estúpido.

2 *Me viste con el impermeable de mi mujer.*

You . . . me with . . . . raincoat .

3 *¿ Qué hiciste hoy ? — Aprendí un poema.*

. . . . you . . today? — I . . . . . . a poem .

4 *Este verano hizo tanto calor que siempre tenía sed.*

. . . . summer, it . . . . . hot that I . . . always . . . .

Fifty-sixth (56nd) lesson

REVISIONS AND NOTES

Notas para revisar. — Lección **50** : (1) - Lección **51** : (2) - Lección **52** : (4) - Lección **53** : (2) - Lección **54** : (1), (5) - Lección **55** : (2).

1 Los verbos irregulares. No son complicados :

I have, had, had ; I get, got, got ; I find, found, found y menos aún esos verbos que sólo tienen una forma :

To put, put, put (pongo, puse) ; *to hit, hit, hit* (golpear).

La única diferencia está en que en el pasado no se pone la « s » de la tercera persona del singular : *he puts* (pone), *he put* (puso).

5 *¿ Por qué hizo usted eso ? Pensaba que era (una) buena idea.*

... ... you .. that? I .... it ... a good ....

Respuestas

1 had looked - went into. — **2** saw - my wife's. — **3** What did - do - learnt. — **4** This - was so - was - thirsty. — **5** Why did - do - thought - was - idea.

Second wave: 6th Lesson

Lección cincuenta y seis

A partir de la próxima lección, en el texto inglés, los verbos irregulares irán seguidos de un asterisco (*).

Cada vez que se encuentre con uno, repita en alta voz el presente, el pasado y el participio pasado ; luego compruebe si está en lo cierto consultando la lista que aparece al final del libro. Mejor aún, anote los tres tiempos (presente, pasado, y participio pasado) en una hoja que le servirá de lista auxiliar, y así no tendrá que pasar horas cada vez que quiera hacer una comprobación.

Por medio de la repetición cotidiana, se familiarizará usted con estos verbos, a medida que los vayamos empleando, mientras que intentar aprenderse la lista completa sería una tarea tan difícil como inútil.

Le invitamos, pues, a comenzar desde este momento, anotando en su hoja, con ayuda de la lista de las páginas 568 y siguientes, los tres tiempos de *to be, to have, to take, to drive, to write, to think.*

2 Relativos. — Se habrá dado usted cuenta de la tendencia a omitir los pronombres relativos (quien, que, el que, etc.). Es una cuestión de costumbre más que de reglas gramaticales. Podemos decir que cuando el pronombre relativo separa al **sujeto y al complemento**, se puede omitir, aunque no es obligatorio hacerlo :

The boy who(m) I saw : the boy I saw.
The car which I want : the car I want.

pero : *The man who is called Peter...* debe dejarse así.

No suelen ponerse un relativo y otro pronombre juntos.

Aunque sea « correcto », suena un poco pesado : en lugar de decir : *the man with who(m) you saw me,* es preferible : *the man you saw me with.*

A causa de estas circunstancias, el acusativo personal *whom* (a quien) se pierde cada vez más, y se le sustituye a menudo (así como a *who* y a *which*) por that.

Por el momento basta de explicaciones, pero debe usted retener los ejemplos vistos. Cuando « piense » en inglés, hará con toda naturalidad lo que tan complejo parecía en la explicación.

3 Repitamos que el pasado inglés puede ser traducido, según los casos, por los pretéritos indefinido o imperfecto : *I finished* (acabé, acababa). Unas veces se podrá traducir por uno y otras por otro, y a veces por los dos. Los ingleses tienen una sola forma de pasado para indicar las dos clases de acciones pretéritas, mientras que en castellano tenemos una forma para cada una. Preste atención a este fenómeno que no resulta complicado, síno que facilita las cosas, porque en inglés es más simple que en nuestra lengua.

***

4 Conviene recordar :

How about a game of cards?: ¿ qué tal una partida de cartas ?
Would you like a beer?: ¿ le apetece una cerveza ?
The man you saw me with: el hombre con el que me viste.
I can't swim: no sé nadar.
I thought it was interesting: me pareció que era interesante.

5 Poner en inglés :

1 ¿ Vino ? No lo ví.
2 ¿ Qué dijo ? No comprendí.
3 ¿ Le pediste dinero ?
4 Vendrán cuando lo sepan.
5 ¿ Qué hicieron ayer ? Fueron a ver una película.

6 Traducción :

1 *Did he come? I didn't see him.*
2 *What did he say? I didn't understand.*
3 *Did you ask him for (some) money?*
4 *They'll come when they know.*
5 *What did they do yesterday? They went to see a film.*

Second wave : 7th (revision) Lesson

***

Fifty-seventh (57th) Lesson

A touch of 'flu

1 **Da**vid woke* **up** with a **head**ache and a sore throat. (**1**)
2 He called Joan and **told*** her he felt* ill.
3 She took* his **tem**perature and saw* it was 102° (one **hun**dred and two de**grees**) so she called the **doc**tor. (**2**)
4 David was **slee**ping* when the **doc**tor ar**rived**. (**3**)
5 — Hello. **What**'s the **ma**tter with you?
6 He felt* David's **fo**rehead and **lis**tened to his chest. (**4**)
7 Then he said*: " It's a touch of 'flu, **no**thing **se**rious. (**5**)
8 Take* these **ta**blets and keep* warm. You'll soon be on your feet ".

PRONUNCIATION

1 ... uouk **äp**... **he**deik... soor zrout. — **2** ... **told**hë... — **3** ... tuk... **tem**prëchë... ä **hän**dred äntu di**griis**... — **4** ... ä**raivd**. — **5** ... **uots**dze... **maa**té... — **6** ... **foor**hed... **li**sënt... chest. — **7** ... sed... ä tach of flu, **na**zin **sii**riös. — **8** ... kiip uoorm...

Lección cincuenta y siete

Un poco de (un toque de) gripe

1 David se despertó con (un) dolor de cabeza y dolor de garganta (garganta dolorida).
2 Llamó a Joan y lo dijo que se sentía enfermo.
3 [Le] tomó la (su) temperatura y vió que era 102° (ciento dos grados) así que llamó al médico.
4 David estaba durmiendo cuando llegó el médico.
5 — Hola. ¿ Qué le pasa ?
6 Tocó la frente de David y le auscultó el (su) pecho.
7 Luego dijo : « es un poco de gripe, nada grave ».
8 Tome estas píldoras y no coja frío (consérvese caliente). Pronto podrá levantarse (estará sobre sus pies) ».

NOTES

(**1**) *A headache :* dolor de cabeza ; *ear-ache* (iië eik) : dolor de oídos ; *stomach-ache* (stömäk) : dolor de estómago. Puede decirse también con *sore* : dolorido ; o también : *my arm/back/etc./hurts* : me duele el brazo/la espalda/ etc.

(**2**) *Fahrenheit*, por supuesto.
O° centígrados : 32 °F ; 100 °C : 212 °F. La temperatura del cuerpo debe ser de 98-4 °F.

(**3**) Como en el presente : estar durmiendo. *John was working* : John trabajaba (estaba trabajando). Es la misma fórmula que en la forma progresiva del presente, por tanto se traducirá según convenga : trabajado o estaba trabajando, según se acomode el sentido de la frase.

(**4**) *To feel* : sentir, sentirse, tocar, palpar con los dedos. El verbo inglés será reflexivo sólo cuando pueda inducir a confusión : *he talks to himself* (se habla a sí mismo) ; pero : *he feels ill* (se siente enfermo), no puede sentirse enfermo en lugar de otro. En esa misma frase encontramos *listened*, del verbo *listen*. Significa escuchar, pero adquiere otros significados como el de « auscultar », en el presente caso.

(**5**) *Serious* es una de esas palabras engañosas, aunque sólo a medias. Significa grave, importante. En español también podemos decir « serio » en el mismo sentido. Sin embargo *serious* nunca puede utilizarse en el sentido de « una persona seria ».

9 — That **doc**tor put* me on my feet very **qui**ckly.
10 — Oh, how did he do that?
11 — I had to sell* my car to pay the bill! (**6**) (**7**)

12 On the face, you have the eyes, the nose and the mouth.
13 My head aches and my hands are cold.
14 I think* I have a touch of 'flu or a cold.

9 ... put... — **11** ... tu pei... — **12** ... feiss... ais... nous... mauz. — **13** ... eiks. — **14** ... ä kould.

EXERCISES

1 What's the **ma**tter? I think I've got a cold. — **2** She felt his **fore**head and took his **tem**perature. — **3** Call the **doc**tor. I feel ill. — **4** She **clo**sed the **win**dow bec**ause** she was cold. — **5** Stay in bed and keep warm. **You**'ll soon be on your feet.

Fill in the missing words:

1 *Estaba trabajando cuando llegó el cartero.*

He . . . . when the postman . . . .

2 *¿ Qué le ocurre ? ¿ La gripe ? No es grave.*

. . . . ? . . . . . ? It's not . . . .

3 *Tuve que pagar con un cheque porque no tenía dinero en metálico.*

I . . . . . pay . . . . as I . . . no cash .

9 — Ese médico hizo que me recuperara (me puso en pie) muy rápido.
10 — Oh ¿cómo lo hizo?
11 — Tuve que vender el (mi) coche para pagar la cuenta.

12 En la cara tenéis los ojos, la nariz y la boca.
13 Me duele la cabeza y tengo las manos frías (mi cabeza duele y mis manos están frías).
14 Creo que tengo un poco de gripe o un constipado.

NOTES (continued)

(**6**) *Must*: deber. *I must, he must.* Como el otro verbo defectivo *can*, hay un infinitivo prefabricado : *to have to* ; pasado : *I had to, he had to*, etc.

(**7**) « Para » en español indica una finalidad o intención (gastar el dinero para comprar vino, comida, etc.) ; en inglés no es asi y basta con el infinitivo con *to*: *he spends his money to buy some wine... food*, etc.

En esta lección hemos visto muchos verbos irregulares. Desgraciadamente en todas las lenguas son los verbos más usados los que suelen ser irregulares. Si sigue usted nuestros consejos (lección 56, **N. 1***), los aprenderá usted* **poco a poco***, con toda facilidad.*
(No consideramos necesario marcar con asterisco los auxiliares « to be », « to do » y « to have », aunque los tres sean irregulares).

No se preocupe si no recuerda todas las palabras que aparecen en cada lección : las volverá usted a encontrar en las siguientes. Sin embargo, no deje usted de practicar con los verbos irregulares cada vez que aparezcan seguidos de un asterisco.

EJERCICIOS

1 ¿Qué te pasa? Creo que tengo un constipado. — **2** Palpó su frente y le tomó la temperatura. — **3** Llama al médico. Me siento enfermo. — **4** Cerró la ventana porque tenía frío. — **5** Quédate en la cama y no cojas frío (conservate caliente). Pronto te levantarás (estarás en pie).

4 *Le duele la garganta. Díle que no coja frío.*

She has a .... her to ....

5 *Estáte quieto ; Joan está llamando al médico.*

.... quiet, Joan .. .. the ......

Fifty-eighth (58th) Lesson

Your body

1 There are **ma**ny words in **En**glish which in**clude** parts of the **bo**dy.
2 For **in**stance: When I have the 'flu, I keep* a sup**ply** of **pa**per **han**dkerchiefs. (**1**)
3 You look very **bu**sy. Can I give* you a hand?
4 Mr. **Mar**sden is head of the board of di**rec**tors. (**2**)
5 He is too **no**sy. He is **in**terested in **any**thing that **does**n't con**cern** him. (**3**)

PRONUNCIATION

1 ... in**klud**... **bo**di. — **2** ... **han**këchifs. — **3** ... **bi**si... — **4** ... hed... boord of dai**rek**törs. — **5** ... **nou**si... kön**sern**...

NOTES

(**1**) *To supply :* aprovisionar ; *supplier :* aprovisionador ; *a supply :* provisión, reserva, suministro.

Respuestas

1 was working - arrived. — **2** What's the matter? - A cold - serious. — **3** had to - by cheque - had. — **4** sore throat. Tell - keep warm. — **5** Keep - is phoning - doctor.

Second wave: 8th Lesson

Lección cincuenta y ocho

El (vuestro) cuerpo

1 Hay muchas palabras en inglés que incluyen partes del cuerpo.
2 Por ejemplo : Cuando tengo la gripe guardo una provisión de pañuelos de papel.
3 Pareces muy ocupado ¿ puedo echarte (darte) una mano ?
4 [El] Sr. Marsden es jefe (cabeza) del consejo de dirección (panel de directores).
5 Es demasiado cotilla. Está interesado en todo lo que no le concierne.

***

NOTES (continued)

(**2**) *Head :* jefe. *Headmaster :* director de una escuela. *To be at the head :* estar a la cabeza, al frente, en primera linea.

(**3**) Proveniente de *nose* (nariz). Alguien que mete la nariz en todo.

6 **Tea***cher.* — Is " **trou**sers " **sin**gular or **plu**ral? (**4**)
7 **Pu***pil.* — Please sir, **sin**gular at the top and **plu**ral at the **bo**ttom.
8 That was a **chee**ky **a**nswer. (**5**)
9 The two **run**ners were very close, they were **al**most neck and neck.
10 When you are **dri**ving*, always keep* the spare wheel **han**dy. (**6**)
11 And, of course, when you are **drin**king* your **be**er, you can say* " Chin chin "! (**7**)
12 Other parts of the **bo**dy are the arms, the **el**bows and the **fin**gers.
13 **Lo**wer, we have the legs, the knees, the feet and the toes. (**8**)

6 ... trausës... singuiulä... pluräl ? — **7** piupil... — **8** ... chiiki... — **9** ... rannërs... klouss... — **10** ... speer uiil... — **11** ... chin chin ! — **12** ... aarms... eelbous... fingärs. — **13** ... looué... legs, niis... fiit... töus.

EXERCISES

1 You look very **ti**red. Go to bed. — **2** His **trou**sers are full of holes. — **3** He had **be**tter buy a new pair. — **4** The **Pre**sident, or the Queen, is Head of State. — **5** Have you **any**thing **in**teresting to read? — **6** She was on her knees **wa**shing the floor.

6 *Profesor.* — « Pantalones » ¿ es singular o plural ?
7 *Alumno.* — Por favor señor, singular por arriba y plural por abajo.
8 Es una respuesta descarada.
9 Los dos corredores estaban muy próximos, estaban casi igualados (cuello y cuello — en español puede decirse « codo con codo »).
10 Cuando conduzcas, ten (guarda) siempre a mano la rueda de repuesto.
11 Y, por supuesto, cuando bebas cerveza, puedes decir « chin chin » (« chin » significa « barbilla »).
12 Otras partes del cuerpo son los brazos, los codos y los dedos.
13 Más abajo, tenemos las piernas, las rodillas, los pies y los dedos de los piés.

NOTES (continued)

(**4**) En efecto *trousers* es plural. *His trousers are blue :* su pantalón (o sus pantalones — en español caben las dos posibilidades) es (son) azul(es). Un pantalón (un par de pantalones) : *a pair of trousers.*

(**5**) *Cheeky* (de *cheek :* mejilla, carrillo) : descarado, da (Familiarmente : carota).

(**6**) *Handy :* cómodo, a mano.

(**7**) Este modo de brindar internacional es una deformación del chino « tsing-tsing ». Así vemos cómo el inglés toma las palabras de cualquier sitio y luego las populariza por todo el mundo. La broma aquí está en que *chin,* además, significa barbilla.

(**8**) « Kn » se pronuncia siempre « n » (ver *knife, know,* etc.).

EJERCICIOS

1 Parece usted muy cansado. Váyase a la cama. — **2** Sus pantalones están llenos de agujeros. — **3** Haría mejor comprándose un par nuevo. — **4** El presidente o la reina son el jefe (cabeza) del estado. — **5** ¿ Tiene algo interesante para leer ? — **6** Estaba de (sobre sus) rodillas fregando (lavando) el suelo.

Fill in the missing words:

1 *Este texto es muy difícil. ¿ Puede echarme una mano ?*

This text .. .. Can you ....?

2 *Necesito un pantalón nuevo. ¿ Tiene usted ?*

I .... a new .... Have you got ... ?

3 *En la parte de arriba de la página, escribid la fecha y abajo, vuestro nombre.*

.. .. of the page, ... and, ..., your ....

Fifty-ninth (59th) Lesson

1 Men speak* of **wo**men as the " fair sex " or the " **gen**tle sex " or the " **wea**ker sex ".
2 Women **ra**rely speak* of men as the " **stron**ger sex ".
3 Some men think* they are con**si**dered as the " **pay**ing sex ".

4 — My wife dreams **e**very night that she's **mar**ried to a millio**naire**.
5 — You're **lu**cky. Mine dreams she's **mar**ried to a millio**naire** in the **day**time! (**1**)

PRONUNCIATION

1 ... spiik... uimën... dchentël. uiikë... — **2** ... reärli... — **3** ... könsidërd... — **4** ... driims... — **5** ... taim.

4 *Eso no le concierne. Váyase.*

That .... Go ....

5 *Este chico es bastante carota, mejor será que se calle.*

.... boy is .. .., he ... better ....

Respuestas

1 is very difficult - give me a hand. — **2** need - pair of trousers - any. — **3** At the top - write the date - at the bottom - name. — **4** doesn't concern you - away. — **5** This - too cheeky - had - keep quiet.

Second wave: 9th Lesson

Lección cincuenta y nueve

1 Los hombres hablan de las mujeres como del « bello sexo » o el « sexo dulce » o el « sexo débil » (sexo más débil).
2 Las mujeres raramente hablan de [los] hombres como del « sexo fuerte » (sexo más fuerte).
3 Algunos hombres piensan que se les considera el « sexo que paga ».

4 — Mi mujer sueña cada noche que está casada con un millonario.
5 — Tienes suerte. [La] mía sueña que está casada con un millonario durante el día.

NOTES

(1) *Daytime :* el día, durante el día. *Night-time* : la noche, durante la noche.

6 **Na**ture has **gi**ven* us **ea**rs which are **al**ways **o**pen,
7 and a mouth which it is **o**ften **be**tter to keep shut.

8 Two proud **pa**rents were **sho**wing their son his new **bro**ther.
9 The boy looked at the **ba**by for a **min**ute and then **sta**rted **cry**ing. (**2**)
10 The **pa**rents **smi**led. " What's the **ma**tter? " they asked.
11 " It's got* no hair or teeth ", the child sobbed.
12 " It's not fair. It's an old **ba**by ".

13 We do not ask you to learn the ir**re**gular verbs in two or three days,
14 but only to re**peat** them when we meet* them.

6 **nei**chë... has **gui**vënäs iiërs... — **7** ... kiip shät. — **8** ... praud **pä**rënts... **shou**uin... **bra**dzë. — **9** ... **crai**in. — **10** ... **smai**ld... aaskt. — **11** ... tiiz... sobd. — **13** ... lërn... i**re**guiulë... — **14** ... ri**piit**... miit...

EXERCISES

1 It **ra**rely rains in the **su**mmer in **En**gland. — **2** **En**glish **pe**ople are **fa**mous for their **spi**rit of fair-**play**. — **3** Let's go to the West **End** and see a show. — **4** What time do the banks shut? — At three **thir**ty. — **5** Look at this text for a **min**ute, then re**peat** it.

6 La naturaleza nos ha dado oídos que están siempre abiertos,
7 y una boca que muchas veces es mejor mantener cerrada.

8 Unos (dos) padres le estaban enseñando, orgullosos, a su hijo su nuevo hermano.
9 El muchacho miró al niño durante un minuto y luego comenzó a llorar.
10 Los padres sonrieron. «¿ Qué ocurre ? » preguntaron.
11 « No tiene ni pelo ni (o) dientes », sollozó el niño.
12 « Eso no está bien (no es justo). Es un niño viejo ».

13 No le pediremos que aprenda los verbos irregulares en dos o tres días,
14 sino sólo que los repita cuando los encontremos.

NOTES (continued)
(**2**) O « *started to cry* ».

EJERCICIOS

1 Raramente llueve en verano en Inglaterra. — **2** [Los] ingleses (gente inglesa) son famosos por su espíritu de juego limpio. — **3** Vayamos al West-End y veamos un espectáculo. — **4** ¿ [A] qué hora cierran los bancos ? — A [las] tres treinta. — **5** Mire este texto durante un minuto ; luego repítalo.

Fill in the missing words:

1 *Se lo dí ayer por la noche. ¿ No puede encontrarlo ?*

I . . . . it . . . . . last . . . . find it?

2 *Nos enseñaron las películas que hicieron en vacaciones.*

They . . . . the films . . . . took . . . .

3 *Sacó (puso) al perro fuera y cerró la puerta (2 irreg.).*

She . . . the dog . . . . and . . . . the door .

Sixtieth (60th) Lesson

To get

1 Let's look at some ex**pre**ssions with the verb " to get "*. (**N. 1**)
2 These ex**pre**ssions are very **co**mmon, and you al**ready** know* a few. (**1**)
3 Here are some more. Try and learn them.
4 He gets* **up** at half past **se**ven every **mor**ning.
5 The train gets* **in** at e**le**ven **thir**ty.

PRONUNCIATION

1 ... eks**pre**shëns... — **2** ... **ko**mën... ool**re**di nou... — **3** ... lërn... — **4** ... guet**säp**... — **5** ... get**sin**... **zër**ti.

4 *Mi coche no funciona. — Tiene usted suerte, yo no tengo (uno).*

My car .... — ...., I haven't ... ...

5 *Somos considerados por los españoles como (siendo) muy reservados.*

.. .. the Spaniards as being very reserved.

Respuestas

1 gave - to him - night. Can't he. — **2** were showing us - that (which) they - on holiday. — **3** put - outside - shut. — **4** doesn't work. You're lucky - got one. — **5** We are considered by.

Second wave: 10th Lesson

Lección sesenta

Get

1 Veamos algunas expresiones con el verbo *to get.*
2 Estas expresiones son muy corrientes y ya conoce usted algunas.
3 Aquí tenemos algunas más. Intente aprenderlas.
4 Se levanta a las siete y media todas las mañanas.
5 El tren llega a las once y media.

NOTES

(1) *Common* : común, corriente ; el enemigo común : *the common enemy*. Una expresión corriente : *a common expression.*

6 It took* him a long time to get* **o**ver his **ill**ness. (**2**)
7 Let's go* home. It's **ge**tting* dark.
8 Speak* **lou**der. She's **ge**tting* very deaf.
9 These **re**cords are **chea**per than those, but they are still quite ex**pen**sive.
10 Please go* and get* me a **pa**per, I'm too busy to go* my**self**.
11 The **bur**glar got* into the house through a small **win**dow. (**3**)
12 Take* a **num**ber **thir**ty-**se**ven bus and get* off at **Cha**ring Cross.
13 **E**veryone was **try**ing to get* on the bus at once. (**4**)
14 What's the **ma**tter? — I've got* a **head**ache, a **tooth**ache, a sore throat and a cold,
15 and **no**body asks me how I feel*!

6 ... getouvër... — **7** ... daark. — **8** ... **lau**dë... def. — **9** ... **chii**pë... — **11** ... **bär**glë... zru... — **13** **eev**riuan... — **14** ... **he**deik... **tu**zeik... soor zrout... — **15** ... hau ai fiil !

NOTES (continued)

(**2**) *Illness :* enfermedad. *She's ill* : está enferma. Un enfermo : *an ill person, an invalid*. Puede oirse también la palabra *sick*, pero es más bien americano.

EXERCISES

1 Those books are mine; these are his. — **2** How do you feel to**day**? — **Ve**ry well, thanks. — **3** Don't all speak at once, I can't under**stand** a word. — **4** I have a **tooth**ache and there is no **den**tist in my **vi**llage. — **5** I have no more ciga**re**ttes. — Here are some more.

6 Le llevó mucho tiempo superar su enfermedad.
7 Vamos a casa. Está oscureciendo (se está poniendo oscuro).
8 Habla más fuerte. Se está quedando muy sorda.
9 Estos discos son más baratos que aquellos, pero aún son muy caros.
10 Por favor, ve y tráeme un periódico, estoy demasiado ocupado para ir yo mismo.
11 El ratero entró en la casa a través de una ventana pequeña.
12 Tome el (un) autobús número treinta y siete y baje en Charing Cross.
13 Todo el mundo intentaba coger el autobús a la vez.
14 ¿ Qué pasa ? — Tengo dolor de cabeza, dolor de muelas, dolor de garganta y (un) constipado,
15 y nadie me prégunta cómo [me] siento.

NOTES (continued)

(3) *Get into* (meterse en). *Burglar* es ladrón, ratero, en el sentido de asaltante de casa, « desvalijador ».

(4) *At once* : de inmediato, enseguida, o también : a la vez, simultáneamente.

EJERCICIOS

1 Aquellos libros son míos ; estos son suyos. — **2** ¿ Cómo te sientes hoy ? — Muy bien, gracias. — **3** No habléis todos a la vez ; no puedo entender [ni] una palabra. — **4** Tengo dolor de muelas y no hay dentista en mi pueblo. — **5** No tengo más cigarrillos. — Aquí hay (algunos) más.

Fill in the missing words:

1 *¿ A qué hora se levanta normalmente ?*

.... does he .... get ..?

2 *Cuando llegue el tren, llámame por teléfono desde la estación.*

When the train .... phone me ....

3 *Todo el mundo intentaba subir al autobús a la vez.*

.... was trying to .... .. the bus .. ....

Sixty-first (61st) Lesson

Holidays

1 — I got* these **bro**chures **yes**terday from the **tra**vel **a**gent's. (**1**)
2 — Oh good! Let's have a look at them!
3 — I like the ones a**bout** Spain. Let's go* to Spain this **ye**ar.
4 — But **nei**ther you nor I speak* **Spa**nish. (**2**)
5 — It **does**n't **ma**tter. In these towns, **e**verybody speaks* **En**glish.

PRONUNCIATION

1 ... broushërs... travël-adchënts. — **3** ... äbaut spein... — **4** ... naidzë... nor... — **5** ... matë evri-bodi...

4 *Apresurémonos. Se hace de noche.*

..... hurry up. It's ....

5 *Baje a la oficina de correos. — ¿ A qué distancia está ?*

... ... at the post office. — How ... . ?

Respuestas

1 What time - usually - up. — **2** gets in - from the station. — **3** Everyone - get on - at once. — **4** Let's - getting dark. — **5** Get off - far is it.

Second wave: 11th Lesson

Lección sesenta y una

Vacaciones

1 — Conseguí ayer los folletos de la agencia de viajes.
2 — ¡ Qué bien ! Vamos a verlos.
3 — Me gustan los de España. Vayamos a España este año.
4 — Pero ni tú ni yo hablamos español.
5 — No importa. En estas ciudades todo el mundo habla inglés.

NOTES

(**1**) Se sobreentiende *shop :* de ahí la traducción, agencia de viajes. *At the butcher's :* en la carnicería.
To go to the baker's : Ir a la panadería.

(**2**) *I* y no *me,* puesto que *neither you speak nor I speak :* o sea, es sujeto.
John and I took a plane = John took... and I (took) **pero** *he saw John and me* (dos acusativos). *Neither* incluye ya la negación.

6 — Well, we can **ei**ther go* to Spain or to **Scot**land. (**N. 2**)
7 — **Scot**land! But it's cold in **Scot**land and I want some sun.
8 — It's not too cold, and it's **very beau**tiful. And you don't have to take* a plane. (**3**)
9 I don't like **fly**ing and **nei**ther do you.
10 — But **Span**ish is **eas**ier to under**stand*** than the **En**glish they speak in **Scot**land.
11 — **Non**sense! **Any**way, we might see* the Loch Ness **Mon**ster. (**4**)
12 — It **doesn**'t **exist**! — How do you know*?
13 — It's **ei**ther a myth or an in**ven**tion to at**tract** **tou**rists.
14 — Well, we must de**cide**: **ei**ther Spain or **Scot**land.

6 ... aidzë... or skotland. — **8** ... plein. — **9** ... flaiin... — **11** ... nonsëns ! äniiuei... loj (la jota como la española, tal es la pronunciación de la « ch » escocesa)... monstë. — **12** ... eksist!... -- **13** ... miz... invenshën... ätrakt... — **14** ... disaid.

Haga « señales » para las expresiones idiomáticas o giros que nos vayamos encontrando, más que para las palabras nuevas. No se inquiete si las lecciones le parecen más complicadas ; reléalas varias veces para comprederlas mejor. Lo logrará usted muy pronto.

EXERCISES

1 I'm **afraid** I have to leave. It's late and it's **get**ting dark. — **2** I pre**fer**red the ones he showed us last week. — **3** We must de**cide quick**ly or it will be too late. — **4** I'm **afraid** of **fly**ing. — So am I. — **5** Let's have a look at those new **bro**chures.

6 — Bueno, podemos ir (o) a España o a Escocia.
7 — ¡ Escocia ! Hace (es) frío en Escocia y yo quiero (algo de) sol.
8 — No hace demasiado frío y es muy bonito. Y no hay que (no tienes que) coger el avión.
9 No me gusta volar y a tí tampoco.
10 — Pero el español es más fácil de comprender que el inglés que hablan en Escocia.
11 — ¡ Tonterías ! De todas formas, podríamos ver el monstruo del Lago Ness.
12 — ¡ No existe ! — ¿ Cómo lo sabes ?
13 — Es (o) un mito o una invención para atraer a los turistas.
14 — Bueno, debemos decidir : o España o Escocia.

NOTES (continued)

(3) *I must* (negativo : *I must not, musn't),* debo.
I have to : tengo que, estoy obligado a..., se conjuga normalmente.

(4) *Might :* puede que, podría que + infinitivo sin *to.*
She might come : puede que venga.
They might be here : podrían estar aquí.

EJERCICIOS

1 Lo siento, tengo que irme. Es tarde y está oscureciendo. — **2** Me gustaron más (preferí) los que nos enseñó la semana pasada. — **3** Debemos decidir enseguida o será demasiado tarde. — **4** Me da miedo volar. A mí también. — **5** Echemos un vistazo a los nuevos folletos.

Fill in the missing words:

1 *Puede usted ir en autobús o en coche. El autobús es más rápido.*

You can go .... bus or .. car. The bus is ....

2 *Ni tú ni yo comprendemos el español. No importa.*

.... you ... I .... Spanish. It ....

3 *Puede que venga en avión, pero no lo creo.*

He ..... come .. plane, but I ....

Sixty-second (62nd) Lesson

Scotland

1 **Scot**land is **half** as big as **En**gland but the popu**la**tion is much **sma**ller.
2 There are two main **re**gions: in the north, the **High**lands which are wild and **beau**tiful,
3 and in the south, the **Low**lands which are more agri**cul**tural.
4 Al**though** **Ed**inburgh is the **ca**pital, **Glas**gow is the main in**dus**trial **cen**tre.

4 *Le da miedo volar... y a mí también.*

He's ...... of ...... and .. .. .

5 *Puede que llame por teléfono esta noche. Tendremos que esperar.*

She ..... phone ... . We will .... wait .

Respuestas

1 either by - by - quicker (faster). — **2** Neither - nor - understand - doesn't matter. — **3** might - by - don't think so. — **4** afraid (scared) flying... - so am I. — **5** might - this evening - have to.

Second wave: 12th Lesson

Lección sesenta y dos

Escocia

1 Escocia es la mitad de grande que (medio tan grande como) Inglaterra pero la población es mucho menor.
2 Hay dos regiones principales : en el norte, las Highlands (tierra altas) que son salvajes y bellas
3 y en el sur, las Lowlands (tierras bajas) que son más agrícolas.
4 Aunque Edimburgo es la capital, Glasgow es el principal centro industrial.

PRONUNCIATION

1 ... halfäs big... popiuleishën... — **2** ... mein riidchöns... hailänds... uaild... — **3** ... sauz... louländs... — **4** ooldzou... glasgou ... sentë.

5 **Scot**land was **se**parated from **En**gland by a wall, built* by the **Ro**man **em**peror **Ha**drian.

6 Parts of this wall still **exist to**day.

7 Some **ol**der **peo**ple still speak* **Gae**lic, but most Scots speak* **En**glish. (**1**)

8 **Scot**tish towns look very **dif**ferent from **En**glish ones.

9 In **En**glish towns, the **hou**ses are **main**ly built of red brick,

10 where**as** in **Scot**land, the **hou**ses are **main**ly of grey slate.

11 **Bri**tain's **hi**ghest **moun**tain, Ben **Ne**vis, is in **Scot**land. (**2**) (**3**)

12 The Scots have their own re**li**gion, called Presby**te**rianism, and their own laws. (**4**)

13 So, al**though Scot**land is part of Great **Bri**tain,

14 it has **ne**ver been u**ni**ted with **En**gland in the same way as Wales.

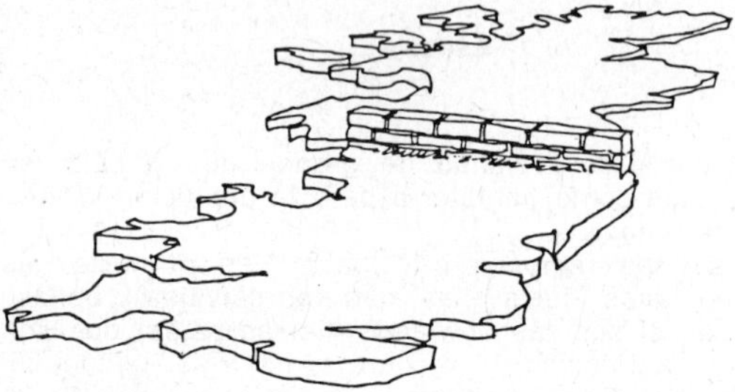

62

5 ... uol bilt... **ro**män **em**përör... — **6** ... eks**ist**... — **7** ... **gei**lik... — **8** ... tauns... **dif**ërënt... — **9** ... bilt... brik. — **10** ... ue**ras**... **hau**sis ... grei sleit. — **11** ... **hai**est... ben **ne**vis... — **12** ... oun re**li**dchön... presbi**tii**riänism... oun loos. — **13** ... ool**dzou**... greit **bri**tän. — **14** iu**nai**tit... seim uei... ueils.

5 Escocia estuvo separada de Inglaterra por un muro construído por el emperador romano Adriano.
6 Partes de este muro existen aún hoy.
7 Algunos ancianos hablan aún gaélico, pero la mayoría de los escoceses hablan inglés.
8 Las ciudades escocesas tienen muy diferente aspecto del de las inglesas.
9 En las ciudades inglesas las casas están construídas principalmente de ladrillo rojo,
10 mientras que en Escocia, las casas están hechas principalmente de pizarra gris.
11 La montaña más alta de Gran Bretaña, [el] Ben Nevis, está es Escocia.
12 Los escoceses tienen su propia religión, llamada presbiterianismo, y sus propias leyes.
13 De modo que, aunque Escocia es parte de Gran Bretaña,
14 nunca ha estado unida con Inglaterra del mismo modo que Gales.

NOTES

(**1**) *Scots*: los escoceses, puede ser también adjetivo. *A Scots village* (o *a Scottish village*) : un pueblo escocés. *Scotch* se usa sólo para el whisky.

(**2**) Un país puede ser considerado como un ser animado, y por tanto usar con él el caso posesivo. La economía española : *The Spanish economy*: pero la economía de España puede decirse : *the economy of Spain* o *Spain's economy.*

(**3**) Ben : Es una palabra escocesa (del gaélico *beann*) que quiere decir pico, montaña.

(**4**) *To own*: poseer ; *owner*: poseedor, proprietario ; *own* (adj.) : propio, suyo, de uno mismo.

***

No conviene hacer una tragedia de la dificultad que pueden suponer los verbos irregulares. Son menos complicados que los verbos españoles, y la práctica cotidiana le permitirá dominarlos sin esfuerzo en pocas semanas.

EXERCISES

1 Scotland is half as big as England. — 2 Most people in Scotland speak English, — 3 although some older people still speak Gaelic. — 4 English is easy to learn, whereas Gaelic is complicated. — 5 Of course, that is my own opinion.

Fill in the missing words:

1 *Aunque seamos escoceses, ni mi mujer, ni yo hablamos gaélico.*

.... we ... Scottish, ... I ... my wife ..... Gaelic.

2 *Las casas están en su mayoría construídas de pizarra.*

The houses are ....

3 *Las ciudades escocesas tienen un aspecto muy diferente.*

.... towns .... very different.

Sixty-third (63rd) lesson

REVISIONS AND NOTES

Notas para revisar : Lección **57** : (3), (6), (7) - Lección **58** : (4) - Lección **60** : (4) - Lección **61** : (1), (4). - Lección **62** : (2).

1 To get. — Este « pequeño » verbo se utiliza aún más que el verbo « hacer » en castellano (cosa que puede ser desalentadora, pues no hay más que mirar a los diccionarios para comprobar la serie de matices y significados que se le atribuyen). Hay que examinarlo desde dos puntos de vista : el de la eufonía (que suene bien la frase) y el del significado propiamente dicho.

EJERCICIOS

1 Escocia es la mitad de grande que Inglaterra. — **2** La mayoría de la gente en Escocia habla inglés, — **3** aunque algunos ancianos aún hablan gaélico. — **4** [El] inglés es fácil de aprender, mientras que [el] gaélico es complicado. — **5** Por supuesto, esa es mi propia opinión.

4 *Este folleto es mío. Coja usted el suyo.*

This is . . . . . brochure. Take . . .

5 *No lo pronuncia de la misma manera que yo.*

He doesn't . . . . it . . the same . . . as . .

Respuestas

1 Although - are - neither - nor - speak. — **2** mainly built of slate. — **3** Scottish - look. — **4** my. — **5** pronounce - your own - way - I do.

Second wave: 13th Lesson

Lección sesenta y tres

Suele ir, normalmente, en su forma de participio pasado, *got*, reforzando los sonidos « débiles », como el de *have*. En ese caso, ¡ **no quiere decir nada !** Repite simplemente la idea de posesión : *I've got a cold, he's got 5 pounds*.

En cuanto verbo, propiamente dicho, sin llevar una partícula detrás, quiere decir « obtener ». *We got these brochures yesterday*: obtuvimos (logramos, conseguimos, o simplemente cogimos) estos folletos ayer ; *get me a bottle of beer*: cójeme (tráeme, consígueme) una botella de cerveza.

Cuando va en forma progresiva, quiere decir « llegar a ser », « convertirse », « quedarse », « hacerse », « ponerse », etc. *She's getting deaf*: se está quedando sorda ; *it's getting dark*: se está poniendo oscuro, se está haciendo de noche.

Con preposiciones detrás, puede tener múltiples sentidos ; veamos los más corrientes : *To get up*: levantarse ; *to get on*: subir a (al autobús, etc.) ; *to get off*: bajar (de un autobús) ; *to get over*: superar, recuperarse (de una enfermedad) ; *to get down*: bajar (de una plataforma, etc.).

No se trata de aprender todos los sentidos de *get* (además es prácticamente imposible, pues se inventan otros nuevos a diario), sino de captar la idea, aprender a interpretarlo y evitar asi problemas. Será muy útil disponer de un diccionario inglés (como « The Oxford English Dictionary » o el « Chambers 20 th Century »).

2 Los verbos defectivos : « can » y « must ».
Estas formas existen sólo en presente y no llevan « s » en la tercera persona del singular.
Sus infinitivos son *to be able (can)* y *to have to (must)*, y, en realidad, no plantean grandes problemas.
Podré : *I'll be able to*. Debí : *I had to*, etc. *Might*: podría que (pude utilizarse también *may*, que equivale a « puede » o « puede que »).

3 Los verbos irregulares. — No se aprenden en un día, sino con la práctica de muchas semanas. No plantean auténticos problemas : la repetición y las notas que tome le ahorrarán la mitad del trabajo y también contribuirá a facilitárselo nuestra clasificación.

4 No se olvide :

Joan and I are coming next week: Joan y yo vendremos la próxima semana.
He might phone later: Puede que llame más tarde.
Let's have a look: Veamos... echemos un vistazo.
What's the matter ? ¿ Qué pasa ? ¿ Qué ocurre ? ¿ Cual es el problema ?
A pair of trousers: unos pantalones, un par de pantalones, un pantalón.
Nothing serious: nada grave, nada importante.

5 Poner en inglés :
1 Tuve que vender mi coche para pagar la factura.
2 Se levanta a las ocho.
3 Baje del autobús pasada la iglesia.
4 Ni tú ni yo queremos hablarle.
5 Pareces muy ocupado. ¿ Puedo echarte una mano ?
(corríjalo conforme al epígrafe 6 y páselo a limpio).

6 Traducción :
1 *I had to sell my car to pay the bill.*
2 *He gets up at eight o'clock.*
3 *Get off the bus after the church.*
4 *Neither you nor I want to speak to him.*
5 *You look very busy. Can I give you a hand?*

Second wave : 14th (revision) Lesson

Sixty-fourth (64th) Lesson

1 When France and England decided to build* a tunnel under the Channel, they asked for tenders.
2 The firm with the lowest offer was accepted. Astonished by the low price, they asked the director:
3 — How are you going to do it for so little money? (1)
4 — It's easy, the engineer said, I will start digging* on the English side, (2)
5 and my son will start digging* on the French side,
6 and we'll meet* in the middle.
7 — But that's ridiculous! You'll be miles apart.
8 What will happen if you don't meet*?
9 — In that case, the engineer said* calmly, you will have two tunnels for the price of one.

10 A tourist in Cairo saw* two skulls in a shop: a large one and a small one.
11 — What are those? he asked. — The big one is the skull of Queen Cleopatra, was the reply.
12 — Really, said* the amazed tourist, and the little one?

PRONUNCIATION

1 ... bild ä tanël ändë... chanël... tendërs. — 2 ... fërm... louest... dairektö. — 4 ... itss iisi... sed... — 7 ... mails äpaart ! — 9 ... keis... caamli... — 10 ... kairo ... sköls... — 11 uotaar dzous ?... kuin kliopätra... 12 ... nëli... ameisd...

Lección sesenta y cuatro

1 Cuando Francia e Inglaterra decidieron construir un tunel bajo el canal de la Mancha, solicitaron (por) presupuestos.
2 Fue aceptada la empresa que presentó el más bajo. Admirados por el bajo precio, preguntaron al director :
3 — ¿ Cómo va usted a hacerlo por tan poco dinero ?
4 — Es fácil dijo el técnico (ingeniero), empezaré a cavar en el lado inglés,
5 y mi hijo empezará a cavar en el lado francés,
6 y nos encontraremos en el medio.
7 — ¡ Pero eso es ridículo ! Pasaréis (estaréis) a millas de distancia [uno de otro]
8 ¿ Qué pasará si no os encontráis ?
9 — En ese caso, dijo el ingeniero tranquilamente, tendrán ustedes dos túneles por el precio de uno.

10 Un turista vió en El Cairo dos calaveras en una tienda : una grande y otra pequeña.
11 — ¿ Qué es eso ? (¿ Qué son esas ?) preguntó. — La grande es la calavera de la reina Cleopatra, fué la respuesta.
12 — Claro, dijo el atónito turista, ¿ y la pequeña ?

NOTES

(**1**) Como siempre, es cuestión de singular o plural : *so little money, so few people* (tan poco, tan pocos...) ; *so much noise, so many cars* (tanto, tantos...).

(**2**) O *to dig.*

13 — That is the skull of Cleo**pat**ra when she was a young girl, **an**swered the **shop**keeper.

14 Don't for**get*** to re**peat** the ir**reg**ular verbs.

13 ... änsërd...

***

EXERCISES

1 My son built his own house. — 2 Everyone knows **Cae**sar's words: I came, I saw, I **con**quered. — 3 They rang last night, but we weren't in. — 4 Do you re**mem**ber Jones? I met him in the street **yes**terday. — 5 He asked me how you were.

Fill in the missing words:

1 *Es fácil comenzar a fumar, pero (es) más dificil dejarlo (parar)..*

.. is easy to ...., but .... to ....

2 *¿ Quien estará mañana en la fiesta ? No me acuerdo.*

... . at the ..... tomorrow? I don't ....

3 *¿ Cuando podrá darme usted su precio ? Enseguida.*

When .... to give .. .. ? — At once .

13 — Es la calavera de la reina Cleopatra, cuando era (una) joven, repondió el tendero.

14 No se olvide de repetir los verbos irregulares.

¿ Cómo va la segunda vuelta ? Seguro que encuentra usted pocas dificultades. Siga así. Va por buen camino.

EJERCICIOS

1 Mi hijo construyó su propia casa. — **2** Todo el mundo conoce las palabras de César : vine, ví, vencí (conquisté). — **3** Llamaron la noche pasada, pero no estábamos. — **4** ¿ Te acuerdas de Jones ? — Me lo encontré ayer en la calle. — **5** Me preguntó cómo estabas.

4 *¿ Qué es eso ? (plural) — ¿ Eso ? (plural) — Son calaveras de animales.*

.... ? — ..... ? They are ....

5 *¿ Cómo vas a hacerlo antes del jueves próximo ?*

How ... ... to do it .... ?

Respuestas

1 It - start smoking - more difficult - stop. — **2** Who will be - party - remember. — **3** will you be able - me your price. — **4** What are those? Those? - animal skulls. — **5** are you going - before next Thursday.

Second wave: 15th Lesson

64th LESSON

Sixty-fifth (65th) Lesson

Public transport

1 David Wilson travels to work every morning by tube.
2 The tube—or the Underground—is something like the Metro in Paris.
3 But, unlike the Metro, it is rather old-fashioned and quite expensive. (1)
4 You pay according to the distance you want to travel. (2)
5 You can buy* a season ticket, which allows you to travel for a certain period at a lower price.
6 Although most of the tube is automatic, there are still employees who check your ticket at the exit. (3)
7 So you must keep* your ticket until you finish your journey. (4)
8 You can also travel by bus, which is slower but gives* you a better view.
9 Most buses are double-deckers and you are allowed to smoke upstairs. (5)

PRONUNCIATION

1 ... tiub. — 2 ... ändëgraund... — 3 ... änlaik... — 4 ... äkoordintu... disstänss... — 5 siisön tikët... älous... piiriöd... 6 ooldzou... ëmploiis... chek eksit. — 7 ... dchörni. — 8 ... oolsou... viu. — 9 ... dabël... dekërs... älaud...

Lección sesenta y cinco

[Los] transportes públicos

1 David Wilson va (viaja) a trabajar todas las mañanas en (por) metro.
2 El metro — o el « *Underground* » (subterráneo) es parecido (algo como) el metro de (en) Paris.
3 Pero a diferencia de éste, está un poco pasado de moda y es muy caro.
4 Se paga conforme a la distancia que se quiera recorrer (viajar).
5 Se puede comprar un abono (billete de temporada) que permite viajar durante (por) un cierto periodo a precio más bajo.
6 Aunque la mayor parte del metro está automatizado (es automático), aún hay empleados que revisan los billetes a la salida.
7 Por tanto hay que guardar el billete hasta que se termine el viaje.
8 También se puede ir (viajar) en autobús, que es más lento pero ofrece (da) un panorama (vista) mejor.
9 La mayor parte de los autobuses son de dos pisos y se permite fumar en la parte de arriba.

NOTES

(1) Hemos visto *like* (como) : *it's like* : es como, se parece. Aquí tenemos lo contrario : *unlike : it's unlike him to be late* : no corresponde a su carácter (no es como él) llegar tarde.

(2) *According to* : según, conforme a. *According to him, this restaurant is terrible* : según él, este restaurante es horrible.

(3) *To check* : comprobar, revisar, verificar. *Please check my answers :* por favor revise mis respuestas. *To control* : gobernar, dirigir.

(4) *He works until 9 o'clock* : trabaja hasta las nueve. *I'll do nothing until he comes* : no haré nada hasta que venga. *Till* es simplemente una forma abreviada de *until*.

(5) *To allow* : permitir. *To forbid* : prohibir. *Smoking is not allowed* : No se permite fumar.

10 On these buses, there is a driver and a conductor, who collects your fares. (6)
11 Finally, there are the famous London taxis, or " Hackney Cabs ". (7)
12 These large, black, diesel-engined vehicles are a familiar sight in the Capital.
13 If the cab is free, you will see* a little " For Hire " sign in the front. (8)
14 Of course, the best way to see the city is on foot, but you need a rest from time to time.

10 ... köndäktor... kölekts ... feers. — 11 fainäli... feimös... —12 ... diisël-endchind viëköls... fämiliär... — 13 ... haië sain...

EXERCISES

1 At the end of the journey, you must show your ticket. — 2 It's unlike him to say things like that. — 3 You are not allowed to smoke in this building. — 4 My passport was checked by the police. — 5 From time to time, he looked at his watch to check the time.

Fill in the missing words:

1 *Según él, no tenemos derecho a aparcar aquí.*

. . . . him, we are . . . . to park here .

2 *Aunque la mayor parte de ellos no puedan venir,*

. . . . cannot come,

10 En estos autobuses, hay un conductor y un cobrador que recibe (recoge) el dinero (vuestras tarifas).
11 Finalmente están los famosos taxis de Londres o *Hackney cabs.*
12 Estos amplios vehículos negros, con motor diesel, son una visión familiar en la Capital.
13 Si el taxi está libre, se ve una señal de « se alquila » en la parte delantera.
14 Por supuesto el mejor modo de ver la ciudad es a pie, pero hará falta un descanso de vez en cuando.

NOTES (continued)

(**6**) *A fare*: una tarifa (de recorrido). *Train fares are high*: las tarifas del tren son altas. Dese cuenta que *conductor* es una palabra engañosa : se trata del cobrador, no del conductor ; este se llama *driver.*

(**7**) *Cab*: palabra de origen francés (cabriolet). En Londres se habla de *taxi-cabs*, y también de *mini-cabs* (coches de alquiler privados). *Hackney* es un barrio de Londres.

(**8**) *Free*: libre, en varios sentidos : *Admission free*: entrada libre (gratuita) ; *are you free tomorrow*? ¿ Estás libre mañana ?

EJERCICIOS

1 Al final del trayecto, hay que enseñar el billete. — **2** No es costumbre suya (de él) decir esas cosas (cosas como esa). — **3** No está permitido fumar en este edificio. — **4** Mi pasaporte fue revisado por la policía. — **5** De vez en cuando, miraba su reloj para comprobar la hora.

3 *David y Joan aún quieren salir con nosotros.*

David and Joan ..... want to .... with ..

4 *Guarde su billete hasta que llegue a la salida.*

.... your ...... until you reach the ....

Sixty-sixth (66th) Lesson

1 Learn this page as **u**sual, then **a**nswer the **ques**tions with the help of the prece**ce**ding **le**ssons.

2 What is the **po**pular name for the **Un**derground?

3 Where **else** can you find* an **un**derground **rail**way **sy**stem? What is it called?

4 Is the Tube ex**pen**sive? **Why** is it **dea**rer than the Pa**ri**sian **Me**tro?

5 Why must you keep* your **ti**cket un**til** you reach the **e**xit? (**1**)

6 What are **Lon**don **bu**ses called? Can you smoke on a **Lon**don bus? Where?

7 Who col**lects** the fares? Who drives* the bus?

PRONUNCIATION

1 ... asiushuöl... — **2** ... **po**piulä... — **3** uer**els**... reiluei... — **5** riich. — **6** ... koold ?...

5 *Cuando haya terminado, ¿ querrá usted revisar el ejercicio ?*

When I ...., will you ..... the ....?

Respuestas

1 According to - not allowed. — **2** Although most of them. — **3** still come (go) out - us. — **4** Keep - ticket - exit. — **5** have finished - check - exercise.

Second wave: 16th Lesson

Lección sesenta y seis

1 Estudie esta página como de costumbre y luego responda a las preguntas con la ayuda de las lecciones precedentes.
2 ¿ Cual es el nombre popular del *Underground ?*
3 ¿ En qué otro sitio puede usted encontrar un sistema de ferrocarril subterráneo ? ¿ Cómo se llama ?
4 ¿ Es caro el metro [de Londres] ? ¿ Por qué es más costoso que el (metro) de Paris ?
5 ¿ Por qué hay que guardar el billete hasta llegar a la salida ?
6 ¿ Cómo se llaman los autobuses de Londres ? ¿ Se puede fumar en el (un) autobús en Londres ? ¿ Dónde ?
7 ¿ Quien recoge el dinero (las tarifas) ? ¿ Quien conduce el autobús ?

NOTES

(1) *To reach :* alcanzar, llegar,... *When you reach thirty :* cuando llegues a los treinta. *To reach the exit :* llegar a la salida.

8 What are **Hac**kney Cabs? What **co**lour are they?
9 How do you know* if a cab is free?
10 Which is the best way to **tra**vel **around** **Lon**don? (**2**)

11 — Fares please. — Hyde **Park**, please. — That's twelve pence. (**3**)
12 — I don't know **Lon**don. Will you tell* me where I must get* off?
13 — Of course. Oh, if you want to smoke, you must go* up**stairs**.

8 ... kölör... — 10 äraund... — 11 ... haid paark...

EXERCISES

1 Must he leave at once? — Yes, I'm **so**rry. — 2 They left this **mo**rning be**fore** you got up. — 3 **Bri**ghton is a **pop**ular place to go for your **ho**lidays. — 4 How do you know if you are right? — 5 What will **ha**ppen if he **does**n't phone?

Fill in the missing words:

1 *¿ Por qué debo escribirle ? — Porque es tu prima.*

Why .... to ...? — Because .... .. your ......

2 *Si ve usted la señal « se alquila », [ya] sabe usted que está libre.*

.. you ... the ‘‘ ... . ’’ ...., you know .. is ....

8 ¿ Qué son los *Hackney cabs* (taxis) ? ¿ De qué color son ?
9 ¿ Cómo sabe usted si un taxi está libre ?
10 ¿ Cuál es la mejor manera de desplazarse (viajar) por Londres ?

11 — Por favor, paguen (pagos). — Hyde Park, por favor. — Son 12 peniques.
12 — No conozco Londres. ¿ Quiere decirme dónde debo bajar ?
13 — Por supuesto. Oh, si quiere fumar, debe ir al piso de arriba.

NOTES (continued)

(**2**) *Which...? :* ¿ cuál ?
Which do you prefer? : ¿ cuál prefieres ?

(**3**) Esto es lo que dice el cobrador del autobús. El revisor *(inspector)* diría : *Tickets please.*

EJERCICIOS

1 ¿ Debe irse enseguida ? — Sí, lo siento. — **2** Se fueron esta mañana antes de que te levantaras. — **3** Brighton es un sitio muy popular para ir de vacaciones. — **4** ¿ Cómo sabes si tienes razón ? — **5** ¿ Qué pasará si no llama por telefóno ?

3 *Dígame dónde debo bajar, por favor, no conozco Londres.*

.... where I .... please, ...
......

4 *¿ Dónde se puede comprar un abono ?*

Where ... ... a .....-......?

Sixty-seventh (67th) Lesson

1 We took* my **cou**sin to see* a **cri**cket match last month.
2 But he fell* **asleep** **du**ring the game. (**1**) (**N. 1**)
3 He slept* **peace**fully for two hours until a ball hit* him on the head and woke* him up. (**2**)

4 — Hel**lo**, it's nice to see* you a**gain**. How are you?
5 — Very well. I'm **go**ing to stay with you for a few days. (**3**)

PRONUNCIATION

1 ... käsën... — **2** ... diurin... gueim. — **3** ... piisfëli... — **4** ... äguein...

NOTES

(**1**) *To fall, fell, fallen :* caer. *To fall in love :* enamorarse ; *to fall asleep :* dormirse.

5 *Las cuatro estaciones son : primavera, verano, otoño, invierno.*

The four ....: ...., ..., ..., ...

Respuestas

1 must I write - her - she is - cousin. — **2** If - see - For Hire sign - it free. — **3** Tell me - must get off - I don't know London. — **4** Can you (I) buy - season-ticket. — **5** seasons are : spring, summer, autumn, winter.

Second wave: 17th Lesson

Lección sesenta y siete

1 Llevamos a mi primo a ver un partido de cricket el mes pasado.
2 Pero se durmió durante el juego.
3 Durmió apaciblemente durante dos horas hasta que una pelota le golpeó en la cabeza y le despertó.

4 — ¡ Hola ! Qué alegria (es agradable) verte de nuevo. ¿ Como estás ?
5 — Muy bien. Me voy a quedar contigo (por) unos días.

NOTES (continued)

(2) Durante se dice *during* si se trata de un periodo definido como tal (vacaciones, un partido, una película, etc.) y *for* en los demás casos (una semana, tres horas, el resto del día...).
La guerra duró siete años : *the war lasted for seven years* (duración). Mi tío murió durante la guerra : *my uncle died during the war* (durante el periodo).

(3) Otra palabra engañosa, *to stay :* quedarse, permanecer ; *to rest :* reposar, descansar (ver lección 65, línea 14).

6 — Ah, well, I'm leaving* tomorrow and my wife left* two hours ago — Oh well, goodbye. (4)

7 Mrs Higgins put* " Rest in Peace " on the tombstone of her husband's grave.
8 Then the solicitor told* her that there was nothing for her in her husband's will.
9 So she told* the mason to add the words: " until I come* ".

10 During the week, try to read* this book for at least half an hour every day, (5)
11 and for a little longer at the weekend.
12 This everyday contact will make* you feel* at home with English
13 and help you to build* a wide vocabulary, but remember: (6)
14 Read* some English every day.

6 ... ägou... — 7 ... tumstoun... häsbänds... greiv. — 8 ... sölisitör... uil. — 9 ... meisön... — 10... trai... — 12... evridei... — 13 ... uaid vökabiulan...

EXERCISES

1 Keep quiet, your father fell asleep half an hour ago. — 2 Hello, it's nice to see you again. How are you?

6 — Ah bueno, me voy *(prog.)* mañana y mi mujer se fué hace dos horas. — Bueno, adiós.

7 La señora Higgins puso « descanse en paz » en la lápida de la tumba de su marido.
8 Luego el notario le dijo que no había nada para ella en el testamento de su marido.
9 De modo que dijo al albañil que añadiera las palabras : « hasta que yo llegue ».

10 Durante la semana intente leer este libro al menos durante media hora cada día.
11 y un poco más durante el fin de semana.
12 Este contacto cotidiano le familiarizará (le hará sentirse como en casa) con el inglés,
13 y le ayudará a construir[se] un vocabulario amplio, pero recuerde :
14 Lea un poco en inglés todos los días.

NOTES (continued)

(**4**) Hace dos horas. *Ago* es una contracción de *agone* (ido, pasado). Hace tres días : *three days ago* ; hace mucho tiempo : *a long time ago.* ¿ Cuánto tiempo hace ? : *how long ago?*

(**5**) Fijese en la pronunciación del pasado de este verbo [red] ; para saber si se trata del pasado o del presente, tendrá que fijarse en el contexto.

(**6**) No se repite el auxiliar *will* dentro de la misma frase.

***

EJERCICIOS

1 Cállate, tu padre se durmió hace media hora. — **2** Hola, es un placer (es agradable) verte de nuevo. ¿ Cómo estás ?

— 3 He left during the first part of the match. — 4 He said he was bored and wanted to go home. — 5 We waited for him for five minutes then left as well.

Fill in the missing words:

1 *Winston Churchill murió en 1965.*

Winston Churchill died .. ..-....

2 *Fue primer ministro durante la guerra.*

.. ... Prime Minister ...... the war .

3 *Estuvo en el poder durante nueve años.*

He was .. power ... .

Sixty-eighth (68th) Lesson

Sport

1 English people are very fond of sport. (1)
2 They play it and they watch it; they talk about it and think* about it. (2)
3 The most typically English game is cricket, which is played during the summer months.

PRONUNCIATION

1 ... fondof... sport. — 3 ... tipikli...

— **3** Se jue durante la primera parte del partido. — **4** Dijo que se aburría y que quería irse a casa. — **5** Le esperamos durante cinco minutos, luego también nos fuimos.

4 *John tuvo que quedarse en la cama durante una semana.*

John . . . . . stay . . bed . . . .

5 *Durante la semana anterior a Navidad, las tiendas están llenas de gente.*

. . . . . . the week . . . . . . Christmas, the shops are . . . .

Respuestas

1 in nineteen sixty-five. — **2** He was - during. — **3** in - for nine years. — **4** had to - in - for a week. — **5** During - before - full of people.

Second wave: 18th Lesson

Lección sesenta y ocho

[El] Deporte

1 Los ingleses son muy aficionados al deporte.
2 Lo juegan y lo contemplan ; hablan de él y piensan en él.
3 El juego más típicamente inglés es el cricket, que se juega durante los meses de verano.

NOTES

(**1**) *To be fond of:* ser aficionado a, tener afecto a.

(**2**) Nótese que, cuando se mira algo que va desarrollándose o evolucionando (juego, televisión, incluso cómo se cocina un plato) se dice *watch,* que comporta la idea de « vigilar » u « observar ».

4 But the most **pop**ular game is **foot**ball, which is played **du**ring the rest of the **ye**ar (for eight months).

5 Pro**fessi**onal **foot**ball is very ex**ci**ting to watch and the **pla**yers earn large sums of **mo**ney.

6 A**no**ther **ball** game, less **pop**ular than **foot**-ball, is **Ru**gby.

7 Called **Ru**gby **foot**ball, it was in**ven**ted at **Ru**gby School in about 1820 (**eigh**teen twenty).

8 A boy, called **E**llis, was so bored with **pla**ying with his feet,

9 that he took* the ball in his hands—and a new game was born! (**3**)

10 A**no**ther **pop**ular sport is **horse ra**cing, which is for**bi**dden* in **En**gland on **Sun**-days.

11 There is no State **lot**tery in **En**gland, but a game called **Bi**ngo is very suc**cess**-ful. (**4**) (**5**)

12 **Ma**ny **ci**nemas are **clo**sing and **be**ing con**ver**ted **in**to **Bi**ngo halls.

13 It is **es**timated that a**bout** six **mi**llion **pe**ople, **main**ly **wo**men, play **Bi**ngo **reg**ularly.

5 pröfeshönäl... eksaitin... ërn... laarch sams... — **6** ... bool... — **8** ... boord... — **9** ... boorn. — **10** ... hoors reisin... förbidën... — **11** säksessföl. — **12** ... könvërtit... hools. — **13** ... uimën... reguiulärli.

NOTES (continued)

(**3**) *To be born* (nacer) se emplea siempre (con toda lógica, por otra parte) en pasado. Yo nací : *I was born. Where were you born?* : ¿ Dónde naciste ?

4 Pero el deporte (juego) más popular es el fútbol, que se juega durante el resto del año (durante ocho meses).
5 El fútbol profesional es muy emocionante de ver y los jugadores ganan grandes sumas de dinero.
6 Otro juego de pelota, menos popular que el fútbol, es el rugby.
7 Llamado rugby-fútbol, se inventó en la escuela de Rugby hacia el 1820.
8 Un muchacho, llamado Ellis, estaba tan aburrido de jugar con los (sus) pies,
9 que cogió el balón con las (sus) manos — y ¡ nació un nuevo juego !
10 Otro deporte popular son las carreras de caballos *(singular)* que están prohibidas en Inglaterra los domingos.
11 No hay lotería nacional en Inglaterra, pero tiene mucho éxito un juego llamado Bingo.
12 Muchos cines cierran *(prog.)* y se convierten en salas de Bingo.
13 Se cree que unos seis millones de personas, principalmente mujeres, juegan al Bingo regularmente.

NOTES (continued)

(4) Como ustedes saben el mismo fenómeno se ha producido en España.

(5) *Successful (adj.) : que tiene éxito ;* del verbo *to succeed* (triunfar, tener éxito, etc.) *He's a successful businessman :* es un hombre de negocios de éxito.

EXERCISES

1 I was bored with listening to him, so I fell asleep. — 2 Dancing is forbidden in the church. — 3 Stobby Niles is a successful football player. — 4 I am very fond of your sister. Is she married? — 5 She plays Bingo every week and wins large sums of money.

Fill in the missing words:

1 *Hablaba de sus aventuras en Africa, pero yo me aburría.*

He was .... adventures .. Africa but I ... .

2 *Un jugador de fútbol gana más que un director de banco.*

A football .... more .... a bank manager .

3 *Está prohibido fumar en el metro de Londres.*

It .. .. smoke in the London tube .

Sixty-ninth (69th) Lesson

1 — Excuse me, doesn't my nephew Peter Bates work in this office? (1)

2 — Oh, you're his uncle. He went* to your funeral this morning.

PRONUNCIATION

1 ... dasent... nefiu... piitë beits... — 2 ... änkël... fiunëräl...

EJERCICIOS

1 Me aburría oyéndolo, así que me dormí. — **2** Está prohibido bailar en la iglesia. — **3** Stobby Niles es un jugador de fútbol con mucho éxito. — **4** Tengo mucho cariño a tu hermana. ¿ Está casada ? — **5** Juega al Bingo todas las semanas y gana grandes sumas de dinero.

4 *El cricket es menos emocionante de ver que el rugby.*

Cricket is .... to .... Rugby .

5 *Gana mucho dinero, pero trabaja durante el verano.*

He ..... a .... .. money but he works ...... the ......

Respuestas

1 talking about his - in - was bored. — **2** player earns - than. — **3** is forbidden to. — **4** less exciting - watch than. — **5** earns - lot of during - summer.

Second wave: 19th Lesson

Lección sesenta y nueve

1 — Perdone, ¿ Trabaja mi sobrino Peter Bates en esta oficina ?
2 — Oh, es usted su tío. Se ha ido a su entierro esta mañana.

NOTES

(**1**) Mientras que para *cousin* (primo) la misma forma vale para el masculino que para el femenino, *nephew* (sobrino) tiene su forma femenina : niece (*niis*).

3 — **Da**vid, what are those **em**pty **whis**ky **bo**ttles **do**ing in the **ce**llar?
4 — I don't know*, **dar**ling. I've **ne**ver bought* an empty **bo**ttle of **whis**ky in my life. (**2**)

5 — How many **pe**ople work in your **o**ffice?
6 — A**bout** half of them.

7 Mrs **Tho**mas and Mrs Jones met* in the **sho**pping **cen**tre.
8 Mrs Jones was **pu**shing a pram with her two **li**ttle boys in**side**.
9 — Good **mor**ning Mrs Jones. What **beau**tiful **chil**dren. Tell me, how old are they?
10 — Well, said Mrs Jones, the **doc**tor is two and the **law**yer is three. (**3**)

11 — I for**got** my wife's **birth**day. — What did she say*?
12 — **No**thing. — That's al**right** then.
13 — Yes, **no**thing... for three weeks.

14 Don't for**get*** to learn the ir**re**gular verbs we meet*.

3 ... **em**ti... **se**lä ? — **4** ... boot... — **6** ... haalf... — **7** ... **to**mäs... **sen**të. — **8** ... pushing ä pram... — **10** ... **loo**ië — **11** ... för**got**...

Si ha ido usted repitiendo y ensayando regularmente los verbos irregulares marcados con un asterisco, puede que aún no los sepa, pero seguro que los tiene usted « en la punta de la lengua ». Sólo le pedimos un poco de paciencia...

3 — David, ¿ qué hacen *(progr.)* esas botellas de whisky vacías en el sótano?
4 — No lo sé, querida. Nunca he comprado una botella de whisky vacía en toda mi vida.

5 — ¿ Cuánta gente trabaja en tu oficina?
6 — Más o menos la mitad (de ellos).

7 La señora Thomas y la señora Jones se encontraron en un centro comercial.
8 La señora Jones iba empujando un coche con sus dos niños pequeños dentro.
9 — Buenos días, señora Jones. ¡ Qué niños más guapos! Dígame: ¿ qué edad tienen?
10 — Bueno, dijo la señora Jones, el médico tiene dos años y el abogado tres.

11 — Olvidé el cumpleaños de mi mujer. — ¿ Qué dijo?
12 — Nada. — Entonces todo está bien.
13 — Sí, nada... durante tres semanas.

14 No se olvide de aprender los verbos irregulares que nos encontremos.

NOTES (continued)

(**2**) Es el pretérito perfecto; indica una acción pasada dentro de un contexto de tiempo que aún dura (en mi vida).

(**3**) La palabra *lawyer* es un término general que incluye *barrister* y *solicitor*. *Barrister*: abogado que interviene ante los tribunales. *Solicitor*: procurador. En América se usa también *attorney*.

EXERCISES

1 My uncle and aunt met during the war. — **2** What is that book doing in the middle of the table? — **3** He never spends money, but last week he bought a house. — **4** Don't you speak German? I thought you did. — **5** How old are you, madam? — That doesn't concern you.

Fill in the missing words:

1 *¿ No quiere ver la televisión ? No, no quiere.*

.... she want .. .. the television? — No, ...

2 *¿ Qué hace el perro con el cartero ? — No tiene importancia.*

.... the dog ..... with the ....? It ....

3 *¡ Qué tiempo tan bueno ! Cojamos el coche y vayamos al campo.*

.... weather! .... the car ... . the country .

Seventieth (70th) lesson

REVISIONS AND NOTES

Notas para revisar : Lección **64** : (1) - Lección **65** : (4) - Lección **66** : (2), (4) - Lección **68** : (2), (3).

EJERCICIOS

1 Mi tío y mi tía [se] conocieron (encontraron) durante la guerra. — **2** ¿ Qué hace ese libro en medio de la mesa ? — **3** Nunca gasta dinero, pero la semana pasada compró una casa. — **4** ¿ No hablas alemán ? — Pensé que sí (lo hacías). — **5** ¿ Cuantos años tiene usted, señora ? — Eso no le importa a usted.

4 *Compró el coche que vió el jueves, pero olvidó las sábanas.*

He ...... the .... he ... .. Thursday, but he ...... the sheets .

5 *Su mujer está enfadada. No sé qué pasará.*

... wife is ..... I don't know .... will ......

Respuestas

1 Doesn't - to watch - she doesn't. — **2** What is - doing - postman? - doesn't matter. — **3** What fine - Let's take - and go to. — **4** bought - pram - saw on - forgot. — **5** His - angry - what - happen.

Second wave: 20th Lesson

Lección setenta

1 Durante. — *For* para algo que se mida (normalmente va seguido de una cifra o número) ; *during*, para un periodo definido.

¡ Cuidado ! *He was ill for a week*: ...durante una semana. *He was ill during the week before Christmas* : ... durante la semana anterior a Navidad.

Ago: traduce el tiempo que ha mediado entre el acontecimiento del pasado y el momento presente. Ví a John hace tres semanas: *I saw John three weeks ago.* Hace tres años: *three years ago.*

2 El alfabeto. — Tenemos aquí cada letra seguida de su pronunciación:

a (ei) - **b** (bii) - **c** (sii) - **d** (dii) - **e** (ii) - **f** (ef) - **g** (dchii) - **h** (eich) - **i** (ai) - **j** (dchei) - **k** (kei) - **l** (el) - **m** (em) - **n** (en) - **o** (ou) - **p** (pii) - **q** (kiu) - **r** (ar) - **s** (ess) - **t** (tii) - **u** (iu) - **v** (vii) - **w** (**da**bëliu) - **x** (ekss) - **y** (uai) - **z** (sed).

3 Conviene recordar:

Check this please: compruebe (revise) esto, por favor.
Have a rest: descanse.
Half of them: la mitad de ellos.
That's alright then: entonces, todo va bien.
I'm bored with working: estoy aburrido (harto) de trabajar.
He was born: nació, ha nacido.
Until I came: hasta que yo llegué.

4 Poner en inglés :

1 Se durmió durante el partido. Hace una hora.
2 Usted no tiene derecho a hablar.
3 Con tan pocos amigos y tantos problemas, (él) debe ser desgraciado.
4 Aquí hay dos libros. ¿ Cuál prefieres ?
5 Conserve su billete hasta que llegue a la salida.
6 Trabajó durante tres horas y luego se paró.

5 Traducción :

1 *He fell asleep during the match. An (one) hour ago.*
2 *You're allowed to talk.*
3 *With so few friends and so many problems, he must be unhappy.*
4 *Here are two books. Which do you prefer?*
5 *Keep your ticket until you reach the exit.*
6 *He worked for three hours and then he stopped.*

Hemos empezado a manejar ya un cierto número de expresiones idiomáticas o giros y resulta inevitable que se cometan faltas. Pero tenga confianza : la práctica cotidiana fortalecerá lo que aún es endeble. ¿ No es cierto que nota usted sus progresos ?

Cuando era usted niño, hizo rodar, quizá, más de una bola de nieve. Lo más difícil era empezar, formar el núcleo. Luego, no había más que empujar la bola que se iba haciendo más grande a ojos vistas. Usted posee ya un núcleo aceptable de inglés y, al final del curso, la « bola » que ha ido usted formando tendrá considerables dimensiones.

Second wave: 21st (revision) Lesson

Seventy-first (71st) Lesson

Important news

1 Mr. **Mar**shall and Mr. Hobbs were **si**tting in the seats **ne**ar the door, **o**pposite one an**o**ther. (**1**) (**2**)
2 **Da**vid **Wil**son got* **in**to the train and said*: " Good **mor**ning ".
3 The two men re**plied** " **Mor**ning " and con**ti**nued **rea**ding* their **pa**pers.
4 **Da**vid put* his **brief**-case on the rack **o**ver his head and sat* down.
5 He lit* a ciga**re**tte, threw* the match on the floor and **o**pened his **pa**per.
6 The three men read* in **si**lence for a while.
7 The **win**dow was half-**o**pen and there was a strong draught.
8 — I see* the Chi**nese** Prime **Min**ister is dead, said **Mar**shall. (**3**)
9 **No** one said* a word.
10 **Af**ter a few **min**utes, Hobbs said*: " Oh **de**ar, an**o**ther **ter**rible **plane**-crash ".
11 The **o**ther two showed no **in**terest.
12 Then **Da**vid **shou**ted: " Oh no! ", the **o**thers looked at him.
13 " Stiles, the **Chel**sea **cen**tre-**for**ward is ill and won't be **a**ble to play a**gain**st Spurs ".

PRONUNCIATION

1 ... opösit uön änadzë. — **3** ... rëplaid... — **4** ... briif keis... — **5** ... zru... floo... — **6** ... red... ä uail. — **7** ... draft... — **8** ... ded sed... — **10** ... teriböl plein-krash. — **11** ... shoud... intërëst. — **12** ... shautit... — **13** stails... chelsi sentë fooruäd... biieiböl... ägäinst...

Lección setenta y una

Noticia importante

1 El Sr. Marshall y el Sr. Hobbs estaban sentados en sus asientos cerca de la puerta, uno enfrente de otro.
2 David Wilson subió al tren y dijo : « buenos días ».
3 Los dos hombres replicaron « buenos días » y continuaron leyendo sus periódicos.
4 David puso su maletín en la rejilla de encima de su cabeza y se sentó.
5 Encendió un cigarrillo, tiró la cerilla al suelo y abrió su periódico.
6 Los tres hombres leyeron en silencio durante un rato.
7 La ventana estaba medio abierta y había una fuerte corriente de aire.
8 — Veo que el primer ministro chino ha muerto, dijo Marshall.
9 Nadie dijo una palabra.
10 Tras pocos minutos, Hobbs dijo : « Oh, cielos, otro terrible accidente de avión ».
11 Los otros dos no mostraron interés.
12 Entonces David gritó : « Oh, no », los otros dos le miraron.
13 « Stiles, el delantero centro del Chelsea está enfermo y no podrá jugar contra [el] Spurs ».

***

NOTES

(**1**) Estaban sentados : *to sit down :* sentarse ; *to be sitting :* estar sentado (a veces tambien se usa *to be seated*).

(**2**) *One another* o *each other* se dice para dos personas ; *they saw one another :* se vieron. *They talked to each other :* se hablaron. *Opposite each other :* uno frente a otro. No use jamás *themselves* en estos casos.

(**3**) Morir, *to die ;* murió : *he died.* Pero cuando se comenta el fallecimiento (ya no está vivo) se dice : *he is dead.*

14 The three men be**gan*** to dis**cuss** the **ter**rible, **tra**gic news. (**4**)

14 ... **tra**dchik nius.

EXERCISES

1 She lit a ciga**rette** and threw the match on the floor. — **2** They be**gan** to talk about the news. — **3** Lord **By**ron was born in seven**teen eigh**ty eight and died in eigh**teen twen**ty four. — **4** He put his coat on a chair and sat down. — **5** I am a**gainst** his i**dea**. I find it **non**sense.

Fill in the missing words:

1 *Leían sus periódicos cuando la puerta se abrió.*

They .... their ...... when the ....

2 *Se miraron durante cinco minutos antes de decir buenos días.*

They ...... at ... . five minutes before ....

3 *No podremos permitirnos unas vacaciones en el extranjero.*

We ... ... to ...... a holiday ......

4 *La ventana estaba entreabierta y había una fuerte corriente de aire.*

... . was ....-.... and .... a strong ....

14 Los tres hombres comenzaron a discutir las terribles [y] trágicas noticias.

NOTES (continued)

(4) A pesar de la « s » *news* es siempre singular. *The news is good:* las noticias son buenas. Lo mismo ocurre con *means* (un medio). *This is a means to learn English:* es un medio de aprender inglés.

5 *Vió el cuerpo y dijo: «¿ Está muerto o duerme ? ».*

He . . . the . . . . and asked " Is . . . . or . . . . . . ? "

EJERCICIOS

1 Encendió el cigarrillo y tiró la cerilla al suelo. — **2** Comenzaron a hablar sobre las noticias. — **3** Lord Byron nació en 1788 y murió en 1824. — **4** Puso su abrigo en una silla y se sentó. — **5** Estoy en contra de su idea. La encuentro absurda (sin sentido).

Respuestas

1 were reading - papers - door opened. — **2** looked - one another for - saying Good morning (hello). — **3** will not be able - afford - abroad. — **4** The window - half - open - there was - draught. — **5** saw - body - he dead - asleep (sleeping).

Second wave: 22nd Lesson

Seventy-second (72nd) Lesson

1 The train stopped at a **sta**tion but **no** one got* on.

2 At the last **mi**nute, the door **o**pened

3 and an old **gen**tleman with a grey **be**ard and **gla**sses got* **in**to the com**part**ment. (**1**) (**2**) (**3**)

4 — I just caught it! he said, **si**tting* down **hea**vily. (**4**)

5 He took* off his **gla**sses and wiped his face with a striped **hand**kerchief. (**N. 1**)

6 **E**veryone was **rea**ding* and **smo**king, ex**cept** the old **gen**tleman. (**5**)

7 He had **ob**viously had no time to buy* a **pa**per be**fore cat**ching the train. (**6**)

8 **Da**vid soon **no**ticed that the man was **read**ing* his **pa**per with him, but **ve**ry dis**cree**tly.

NOTES

(**1**) *Gentleman,* es una palabra muy conocida. Tiene origen latino (gentilhombre se dice en español) y quería decir que se pertenecía a buena familia, sin ser noble. De ahí el sentido que ahora posee, el equivalente a la palabra « caballero » en español (que ha sufrido una semejante evolución en su significado). Se quiere indicar con ella que la persona considerada *gentleman* es de sentimientos y talante refinados (existe incluso el adverbio *gentlemanly).* Cuando en inglés dicen *Ladies and Gentlemen* (repare en los plurales), equivale exactamente a nuestro « Señoras y Caballeros ».

PRONUNCIATION

1 ... trein... **nou**-uan... — **3** ... **dchen**tëlmën ... **bii**lërd... **glaa**sis... — **4** ... koot... **he**vili. — **5** ... uaipt... straipt **han**këchiif. — **6** ... ek**sept**... — **7** ... **ob**viösli... — **8** ... **nou**tist... **rii**din... dis**krii**tli.

Lección setenta y dos

1 El tren se paró en una estación pero nadie subió.
2 En el último momento, la puerta se abrió
3 y un anciano caballero con barba gris y gafas entró en el compartimento.
4 — ¡Lo cogí por los pelos (justo)! dijo, sentándose pesadamente.
5 Se quitó las gafas y se secó el rostro con un pañuelo a rayas.
6 Todo el mundo leía y fumaba, menos el viejo caballero.
7 Evidentemente no había tenido tiempo de comprar un periódico antes de coger el tren.
8 David se dió cuenta enseguida de que el hombre estaba leyendo su periódico con él, pero muy discretamente.

NOTES (continued)

(**2**) *A glass :* un vaso ; *glasses :* gafas (también puede usarse la palabra *spectacles*).

(**3**) *Into* expresa la idea de « dentro », *in,* y la de « desplazamiento », *to.* Se usa con todo verbo que tenga el sentido de « entrar en »... : tirarse al agua (*jump* **into** *the water*) ; subir a un coche (*get* **into** *a car*), etc.

(**4**) Se « atrapa » el tren, al igual que un constipado, según los ingleses. *He's catching the ten o'clock train :* coge (atrapa) el tren de las diez.

(**5**) No se repite el auxiliar *was* si no hay posibilidad de confusión.

(**6**) Tras una preposición (*before, after, of,* etc. con algunas excepciones, como el caso de *to*), el verbo va en gerundio (es decir en *-ing*) : *before catching the train.* Corresponde según los casos, al infinitivo de presente o de pasado en español : *After reading the paper he fell asleep :* tras leer (o haber leído) el periódico, se durmió.

9 **Da**vid's **pa**per had **twen**ty **pa**ges and he would have liked to share it with him, (**7**)

10 but he did not want to show the old **gen**tleman that he had **no**ticed he was **rea**ding* it:

11 he was a**fraid** of of**fen**ding him.

12 **Da**vid reached the **bot**tom of the page, but did not want to turn it be**cause** his **nei**ghbour was still **rea**ding*.

13 At last, **Da**vid solved the **prob**lem. He **fol**ded the **pa**per, put it on the seat,

14 closed his eyes and pre**ten**ded to be a**sleep**. (**8**)

9 ... sheer... — **10** ... shou... — **11** ... ö**fen**din... — **12** ...riicht... peich... tërn... **nei**bör... — **13** ... put...

EXERCISES

1 With**out** **mo**ving his hands, he turned the page. — **2** He was a**fraid** of **wa**king his **fa**ther. — **3** It was so cold in **Scot**land that I caught a cold. — **4** He pre**ten**ded to be a **pa**rachutist, but he was **re**ally a **post**man. — **5** When you have reached the end of this book, read it a**gain**.

Fill in the missing words:

1 *Antes de secarse la cara, se quitó las gafas.*

Before .... face, he .... his ....

9 El periódico de David tenía veinte páginas y le hubiera gustado compartirlo con él,
10 pero no quería mostrar al anciano caballero que se había dado cuenta de que lo estaba leyendo,
11 tenía miedo de ofenderle.
12 David llegó al final de la página, pero no quería pasarla, porque su vecino estaba aún leyendo.
13 Por fin, David resolvió el problema. Dobló el periódico, y lo puso en el asiento,
14 cerró los ojos y simuló dormir (estar dormido).

NOTES (continued)

(7) *Would have liked* es la forma pasada del condicional.

(8) *To pretend :* simular, hacerse pasar por... *He pretended to be a millionnaire :* Simuló ser (se hizo pasar por) un millonario. Es una de nuestras palabras engañosas ya que puede confundirse con « pretender ».

EJERCICIOS

1 Sin mover las manos, volvió la página. — **2** Tenía miedo de despertar a su padre. — **3** Hacía tanto frío en Escocia que cogí un resfriado. — **4** Se hizo pasar por paracaidista, pero en realidad era cartero. — **5** Cuando llegue al final de este libro, léalo de nuevo.

2 *Todo el mundo leía, menos David que simulaba dormir.*

.... reading ...... David who was .... to .....

3 *Recuerde, no puede usted aprender sin estudiar.*

. . . .; you cannot . . . . . without . . . .

4 *Me gustaría ayudarte, pero, desgraciadamente estoy muy ocupado.*

I . . . . . like . . . . . . you, but, ... , I . . . .

Seventy-third (73rd) Lesson

A little mystery

1 The po**lice** were **in**terviewing a **sol**dier sus**pec**ted of **rob**bery. (**1**)

2 — I don't know* the **rest**aurant. I've never been there in my life, said* the **sus**pect.

3 — Well, **peo**ple say* that a **sol**dier like you robbed the **rest**aurant and **woun**ded the **ow**ner, re**plied** the de**tec**tive. (**2**)

4 — But there must be **thou**sands of **sol**diers in this town. (**3**)

PRONUNCIATION

1 ... intëviuin... **sol**dië säs**pek**tit... — **2** ... **rest**öränt, aiv... **säs**pekt. — **3** ... uundid... **ou**në, rë**plaid**... — **4** ... **zau**sënds...

5 *Tras haber leído el informe, lo puso en su maletín.*

After .... the report he ... it .. ..-....

Respuestas

1 wiping his - took off - glasses. — **2** Everyone was - except - pretending - sleep. — **3** Remember - learn - studying. — **4** would - to help - unfortunately - am too busy. — **5** reading - put - in his brief-case.

Second wave: 23rd Lesson

Lección setenta y tres

Un pequeño misterio

1 La policía interrogaba a un soldado sospechoso de robo.
2 — No conozco el restaurante. Nunca había estado allí en mi vida, dijo el sospechoso.
3 — Bien, la gente dice que un soldado como usted robó [en] el restaurante e hirió al dueño, respondió el detective.
4 — Pero tiene que haber miles de soldados en esta ciudad.

NOTES

(**1**) *To rob (a bank*, etc.) : robar ; *a robber* : un ladrón (se usa también *a hold up*, un atraco). *To rob* contiene la idea de violencia. Podemos decirlo también usando *to steal, stole, stolen*, y entonces el ladrón es *a thief* (ziif). Repare usted : *the police were...* y no *was*. El cuerpo de policía se compone de muchos agentes.

(**2**) *To wound* (uund) : herir con un arma. *To injure* : herir (normalmente por accidente, caída, golpe fortuíto, etc.).

(**3**) Hemos visto que *2 million, 4 thousand*, etc. no llevan « s » en plural. Se pone solamente cuando se trata de « millares » : *thousands* ; « millones » : *millions*. Centenas de millares : *hundreds of thousands*.

5 — Yes, but **on**ly one who was **ne**ar the scene of the crime.
6 — **Li**sten. I was **wal**king quietly down the street, (**4**)
7 when **som**eone ran* down the street **shout**ing: " He robbed the till !!! ";
8 so, I **sto**pped and went* back to the **res**taurant
9 and the **wit**nesses said* I was the **rob**ber be**cause** of my **u**niform. (**5**)
10 So the po**lice** ar**res**ted me and here I am.
11 — You say* you **ne**ver saw* the **res**taurant be**fore?**
12 — Yes, that's **right**, said* the **sol**dier **ner**vously.
13 — Then I ar**rest** you for armed **rob**bery, said* the de**tec**tive.
14 What was the **sol**dier's mis**take**? (The **an**swer is in the revi**sion les**son.)

5 ... niië... ssiin... kraim. — 6 lissën... kuaiëtli... — 7 ... shautin ... til ! — 9 ... uitnësis sed... robë... iunifoorm. — 10 ... pöliis... — 11 ... sou... — 12 ... dzatsrait... nërvösli. — 13 ... aarmd... — 14 ...rëvishën...

5 — Sí, pero sólo uno que estuviera (estaba) cerca de la escena del crimen.
6 — Escuche. Yo bajaba tranquilamente por la calle (marchaba tranquilamente hacia abajo),
7 cuando alguien corrió calle abajo gritando : «¡ Ha robado la caja ! »,
8 así que me paré y volví al restaurante
9 y los testigos dijeron que yo era el ladrón a causa de mi uniforme.
10 Entonces la policía me detuvo y aquí estoy.
11 — ¿ Dice usted que nunca vió antes el restaurante ?
12 — Sí, eso es, dijo el soldado, nervioso (nerviosamente).
13 — Entonces le arresto por robo a mano armada (robo armado), dijo el detective.
14 ¿ Cuál fue el error del soldado ? (La respuesta está en la lección de revisión.)

NOTES (continued)

(**4**) Dése cuenta de este modo de incluir en el verbo simultáneamente una idea de movimiento y de medio de locomoción. *To run upstairs* : subir las escaleras corriendo (correr escaleras arriba). *To drive to London* : Ir a Londres en coche. *To walk down the street* : bajar andando por la calle (caminar calle abajo).

(**5**) *Because* : porque ; *because of* : a causa de ; gracias a : *thanks to.*

***

No pretendemos dejarlo todo explicado. Nuestras notas sirven a la vez de guía y de acompañantes en este viaje. En lo que se refiere a los giros « complicados », no se inquiete : al verlos a menudo, los asimilará. Por eso insistimos en que se repasen unos cuantos todos los días.

EXERCISES

1 I have never been to England. — What's it like? — **2** There must be a mistake, I don't know you. — **3** She ran down the street shouting "Help!". — **4** My plane was late because of a strike. — **5** I was working when the telephone rang.

Fill in the missing words:

1 *Es el propietario de tres casas de campo y de un apartamento.*

He is . . . . three . . . . . . - . . . . . . and a flat .

2 *Sin plantear preguntas, supo que el soldado había cometido el robo.*

. . . . any questions, he . . . . the soldier . . . . the robbery .

3 *Centenas de millares de personas compraron coches.*

. . . . and . . . . of . . . . cars .

EJERCICIOS

1 Nunca he estado en Inglaterra. — ¿ Cómo es eso ? — **2** Tiene que haber un error, yo no le conozco. — **3** Corrió calle abajo gritando «¡ Socorro ! ». — **4** Mi avión llegó tarde a causa de una huelga. — **5** Estaba trabajando cuando sonó el teléfono.

***

4 *Nunca ha estado en el extranjero en su vida.*

She ... never .... in ... .

5 *A causa de la lluvia, llegaremos veinte minutos tarde.*

.... the .... we will .. twenty minutes ....

Respuestas

1 the owner of - country-houses. — **2** Without asking - knew - had done. — **3** Hundreds - thousands - people bought. — **4** has - been abroad - her life. — **5** Because of - rain - be - late.

***

No olvide que, por el momento, debe usted limitarse a comprender el texto inglés y a repetir cada párrafo después de leerlo en voz alta.

Second wave: 24th Lesson

Seventy-fourth (74th) Lesson

1 Let's learn some **u**seful ex**pres**sions.

2 When **En**glish **pe**ople meet* for the first time, they say*: " How do you do? ". (**1**)

3 The **an**swer is: " How do you do? "

4 **Af**ter this first **mee**ting, you may say: " How **are** you? ", or **sim**ply " Hel**lo** ". (**2**)

5 **Youn**ger **pe**ople find* these **for**mulas too **for**mal and try to **avoid** them.

6 **Pe**ople **ra**rely shake* hands in **En**gland.

7 Here is a **ty**pical " po**lite** " conver**sa**tion:

8 — Hel**lo**, **Da**vid, how are you?

9 — Fine, **thank** you. And you?

10 — I'm **ve**ry well. Let* me intro**duce An**drew **Wil**liams. (**3**)

11 — How do you do? — Pleased to meet* you.

12 — **Ter**rible **wea**ther, **isn**'t it? — Yes, but it's **get**ting* **war**mer now. (**N. 2**)

13 — I hope we will have some sun soon.

PRONUNCIATION

1 ... iusföl ekspreshens. — **2** ... hau duiudu? — **3** ... ansë — **4** ... hau aar yu?... — **5** ... ävoid... — **6** ... reerli sheik... — **7** ... pölait konvërseishën. — **10** ... intrödius andru... — **11** ... pliisd... — **12** ... uedzë...

Lección setenta y cuatro

1 Aprendamos algunas expresiones útiles.
2 Cuando los ingleses se encuentran por primera vez dicen : «¿ cómo está usted ? »
3 La respuesta es la misma frase : «¿ cómo está usted ? ».
4 Tras este primer encuentro, puede decirse «¿ Qué tal le va ? » («¿ cómo está usted ? »), o simplemente « hola ».
5 Los jóvenes (la gente más joven) encuentran estas fórmulas demasiado formales e intentan evitarlas.
6 La gente raramente se estrecha la mano en Inglaterra.

7 Aquí tenemos una típica conversación « educada » :
8 — Hola, David, ¿ qué tal te va ?
9 — Bien, gracias, ¿ y a tí ?
10 — Me va bien. Te voy a (permite que) presentar [a] Andrew Williams.
11 — ¿ Cómo está usted ? — Encantado de conocerle.
12 — ¡ Qué tiempo tan malo ! ¿ verdad ? — Sí, pero ahora empieza a hacer más calor.
13 — Espero que pronto haga sol (tendremos pronto algo de sol).

NOTES

(1) *The English :* los ingleses, el pueblo (*the French, the Spanish, the Germans,* etc.) ; pero cuando se quiere decir « ingleses » o « unos ingleses » en general, no se pone el artículo y se añade *people.* Igualmente, en la línea 5, los jóvenes, podría decirse *the young :* todos los jóvenes ; pero aqui se dice *young people,* porque son los jóvenes en general, no pretendiendo decir que son todos.

(2) *To meet :* encontrarse y también conocerse ; *a meeting :* un encuentro, una reunión. Repare en la fórmula de cortesía de la línea 11 : Encantado de conocerle : *Pleased to meet you.*

(3) *To introduce :* presentar a alguien. *Let me introduce myself :* Permita que me presente.

14 — Well, I must be off or I'll be late. Give* my re**gards** to your wife. Good-**bye**. (**4**)
15 — I will. Take* care of your**self**. Good-**bye**.

14 ... rigaards. — **15** ... keer ... iörself...

EXERCISES

1 We **ra**rely intro**duce** our friends to **An**drew. — **2** Pleased to meet you. What is your name? — **3** I hope he will ac**cept** our **o**ffer. — **4** He did it with**out** **thin**king. — **5** These **pa**pers are free. Please take one.

Fill in the missing words:

1 *Permítame que le ofrezca una copa.*

. . . me . . . . a drink .

2 *Permítame que le invite a cenar.*

. . . . . me . . . . to dinner .

3 *Debo irme o llegaré tarde. Salude de mi parte (dele mis saludos) a su exposa.*

I . . . . be . . . or I . . . . Give . . . . to . . . . wife .

4 *Intente evitar la autopista, hay demasiada circulación.*

. . . to . . . . . the motorway, there . . . .

14 — Bueno, tengo que irme o llegaré tarde. Da (mis) recuerdos a tu esposa. Adiós.
15 — [Así] lo haré. Cuídate. Adiós.

NOTES (continued)

(**4**) *To regard:* estimar, considerar. *I regard him highly:* lo estimo mucho (altamente); *my regards:* mis recuerdos, mis saludos. Una carta puede terminarse con la expresión: *Kindest regards:* mis mejores deseos, saludos, etc.

5 *Siempre me deja coger su coche si no lo necesita.*

He always .... me .... car if .. .... not .... ..

EJERCICIOS

1 Rara vez presentamos nuestros amigos a Andrew. — **2** Encantado de conocerle. ¿Cómo se llama usted? — **3** Espero [que] acepte nuestro ofrecimiento. — **4** Lo hizo sin pensar. — **5** Estos periódicos son gratis. Coja uno, por favor.

Respuestas

1 Let - offer you. — **2** Allow - to invite you. — **3** must - off - will be late - my regards - your. — **4** Try - avoid - is too much traffic. — **5** lets - take his - he does - need it.

Second wave: 25th Lesson

Seventy-fifth (75th) Lesson

1 We have seen* a lot of words in the last few **les**sons.
2 It is now time to re**vise** some of them.
3 He lit* a ciga**ret**te, **o**pened his **no**vel and be**gan*** to read.
4 Where did I put* my **brie**f-case? I can't re**mem**ber. (**1**)
5 My young **ne**phew was **in**jured in a **plane**-crash.
6 He will not be **a**ble to come to**mor**row as he has an im**por**tant **mee**ting. (**2**)
7 The bank was robbed of **fif**ty **thou**sand pounds **du**ring the night.
8 When you meet* **some**one for the first time, you say*: " How do you do? "
9 They saw* one a**nother** for the first time last week, al**though** they write* to one a**noth**er **re**gularly.
10 I must be off or I'll be late for my ap**point**ment. (**3**)
11 **You**'ll be **a**ble to **rec**ognise George, he wears* **gla**sses and a **bow**ler hat. (**4**)
12 Don't for**get*** the **exe**rcises at the **bot**tom of the page.
13 The door was half-**o**pen and he saw* his **par**ents **pla**ying cards.
14 The **wea**ther is **ter**rible, **is**n't it?

PRONUNCIATION

1 ... uëds... — **2** ... rïvais... — **3** ... riid. — **5** ... nefiu... indchërd... — **7** ... nait. — **8** ... samuan... — **9** ... soo... — **10** ... äpointmënt. — **11** ... rekögnais dchoordch... ueers... boulë... — **12** ... peidch. — **13** ... perents... kaards. — **14** ... isentit?

Lección setenta y cinco

1 Hemos visto muchas palabras en las últimas (pocas) lecciones.
2 Es hora ya de revisar algunas de ellas.
3 Encendió un cigarrillo, abrió su novela y comenzó a leer.
4 ¿ Dónde puse mi maletín ? No recuerdo.
5 Mi joven sobrino resultó (fué) herido en un accidente de avión.
6 No podrá venir mañana dado que tiene una importante reunión.
7 Robaron en el banco 50.000 libras durante la noche (El banco fué robado de 50.000 libras durante la noche).
8 Cuando se encuentra usted con alguien por primera vez, dice : «¿ Cómo está usted ? ».
9 Se vieron por primera vez la semana pasada, aunque se escriben regularmente.
10 Debo irme o llegaré tarde a mi cita.
11 Podrá usted reconocer a George, lleva gafas y sombrero hongo.
12 No olvide los ejercicios en la parte baja de la página.
13 La puerta estaba medio abierta y vió a sus padres jugando a las cartas.
14 El tiempo es horrible, ¿ no es así ?

NOTES

(**1**) Los verbos de percepción involuntaria (*see, hear, remember,* etc.) al no poseer forma progresiva, llevan *can* delante. *I can't hear him :* no le oigo.

(**2**) *As* (como) tiene también el sentido causal de porque, dado que. En conversación no se usa mucho porque suena debilmente y es difícil de oír.

(**3**) *Appointment :* cita. Una cita con el doctor : *a doctor's appointment.*

(**4**) Llevar en la mano : *to carry ;* llevar un vestido ; *to wear, wore, worn. Worn out :* usado, desgastado, muy cansado (expresión coloquial).

EXERCISES

1 You're very **ti**red. Will you be **a**ble to drive home? — **2** They weren't **ha**ppy with their **dau**ghter's **le**tter. — **3** Don't ring, he won't **a**nswer the phone. — **4** When they've **fi**nished, **they**'ll come and see us. — **5** I can't under**stand** he left so **ear**ly.

Fill in the missing words:

1 *Tuvieron que comprar un nuevo aparador.*

.... a new sideboard.

2 *Por favor compruebe sus neumáticos antes de salir.*

.... your tyres ....

3 *Aunque sea pequeño, es muy fuerte.*

.... he .. very ....., he is ....

4 *Entreabrió la puerta y miró dentro de la cocina.*

He ....-...... the door and ...... into the ....

Seventy-sixth (76th) Lesson

Conditionals

1 — What can I do for you, sir? — I'd like to speak* to Mr **Da**vis.

PRONUNCIATION

1 ... aid...

EJERCICIOS

1 Está usted muy cansado. ¿ Podrá conducir hasta casa ? — **2** No estaban contentos con la carta de su hija. — **3** No llames, no cogerá (responderá al) el teléfono. — **4** Cuando hayan acabado, vendrán a vernos. — **5** No puedo entender porqué se marchó tan pronto.

5 *Espero que tu primo esté mejor.*

I . . . . cousin . . . .

Respuestas

1 They had to buy. — **2** Please check. - before leaving. — **3** Although - is - small - very strong. — **4** half-opened - looked - kitchen. — **5** hope your - is better.

Second wave: 26th Lesson

Lección setenta y seis

Condicionales

1 — ¿ En qué puedo ayudarle (qué puedo hacer por usted), señor ? — Me gustaría hablar con el Sr. Davis.

2 — I'm **so**rry, he isn't in. **Would** you like to see* **some**body else? (**1**)
3 — No, but would you take* a **mes**sage for me, please?
4 — I'd be de**lighted.**

5 " Would " is the con**di**tional in **En**glish and is placed in **front** of the in**fi**nitive.
6 The con**trac**tion is easy: " Would " be**comes*** ...'d.
7 For **in**stance: I'd like a cup of tea.
8 He'd help you. We'd pre**fer** **be**er, if you have any.
9 **Que**stions are **ea**sy too: Would you like a cup of tea? Would you help me please?
10 Here are some more **sen**tences: He would under**stand*** if you spoke* more **slo**wly.
11 He **wou**ldn't ask for help if he **did**n't want it.
12 He **wou**ldn't need a **tea**cher if he spoke* **flu**ently.

13 A **fa**mous **law**yer had lost* a case and was very **an**gry. (**2**)
14 — If this is the law, he **shou**ted, **I**'ll burn* my books!
15 The judge re**plied:** " It would be **bet**ter if you read* them ". (**3**)

2 ... **uu**diu... — **3** ... **mes**sedch... — **4** aid bii di**lai**tit. — **5** kën**dish**önäl... pleist... in **fron**tof... — **7**... aid laik... — **8** hiid... uiid... — **10** ... spouk... — **11** ... **uu**dent... uont it. — **12** ... niid ... **flu**entli. — **13** ... keis... **an**gri. — **14** ... loo... bërn... — **15** ... dchach... red...

NOTES

(**1**) Fíjese en la pronunciación : [uud]. Como en *could,* la l desaparece.

2 — Lo siento, no está. ¿ Le gustaría ver a otra persona ?
3 — No, ¿ pero podría usted dejarle una nota de mi parte (tomar un mensaje por mí) ?
4 — Por supuesto (estaría encantado).

5 *Would* es el condicional en inglés y se coloca antes del infinitivo.
6 La contracción es fácil : *would* se convierte en... *'d*.
7 Por ejemplo : Me apetecería una taza de té.
8 El le ayudaría. Preferiríamos cerveza, si tiene usted.
9 Las preguntas son también fáciles : ¿ Le apetecería una taza de té ? ¿ Querría usted ayudarme, por favor ?
10 He aquí más frases : Le entendería si hablara usted más despacio.
11 No pediría ayuda si no la quisiera.
12 No necesitaría un profesor si hablara con fluidez.

13 Un famoso abogado había perdido un caso y estaba muy enfadado.
14 — Si esto es la ley, gritó, ¡ quemaré mis libros !
15 El juez replicó : « Sería mejor que (si) los leyera ».

(2) *A case :* un caso o una maleta. *A legal case :* un caso legal.

(3) Pronunciación : [red]. La construcción es casi la misma que en español : condicional... que (si)... imperfecto. En español usamos el imperfecto de subjuntivo ; en inglés, al no existir el subjuntivo, se usa el tiempo pasado, que es el mismo que se emplea para los pretéritos imperfecto e indefinido españoles.

EXERCISES

1 I would buy it, it is very cheap. — **2** He doesn't let me use his car at weekends. — **3** I'm afraid he isn't back yet. — **4** What would you do if you had a lot of money? — **5** How would you feel if someone kicked you?

Fill in the missing words:

1 *¿ Te apetecería un café ? — Preferiría té, si tienes.*

..... you .... some coffee? — I .... tea if you have ...

2 *¡ No me gustaría estar en tu lugar !*

I .... like .. .. in your place!

3 *¿ Que le gustaría ver primero ?*

Who .... like .. ... first?

Seventy-seventh (77th) lesson

REVISIONS AND NOTES

Notas para revisar : Lección **71** : (2), (4) - Lección **72** : (5) - Lección **73** : (3), (4) - Lección **74** : (1) - Lección **75** : (1), (4).

1 Lección 72. — *He wiped his face.* Las partes del cuerpo están « personalizadas » en inglés. Hay una canción de G. *Allwright* en la que se dice : « Por no hablar de todas las veces que me he cortado el dedo con una lata de sardinas » ; pero la expresión literal que usa es *« I cut my fingers »*.

EJERCICIOS

1 Lo compraría, es muy barato. — **2** No me deja usar su coche los fines de semana. — **3** Lo siento, aún no ha vuelto. — **4** ¿ Qué harías si tuvieras mucho dinero ? — **5** ¿ Cómo te sentirías si alguien te diera una patada ?

4 *Compraría algo si tuviera dinero.*

She ..... buy .... If she ... . money.

5 *No nos gustaría molestarle.*

We .... like to disturb you.

Respuestas

1 Would - like - would prefer - any. — **2** wouldn't - to be. — **3** would you - to see. — **4** would - some - had some. — **5** wouldn't.

Second wave: 27th Lesson

Lección setenta y siete

Tiene las manos limpias : *his hands are clean.* Tiene un libro en la mano : *she has a book in her hand.*

2 Lección 73. — Respuesta a *A little mistery*: en la línea 8, el soldado dice : *I went back* (volví). Dado que, según él, nunca había estado antes en el restaurante, no podía « volver », y hubiera debido decir : *I went to the restaurant.*

3 Algunos comparativos irregulares. — Hemos visto *good, better, best* (bueno, mejor, óptimo -el mejor, buenísimo-). Recuerde también: *bad, worse, (the) worst*: malo, peor, el peor (pésimo, malísimo); *little, less* (con el nombre en singular), *the least*: poco, menos, el que menos.

« Menos », con sustantivos plurales, se dice *fewer*. *I have less time than I thought*: tengo menos tiempo del que pensaba. *She has fewer friends than her sister*: tiene menos amigos que su hermana.

Cada vez menos: *less and less*; cada vez más: *more and more*; al menos: *at least*.

4 Expresiones que conviene recordar. — 1 *She washed her hands.* — 2 *He bought a paper before catching the train.* — 3 *He pretended to be rich.* — 4 *He ran down the stairs* — 5 *Yes, that's right.* — 6 *Pleased to meet you.* — 7 *I can't remember.* — 8 *They saw one another.* — 9 *I'd like a beer please.*

5 Traducción. — 1 Se lavó las manos. — 2 Compró un periódico antes de coger el tren. — 3 Se hacía pasar por rico. — 4 Bajó corriendo las escaleras. — 5 Si, está bien. — 6 Encantado de conocerle. — 7 No me acuerdo. — 8 Se vieron. — 9 Me apetecería una cerveza, por favor.

Seventy-eighth (78th) lesson

Don't worry

1 We have seen* many ex**pre**ssions and words al**rea**dy,

2 and per**haps** you are **wo**rried by some of the un**u**sual ones, like: (**1**)

PRONUNCIATION

1 ... oolredi, — **2** ... äniushuäl...

Hemos sustituído las « frases para traducir al inglés » por « expresiones que conviene recordar ». *La traducción se encuentra después para que el ejercicio resulte más útil.*

Second wave: 28th (revision) Lesson

Lección setenta y ocho

No se preocupe...

1 Ya hemos visto muchas expresiones y palabras,
2 y quizá esté usted preocupado por algunas que son poco corrientes, como :

NOTES

(1) *Usually*: usualmente, habitualmente, como de costumbre ; *usual*: habitual, acostumbrado, usual ; *unusual*: poco corriente, insólito, extraño.

3 " They **began*** to read* " or " **Stu**dying is easy ".
4 But, if you read* a **les**son **ev**ery day, you will come* to know* these words and **id**ioms
5 and will be **a**ble to use them **na**turally.
6 You al**ready** know* e**nough** **En**glish to sur**vive** in **En**gland
7 and you know a **lit**tle about the **coun**try.
8 All this with just one **les**son a day.
9 But you must con**tin**ue **read**ing* and **writ**ing*
10 and do not **wor**ry a**bout** **ma**king* mis**takes:** you make* mis**takes** in your own **lan**guage, too! (**2**)
11 You **pro**bably want to speak* **flu**ently now, **af**ter **on**ly e**lev**en weeks,
12 but you should (**N. 1**) re**mem**ber the **say**ing:
13 " You must learn to walk be**fore** you can run* ".

3 ... idiöms. — **5** ... nachörëli. — **6** ... inöf... särvaiv... — **8** ... dchast... — **9** ... raitin. — **10** ... uöri... langüidch... — **11** ... probäbli... — **12** ... shud... seiën.

NOTES (continued)

(**2**) *About* es una palabra muy útil y muy frecuente en inglés. Recordemos : *to talk about* : discutir de ; *to think about* : pensar, reflexionar sobre : *to worry about* : preocuparse por.

EXERCISES

1 You will soon come to know your **hus**band. — **2** But you must con**tin**ue **try**ing. — **3** **Lear**ning is **ea**sy, but you must **prac**tise. — **4** I should go now, but I pre**fer** to stay. — **5** You should try her **che**rry cake: it's **ex**cellent!

3 « Empezaron a leer » o « Estudiar es fácil ».
4 Pero, si lee usted una lección cada día, llegará a conocer estas palabras y giros,
5 y podrá usarlos con naturalidad.
6 Sabe usted ya suficiente inglés [como] para defenderse (sobrevivir) en Inglaterra
7 y sabe usted algo sobre el país.
8 Todo esto sólo con una lección al día.
9 Pero debe usted seguir leyendo y escribiendo
10 y no se preocupe por cometer faltas : también comete usted faltas en su propio idioma.
11 Probablemente, quiere usted hablar con fluidez [ya] ahora, tras solo once semanas.
12 Pero debería recordar el dicho :
13 « Hay que aprender a andar antes de correr ».

NOTES (continued)

El Sr. Smith quiere verle. — Oh ¿ de qué se trata ? : *Mr. Smith wants to see you. — Oh what's it about?* (Recordemos que *about* puede tener también el sentido de alrededor, aproximadamente).

EJERCICIOS

1 Pronto llegará usted a conocer a su marido. — **2** Pero debe seguir usted procurándo [lo]. — **3** Aprender es fácil, pero debe usted practicar. — **4** Debería irme ya (ahora), pero prefiero quedarme. — **5** Deberías probar el pastel de cerezas : ¡ es excelente !

Fill in the missing words:

1 *Estoy preocupado, debería haber vuelto ya (ahora).*

I am ...., he ...... be .... now.

2 *No debería conducir tan rápido ; me da miedo.*

She .... drive so ...., she ....

3 *Cocinar es fácil ; todo el mundo puede hacerlo.*

.... is easy, ... do it.

Seventy-ninth (79th) Lesson

1 — Have you seen* that new film?
2 — You mean* " Disaster "? Yes, I saw* it last week.
3 — Have you read* " **An**imal Farm "? — Yes, I read* it when I was at school. (**1**)
4 — Have you heard* the joke a**bout...**? — Yes, I heard* it ten **years** a**go.**

5 When we are **tal**king a**bout** a **def**inite e**vent** in the past, we use the **sim**ple past tense;

PRONUNCIATION

1 ... siin... — **2** ... disaaste... soo... — **3** ... red... änimël... — **4** ... hërd... dchouk äbaut ? ... iiiërs ägou. — **5** ... defënët ivent... simpël... tens.

4 *Tiene usted ya suficiente en su plato.*

You've ... . in your plate ....

5 *Este debería ser fácil, ya lo he visto.*

This one .... easy, I .... it already.

Respuestas

1 worried - should - home (back) - **2** should not - fast (quickly) - scares me. — **3** Cooking - anyone (anybody) can. — **4** got enough - already. — **5** shoud be - have seen.

Second wave: 29th Lesson

Lección setenta y nueve

1 — ¿Has visto esta nueva película?
2 — ¿Te refieres a *Desastre*? Sí, la ví la semana pasada.
3 — ¿Has leído *La granja de los animales*? — Sí, lo leí cuando estaba en la escuela.
4 — ¿Sabes (has oído) el chiste sobre...? — Sí, lo oí hace diez años.

5 Cuando hablamos de un acontecimiento definido del pasado, empleamos el tiempo de pasado « simple » (imperfecto o indefinido españoles);

NOTES

(**1**) *Animal Farm,* novela satírica de George Orwell (autor de *1984*).

6 but when we are referring to the past in general (**N. 2**), we use " have " (or " has ") with the past participle.
7 You use this with words such as " **ever** ", " before ", " already " and " just ".
8 For example: I have read* this book already,
9 or: he has never seen* the snow.
10 We say: She has already written* five novels,
11 but we must say: She wrote* a novel last year,
12 or: she read* the book last night. (**2**)

13 — Am I the first man you have ever loved? he said*.
14 — Of course, she replied, why do men always ask the same question?

6 ... rifërin in dchenëräl... ius... partispël. — **7** ... bifoor... dchast. — **8** ... eksampël... — **9** ... snou. — **11** ... rout... — **13** ... lavd ?... — **14** ... kueschen ?

« All men are equal, but some are more equal than others », George Orwell, *Animal Farm* (todos los hombres son iguales pero algunos son más iguales que otros).

EXERCISES

1 Have you heard the new record by the " Flops "? — **2** In general, men are stronger than women, but women are more intelligent. — **3** I shouldn't eat this because I am already too fat. — **4** She has never driven a car before. — **5** Let me show you my new flat.

6 pero cuando hacemos referencia al pasado en general, empleamos *have* (o *has*), con el participio pasado.
7 Se usa éste con palabras como « nunca », « antes », « ya » y « en el momento de ».
8 Por ejemplo : Ya he leído este libro,
9 o : nunca ha visto la nieve.
10 Decimos : ha escrito ya cinco novelas,
11 pero debemos decir : escribió una novela el año pasado,
12 o : leyó el libro anoche.

13 — ¿ Soy el primer hombre [al que] has amado (nunca) ? dijo él.
14 — Por supuesto, replicó ella, ¿ por qué los hombres preguntan siempre lo mismo (la misma pregunta) ?

NOTES (continued)

(**2**) *Last night :* anoche ; *tomorrow morning :* mañana por la mañana. La palabra *evening* se refiere al periodo entre las 18 y 20 horas, mientras que noche se dice normalmente *night.* Esta noche : *tonight.*

EJERCICIOS

1 ¿ Has oído el nuevo disco de los (por los) « Flops » ? — **2** En general, [los] hombres son más fuertes que las mujeres, pero [las] mujeres son más inteligentes. — **3** No debería comer esto porque ya estoy demasiado gordo. — **4** Nunca ha conducido un coche antes. — **5** Permíteme que te enseñe mi nuevo piso.

Fill in the missing words:

1 *¿ Ha practicado (estado en) usted alguna vez los deportes de invierno ?*

. . . . you . . . . been to . . . . ?

2 *Sí, mi mujer y yo fuimos por primera vez el año pasado.*

Yes, . . wife and . . . . . for the first time . . . .

3 *¿ Has visto a George ? — Sí, lo vi el viernes.*

. . . . you . . . . George? — Yes, I . . . him . . . .

Eightieth (80th) Lesson

1 John saw* his **neigh**bour **smo**king a pipe.

2 He took* his own pipe out of his **poc**ket and said*:

3 — Have you got* a match? — Yes, here you are.

4 — Oh **de**ar, said John, I've left* my to**bac**co at home.

5 — In that case, said* his **neigh**bour, give* me back my match.

PRONUNCIATION

1 ... neibë... paip. — **2** ... oun... sed... — **4** diër ... tö**bakou**...

4 *Acabo de comprarme un pantalón nuevo.*

I . . . . just . . . . . . a new . . . .

5 *Nunca he fumado una hoja de lechuga ¿ está bueno ?*

I . . . . smoked a lettuce leaf . . . . good?

Respuestas

1 Have - ever - winter sports? — **2** my - I went - last year. — **3** Have - seen - saw - on Friday. — **4** have - bought - pair of trousers. — **5** have never - Is it.

Second wave: 30th Lesson

Lección ochenta

1 John vió a su vecino fumando en (una) pipa.
2 Sacó su propia pipa del bolsillo y dijo :
3 — ¿ Tiene usted una cerilla ? — Sí, tenga.
4 — Oh, cielos, dijo John, me he dejado el tabaco en casa.
5 — En ese caso, dijo su vecino, devuélvame mi cerilla.

6 An **ac**tor saw* him**self** on film for the first time. (**1**)
7 Yes, said* the **cri**tic, now you see* what we have to **su**ffer.

8 — Ex**cuse** me, sir, I want to **ma**rry your **daugh**ter.
9 — Have you seen* my wife, young man?
10 — Yes, sir, and I still want to **ma**rry your **daugh**ter. (**2**)

11 A Rolls Royce stopped in front of **Ha**rrods and a **la**dy in a fur coat and **di**amond **neck**lace got* out. (**3**) (**4**)
12 A tramp ran* up to her and said: " Please, **la**dy, I **hav**en't **eat**en* for a week. (**5**)
13 — Well you will have to force your**self**, was the re**ply.**

6 ... **ak**tör... — **7** ... safë... — **8** **doo**të. — **9** ... ian mann ? — **11** ... rools roiss... för kout... **daiä**mön **nek**leiss... — **12** tramp... **hav**ënt iitën... — **13** ... forss... **riplai**.

EXERCISES

1 I must take back **Pe**ter's book soon. — **2** She put the jar back on the shelf. — **3** Give him back his pipe be**fore** he gets **an**gry. — **4** You will have to run, the po**lice** have seen us. — **5** The man in the grey suit and **glass**es is a **law**yer.

Fill in the missing words:

1 *No ha comido desde hace una semana o más.*

He . . . . for . . . . . or . . . .

6 Un actor se vió en una película por primera vez.
7 Sí, dijo el crítico, ahora ve usted lo que tenemos que soportar.

8 — Perdone, señor, quiero casarme con su hija.
9 — ¿ Ha visto usted a mi esposa, joven ?
10 — Sí, señor, y aún quiero casarme con su hija.

11 Un Rolls Royce se paró delante de Harrods y una señora con (un) abrigo de piel y collar de diamantes salió.
12 Un vagabundo corrió hacia ella y dijo : « Por favor, señora, no he comido durante una semana ».
13 — Bien, tendrá usted que hacer un esfuerzo (obligarse a si mismo), fué la respuesta.

***

NOTES

(**1**) *On film :* en una película ; *on television :* en la televisión ; pero *on* the *radio* (por la radio). Recordemos que se dice *to watch the television.*

(**2**) *Still,* aún, todavía : *That shop is still here :* esa tienda aún está ahí.

(**3**) *Harrods :* unos prestigiosos almacenes en el barrio de Knightsbridge, Londres.

(**4**) *The man in a grey suit :* el hombre del traje gris ; *a lady in a fur coat :* una mujer con un abrigo de piel.

(**5**) Giro popular : Habría que decir : *excuse me, Madam.*

EJERCICIOS

1 Tengo que devolverle el libro a Peter pronto. — **2** Puso otra vez la jarra en la estantería. — **3** Devuélvele la pipa antes de que se enfade. — **4** Tendrás que correr, la polícia nos ha visto. — **5** El hombre del traje gris y gafas es abogado.

2 *No le he hablado desde hace al menos dos meses.*

I . . . . spoken . . him . . . . two months.

3 *No se han visto desde hace años.*

They haven't . . . . for . . . . .

4 *Salió del coche, subió los escalones y entró en el edificio.*

He . . . . the car, ... the steps and . . . . the building.

Eighty-first (81st) Lesson

A little about England

1 Have you seen* a map of **En**gland be**fore**?

2 You must have (**N. 3**) **no**ticed the **num**ber of large towns and **ci**ties. (**1**)

3 **En**gland is less **cen**tralised than France. **Ci**ties like **Man**chester and **Bris**tol

4 have an im**por**tant **cul**tural life of their own (**N. 4**). (**2**)

5 A city is **lar**ger than a town and **u**sually has a ca**the**dral.

PRONUNCIATION

1 ... bifoor? — **2** ... tauns... **si**tis. — **3** ... **sen**trälaisd... **man**chestë... **bris**töl. — **4** ... **kol**chöral... oun. — **5** ... **laar**dchë ... kä**zii**dräl.

5 *Debería usted irse, es muy tarde y se está haciendo de noche.*

You ...., it is .... and it is .... dark.

Respuestas

1 has not eaten - a week - more. — **2** haven't - to - for at least. - - **3** seen one another - years. — **4** got out of - went up - went into. — **5** should leave - very late - getting.

Second wave: 31st Lesson

Lección ochenta y uno

Un poco sobre Inglaterra

1 ¿Ha visto usted alguna vez (antes) un mapa de Inglaterra?
2 Debe haberse dado usted cuenta del número de grandes pueblos y ciudades.
3 Inglaterra está menos centralizada que Francia. Ciudades como Manchester o Bristol, durante los meses de verano,
4 tienen una importante vida cultural propia (de si propias).
5 Una ciudad es mãs grande que un pueblo y normalmente, tiene una catedral.

NOTES

(**1**) *A notice:* un aviso; pero *to notice:* darse cuenta; *to note:* notar.

(**2**) La diferencia entre *town* y *city* no siempre está clara. Dado que aquí se comparan entre si, hemos optado por la traducción que en el texto puede verse.

6 Birmingham, Nottingham, Leicester and Southampton are all cities; (3)
7 and Guildford, Warwick and Gloucester are towns.
8 There is a large and important difference between the North and the South of the country:
9 a difference in the people and a difference in the accent.
10 You are learning to speak* with a southern accent.
11 England is divided into " counties ", of which there are about forty.
12 Cornwall, the southern tip of England, is very wild and beautiful. (4)
13 In the north, Yorkshire is the largest county.
14 Kent is called " The Garden of England ".

6 bërmingäm... leestë ... sauzamtön... — 7 ... guilförd, uoruik, gloostë... — 8 ... bituiin... noorz... sauz... — 9 ... aksent. — 10 ... lërnin... — 11 ... dëvaidid... kauntiis of uich... — 12 koornuol... sadzërn... uaild... — 13 yoorkshër.

EXERCISES

1 What is the difference between the North and the South? — 2 You shouldn't read in bed, it's bad for your eyes. — 3 Mr Marsden is a very important man. — 4 He works for a large newspaper. — 5 He has a bicycle of his own.

Fill in the missing words:

1 *Vendría si se lo pidieras.*

He . . . . if you . . . .

6 Birmingham, Nottingham, Leicester y Southampton, son todas ellas grandes ciudades ;
7 y Guilford, Warwick y Gloucester, son ciudades menores.
8 Hay una gran e importante diferencia entre el norte y el sur del país :
9 (una) diferencia en la gente y (una) diferencia en el acento.
10 Usted está aprendiendo a hablar con acento del sur.
11 Inglaterra está dividida en « condados » de los que hay unos cuarenta.
12 Cornwall, [que forma] el extremo sur de Inglaterra es muy agreste y bello.
13 En el norte, Yorkshire es el condado más grande.
14 Kent es llamado « El jardín de Inglaterra ».

NOTES (continued)

(**3**) Fíjese en la pronunciación (un tanto particular) de estas ciudades.

(**4**) *The tip :* el final, el extremo (se dice también de algo puntiagudo : la punta). *Tip :* significa propina, de ahí el verbo : *to tip :* dar propina.

EJERCICIOS

1 ¿ Cuál es la diferencia entre el norte y el sur ? — **2** No deberías leer en la cama, es malo para los ojos. — **3** El Sr. Marsden es un hombre muy importante. — **4** Trabaja en un gran periódico. — **5** Tiene una bicicleta suya propia (de su propiedad).

2 *No debería pedir prestado dinero a su hermano.*

She . . . . money . . . . brother.

3 *Tiene cuatro bicicletas, de las que tres no marchan.*

He has four bikes, ... three . . . . !

4 *Han ido dos veces a Escocia y una vez a Irlanda.*

They . . . . to Scotland . . . . . and . . Ireland . . . .

Eighty-second (82nd) Lesson

1 Read* this **les**son as **u**sual and when you have **fi**nished it, **an**swer the **ques**tions. (**1**)
2 What is the **dif**ference be**tween** a **ci**ty and a town?
3 Where would you find* a ca**the**dral?
4 Is **En**gland as **cen**tralised as France?
5 Are there any **dif**ferences be**tween** the North and South of **En**gland?
6 Which **ac**cent are you **lear**ning? (**2**)
7 Which **coun**ty is called the "**Gar**den of **En**gland"?
8 In which part of the **coun**try is **Corn**wall?
9 Have you ever been to **En**gland? (**3**)

PRONUNCIATION

1 ... riid... ansër... — **2** ... difërenss bituiin... — **3** ... käziidräl ? — **5** ... senträlaisd. — **6** ... aksent... — **7** kaunti — **8** ... kantri. — **9** ... biin...

5 *Han debido de marcharse, no veo luz en su piso.*

They .... left, I ..... see . light .. ..

Respuestas

1 would come - asked him — **2** shouldn't borrow - from her. — **3** of which - don't work. — **4** have been - twice - to - once. — **5** must have - can't - a (any) - in the flat.

Second wave: 32nd Lesson

Lección ochenta y dos

1 Lea esta lección como de costumbre y cuando haya terminado, responda a las preguntas.
2 ¿ Cúal es la diferencia entre una ciudad y un pueblo ?
3 ¿ Dónde encontraría usted una catedral ?
4 ¿ Está Inglaterra tan centralizada como España ?
5 ¿ Hay diferencias entre el norte y el sur de Inglaterra ?
6 ¿ Qué acento está usted aprendiendo ?
7 ¿ Qué condado se llama « El jardín de Inglaterra » ?
8 ¿ En qué parte del país está Cornwall ?
9 ¿ Ha estado usted alguna vez en Inglaterra ?

NOTES

(**1**) Nunca se usa el futuro con *when*, menos en las preguntas.

(**2**) *Which* (cual) se usa cuando se trata de elegir entre distintas alternativas.

(**3**) La expresión « haber estado en » equivale en inglés a *« ... have been to »* ; aquí ; la preposición *to* se traduce por « en ». Así, « ha estado en Francia » sería *« he has been to France »*. El pasado simple de *to go* da idea de « marcharse », « irse ». *They went* : se fueron.

10 — I want you all to write* an essay, said the **tea**cher, Miss Smith, to her class,
11 **about** what you would do if you won* a **for**tune.
12 **E**verybody **star**ted **wri**ting*, ex**cept Wi**lly who looked out of the **win**dow.
13 At the end of the **les**son, the **tea**cher col**lec**ted the **e**ssays and saw that **Wi**lly had written* **no**thing.
14 — But you've done **no**thing, **Wi**lly! — That's what I'd do if I won* a **for**tune... **no**thing.

10 ... essei... tiichë... — 11 ... uon... — 12 ... uiilii... — 13 ... kölektit... soo... — 14 iuv dan... aid... uän.

***

EXERCISES

1 Which is more im**pre**ssive, **Lon**don or **Bris**tol? — 2 What would you do if you won a **for**tune? — 3 I'd spend it **quick**ly be**fore** my wife dis**co**vered. — 4 Have you **e**ver been to **Tur**key? — 5 No, but I'd like to go.

Fill in the missing words:

1 *Quiero que me digas la verdad.*

I want ... . me the truth.

2 *Sus padres quieren que se case con un millonario.*

... parents want ... .. marry a millionaire.

3 *Queremos que se diviertan durante su estancia.*

.. want .... to ..... themselves .... stay.

10 — Quiero que todos vosotros escribáis una redacción, dijo la profesora, señorita Smith, a su clase,
11 sobre lo que haríais si ganarais una fortuna.
12 Todo el mundo empezó a escribir, menos Willy que miraba por la ventana.
13 Al final de la clase (lección), la profesora recogió las redacciones y vió que Willy no había escrito nada.
14 — Pero Willy, ¡no has hecho nada! — Es lo que yo haría si ganara una fortuna... nada.

***

EJERCICIOS

1 ¿Cuál es más impresionante, Londres o Bristol? — **2** ¿Qué haría usted si ganara una fortuna? — **3** La gastaría rápidamente antes de que mi mujer se enterara (lo descubriera). — **4** ¿Ha estado usted alguna vez en Turquía? — **5** No, pero me gustaría ir.

4 *Quiere que le preste mi coche ¿que te parece? (¿qué piensas?).*

She . . . . to lend . . . my car, ... do you think?

5 *Quiero que comprenda, así que hablaré despacio.*

. want . . . . . understand, . . I . . . . speak . . . . . .

Eighty-third (83rd) Lesson

Shopping

1 I **hav**en't done the **sho**pping yet.
2 I'd **bet**ter go* now or **it**'ll be too late.
3 Let's see*, we need some meat. **I**'ll get* some chops for to**night**, and a joint of beef. (**1**)
4 I can put* that in the **free**zer.
5 Then **veg**etables: **I**'ll buy* some **cab**bage, some peas and some rice. We've al**read**y got* **beet**root and **let**tuce.
6 **I**'ll buy some **flo**ur and make* a **Yor**kshire **pu**dding (**N. 5**) to eat* with the roast beef on **Sun**day.
7 What else do we need? Some **toi**let **pa**per and some bleach... and some sweets for the kids. (**2**)
8 I think* that's all. I can get* **ev**erything at the **su**permarket.

PRONUNCIATION

1 ... **hav**ënt dan... — **2** ... **it**ël bii... — **3** ... niid... miit... chops... dchoint... biif. — **4** ... **frii**së. — **5** ... **vedch**ëtëböls... — **6** ... **flau**ë... **pu**din... roust biif... — **7** ... **toi**lët... bliich... suits... kids... — **8** ... **su**pëmaakit.

Respuestas

1 you to tell. — **2** Her - her to. — **3** we - them - enjoy - during their. — **4** wants me - her - what. — **5** I - him to - so - will - slowly.

Second wave: 33rd Lesson

Lección ochenta y tres

De compras

1 Todavía no he ido a la compra.
2 Sería mejor ir ahora o será demasiado tarde.
3 Veamos, necesitamos carne. Compraré unas chuletas para esta noche y un buen corte de vaca.
4 Puedo ponerlo en el congelador.
5 Luego, (las) verduras : compraré coliflor, guisantes y arroz. Ya tenemos remolacha y lechuga.
6 Compraré harina y haré un « Yorkshire pudding » para comerlo con el « rosbif » el domingo.
7 ¿ Qué más necesitamos ? Papel higiénico, lejía... y dulces para los niños.
8 Creo que es todo. Puedo comprar de todo en el supermercado.

***

NOTES

(**1**) *A joint :* una articulación, una juntura (del verbo *to join :* unirse, inscribirse : *to join a club*). *A joint of meat :* un corte, un cuarto de carne.

(**2**) *Kid :* literalmente cabrito, pero familiarmente un chico, un chaval, un crío, un niño : recuerde a *Billy the Kid :* Billy el Niño, el famoso bandido del oeste americano.

9 — John, may I take* the car? — Yes. Do you want a hand?
10 — If you're not doing **any**thing, that would be **lov**ely.
11 — Let me watch the end of this **pro**gramme.
12 — All **right, I'**ll take* the car out of the **ga**rage and fetch the **sho**pping bags. (**3**)
13 — I won't be a **min**ute, but I've been **wai**ting to see this **pro**gramme for a week.

10 ... änizin... laudi. — **11** ... watch... **proo**gram. — **12** oo**lrait**... — **13** ... uount... aiv biin **ueitin**...

***

EXERCISES

1 Do you need **any**thing else? — **2** He has been **tal**king for two hours. — **3** Take the **sho**pping out of the bag and put it on the table. — **4** You'd **bet**ter tell him now or **he**'ll get **a**ngry. — **5** Do you want me to buy you **any**thing at the **su**permarket?

Fill in the missing words:

1 *He estado esperándolo desde hace una hora y comienzo a tener frío.*

I .... waiting ... him ... an hour and I .. .. to .. ....

2 *No deberías comprar arroz, no lo necesitamos.*

You .... any ...., we ....

9 — John, ¿ puedo coger el coche ? — Sí, ¿ te echo una mano ?
10 — Si no estás haciendo nada, sería estupendo.
11 — Déjame ver el final del programa.
12 — De acuerdo, sacaré el coche del garaje e iré a buscar las bolsas de la compra.
13 — No tardo ni un minuto (no estaré un minuto), pero he estado esperando una semana para ver este programa.

NOTES (continued)

(**3**) *To fetch :* ir a buscar, o ir a traer : *I'll fetch you a glass of milk :* voy a traerte un vaso de leche.

***

EJERCICIOS

1 ¿ Necesita algo más ? — **2** Ha estado hablando durante dos horas. — **3** Saca la compra de la bolsa y ponla encima de la mesa. — **4** Sería mejor que se lo dijeras ahora o se enfadará. — **5** ¿ Quieres que te compre algo en el supermercado ?

3 *¿ No estabas allí cuando nos contó su viaje ?*

.... you ..... when he .... us ..... his journey?

4 *Todavía no le he escrito ¿ quieres que le salude (le diga hola) ?*

I .... to him ... Do you .... say Hello?

Eighty-fourth (84th) Lesson

REVISIONS AND NOTES

Notas para revisar: Lección **78**: (2) - Lección **79**: (2) - Lección **80**: (2), (4) - Lección **82**: (3).

1 Should. — Al igual que la formas del futuro *shall y will*, *should* era la primera persona del singular y del plural del condicional. Decimos « era », pues, aunque en el inglés gramatical esta forma aún existe, en el inglés cotidiano la distinción se pierde a causa de las contracciones. *Should* tiene el sentido del condicional de « deber » (*you should tell him*: deberías decírselo), siempre que no se contraiga con el pronombre.
Lo utilizaremos aquí con este sentido condicional, con perdón de los puristas.

2 Hay un tiempo en inglés, que ya hemos visto, que ellos llaman *present perfect*, que equivale a nuestro pretérito perfecto. Se emplea para expresar acciones pasadas y, como ya se apuntó, se diferencia de los tiempos « simples » (pretéritos imperfecto e indefinido, equivalentes al pasado simple inglés) en algunos matices. Cuando decimos *I have seen him*:

5 *¿ Qué más necesitamos ? — Harina y huevos.*

.... else .. ..? — ..... and eggs.

Respuestas

1 have been - for - for - am beginning - be cold. — **2** shouldn't buy rice - don't need any. — **3** Weren't - there - told - about. — **4** haven't written - yet - want me to. — **5** What - do we need? — Flour.

Second wave: 34th Lesson

Lección ochenta y cuatro

« lo he visto », no precisamos con exactitud el momento ; si, en cambio, decimos *I saw him last night* : « lo ví anoche », se precisa el momento. Así pues el pretérito perfecto (*present perfect*) indica una acción pasada sin precisar el momento ; lo contrario ocurre con el « pasado simple », sitúa la acción en un momento preciso. Se emplea también el *present perfect* para inscribir la acción en un período de tiempo que no haya terminado aún : *I have received a letter today. I have worked hard this week.*
Estas reglas tienen un carácter orientativo, pues hay excepciones provenientes sobre todo del uso. Con la práctica de la lectura y la conversación, irá usted dominando estos usos que ahora quizá le parezcan un poco complicados.

3 Have y must have. — Este « deber » puede tener dos matices en castellano.
El primero « estar obligado a », « tener que » : en inglés se expresa con *to have* + infinitivo : Ha tenido que irse porque era tarde : *she had to leave because it was late* ; tienes que irte ahora : *you have to leave now.*

El segundo matiz es el que indica duda o posibilidad ; se emplea en este caso *must have* + participio pasivo : Debe haberse marchado porque no veo su coche : *He must have left because I can't see his car.*
No confunda, pues, la obligación con la posibilidad.

4 Of their own. — *A room of my own* (mi propia habitación) es una forma habitual de decir *my own room.* Nuestra propia casa, *our own house* o *a house of our own* (de nuestra propiedad, sólo nuestra, de nosotros).

5 Yorkshire pudding. — Quizá no pueda traducirse, pero si puede saborearse. Aquí tenemos esta típica receta inglesa :

4.oz (115 g) *of flour*, salt,
1/2 pt (0,28 l) *of milk*, 1 egg.

Mix the salt and flour in a bowl. Break the egg into it. Add half the milk and mix to form a smooth paste. Beat with a spoon. Add the rest of the milk and leave in a cool place for an hour. Grease a dish and pour in the mixture. Cook in a hot oven (450° F) until the pudding has risen. Serve with roast beef.

[*to mix*: mezclar ; *a mixture*: una mezcla ; *smooth*: lisa (aquí, sin grumos) ; *paste*: pasta, masa ; *cool*: frío, fresco ; *to pour*: echar, verter ; *to rise, rose, risen*: elevarse (aquí levantarse, subir)]

Eighty-fifth (85th) Lesson

Two Sundays

1 **Da**vid and Joan de**ci**ded to go* for a **pic**nic in **Rich**mond.

6 Expresiones que conviene recordar. — 1 *Don't worry about me.* — 2 *Have you read this novel?* — 3 *Give me back my money.* — 4 *A man in a grey suit.* — 5 *Have you been to France?* — 6 *Which one do you prefer?* — 7 *What else do we need ?* — 8 *Do you want a hand?*

7 Traducción. — 1 No se preocupe por mí. — 2 ¿ Has leido esta novela ? — 3 Devuélveme mi dinero. — 4 Un hombre con un traje gris. — 5 ¿ Ha estado usted en Francia ? — 6 ¿ Cual prefiere usted ? — 7 ¿ Qué mas necesitamos ? — 8 ¿ Quieres que te eche una mano ?

Second wave : 35th (revision) Lesson

Lección ochenta y cinco

Dos domingos

1 David y Joan decidieron ir de campo a Richmond.

PRONUNCIATION

1 ... richmönd.

2 On **Sun**days, **Da**vid has a **lie**-in and Joan brings* him **break**fast in bed. (**1**)
3 This **Sun**day, **Da**vid got* up at **ele**ven o'clock and after **sha**ving and **wa**shing, went down**stairs.**
4 Joan was pre**par**ing the **pic**nic **bas**ket.
5 She put* in cold meat, hard boiled eggs, some cold **sau**sages and a **let**tuce.
6 She **a**dded a loaf of bread, some **bu**tter and the knives and forks.
7 **Mean**while **Da**vid got* the car out of the **ga**rage. (**2**)
8 They put* the **bas**ket in the boot and set* off for **Bu**shey Park.
9 On the way, **Da**vid stopped to buy some wine.
10 **Bu**shey Park is a huge park on the **out**-skirts of **Lon**don.
11 When they ar**ri**ved, they found* a **qui**et place and sat* down on a rug to eat their lunch. (**3**)
12 — Pass me some **chic**ken, please... and some salt, as **well.**
13 — Oh **dear**, said* Joan, I think* I've for**got**ten* the salt.

2 ... laiin... — **3** ... pripeerin... baaskët... — **5** ... haard-boild egs... soosidchis... letis. — **6** ... louf ovbred... naivs ... foorks. — **7** ... miinuail... gärëdch. — **8** ... bushi paark. — **9** ... stopt... uain. — **10** ... hiudch... autskërts... — **11** ... kuaiët pleis... rag. — **12** ... soolt asuel.

NOTES

(**1**) *To lie (lay, lain) :* tumbarse. *A lie-in :* una « tumbada », por similitud con *« sit-in »* (« sentada »), una forma de manifestación universitaria y laboral.

2 Los domingos David se queda acostado y Joan le lleva el desayuno a la cama.
3 Este domingo, David se levantó a las once y tras afeitarse y laverse, bajó.
4 Joan estaba preparando una cesta de merienda.
5 Puso (dentro) carne fría, huevos duros, salchichas frías y lechuga.
6 Añadió una barra de pan, mantequilla y los cuchillos y tenedores.
7 Mientras, David sacó el coche del garaje.
8 Pusieron la cesta en el portamaletas y se dirigieron a Bushey Park.
9 Por el camino, David paró para comprar vino.
10 Bushey Park es un parque inmenso en los alrededores de Londres.
11 Cuando llegaron, encontraron un lugar tranquilo y se sentaron en una manta para comer (su almuerzo).
12 — Pásame un poco de pollo, por favor y la sal también.
13 — ¡ Vaya !, dijo Joan, creo que me he olvidado la sal.

NOTES (continued)

(**2**) *A while :* un periodo de tiempo, un rato. *He stayed in London for a while :* se quedó durante cierto tiempo en Londres. *Meanwhile :* mientras, mientras tanto.

(**3**) *A rug :* manta de viaje, alfombra. Una manta de cama se dice *a blanket.*

14 — **Id**iot! said* **Da**vid, but **see**ing* she was up**set**, he said: (**4**)
15 — **Ne**ver mind. Let's have a glass of wine.
16 He took* the **bo**ttle out of the **bas**ket, then said*: " Oh **dear**, I've for**got**ten the **cork**-screw! "

— **14** idiöt !... apset... — **16** ... kookskru !

EXERCISES

1 She got over her **ill**ness very **quick**ly. — **2** Will you get the car out of the **ga**rage, please? — **3** On **Sa**turdays, he has a lie-in, and gets up at **ele**ven. — **4** She got on the bus with**out** any **mo**ney. — **5** **Win**ter must be **co**ming. It's **get**ting dark very **ear**ly.

Fill in the missing words:

1 *En el camino de vuelta se detuvo para comprar vino.*

. . . . home, he stopped . . . . . some . . . .

2 *Tras lavarse y vestirse, se fué sin comer.*

After . . . . and . . . . he left . . . .

3 *Pon las cosas en el portamaletas ; mientras buscaré el sacacorchos.*

. . . the . . . . the boot, ... I . . . .
. . . the . . . .

14 — ¡ Idiota ! dijo David, pero viendo que estaba molesta, dijo :
15 — No importa. Tomemos un vaso de vino.
16 Cogió la botella de la cesta, y dijo : «¡ Vaya, he olvidado el sacacorchos ! ».

NOTES (continued)

(**4**) *Upset :* volcar, preocupar. *The child upset the milk :* el niño tiró (volcó) la leche. Se usa como adjetivo con el significado de « conmovido », « contrariado » o « molesto ».

EJERCICIOS

1 Se recuperó muy rápido de su enfermedad. — **2** ¿ Quieres sacar el coche del garaje, por favor ? — **3** Los sábados se queda en la cama y se levanta a las once. — **4** Subió al autobús sin dinero. — **5** El invierno tiene que estar acercandose. Se hace de noche muy pronto.

4 *Se despertó, vió que eran las dos, se levantó y bajó.*

He . . . ., . . . it . . . two o'clock, ... and . . . . downstairs.

5 *Estaba muy conmovida por la muerte de su hijo.*

She . . . very . . . . . by the . . . . . of . . . son.

Respuestas

1 On the way - to buy - wine. — **2** washing - dressing - without eating. — **3** Put - things in - meanwhile - will look for - corkscrew. — **4** woke up. saw - was - got up - went. — **5** was - upset - death - her.

It never rains but pours (no llueve sin que diluvie) : las desgracias nunca vienen solas.

Second wave: 36th Lesson

Eighty-sixth (86th) Lesson

1 **Da**vid's **pa**rents spent a tra**di**tional **En**glish **Sun**day: (**1**)
2 They got* up early and went* to church.
3 When they came* back, Mrs **Wil**son put* the joint in the **o**ven
4 while Mr **Wil**son took* the **Sun**day **pa**per and sat down to read*. (**2**)
5 Just be**fore** lunch, he poured two **gla**sses of **she**rry and they both drank*.
6 Mrs **Wil**son **ser**ved the food and they sat* down to eat.
7 **A**fter lunch, which con**sis**ted of roast beef, po**ta**toes and **Bru**ssel sprouts and fruit,
8 they both did the washing-**up.**
9 When **e**verything was put* a**way**, Mrs **Wil**son went* into the **gar**den (**3**)
10 and Mr **Wil**son sat* in front of the tele**vi**sion.
11 He was in**ten**ding to watch a play, but he was full, and **e**verything was so **peace**ful that he dozed.

PRONUNCIATION

1 ... tra**dis**hönäl... — **2** ... ërlii... chërch. — **3** **a**vën. — **4** uail... — **5** ... poord... bouz... — **7** ... kön**sis**tidof pö**tei**tös... **bra**sël sprauts... frut. — **8** ... uoshin **ap**. — **9** ... put äuei. — **11** ... plei... ful... **piis**föl... dousd.

NOTES

(**1**) No se olvide que en inglés « gastamos » el tiempo : Pasar las vacaciones : *to spend the holidays*.

Lección ochenta y seis

1 Los padres de David pasaron un domingo inglés tradicional.
2 Se levantaron temprano y fueron a la iglesia.
3 Cuando volvieron, la Sra. Wilson puso el asado en el horno
4 mientras el Sr. Wilson cogió el periódico del domingo y se sentó a leer.
5 Antes de comer, sirvió (vertió) dos vasos de Jerez y ambos bebieron.
6 La Sra. Wilson sirvió la comida y se sentaron a comer.
7 Tras la comida, que consistió en un rosbif, patatas, coles de Bruselas y fruta,
8 ambos fregaron los platos (hicieron el fregado).
9 Cuando todo estuvo colocado, la Sra. Wilson salió al jardín
10 y el Sr. Wilson se sentó ante la televisión.
11 Tenía intención de ver una obra de teatro, pero estaba lleno y todo estaba tan apacible que se adormiló.

NOTES (continued)

(**2**) *While* significa aquí « mientras » (ver lección 85, n° 2).

(**3**) *To put :* poner. *To put on :* ponerse (un vestido, etc.). *To take off :* quitarse, despegar (un avión). *To put back :* volver a poner, reponer. *To put away :* ordenar, colocar.

12 **La**ter on, Mrs **Wil**son came* in from the **gar**den and made* some tea.
13 In the **eve**ning, Mr **Wil**son did the **cross**word while Mrs **Wil**son did some **knit**ting.

12 leitë... — **13** ... krossuërd... nitin.

***

EXERCISES

1 We would both come if we had the **mo**ney. — **2** While he was **rea**ding, the **chil**dren were fighting. — **3** You should **al**ways tell the truth. — **4** When you have put the joint in the **o**ven, **we**'ll have a glass of **she**rry. — **5** Will you both do the **wa**shing-up please?

Fill in the missing words:

1 *Quiero que vosotros dos coloquéis los platos.*

I . . . . you . . . . . . put . . . . the dishes.

2 *Antes de ver una obra de teatro, deberías leer el texto.*

. . . . a . . . . , you . . . . the text.

3 *¡ Estoy harto ! Siéntate delante de la televisión y estáte quieto.*

I'm fed up! . . . . the television and . . . .
. . . . .

12 Más tarde, la Sra. Wilson volvió del jardín e hizo té.
13 Por la tarde, el Sr. Wilson hizo el crucigrama mientras la Sra. Wilson hacía punto.

***

EJERCICIOS

1 Vendríamos los dos si tuviéramos dinero. — **2** Mientras leía, los niños se estaban pegando. — **3** Deberías decir siempre la verdad. — **4** Cuando hayas puesto el asado en el horno, tomaremos un vaso de Jerez. — **5** ¿ Queréis vosotros dos fregar los platos, por favor ?

***

4 *Mientras lees el periódico voy a echar (echaré) una cabezadita.*

..... you ... . the paper, ... a little.

5 *Sirvió un whisky mientras se sentaban.*

He ...... a whisky ..... they ....

Respuestas

1 want - both to - away. — **2** Before watching - play - should read. — **3** Sit in front of - keep quiet. — **4** While - are reading - I'll doze. — **5** poured - while - were sitting down.

Second wave: 37th Lesson

86th LESSON

Eighty-seventh (87th) Lesson

A talkative neighbour

1 — I must tell* you **about** my **ho**liday!
2 **Even**tually, we had to go* to France. We **cou**ldn't get* a ho**tel** **any**where in Spain. (**1**) (**2**)
3 Have you **e**ver been to France? No? You should go* there some day, it's **fas**cinating.
4 We **cou**ldn't get* a **char**ter, so we had to take* a **nor**mal flight, which was ex**pen**sive,
5 but it was **wor**th it; it was much more **com**fortable. (**3**)
6 — I should start **plan**ning my **ho**lidays soon. We have been **tal**king (**N. 1**) a**bout** them for **a**ges.
7 — **Any**way, we flew* to Nice and spent* ten days in the South of France.
8 When we **cou**ldn't find* a ho**tel**, we stayed in what they call " **pen**sions ".
9 **They**'re like Bed and **Break**fasts in **Lon**don, but **dea**rer.
10 Then we flew* up to **Pa**ris. You must know* **Pa**ris?

PRONUNCIATION

2 ivenchëli... kudent... äniueer... — 3 ... shud... faasineitin. — 4 ... kudent... chaartë... noormäl flait... — 5 ... uörzit ... kömftëböl. — 6 ... tookin... eidchis. — 7 äniuei... flu... — 8 ... steid... — 9 ... dzeer... diërä. — 10 ... flu...

Lección ochenta y siete

Un vecino hablador

1 — Tengo que contarle (debo hablarle sobre) mis vacaciones.
2 Finalmente tuvimos que ir a Francia. No pudimos encontrar hotel en ninguna parte de España.
3 ¿Ha estado usted alguna vez en Francia? ¿No? debería usted ir algún día. Es fascinante.
4 No pudimos coger un charter, así que tomamos un vuelo normal, que era caro.
5 Pero valió la pena, fué mucho más cómodo.
6 — Debería empezar a planear mis vacaciones pronto. Hemos estado hablando de ellas mucho tiempo (siglos).
7 — Pues bien, volamos a Nice y pasamos diez días en el sur de Francia.
8 Cuando no podíamos encontrar hotel, nos alojábamos en lo que ellos llaman « pensiones ».
9 Son como los *« Bed and Breakfast »* de Londres, pero más caros.
10 Luego volamos a París. ¿Conoce usted París? (¿Tiene que conocer...?)

NOTES

(1) *Eventually*: palabra engañosa significa « finalmente ».

(2) *Somewhere*: alguna parte. *Anywhere*: en cualquier parte *not ... anywhere:* en ninguna parte (son los correspondientes de *something* y *anything*). También podemos encontrarnos con *nowhere*: *I could find it nowhere*: no pude encontrarlo en ninguna parte; o *I couldn't find it anywhere*.

(3) *To be worth*: valer. *This watch is worth 10 pounds*: este reloj vale 10 libras. *It's worth it*: vale la pena.

***

¿Hace usted ejercicios de contar, de vez en cuando?

11 — Yes, **ac**tually I've been there a few times... (**4**)
12 — Well, you should go* back. It's an ex**ci**ting city and it...
13 — I **re**ally must go now, Joan will be **wai**ting for me. Thanks for the chat.

11 ... akchuëli... — **12** ... eksaitin... — **13** ... chat.

EXERCISES

1 **A**ctually, I don't know him at all. — **2** But I'd love to meet him one day. — **3** Would that be **pos**sible? — **4** What could we do to ar**range** it? — **5** What a **pi**ty! He **was**n't **a**ble to come.

Fill in the missing words:

1 *Cogimos el avión hasta Málaga, donde alquilamos un coche.*

We . . . . to Malaga . . . . . we . . . . . a car.

2 *No podía permitirse (tener) lavadora el año pasado.*

She . . . . a washing machine . . . . year.

3 *Cuando vuelva, estará cocinando.*

When I . . . ., she . . . . . . cooking.

11 — Sí, efectivamente, he ido algunas veces...
12 — Bien, debería usted volver. Es una ciudad apasionante y...
13 — De veras tengo que irme ahora, Joan estará esperándome. Gracias por la charla.

NOTES (continued)

(**4**) Otra palabra engañosa : *actually* quiere decir « de hecho », « efectivamente » ; « actualmente » se dice *at present.*

EJERCICIOS

1 En realidad, no lo conozco en absoluto. — **2** Pero me gustaría mucho encontrármelo algún día. — **3** ¿ Sería posible ? — **4** ¿ Qué podríamos hacer para arreglarlo ? — **5** ¡ Qué pena ! No pudo venir.

4 *Debes escucharme, es muy importante.*

You ...., it's very important.

5 *Incluso si tuviéramos tiempo no podríamos permitirnos ir.*

.... if we ... the time, we .... to go.

Respuestas

1 flew - where - hired. — **2** couldn't afford - last. — **3** get back (go home) - will be. — **4** must listen to me. — **5** Even - had - couldn't afford.

Second wave: 38th Lesson

Eighty-eighth (88th) Lesson

1 — Hello Joan! Sorry, I'm late. I've just met* old Barker. He's so boring. (1)

2 He started telling* me about his holiday: " You must go here, you should go there ".

3 — Actually, we should start thinking* about our holiday, you know*.

4 — Yes; where did we say we would go*? (2)

5 — Well, you said* we would (N.2) go* either to Spain or to Scotland.

6 — Ah, but I've also been thinking* of Wales since I met* a colleague who went* there last year.

7 — Oh, no! You promised we could go* abroad this year!

8 — Yes, but that was before I received my bank statement. Wales is cheaper than Spain.

9 — Yes, but I want a sun tan! I've even bought* a new bikini.

10 — Well, it's sunny in Wales, the scenery is fantastic... and we're broke. (3)

11 — You're impossible! I'm going* to the travel agent's tomorrow to book two seats on any plane. Good night! (4)

12 David sighed as Joan slammed the door.

PRONUNCIATION

1 ... sou booring... — **3** akchiuli. — **4** ui uud. — **5** aidzë. — **6** ueils sins... kooliig. — **7** äbroud. — **8** rësiivd ... steitmënt. — **9** san tan... boot bikiini. **10** sani... siineri... brouk. — **12** said... slamd.

Lección ochenta y ocho

1 — ¡ Hola Joan ! Lo siento, llego tarde. Acabo de encontrarme [con el] viejo Barker. Es tan aburrido.
2 Ha comenzado a contarme sus vacaciones : « Debe usted ir ahí, debe usted ir allá ».
3 — De hecho deberíamos empezar a pensar en nuestras vacaciones, ya sabes.
4 — Sí : ¿ dónde dijimos que ibamos a ir ?
5 — Bueno dijiste que iríamos o a España o a Escocia.
6 — Ah, pero he estado pensando también en Gales desde que me encontré con un compañero que fué allí el año pasado.
7 — ¡ Oh, no ! [Me] prometiste que iríamos al extranjero est año.
8 — Sí, pero eso fué antes de que recibiera el balance del banco. Gales es más barato que España.
9 — Sí, pero quiero broncearme (un bronceado). Incluso me he comprado un bikini nuevo.
10 — Bueno, en Gales hace sol (es soleado), el paisaje es fantástico... y estamos pelados.
11 — ¡ Eres imposible ! Me voy a la agencia de viajes mañana para reservar dos asientos en cualquier avión. ¡ Buenas noches !
12 David suspiró mientras Joan cerraba la puerta de golpe.

NOTES

(**1**) *I've just :* acabo de... *He has just eaten :* acaba de comer. Acabamos de comprar una casa : *we've just bought a house.*

(**2**) *Will,* en el pasado, se convierte en *would ; you say you will go,* se convierte en *you said you would go.* Con *would* se contruye el tiempo potencial.

(**3**) *To break (broke, broken) :* romper. Se rompió el brazo : *he broke his arm. We're broke* (fam.) : estamos pelados.

(**4**) Cualquiera. *Take anything you want :* coge lo que quieras (cualquier cosa que quieras) ; *any car :* cualquier coche, etc.

13 He sat* down in an **arm**chair and poured him**self** a Scotch
14 and be**gan*** to look at the **tra**vel **a**gent's **bro**chures.

13 ... **aarm**cheer... poord...

EXERCISES

1 She said she would take me to **Lon**don. — **2** I **cou**ldn't **he**ar what he was **sa**ying, so I left. — **3** May I help you? — Yes, I would like some infor**ma**tion, please. — **4** Can you lend me **twen**ty pence? — I'm **so**rry, I'm broke. — **5** You must choose **ei**ther one or the **o**ther.

Fill in the missing words:

1 *Lo he estado esperando desde hace diez horas y aún no está aquí.*

I .... waiting for him ..... ten and he ..... here ...

2 *Ha estado durmiendo desde que nos fuimos de Londres.*

He has .... we .... London.

3 *Sí, pero eso era antes de que recibiera el balance del banco.*

Yes, but .... before . ... my ....-.........

4 *Ni tú ni ella podríais hacerlo.*

.... you ... she ....

13 Se sentó en un sillón y se sirvió un Scotch
14 y comenzó a mirar los folletos de la agencia de viajes.

EJERCICIOS

1 Dijo que me llevaría a Londres. — **2** No pude oír lo que decía y por eso me fuí. — **3** ¿ Puedo ayudarle ? — Sí, quisiera cierta información, por favor. — **4** ¿ Puedes prestarme veinte peniques ? — Lo siento, estoy pelado. — **5** Tienes que elegir o uno u otro.

5 *Me ha dicho que me iba a enseñar su sillón. Es el nuevo modelo.*

He . . . . . . he . . . . me . . . . It's the . . . .

Respuestas

1 have been - since - isn't - yet. — **2** been sleeping since - left. - **3** that was - I received (got) - bank-statement. — **4** Neither - nor - could do it. — **5** told me - would show - his armchair - new model.

Proseguimos nuestro camino : lo que estamos viendo ahora es el inglés corriente. Si se siente usted un tanto desorientado, no se apure : es como si estuviera pasando unas semanas en Inglaterra por primera vez. Pero pronto se acostumbrará. La prueba está en la relativa facilidad con que revisa usted la segunda vuelta.

Second wave: 39th Lesson

88th LESSON

Eighty-ninth (89th) Lesson

About Wales

1 Wales, unlike Scotland, is politically united to England.
2 The whole of Wales is mountainous and there is much breath-taking scenery. (1)
3 The main industry is coal-mining and the majority of the Welsh live around the industrial towns.
4 These are in the South.
5 The Welsh language—a Celtic language—survives more than in Scotland, but it is difficult to speak.
6 The Welsh have a deep love of poetry and music, and the international festival is famous throughout the world. (2)
7 Wales has contributed much to the language and politics of England. (3)
8 The son and heir of the monarch is given* the title: " The Prince of Wales ", but this has no political significance. (4)

***

PRONUNCIATION

1 ... pölitikäli iunaitit... — **2** ... houl... mauntënës... brez-teikin siineri. — **3** ... koul mainin... mädchoriti... uels... äraund ... indastriäl... — **5** ... langüidch... keltik... särvaivs... — **6** ... diip... pooëtri... miusik... intënashënäl... zruaut. — **8** ... eer... monärk... taitël ... prinss... signifikänss

Lección ochenta y nueve

Sobre el País de Gales

1 Gales, a diferencia de Escocia, está políticamente unido a Inglaterra.
2 Todo el País de Gales es montañoso y hay muchos paisajes que quitan la respiración.
3 La principal industria es la minería del carbón y la mayoría de los galeses viven en los alrededores de las ciudades industriales.
4 Éstas están en el sur.
5 El idioma galés — un idioma celta — se conserva más que en Escocia, pero es difícil de hablar.
6 Los galeses tienen un profundo amor por la poesía y la música y el festival internacional es famoso en todo el mundo.
7 Gales ha contribuído mucho a la lengua y política de Inglaterra.
8 El hijo y heredero del monarca recibe (es dado) el título de « Príncipe de Gales », pero esto no tiene significación política.

***

NOTES

(1) *Whole*: Todo, entero. *The whole family*: la familia entera, al completo toda la familia. *The whole of Wales*: Todo Gales, el País de Gales por entero.

(2) Observe la pronunciación de *throughout*: zru**aut**. *Through*: a través de. *Throughout the world*: a través del mundo, o sea, en todo el mundo. *Out* contribuye a dar un sentido más completo a *through*.

(3) La política : *politics* (plural) ; la economía : *economics* (materia de estudio). El adjetivo « político » se traduce por *political*.

(4) La pronunciación de *heir* es la misma que la de *air* (el aire). Es una de las pocas veces en las que la « h » no se pronuncia (existen también *hour, honour* [oonör]).

9 Now answer these questions:
10 Does the Welsh language still exist?
11 What is the main industry in Wales?
12 What is the scenery like?
13 Who is the Prince of Wales?

10 eksisst.

EXERCISES

1 Throughout England, there are many excellent pubs. — **2** The Prince of Wales is heir to the throne. — **3** Is that your comb? — No, it's hers. — **4** You have been to China? What is it like? — **5** Couldn't you try and help me?

Fill in the missing words:

1 *¿ No pudo hacerlo mejor (que eso) ?*

. . . . she . . . . than . . . . ?

2 *Está de tan buen humor que ha invitado a todos.*

He is in . . . . a good . . . . that he . . . .

3 *No me gustó la primera película. — A mí tampoco.*

. . . . the first film. — No, ...

4 *Pareces muy cansado. Pasa y siéntate.*

You . . . . Come . . and . . . .

9 Ahora responda a estas preguntas :
10 ¿ Existe aún la lengua galesa ?
11 ¿ Cual es la principal industria de Gales ?
12 ¿ Cómo es el paisaje ?
13 ¿ Quien es el Príncipe de Gales ?

EJERCICIOS

1 En toda Inglaterra, hay muchos pubs excelentes. — **2** El Príncipe de Gales es heredero del trono. — **3** ¿ Es ese tu peine ? — No, es el suyo (de ella). — **4** ¿ Ha estado usted en China ? ¿ Cómo es ? — **5** ¿ No podría intentar ayudarme ?

5 *Toda la familia ha ido al campo. No hay nadie.*

... . family has .... There is .. ...

Respuestas

1 couldn't - do better - that. — **2** such - mood - has invited everybody (everyone). — **3** I didn't like - neither did I. — **4** look very tired - in - sit down. — **5** The whole - gone to the country - no one (nobody).

Second wave: 40th Lesson

Ninetieth (90th) Lesson

1 A **Scot**sman who was **dri**ving* home one night ran* **in**to a car **dri**ven* by an **Eng**lishman. (**1**)

2 The Scot got* out of the car to a**pol**ogise and **o**ffered the **Eng**lishman a drink from a **bot**tle of **whis**ky.

3 The **Eng**lishman was glad to have a drink. (**2**)

4 — Go on, said the Scot, have a**no**ther drink.

5 The **Eng**lishman drank* **gra**tefully. — But don't you want one? he asked the Scot. (**3**)

6 — Per**haps**, the **o**ther re**plied**, when the po**lice** have gone.

7 The park-**kee**per walked up to a tramp who was **slee**ping* on a bench in Green Park.

8 — Hey! you! he **shou**ted, I'm **go**ing to shut* the park gates! (**4**)

9 — All **right**, re**plied** the tramp, try not to slam them. (**5**) (**N. 3**) (**N. 4**)

10 When Mrs **Da**vis told* her **hus**band that guests were **co**ming* to **din**ner that night,
11 he went* out **in**to the hall and hid* all the um**brel**las.

PRONUNCIATION

1 ... **drai**vin... nait... — **2** ... ä**po**lëdchais ... **oo**fërd... — **3** glad... — **5**... **grei**tföli... — **6** pë**haps**... — **7** ... paark-**kii**pë... tramp... bench... — **8** hei yu !... gueits ! — **9** ... ri**plaid**... slamm... — **10** ... **dei**vis... guests... — **11** hool... am**brel**äs.

Lección noventa

1 Un escocés que iba en coche a casa una noche, chocó contra (corrió dentro) un coche conducido por un inglés.
2 El escocés salió del coche para disculparse y ofreció al inglés un trago de una botella de whisky.
3 El inglés se alegró de poder echar un trago (tener una bebida).
4 — Vamos, dijo el escocés, tómese otro (trago).
5 El inglés, bebió agradeciéndoselo (agradecidamente). — Y usted, ¿ no bebe ? preguntó al escocés.
6 — Quizá, respondió el otro, cuando se haya ido la policía.

7 El guarda del parque se acercó a (marchó hacia) un vagabundo que estaba durmiendo en un banco en Green Park.
8 — ¡ Eh ! ¡ usted ! gritó, voy a cerrar las puertas del parque.
9 — Muy bien, respondió el vagabundo, intente no dar un portazo.

10 Cuando la Sra. Davis dijo a su marido que iban a venir invitados a cenar esa noche
11 salió al recibidor y escondió todos los paraguas.

NOTES

(1) *To run :* correr. *To run into :* correr dentro, entrar dentro de ahí que significa tambien « chocar » o « encontrarse de repente (con) ». *We've run out of petrol :* se nos ha acabado la gasolina ; *to run out of :* agotar, quedarse sin.

(2) *I'm glad to see you :* estoy contento de verte. *Glad* es una palabra correcta, menos intensa que *happy.*

(3) *He's grateful :* es agradecido. *I'm grateful for your help :* te estoy agradecido por tu ayuda.

(4) *To shut = to close :* cerrar.

(5) Intentar no : *try not to. I told him not to use my car :* le dije que no usara mi coche. *Slam,* palabra onomatopéyica, significa « cerrar de golpe », « dar un portazo ».

12 — What's the matter? asked his wife, are you afraid someone will steal* them?
13 — It's not that, replied her husband, but I'm afraid someone might recognise them.

12 ... still... — 13 mait rekögnais...

EXERCISES

1 Do you mind if I shut the window? I'm cold. — 2 No, but try not to slam it. — 3 There isn't enough whisky for both of us. — 4 He was very glad to see me again after all this time. — 5 He kept that bottle of whisky for a year before opening it.

Fill in the missing words:

1 *Podría trabajar en una librería, pero no estoy seguro.*

He . . . . in a . . . . but . . . .

2 *Podría llover; mejor será que cojamos los paraguas.*

. . . . rain, we . . . . take . . . .

3 *Intenta no hacer faltas, pero es demasiado difícil para él.*

He tries . . . . any . . . . but . . . . too difficult . . . . . .

12 — ¿ Qué pasa ? preguntó su mujer ¿ temes que alguien los robe ?
13 — No es eso, respondió el marido, sino que temo que alguien pueda reconocerlos.

EJERCICIOS

1 ¿ Le importa si cierro la ventana ? Tengo frío. — **2** No, pero intente no cerrar de golpe. — **3** No hay suficiente whisky para los dos. — **4** Se alegró mucho de verme de nuevo después de tanto tiempo. — **5** Guardó esa botella de whisky durante un año, antes de abrirla.

4 *Le agradeció mucho (estaba muy agradecida por) su ayuda cuando tenía problemas.*

. . . . . . very . . . . for . . . help when . . . . . . problems .

5 *Es tan difícil no reírse, es tan divertida.*

. . . . . . difficult . . . . . laugh, ... funny .

Respuestas

1 might work - bookshop - I'm not sure. — **2** It might - had better - our umbrellas. — **3** not to make - mistakes - it's - for him. — **4** She was - grateful - his (her) - she had. — **5** It is so - not to - she is so.

Second wave: 41st Lesson

Ninety-first (91st) lesson

REVISION AND NOTES

Notas para revisar: Lección **86** : (3) - Lección **87** : (2) - Lección **88** : (1), (2) - Lección **89** : (3) - Lección **90** : (1), (4).

1 We have been talking. — Es la forma progresiva del *present perfect* [ver lección 84, (2)] y que puede traducirse al pie de la letra o usando un tiempo que indique en castellano una acción que se desarrolla a lo largo de un periodo : He estado viviendo aquí (o, simplemente, vivo aquí) desde hace tres años : *I've been living here for three years*. Hablan (han estado hablando) desde hace dos horas : *They've been talking for two hours*.
Se usa para una acción que ha durado (« progresiva », entonces) y que aún dura (« presente », pues) o que acaba de terminarse *(perfect)*. Nada de ello es aplicable a los verbos de percepción involuntaria (*to see, to hear, to know*, etc.), pues no poseen forma progresiva. Para decir « se conocen desde su infancia », se dice : *They have known each other since their childhood*.
Desde y desde hace : se dice *for* (como cuando traduce a « durante ») cuando en español decimos « desde hace », es decir, cuando se especifican periodos concretos de tiempo (*for three hours, for six years, for a long time*) y se dice *since* cuando se trata del punto de partida de la acción, o sea cuando en español decimos « desde » *(since their childhood, since last Saturday, since my birthday)*.
Es un automatismo que se adquiere con la práctica. No se limite usted a sólo aprender reglas aisladas.

2 Would es, como ya sabemos, el auxiliar del condicional. No se olvide que se usa tambien para expresiones como «¿ quisiera usted... ? » *Would you tell me...? :* ¿ quisiera usted decirme... ?

Lección noventa y una

Pero podría haber confusión entre « iría » : *he would go*, y « quisiera ir ». ¿ Cómo evitarlo ? Poniendo *he would like* (contracción : *he'd like) to go*. No se preocupe, los niños ingleses también han tenido que aprenderlo. ¿ Cómo lo han hecho ? : con la práctica diaria. Y ahora se desenvuelven bastante bien.

3 Algunas expresiones especiales. — Hemos visto en las primeras lecciones la expresión : *Oh dear!* que solemos traducir por «¡ vaya ! » aunque no tiene traducción exacta posible. *Oh dear*! es una expresión de contrariedad, lamento o desesperación, cuando se llega tarde, cuando nos olvidamos algo, cuando alguien no nos comprende, etc. Es expresión de buen tono y nunca es ofensiva.
All right es lo mismo que *O.K.* (okay) y quiere decir « muy bien », « perfecto », « esto marcha ».
Never mind : no se preocupe..., no tiene importancia. Para captar el « sabor » del inglés, hay que « sentir », en el momento de su uso, estas expresiones, y así se podrán traducir con exactitud.

4 Not to : *try not to slam the door* : Intente no cerrar la puerta de golpe. *He told me not to move* : Me ha dicho que no me mueva.

5 *Holiday*: se dice *on holiday*, « de vacaciones » ; también se usa *summer holiday*, más bien que *summer holidays*. Puede usarse en plural o singular, según se prefiera.

6 *The stairs*: la escalera. *Upstairs*: arriba. *Downstairs*: abajo. No se olvide : *she ran downstairs* (bajó la escalera corriendo).

7 Nótese la diferencia de tono entre las lecciones 88 y 89 : la conversación con pocos adjetivos, las contracciones, « *Ah* » y « *well* » y la descripción : frases más largas, lenguaje con más imagenes e incluso más literario.

8 **Locuciones que conviene recordar.** — 1 *I've been waiting for two hours.* — 2 *Try not to make a noise.* — 3 *What's the matter ?* — 4 *He might recognise them.* — 5 *What is Wales like ?* — 6 *I'm afraid I'm*

Ninety-second (92nd) Lesson

1 — Jack, I'm **free**zing*. Close the **win**dow, it's cold out**side**.

2 — You want me to get out of bed and close the **win**dow, (**N. 1**)

3 but if I do, it won't be warm out**side**. (**1**)

PRONUNCIATION

1 ... friisin... klous... autsaid. — **2** ... uindou.

broke. — 7 *She said she would come at ten.* — 8 *It's not worth it.* — 9 *Put your things away.*

9 Traducción. — 1 Espero desde hace dos horas. — 2 Intenta no hacer ruido. — 3 ¿ Qué pasa ? — 4 Podría reconocerlos. — 5 ¿ Cómo es Gales ? — 6 Me temo que estoy pelado. — 7 Dijo que vendría a las diez. — 8 No vale la pena. — 9 Coloca tus bártulos.

No se incluyen asteriscos junto a los verbos **to go, to get** *y* **to say** *porque ya son suficientemente conocidos, ¿ no es así ?*

Second wave : 42nd (revision) Lesson

Lección noventa y dos

1 — Jack, me estoy helando. Cierra la ventana, hace frío fuera.
2 — Quieres que salga de la cama y cierre la ventana,
3 pero no por eso va a hacer (si lo hago no hará) calor fuera.

NOTES

(**1**) En inglés, se precisa mucho para indicar la temperatura. *Hot :* caliente, cálido ; *warm :* cálido, templado (un calor confortable) ; *cool :* fresco y *cold :* frío.
Hace bastante calor : *it's warm.* Calor se dice : *heat.*

4 — Do tell* me about Mrs Haines' di**vorce**. (**2**)
5 — I'd pre**fer** you to ask Mrs Haines her**self**! (**N. 2**)
6 We ex**pect** her to ar**rive** at eight o'clock. (**3**)
7 — I hope the train will be on time. I don't like **wait**ing.

8 He'd like them to intro**duce** them**selves** be**cause** he has for**got**ten* their names.
9 We've asked them to come* round for drinks this **eve**ning, (**4**)
10 but they would like to come* to **din**ner.

11 — Would you like me to make* reser**va**tions for the **the**atre?
12 — No thanks, **I'll** do it my**self**.

13 — I'd like you to say a **pra**yer be**fore** your **me**al.
14 — But why? My **mo**ther is a good cook.

4 ... hens di**voors**... — **5** ... hë**self**! — **6** ... eks**pekt**... — **8** hiid... iintrö**dius**... — **11** ... resë**veis**höns... **ziä**të? — **12** ... mai**self**. — **13** aid... **prei**ër...

EXERCISES

1 Will you ask him your**self**; I **hav**en't e**nough** time. — **2** Shall I do it, or do you want her to do it? — **3** We ex**pect** them to bring a **bot**tle of wine. — **4** I'd pre**fer** them to bring a cake. — **5** How much time will you need to **fin**ish?

4 — Háblame del divorcio de la Sra. Haines.
5 — Prefiero que [se lo] preguntes a la propia Sra. Haines.
6 Esperamos que llegue a las ocho.
7 — Espero que el tren llegue a su hora. No me gusta esperar.

8 Le gustaría que se presentasen a sí mismos porque ha olvidado sus nombres,
9 Les hemos pedido que vinieran a tomar copas esta noche,
10 pero les gustaría venir a cenar.

11 — ¿ Le gustaría que hiciera reservas para el teatro ?
12 — No gracias, lo haré yo mismo.

13 — Me gustaría que dijeras una oración antes de comer.
14 — ¿ Pero por qué ? Mi madre es buena cocinera.

NOTES (continued)

(2) *Do* sirve aquí para reforzar el verbo ; es una especie de imperativo. *Do sit down :* por favor, siéntese.

(3) Hay una diferencia entre *to wait for someone* (esperar a alguien) y *to expect something* (esperar algo) : *He expects to make a lot of money :* espera ganar mucho dinero. *To hope,* es también esperar, pero en el sentido de « tener esperanza ».

(4) *Round* es aquí innecesario. Podría haberse dicho *to come for drinks. Round* da un sentido de venir a casa. « *Come round* » es una expresión hecha.

EJERCICIOS

1 ¿ Se lo preguntarás tu mismo ? No tengo tiempo suficiente. — **2** ¿ Debo hacerlo yo o quiere usted que lo haga ella ? — **3** Esperamos que traigan una botella de vino. — **4** Preferiría que trajeran un pastel. — **5** ¿ Cuanto tiempo necesitarás para terminar ?

Fill in the missing words:

1 *¿ Quiere usted que le presente a la chica que está allí ?*

.. you .... you to that girl over there?

2 *Cogeré el coche si el metro está en huelga.*

.... the car .. the tube .. ..

3 *Esperamos que llegue sobre las diez y veinte.*

We .... to arrive .. ..

4 *No va a casarse ; no le gusta gastar dinero.*

He ..... get married. He .... money .

Ninety-third (93rd) Lesson

1 He stopped **smo**king last week and has been un**bear**able **e**ver since. (**1**) (**2**) (**3**)

PRONUNCIATION

1 anbeerëböl.

NOTES

(**1**) ¡ **Cuidado** ! Conviene quedarse bien con las fórmulas de esta lección para poder reconocer posibles cambios de sentido. Por ejemplo, *to stop to smoke :* detenerse **para** fumar.

5 *¿ A qué hora quieres que vaya ?*

.... time .. .. to come?

Respuestas

1 Do - want me to introduce. — **2** I'll take - if - is on strike. — **3** expect her - at about twenty past ten. — **4** won't - doesn't like spending. — **5** What - do you want me.

Second wave: 43rd Lesson

Lección noventa y tres

1 Dejó (paró) de fumar la semana pasada y ha estado insoportable desde entonces.

NOTES (continued)

(**2**) *I can't bear him :* no puedo soportarlo. *He is unbereable :* es insoportable.

(**3**) *Ever,* aquí, es innecesario. Refuerza *since* y da la idea de « desde el momento en que ». Es también una expresión hecha.

2 He enjoys teasing his wife about her spending,
3 but, to avoid causing an argument, he always agrees with her in the end. (4)
4 The criminal denied robbing the bank, but there were too many witnesses.
5 Would you mind not smoking? This is a non-smoking compartment.
6 It's no use trying to run* before you can walk.
7 That new film about Switzerland is worth seeing*.
8 Imagine being a pop-star. It must be great!

9 A lady who felt* sorry for a beggar invited him into the kitchen. (5)
10 On the table, there were some sardines and some smoked salmon.
11 The beggar immediately began* eating* the smoked salmon.
12 — There are some sardines as well, said the lady in a loud voice.
13 — I prefer the smoked salmon, replied the beggar.
14 — But it's more expensive, complained his unwilling hostess.
15 — Yes I know, lady... but it's worth it!

2 ... endchois tiisin... — 3 ... ävoid koosin... aarguiumënt... ägriis... — 4 ... dinaid... uitnëssis. — 6 ...ius... rän... uook. — 7 ... suisëländ... si-in. — 8 imadchinn... pop-staar... greit ! — 9 ... sori... begär... — 10 ... saardiins... smoukt samën. — 12 ... asuel ... laud vois. — 14 ... kömpleind... anuilin... — 15 ... uörzit !

2 Le gusta mortificar a su mujer con sus gastos.
3 Pero, para evitar una discusión, siempre se pone de acuerdo con ella al final.
4 El criminal negó haber robado el banco, pero había demasiados testigos.
5 ¿ Le importaría no fumar ? Este departamento es de no fumadores.
6 Es inútil intentar correr antes de saber (poder) andar.
7 Vale la pena ver esa nueva película sobre Suiza.
8 Imaginate ser una estrella del pop. ¡ Debe ser estupendo (grande) !

9 Una señora apiadada (que sentía lástima) de un mendigo le invitó a [entrar en] la cocina.
10 Encima de la mesa, había algunas sardinas y un poco de salmón ahumado.
11 El mendigo comenzó inmediatamente a comer[se] el salmón ahumado.
12 — Hay también sardinas, dijo la señora en (una) alta voz.
13 — Prefiero el salmón ahumado, respondió el mendigo.
14 — Pero es más caro, se quejó la contrariada anfitriona (huésped).
15 — Sí, [ya lo] sé, señora..., ¡ pero merece la pena (ello es valioso) !

NOTES (continued)

(**4**) *To agree with someone :* estar, ponerse de acuerdo con alguien. *He agrees with me :* está de acuerdo conmigo. *An agreement :* un acuerdo.

(**5**) *To feel sorry for someone :* tener, sentir pena por alguien, apiadarse de alguien. *I feel sorry for that poor man :* siento pena por ese pobre hombre.

EXERCISES

1 It's no use asking him, he doesn't know anything about politics. — 2 Whose is this dictionary? — I think it's his. — 3 Go and see that new film, it's really worth it. — 4 Will you lend me some money? — I'm sorry, I can't afford it. — 5 He has been asleep ever since we left the station.

Fill in the missing words:

1 *Dejó de hablar cuando su jefe entró.*

He .... when ... .

2 *Vale la pena aprender una lengua extranjera ; es muy útil.*

It's .... a ...., it's very ......

3 *Se paró para mirar un escaparate.*

She stopped .. .. a shop window .

Ninety-fourth (94th) Lesson

A letter

1 **Dear David**,
Thanks very much for your last letter.
2 I hope you are both well. I'm thoroughly enjoying my new job. (**1**)

PRONUNCIATION

1 ... deivid... laast... — 2 ... zoröli enchoiin...

EJERCICIOS

1 Es inútil preguntarle, no sabe nada de política. — **2** ¿ De quién es este diccionario ? — Creo que es suyo (de él). — **3** Vete a ver esa nueva película, realmente vale la pena. — **4** ¿ Quieres prestarme algo de dinero ? — Lo siento, no puedo permitírmelo. — **5** Ha estado dormido desde que salimos de la estación.

4 *Lo siento por usted, pero no puedo hacer nada.*

I .... for you, but . ..... do anything.

5 *¿ De quién es este talonario de cheques ? — Es de mi mujer.*

.... this ......-....? — It's .. ..

Respuestas

1 stopped talking (speaking) - his boss came in. — **2** worth learning - foreign language - useful. — **3** to look at. — **4** feel sorry - I can't. — **5** Whose is - cheque-book - my wife's.

Second wave: 44th Lesson

Lección noventa y cuatro

Una carta

1 Querido David, muchas gracias por tu última carta.
2 Espero que estéis bien los dos. Me divierto de verdad en mi nuevo empleo.

NOTES

(**1**) *Thorough* (zorö) quiere decir « a fondo », « en verdad », etc. *To make a thorough enquiry*: hacer una investigación a fondo. *Thoroughly*: totalmente, exhaustivamente. Se usa normalmente en expresiones como *I'm thoroughly enjoying myself*: me estoy divirtiendo a tope (« de lo lindo » diríamos más coloquialmente) o *I'm thoroughly bored*: estoy completamente (« mortalmente » suele decirse) aburrido.

3 The **per**son whose po**si**tion I've **ta**ken re**si**gned last month. (**2**)
4 I can under**stand** why, be**cause** there's a lot of work to do.
5 I'm **wri**ting* to ask you a **fa**vour.
6 Could you get me some infor**ma**tion on trade **u**nions?
7 I had to give a **lec**ture last week and I **cou**ldn't find* e**nough de**tails.
8 I should have asked you **ear**lier, but you know how it is.
9 Since I last saw* you, **no**thing much has **hap**pened. (**3**)
10 I've been **wor**king hard for a month and I've had so **li**ttle spare time! (**4**)
11 I saw* Pete last week. You know*, of course, that he's **mar**ried.
12 In fact he's been **ma**rried for **o**ver a **year**. (**5**)

3 ... huus pösihën... risaind... — **5** ... raitin... feivö. — **6** ... infömeishën... treidiuniëns ?. — **7** ... lekchër... inaf diiteils. — **8** ... ërliё... — **10** ... aiv haad... speer... — **11** ... soo piit...

3 La persona cuyo cargo he ocupado dimitió la semana pasada.
4 Comprendo (puedo comprender) el por qué, porque hay mucho trabajo que hacer.
5 Te escribo para pedirte un favor.
6 ¿Podrías buscarme información sobre los sindicatos?
7 Tuve que dar una conferencia la semana pasada y no pude encontrar suficientes detalles.
8 Debería haberte preguntado antes, pero [ya] sabés cómo son las cosas (cómo ello es).
9 Desde que te ví [por] última [vez], nada especial (mucho) ha ocurrido.
10 He estado trabajando duro desde hace un mes y ¡he tenido tan poco tiempo libre!
11 Ví a Pete la semana pasada. Por supesto, ya sabes que se ha casado.
12 De hecho lleva casado más de un año.

NOTES (continued)

(**2**) Al no existir el tuteo (nuestra traducción a veces lo incluye para ir comprendiendo los diversos usos de la segunda persona del verbo) los ingleses se sirven de estas contracciones en las cartas para indicar un trato familiar, de confianza. **Tal cosa no se hace en las cartas de negocios**, etc.

(**3**) *Since I last saw you* (desde la última vez que te ví) es más coloquial que *since the last time I saw you. When you last came...* : cuando viniste por última vez. Cuando « último » tiene el sentido de « el más reciente », se traduce por *the latest*. La última novela de Cela : *Cela's latest novel* ; pero sin embargo, la última novela de Dickens se dice *Dickens' last novel.* Recordemos que « desde hace », se dice *for*, pues es para una medida concreta de tiempo, y *since* se emplea para « desde », pues se refiere a una situación.

(**4**) *Spare* : de más, suplementario, o sea, libre. *A spare tire* : rueda de repuesto. *Spare parts* : piezas de recambio.

(**5**) Dado que estar casado no es una acción que se haga contínuamente (por lo general), no se usa la forma progresiva, sino el « *present perfect* ».

13 He **a**lways used to say: "**Ma**rriage is a great insti**tu**tion, (**6**)
14 but who wants to live in an insti**tu**tion?".
15 Look at him now! There's no more news, so I'll say good-**bye**. **Loo**king **for**ward to **hea**ring from you soon, (**7**)
16 Your friend, George.

13 ... **oo**lueis iustu... **ma**rie... insti**tu**shën. — **14** ... liv... — **15** ... nius... ail... **foo**ruäd... **hië**rin... — **16** frend, dchoordch.

EXERCISES

1 I used to like cakes when I was **youn**ger. — **2** I have been **wor**king hard since I last saw you. — **3** I hope he will be **a**ble to get some infor**ma**tion for me. — **4** She has only been to **Aus**tria once. — **5** She for**got** her purse, so she had to **bor**row some **mo**ney.

Fill in the missing words:

1 *Esperamos con impaciencia ir de vacaciones.*

We are .... to ..... on holiday.

2 *Studd, el conocido pintor, vivió (solía vivir) aquí.*

Studd, the well-..... painter .... here.

3 *El hombre cuya maleta fué robada, se llama Sanders.*

The man ..... suitcase ... . is ...... Sanders.

4 *Trabaja en esta empresa desde hace tres años.*

He ... . for this company ... .

13 Siempre acostumbraba a decir : « el matrimonio es una gran institución
14 pero ¿ quien quiere vivir en una institución ? »
15 ¡ Míralo ahora ! No hay más noticias así que voy a despedirme (decir adiós). Esperando tener noticias tuyas pronto,
16 Tu amigo, George.

NOTES (continued)

(**6**) *To use* (ius) ; usar, utilizar, pero *used to* (iust tu) : tenía la costumbre de, solía. *I used to smoke* : acostumbraba a fumar.

(**7**) *To look forward to* : esperar con impaciencia. *I'm looking forward to seeing you* (repare en el « -ing » del segundo verbo) : espero (tener el placer de) verte. Es una fórmula muy corriente, al igual que la de la frase 15, que se usa normalmente para terminar las cartas.

EJERCICIOS

1 Me solían gustar los pasteles cuando era más joven. — **2** He trabajado duro desde la última vez que te ví. — **3** Espero que pueda obtener alguna información. — **4** Ha estado sólo una vez en Austria. — **5** Olvidó su monedero, así que tuvo que pedir prestado algo de dinero.

5 *¿ Dónde pusiste la rueda de repuesto ? — No me acuerdo.*

Where ... ... the ..... tyre? — I ....

Respuestas

1 looking forward - going. — **2** -known - used to live. — **3** whose - was stolen - called. — **4** has been working - for three years. — **5** did you put - spare. — don't remember.

Second wave: 45th Lesson

Ninety-fifth (95th) Lesson

A favour

1 — Oh, is that George's **le**tter? I **ha**ven't seen* him for a long time.
2 In fact, since that **pa**rty last **ye**ar. How is he? (**1**)
3 — Oh he's fine. He needs some help with his new job.
4 — Yes, he's **wor**king in that school with a strange name.
5 — You mean* **Hun**gerford? It's a school that has an **ex**cellent repu**ta**tion. (**2**)
6 — How long has he been **tea**ching* there?
7 — For a month. Since a**no**ther **tea**cher re**si**gned. He seems to be en**joy**ing him**self**.
8 — May I read* the **le**tter? — Of course. It's **o**ver there on top of the tele**vi**sion. (**3**)
9 — He **al**ways asks for infor**ma**tion which is **dif**ficult to find.
10 — Not **re**ally. We've got lots of files at the **o**ffice.
11 — I hope he **does**n't ex**pect** you to write a book!

PRONUNCIATION

1 ... dchoordchis... — **2** ... paarti... — **3** ... fain... — **4** ... streindch... — **5** ... miin hönguëföd ?... eksëlënt repiuteishën. — **6** ... tiichin... — **7** ... risaind... siims... — **8** ... mei ai... televishën. — **9** ... faind. — **10** ... fails... — **11** ... ekspekt...

NOTES

(**1**) *For a long time. Since last year* (ver lección 91, **N. 1**).
(**2**) Una vez más conviene recordar que *that* puede sustituir a *which* y *who(m)* como relativo **sin que cambie el sentido**.

Lección noventa y cinco

Un favor

1 — ¡ Oh ! ¿ es la carta de George ? No le he visto desde hace mucho tiempo.
2 De hecho, desde aquella fiesta el año pasado. ¿ Cómo está ?
3 — ¡ Oh ! está bien. Necesita (alguna) ayuda en (con) su nuevo trabajo.
4 — Sí, está trabajando en esa escuela que tiene (con) un nombre raro.
5 — ¿ Te refieres a Hungerford ? Es una escuela que tiene una excelente reputación.
6 — ¿ Desde cuándo ha estado dando clases (enseñando) allí ?
7 — Desde hace un mes. Desde que otro profesor dimitió. Parece que le gusta.
8 — ¿ Puedo leer la carta ? — Por supuesto, está allí, encima de la televisión.
9 — Siempre pide (por) información difícil de encontrar.
10 — En realidad no. Tenemos muchos informes en la oficina.
11 — Espero que no espere que escribas un libro.

NOTES (continued)

(**3**) *Top :* arriba, encima de, en lo alto de ; *bottom :* abajo, debajo de, al pie de. *On top of the mountain :* en lo alto de la montaña. *At the bottom of the stairs : al pié de la escalera. También nos encontraremos con top* y *bottom* en los libros de ilustraciones, para indicar las posiciones de éstas en la página.

12 — No, just a few lines with the main points. It won't take* too long.
13 — I hope not. — I'll start straight away and I should be finished by tomorrow at the latest. (**4**)

12 ... lains... points... uount... — **13** ... streit äuei... shud... leitëst.

EXERCISES

1 It should be finished by next week. — **2** It might rain tomorrow. — Oh, I hope not. — **3** How long will it take to write a book? — **4** He seems to be making good progress. — **5** As usual, nothing works in this house!

Fill in the missing words:

1 *Trabaja desde hace un mes. Desde que George dimitió.*

He ... . there ... a month. ..... George ....

2 *Si te vas inmediatamente, llegarás a las nueve.*

If ... ., you will arrive .. .... o'clock .

3 *No comprendo lo que quiere decir exactamente.*

I ..... understand .... he ....

Second wave: 46th Lesson

12 — No, sólo unas (pocas) líneas sobre los puntos importantes. No [me] llevará mucho.
13 — Espero que no. — Empezaré de inmediato y debería acabarlo (yo debería estar acabado) para mañana lo más tarde.

NOTES (continued)

(4) *By,* aquí, adquiere un sentido temporal : *by next week,* hacia la semana que viene, para la semana que viene... *You must tell me by three o'clock :* tienes que decírmelo de aquí a las tres, o sea, antes de las tres, para las tres...

EJERCICIOS

1 Debería estar acabado para la semana próxima. — **2** Podría llover mañana. — Espero que no. — **3** ¿ Cuanto tiempo llevará escribir un libro ? — **4** Parece estar haciendo grandes (buenos) progresos. — **5** ¡ Como de costumbre, nada funciona en esta casa !

4 *No espera que escribas un libro. — Espero que no.*

He doesn't ...... you .. .. a book. — . ...

5 *¿ Cuanto tiempo llevas esperando ? — Desde hace una hora.*

... . have you .... waiting? — ... an hour .

Respuestas

1 has been working - for - Since - resigned. — **2** you leave straight away - by nine. — **3** don't - what - means exactly. — **4** expect - to write - I hope not. — **5** How long - been - For.

¿No le parece que estudiar una lengua por el método « Assimil » es una distracción tan agradable como los crucigramas u otros juegos que exigen la intervención de la inteligencia ? ¿ No le parece que es más provechoso que ver la televisión ? ¿ Se da cuenta de que progresos ha ido haciendo **sin esfuerzo ?**

Ninety-sixth (96th) Lesson

Health

1 Do you **remem**ber, in **Le**sson **fif**ty-**se**ven, John had to see the **doc**tor?
2 In **En**gland, you do not pay* the **doc**tor or the **hos**pital, and you pay* only a small charge for the **den**tist. (**1**)
3 This is be**cause** of the **Na**tional Health **Ser**vice, which pays* all **med**ical costs. (**2**)
4 It is **fi**nanced in part by contri**bu**tions called **Na**tional In**sur**ance **pay**ments.
5 **E**very **wor**king man or **wo**man has to make* a **sin**gle **Na**tional In**sur**ance contri**bu**tion **e**very week. (**3**) (**4**)
6 It is the responsi**bi**lity of the em**ploy**er to make* sure that the **pay**ments are made.
7 He de**ducts** a sum from the **wor**ker's wage or **sa**lary and then adds his own contri**bu**tion. (**5**)
8 The rest of the **mo**ney for the **Na**tional Health **Ser**vice comes* from **gen**eral tax**a**tion. (**6**)

PRONUNCIATION

2 ... pei... **hos**pitäl... charch... **den**tist. — **3** ... **nä**shönal helz **sër**vis... peis... — **4** ... **fai**nanst... köntri**biu**shëns... in**shu**räns **pei**ments. — **5** ... **sin**guël... — **6** ... em**ploi**ë... shuër... — **7** ... di**dökts** ... ueich... oun... — **8** ... tak**sei**shën.

NOTES

(**1**) *To charge :* hacer pagar. *They charged me thirty pence for a glass of water !* ¡ Me hicieron pagar treinta peniques por un vaso de agua ! Así pues *the charge* es la suma que se debe. En las facturas que se presentan en Inglaterra se ve *Service charge 10 %.*

Lección noventa y seis

[La] Salud

1 ¿Recuerda usted que en la lección cincuenta y siete John tuvo que [ir a] ver al médico?
2 En Inglaterra no se paga al médico o al hospital, y se paga sólo una pequeña suma por el dentista.
3 Esto se debe al Servicio Nacional de la Salud que paga todos los gastos médicos.
4 Está financiado en parte por los impuestos llamados « pagos del seguro nacional ».
5 Todo hombre o mujer que trabaje, tiene que hacer una única contribución cada semana al seguro nacional.
6 Es responsabilidad del que da empleo asegurarse (hacer seguro) de que el pago se haga.
7 Deduce una suma de la paga o salario del trabajador y luego añade su propia contribución.
8 El resto del dinero para el Servicio Nacional de la Salud proviene de los impuestos generales.

NOTES (continued)

(**2**) *To cost:* costar. Gastos médicos : *medical costs.*

(**3**) Se dice *working man* para indicar a toda persona que trabaja, en general. *A worker* es un trabajador ; *a workman,* un obrero.

(**4**) *Single :* simple, uno solo. *A single ticket :* un billete de ida (de ida y vuelta se dice *a return ticket*). *She's single :* es soltera. La palabra *single* es conocida en castellano para indicar un disco pequeño ; como todo el mundo sabe, un disco grande es *a longplay,* o sea « de larga duración ».

(**5**) En inglés se diferencia entre *wage,* cantidad que se paga todas las semanas (normalmente en metalico), y *salary,* paga mensual, que en la mayoria de los casos se cursa por banco. La palabra *income* significa « ingresos », « renta ».

9 Those whose **in**comes are too low can ob**tain** what is called Supple**men**tary **Be**nefit.
10 This is a **week**ly allo**ca**tion and is **fi**nanced en**ti**rely by **gen**eral ta**xa**tion.
11 The State also pays* " **pen**sions " to **peo**ple in re**ti**rement. **(7)**
12 These **peo**ple are known* as " **se**nior **ci**tizens ".
13 So, when you go to the **doc**tor's or, for **some**thing more **se**rious, the **hos**pital,
14 you do not have to **wor**ry a**bout** the cost.

9 ... inkams... saplëmentri benëfit... — 10 ... uiikli alökeishën... entaiëli... — 11 ... steit... penshëns... retaiëmënt. — 12 ... noun... siiniör... — 13 ... siëriës. — 14 ... uöri...

EXERCISES

1 Be**cause** of fog, the plane will be de**layed**. — **2** Old **peo**ple, known as " **se**nior **ci**tizens ", re**ceive** **pen**sions. — **3** Is his **ill**ness **se**rious, **doc**tor? — I hope not. — **4** Make sure that the bed is made be**fore** **go**ing out. — **5** The **per**son whose **in**come is too low can ob**tain** a **week**ly allo**ca**tion.

9 Aquellos cuyos ingresos son demasiado bajos, pueden obtener lo que se llama « Beneficio Suplementario ».
10 Es una gratificación semanal y se financia completamente por medio de los impuestos generales.
11 El estado paga también « pensiones » a las personas jubiladas (en retiro).
12 Estas personas son conocidas como « ciudadanos mayores ».
13 Así cuando usted vaya al médico, o por algo más grave, al hospital,
14 no debe usted preocuparse por el precio (coste).

NOTES (continued)

(**6**) *A tax :* un impuesto. Los impuestos, la carga tributaria en general se dice *taxation. A taxpayer :* un contribuyente ; *income tax :* impuesto sobre la renta. Productos libres de impuestos : *duty-free goods.* El I.V.A. (impuesto sobre el valor añadido, que se ha generalizado en España, como consecuencia del ingreso en la C.E.E., y que se aplica a los bienes de consumo) se llama en inglés V.A.T. *(value added tax),* y se incluye en todos los precios al hacer las compras.

(**7**) *To retire :* jubilarse, coger el retiro. *In retirement (retired) :* jubilado, en retiro, retirado.

EJERCICIOS

1 A causa de la niebla el avión se retrasará. — **2** Los ancianos (gente vieja), conocidos como « ciudadanos mayores », reciben pensiones. — **3** ¿ Es grave su enfermedad, doctor ? — Espero que no. — **4** Asegúrese de que la cama esté hecha antes de salir. — **5** La persona cuyos ingresos son demasiado bajos puede obtener una asignación semanal.

Fill in the missing words:

1 *El hombre cuyo coche ha sido robado puede encontrarlo en la comisaría.*

The man ..... car has .... can find it .. the police-station .

2 *No es obligatorio (no tienes que) hacer el servicio militar en Inglaterra.*

You .. .. do .... in England .

3 *Asegúrese de que las puertas estén bien cerradas con llave antes de salir.*

.... that ... . are locked ....

4 *¿ No vas a ir a ver esa nueva obra de teatro ?*

...... you going .. ... that ... . ?

5 *¿ De quién es la responsabilidad ?*

..... is the .... ?

Ninety-seventh (97th) Lesson

1 Learn this **les**son as **u**sual, then **an**swer the **fol**lowing **ques**tions with the help of the pre**ce**ding **les**son.

2 How much did **Da**vid have to pay* the **doc**tor when he was ill?

3 What does **Na**tional Health **Ser**vice mean*?

4 How is the **Na**tional Health **Ser**vice **fi**nanced?

5 Whose responsi**bi**lity is the **wee**kly contri**bu**tion? (**1**)

6 Who has to make* **Na**tional In**su**rance contri**bu**tions?

7 Does the em**plo**yer pay* **any**thing?

8 Who re**cei**ves Supple**men**tary **Be**nefit?

9 Who are **se**nior **ci**tizens?

Respuestas

1 whose - been stolen - at. — **2** do not have to - military service. — **3** Make sure - the doors - before going out. — **4** Aren't - to see - new play. — **5** Whose - responsibility?

A bird in the hand is worth two in the bush (bush) : *más vale pájaro en mano que ciento volando (literalmente, « un pájaro en la mano vale lo que dos en el matorral »).*

Hay una divertida y pícara variante de este refrán inventada por Mae West : **A man in the house is worth two in the street**.

Second wave: 47th Lesson

Lección noventa y siete

1 Apréndase esta lección como de costumbre y luego responda a las preguntas siguientes con la ayuda de la lección precedente.
2 ¿ Cuánto tuvo que pagar David al médico cuando estuvo enfermo ?
3 ¿ Que quiere decir « National Health Service » ?
4 ¿ Cómo se financia el N.H.S. ?
5 ¿ De quién es [la] responsabilidad [de] la contribución semanal ?
6 ¿ Quien tiene que contribuir al Seguro Nacional ?
7 ¿ Paga algo el que da empleo ?
8 ¿ Quién recibe el beneficio suplementario ?
9 ¿ Quiénes son los « ciudadanos mayores » ?

PRONUNCIATION

1 ... asiushuöl... — **3** ... näshiönäl... miin ? — **4** ... helz... — **5** ... uiikli kontribiushën ? — **6** ... inshuränss... — **7** ... emploiër... — **8** ... risiivs... — **9** ... siiniör...

NOTES

(1) *Whose* en el sentido de ¿ « de quién » (es) ?

10 Two **li**ttle boys who were **vi**siting the **Bri**-**t**ish Museum stopped to look at an E**gyp**tian **mu**mmy.

11 The **mu**mmy was **co**vered with **ban**dages and had a sign with 1215 B.C. (one **thou**sand two **hun**dred and fif**teen**) a**round** its neck. (**2**) (**3**)

12 — I **won**der what that sign means*, said one of the boys. (**4**)

13 — That must be the **num**ber of the car which knocked him **o**ver, re**plied** his friend. (**5**)

10 ... ëdchipshän mömi. — **11** ... kaverd... bandëdchis... sain... zausënd... fiftiin bii sii (B.C.) aräund... — **12** ... uöndër... — **13** ... nokt... ouvë...

EXERCISES

1 Our phone was **bro**ken and we **cou**ldn't re**ceive** any calls. — **2** We'd **o**ffer to help if it **was**n't **u**seless. — **3** You should have paid the man straight a**way**. — **4** If she did her hair **dif**ferently she could look nice. — **5** I might not pay my contri**bu**tion this week.

Fill in the missing words:

1 *Si diéramos una fiesta la semana próxima, ¿ quién podría venir ?*

If we . . . . a party . . . . who . . . . ?

10 Dos chicos pequeños que visitaban el British Museum se pararon a mirar una momia egipcia.
11 La momia estaba cubierta de vendas y llevaba un letrero (signo) alrededor del cuello que decía « 1215 B.C. ».
12 — Me pregunto que significa ese letrero, dijo uno de los muchachos.
13 — Debe ser el número [de matrícula] del coche que le atropelló, respondió su amigo.

NOTES (continued)

(**2**) B.C. (bii sii) : *Before Christ* (antes de Cristo). Igualmente encontramos A.D. para las fechas de después del nacimiento de Cristo (A.D. = *Anno Domini,* que en latín significa Año del Señor).

(**3**) Como la momia no tiene sexo (¡ al menos nos es evidente el que tiene !) hay que usar el posesivo neutro *its.*

(**4**) *To wonder :* preguntarse ; *wonderful :* maravilloso.

(**5**) *To knock :* golpear, llamar a la puerta, etc. *To knock over :* hacer caer algo de un golpe ; aquí, « atropellar ».

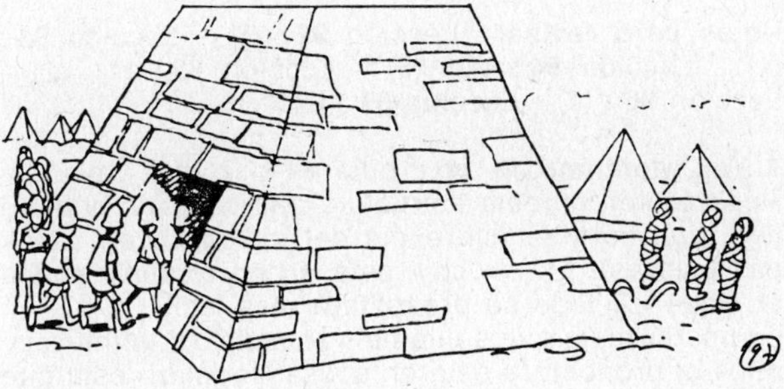

EJERCICIOS

1 Nuestro teléfono estaba estropeado y no podíamos recibir llamadas. — **2** Ofreceríamos ayuda (ayudar) si no fuera inútil. — **3** Deberías haber pagado al hombre de inmediato. — **4** Si se arreglara (hiciera) el (su) pelo de modo diferente podría parecer guapa. — **5** Puede que no pague mi contribución esta semana.

97th LESSON

2 *¿ Podría usted decirme qué quiere decir " weekly contribution " ?*

..... you .... me .... " weekly contribution " .....?

3 *A causa de la lluvia se ha suspendido el partido.*

.... the ...., the match ... . cancelled.

4 *¿ Debo pagar algo por el servicio ?*

.... I pay .... for the ....?

Ninety-eight (98th) Lesson

REVISIONS AND NOTES

Notas para revisar : Lección **92** : (3) - Lección **93** : (4) - Lección **94** : (3), (6) - Lección **95** : (1), (2) - Lección **96** : (4) - Lección **97** : (3).

1 You want me to go : quieres que me vaya. — Repare bien en esta estructura particular de subjuntivo (que sólo se diferencia del indicativo en casos particulares). El « truco » está en **no traducir nunca el « que »** y todo se presentará mas fácil.
Es una fórmula que se llama « acusativo e infinitivo », pues el pronombre está en acusativo (claro está que los nombres propios no cambian). *I prefer him to tell me*: prefiero que me lo diga él. *Do you want him to shut the window* ? : ¿ Quiere usted que él cierre la ventana ? Si usted ha estudiado latín la fórmula le resultará familiar.
Como ya le hemos dicho con frecuencia, déjese guiar por nosotros y la práctica hará el resto.

5 *La botella estaba cubierta de polvo y tenía telas de araña en torno al cuello.*

The bottle was .... dust and ... cobwebs ...... the neck .

Respuestas

1 gave/had - next week - will be able to come. — **2** could - tell - what - means. — **3** Because of - rain - has been. — **4** Must - something - service. — **5** covered with - had - around.

Second wave: 48th Lesson

Lección noventa y ocho

2 Myself, yourself. — Ya sabe usted que el reflexivo se emplea muchas veces para subrayar el sentido. Lo haré yo mismo : *I'll do this myself.* Pregúntale tu mismo : *ask him yourself.* Sírvanse : *help yourselves* (más de una persona).

En plural conviene prestar atención para no caer en errores que alteren el significado : se ven todas las semanas : *They see* **one another** *each week.* Nos hablamos : *we talk to one another.* (Si dijéramos *we talk to ourselves*, querría decir que cada uno se habla a sí mismo.)

3 La forma progresiva. — Una vez más volvemos a ella. No se emplea para una acción habitual sino para lo que se está haciendo, o se tiene intención de comenzar. ¿ A qué se dedica ? — Es taquígrafa : *what does she do? — She's a shorthand typist* [shoot-hand taipist].

En el pasado, la forma progresiva indica una acción que ha durado cierto tiempo, y que equivale al imperfecto español, más o menos, aunque, como ya dijimos, a veces lo más correcto es una traducción literal de la expresión inglesa (en otros casos no lo es) : *He was working when the telephone rang*: trabajaba cuando el teléfono sonó (estaba trabajando cuando sonó el teléfono).

4 «¿ No es eso ? ». — **Regla general** : si la pregunta es afirmativa, el «¿ no es eso ? » va en forma negativa y al revés.

Algunos ejemplos : *She's upstairs, isn't she?* (está arriba, ¿ no es eso ?) *She isn't upstairs, is she?* (no está arriba ¿ no es eso ?) *He wants this, doesn't he?* (quiere esto, ¿ no es eso ?) *They don't want this, do they?* (no quieren esto, ¿ no es eso ?) *He won't come, will he?* (no vendrá ¿ no es eso ?) *You will come, won't you?* (vendrás ¿ no es eso ?) *We can't help you, can we?* (no podemos ayudarle, ¿ no es eso ?) *They shouldn't go, should they?* (no deberían ir ¿ no es eso ?) *He would accept, wouldn't he?* (aceptaría ¿ no es eso ?).

5 Whose : *Whose is this handbag ? :* ¿ de quién es este bolso ? *Whose responsibility is it ? :* ¿ de quién es la responsabilidad ? *The man whose car is outside*: el hombre cuyo coche está fuera. El señor cuyo hijo es médico : *the gentleman whose son is a doctor.* Esperamos que con estos ejemplos, el uso de *whose* haya quedado claro. *Whose* se usa para cosas y seres animados.

6 To wonder : literalmente quiere decir « maravillarse », de ahí que *wonderful* significa maravilloso. Pero su sentido más usual es « preguntarse ». *I wonder if she is happy*: me pregunto si es feliz.

7 To look forward to : esperar con impaciencia. *We're looking forward to our holidays*: esperamos con impaciencia nuestras vacaciones. *I look forward to hearing from you*: espero tener pronto noticias suyas (espero con impaciencia oír de usted). (*Forward* quiere decir literalmente « adelante », « hacia delante ».)

8 Expresiones que conviene recordar. — 1 *I want you to come straight away.* — 2 *She doesn't like waiting.* — 3 *I stopped smoking last week.* — 4 *We can't bear him.* — 5 *I feel sorry for you.* — 6 *Since I last saw you.* — 7 *We used to like him.* — 8 *I'll be finished by tomorrow.* — 9 *He charged me ten pounds.* — 10 *I wonder if he's better.*

9 Traducción. — 1 Quiero que vengas inmediatamente. — 2 No le gusta esperar. — 3 Dejé de fumar la semana pasada. — 4 No podemos aguantarlo. — 5 Te compadezco. — 6 Desde la última vez que os ví. — 7 Solía gustarnos. — 8 Habré acabado para mañana. — 9 Me cobró diez libras. — 10 Me pregunto si está mejor.

Second wave: 49th (revision) Lesson

Ninety-ninth (99th) Lesson

Emergency...!

1 — The **ni**nety-ninth **les**son re**minds** me of the po**lice**. (**1**)
2 — Why? — Be**cause**, if there is an e**mer**gency and you need the po**lice**
3 or an **am**bulance or the **fire**-bri**gade**,
4 you **sim**ply **di**al nine-nine-nine. The **o**perator re**plies** imme**di**ately: (**2**)
5 — E**mer**gency. Which **ser**vice do you re**quire**?

6 — Ex**cuse** me, I'm a **for**eigner. Could you show me how to use the phone? (**3**)
7 — Of course, sir. Have you got your **num**ber?
8 If not, we can look it up (**N. 1**) in the di**rec**tory. (**4**)
9 Right. Now first, you lift the re**cei**ver and wait for the tone.
10 Next, you **di**al your **num**ber and wait un**til** it rings.
11 You must have ten pence **rea**dy.
12 When the **per**son **an**swers, you push your coin **in**to the slot and talk. (**5**)

PRONUNCIATION

1 ... **nainti** nainz... **rimainds**... — **2** ... ëmerdchënsi... **pliis**. — **3** ... **ambiu**läns ... **faië-brigeid**. — **4** ... **daiäl**... **oo**përeitör... **imiidi**ätli. — **6** ... **for**ënër. kud... ius... foun ? — **8** ... dai**rek**töri. — **9** rait... ri**sii**vër... ueit... toun. — **10** ... **dai**äl. — **11** ... pens **re**di. — **12** ... **aan**sërs... push... koin...

Lección noventa y nueve

¡ Emergencia... !

1 — La lección 99 me recuerda a la policía.
2 — ¿ Por qué ? — Porque si hay una emergencia y usted necesita a la policía
3 o una ambulancia o a los bomberos (brigada de incendios),
4 marca usted simplemente el 999. La operadora responde inmediatamente :
5 — Emergencia. ¿ Qué servicio quiere (requiere) ?

6 — Perdone, soy (un) extranjero. ¿ Podría decirme (mostrarme) cómo usar el teléfono ?
7 — Por supuesto señor. ¿ Tiene ya el número ?
8 Si no, podemos buscarlo en la guía.
9 Bien. Ahora, primero descuelgue usted el auricular y espere la señal.
10 Luego (siguiente) marque el (su) número y espere hasta que suene.
11 Debe tener preparados diez peniques.
12 Cuando (la persona) responda, meta (empuje) la (su) moneda en la ranura y hable.

NOTES

(1) *To remind :* recordar algo a alguien. *This reminds me of him :* esto me lo recuerda. *Please remind me to post the letter :* recuerdame, por favor que eche la carta.
To remember : acordarse de o recordar. *I remember when I was young :* me acuerdo de cuando era joven.

(2) *A dial :* un disco de números ; *to dial :* marcar un número de teléfono (en Inglaterra los números se dicen uno a uno).

(3) *A stranger :* un extraño (alguien a quien no se conoce) ; *a foreigner :* alguien de otro país : extranjero ; *a foreign car :* un coche extranjero ; *a strange car :* un coche extraño, raro. Preste atención a esto porque *stranger* puede inducir a error.

(4) *To look at :* mirar ; *to look for :* buscar. *To look up :* buscar en un diccionario, en una guía, en un anuario.

(5) *To push :* empujar ; *to push into :* meter, introducir en.

13 You see? It's not at all **com**plicated.
14 — Yes, I see. **Thank** you, you're very kind.
15 — Not at **all.** Good-**bye.**

14 ... kaind. — 15 notatool...

EXERCISES

1 This **pho**tograph re**minds** me of my home town. — 2 **Di**al your **num**ber and wait for the tone. — 3 Push your coin **in**to the slot and speak. — 4 Please ex**cuse** me, I'm a **for**eigner. — 5 Could you show me how to use it?

Fill in the missing words:

1 *¿ Puede usted recordar dónde ha puesto usted mi cartera ?*

. . . you . . . . you . . . my wallet?

2 *Parece que le recuerdo a su nieto.*

It . . . . . that I . . . . his grand-son.

3 *Necesitaba un destornillador pero tuve que usar un cuchillo.*

I . . . . . . a screwdriver but I . . . . a . . . . .

4 *Usa la misma pluma desde hace casi diez años.*

He . . . . the . . . . pen . . . almost ten years.

13 ¿ Ve usted ? No es complicado en absoluto.
14 — Si, [ya lo] veo. Gracias, es usted muy amable.
15 — No tiene importancia. Adiós.

EJERCICIOS

1 Esta fotografía me recuerda mi ciudad natal. — **2** Marca (el) tu número y espera la señal. — **3** Introduce la (tu) moneda en la ranura y habla. — **4** Por favor, perdone, soy extranjero. — **5** ¿ Podría mostrarme cómo usarlo ?

5 *¿ Tiene usted la dirección ? Si no, podemos preguntar a alguien.*

.... the address? .. ... we can ... .

Respuestas

1 Can - remember where - put. — **2** seems - remind him of. — **3** needed - had to use - knife. — **4** has been using - same - for. — **5** Have you got/do you have - If not - ask someone/somebody.

No se olvide de practicar los verbos irregulares.

Second wave: 50th Lesson

Hundredth (100th) Lesson

1 This is our **hun**dredth **les**son. If you have spent* an **av**erage of half an hour, **revi**sion in**clu**ded,

2 on each of the pre**ce**ding ones, it makes* a **to**tal of **near**ly **fif**ty **hour**s.

3 Are you pleased with the re**sult** of your work?

4 **Ob**viously, you do not know* by heart **ev**ery word and **ev**ery ex**press**ion we have seen : that would be too **per**fect. (**1**)

5 **Lea**rning* a **for**eign **lan**guage is a **mat**ter of **pa**tience, **reg**ular **dai**ly repe**ti**tion — and **op**timism. (**2**) (**3**)

6 **Some**body once said that **En**glish was like Mount **Ev**erest:

7 be**cause** **ac**cess is **eas**y, but the **sum**mit is im**poss**ible to reach.

8 We think* this is wrong be**cause** **no**body speaks* his own **lan**guage **per**fectly.

9 You must try, by **reg**ular **prac**tice, to climb as high as you want, un**til** you feel* **com**fortable.

PRONUNCIATION

1 ... **han**drëdz... **av**ëridch... ri**vi**shën... — **2** ... iich... pri**sii**din... **tou**täl... auërs. — **3** ... pliisd... ri**sölt**... **4** ... **ob**viësli... haat... eks**presh**ën... — **5** ... **for**en... **pei**shënss... repë**tii**shön ... **op**timisëm. — **6** ... maunt **evë**rëst. — **7** ... **ak**ses... samit... riich. — **8** ... rong... — **9** ... trai... klaim... hai... fiil **kamf**täböl...

NOTES

(**1**) « Cada » puede decirse *each* o *every*. *Each* tiene más bien el sentido de « cada uno », mientras que *every*

Lección cien

1 Esta es nuestra lección cien. Si usted ha dedicado (pasado) una media de media hora, incluida la revisión,

2 a cada una de las precedentes, hace un total de casi cincuenta horas.

3 ¿ Está usted contento con el resultado de su trabajo ?

4 Obviamente no sabe usted de memoria cada palabra y cada expresión que hemos visto : eso sería demasiado perfecto.

5 Aprender una lengua extranjera es una cuestión de paciencia, repetición diaria regular y optimismo.

6 Alguien dijo una vez que el inglés es como el Monte Everest :

7 porque el acceso es fácil pero la cumbre es imposible de alcanzar.

8 Pensamos que esto es un error porque nadie habla su propia lengua perfectamente.

9 Debe usted intentar, con la práctica regular, trepar tan alto como quiera, hasta que se sienta cómodo.

NOTES (continued)

es más general y más bien significa « todo » o « todos ».
Repare en la misma frase en la expresión *by heart* (por corazón) : de memoria.

(**2**) *A matter* no es solo la materia, sino también un asunto, una cuestión. *It's a matter of time :* es cuestión de tiempo. *What's the matter ? :* ¿ Qué pasa ?

(**3**) Las palabras que terminan es « ism » poseen en inglés como una especie de media sílaba más. Como se indica en la pronunciación figurada, debe usted pronunciar la última letra, la « m », con toda intensidad con lo que prácticamente se producirá una sílaba más, como si hubiera una vocal entre la s y la m.

Too many cooks spoil the broth : demasiados cocineros estropean el caldo. En España el refrán equivalente sería : Todos al saco y el saco en tierra.

10 But be **care**ful! In **or**der not to fall*, you must **prac**tise as **o**ften as **poss**ible. (**4**)
11 You will learn new words and ex**press**ions and for**get*** them, and learn them a**gain** and for**get*** them once more.
12 But you are **mak**ing* **pro**gress. Com**pare** what you know* now with what you knew* three months a**go.**
13 The **har**dest and most **te**dious part of your work is done; be**fore** long, you will speak* **flu**ently.
14 But re**mem**ber: in **or**der to stay on the **moun**tain, you need **dai**ly **prac**tice.

10 ... keerföl !... oordër... fool... ofen... posiböl... — **11** ... föguet... — **12** ... kömpeer... nou nau... — **13** ... tiidiës... dan... — **14** stei.

EXERCISES

1 You **can**not learn all the vo**ca**bulary by heart. — **2** **No**body here speaks Chi**nese**. — **3** Sit down on the **so**fa. Are you **com**fortable? — **4** You must work in **or**der to earn **mo**ney. — **5** Be **care**ful not to fall. That wall is very high.

Fill in the missing words:

1 *Hasta que pueda hablar el inglés con fluidez, lea algo todos los días.*

..... you ... speak English ...., read .... day.

2 *Come todo lo que quieras ; hay más.*

Eat .. .. you want; ....

3 *Hay que prestar mucha atención para no caer.*

You .... be very .... in .... fall.

10 Pero tenga cuidado (sea precavido), para no caer (en orden a no caer) debe usted practicar tan a menudo como [sea] posible.
11 Aprenderá usted nuevas palabras y expresiones y las olvidará, y las aprenderá de nuevo y las olvidará una vez más.
12 Pero usted está haciendo progresos. Compare lo que sabe ahora con lo que sabía hace tres meses.
13 La parte más dura y aburrida de su trabajo está hecha ; en poco tiempo (antes de largo) hablará usted con fluidez.
14 Pero recuerde : para permanecer encima de la montaña se necesita la práctica diaria.

NOTES (continued)

(**4**) *An order :* un encargo, una orden ; *in order to,* en orden a, con el fin de, para.

EJERCICIOS

1 No se puede aprender todo el vocabulario de memoria. — **2** Aquí nadie habla chino. — **3** Siéntate en el sofá ¿ estás cómodo ? — **4** Tienes que trabajar para ganar dinero. — **5** Ten cuidado para no caer. Esa pared es muy alta.

4 *Estoy muy contento con el trabajo de mi hijo.*

I am very . . . . my . . . .

5 *Puede que esté equivocado, pero no lo creo.*

He . . . ., but I . . . . so.

Respuestas

1 Until - can - fluently - some every. — **2** as much as - there is more. — **3** must - careful - order not to. — **4** pleased with - son's work. — **5** might be wrong - don't think.

Second wave: 51st Lesson

Hundred and first (101st) Lesson

Some stories

1 *Con***fi***rmed* **ba***chelor.* — Be**lieve** me, all **wo**men are silly; I have only met* one in**tel**ligent **wo**man in my whole life. (**1**)
2 — Why **did**n't you **mar**ry her then?
3 — I asked her, but she re**fu**sed me.

4 **Bar***ber:* — Have I shaved you be**fore,** sir?
5 **Cus***tomer:* — No, I got those scars **du**ring the war.

6 — **Lis**ten, **To**mmy, if you **pro**mise **ne**ver to say that rude word a**gain,** I will give* you ten pence.
7 — Oh, I know* a**noth**er that is worth at least **fif**ty pence!

8 The **man**ager of a large firm **cri**ticised an emplo**yee** for his inef**fi**ciency. (**2**)
9 The emplo**yee** was so an**noyed** that he **star**ted **cri**ticising the way in which the **com**pany was run*. (**3**)
10 — Are you the **man**ager of this **com**pany? the **man**ager asked him **fu**riously.

PRONUNCIATION

1 ... kön**fër**md **ba**chëlör... bë**liiv**... **ui**mën... **uu**män... houl laif. — **2** ... **did**ent... — **3** ... ri**fiu**sd .... — **4** **baa**bë ... sheivd... — **5** ... **kas**tömër... skaars... uoor. — **6** lisen... rud... — **7** ... uörz... — **8** ... **ma**nädchër... fërm **kri**tisaisd... emploi-**ii**... inë**fi**shënsi. — **9** ... ä**noid**... **köm**pani... — **10** ... **fië**riösli.

Lección ciento una

Algunas historias

1 *Soltero convencido.* — Créeme, todas las mujeres son tontas ; en toda mi vida me he encontrado sólo con una mujer inteligente.
2 — Entonces ¿ por qué no te casaste con ella ?
3 — Se lo pedí, pero me rechazó.

4 *Barbero.* — ¿ Le he afeitado antes, señor ?
5 *Cliente.* — No, me hicieron (obtuve) estas cicatrices durante la guerra.

6 — Escucha Tommy, si prometes no decir nunca más esa palabra [tan] grosera, te daré diez peniques.
7 — Oh, sé otra que vale por lo menos cincuenta peniques.

8 El director de una gran empresa criticaba a un empleado por su ineficacia.
9 El empleado estaba tan enfadado que comenzó a criticar la forma como (en que) la empresa era dirigida.
10 — ¿ Es usted el director de esta empresa ? le preguntó el director furioso (furiosamente).

***

NOTES

(**1**) Hemos visto ya el adjectivo *single*, para decir soltero. También podemos decir *bachelor* para soltero ; para soltera existe la palabra *spinster*, pero tiene un cierto matiz peyorativo (significa más bien « solterona »), por lo que es preferible decir siempre *single woman*.

(**2**) *A firm, a company* : una empresa, una compañía, una sociedad. *A society* : una asociación.

(**3**) *To run* : correr ; *to run a company* : dirigir una compañía.

11 — Of course not, said the employee.
12 — Then don't talk like a fool! shouted the manager.

13 A pessimist reminds us that a cup is half empty
14 and an optimist reminds us that it is half full.

12 ... fuul !... shautit... — 13 ... rimainds...

EXERCISES

1 He was so angry he started shouting. — 2 How much is your Swiss watch worth? — 3 He was criticised for his inefficiency. — 4 He speaks English like an Englishman. — 5 Weren't you supposed never to say that word?

Fill in the missing words:

1 *¿ Qué le parece si nos tomamos un vaso de whisky? — No gracias, no quiero.*

. . . . a glass of whisky? — No thank you . . . .

2 *¿ Por qué no me dijíste que jugabas al ajedrez ?*

. . . . you . . . . me . . . . you played . . . . . ?

3 *No vale la pena intentarlo, no me ganarías.*

It . . . . , you . . . . . not . . .

11 — Por supuesto [que] no, dijo el empleado.
12 — ¡Entonces no hable como un idiota!, gritó el director.

13 Un pesimista nos recuerda que la taza esta medio vacía,
14 y un optimista nos recuerda que está medio llena.

EJERCICIOS

1 Estaba tan enfadado [que] comenzó a gritar. — **2** ¿Cuánto vale tu reloj suizo? — **3** Fué criticado por su ineficacia. — **4** Habla inglés como un inglés. — **5** ¿No se suponía que no dirías nunca esa palabra?

4 *Por favor dele las gracias por su amabilidad.*

Please ..... him ... his kindness.

5 *Se [lo] agradezco muchísimo. — De nada.*

Thank you .... much ...... — Not .. ...

Respuestas

1 How about - I don't want one/any. — **2** Why didn't - tell - that - chess. — **3** isn't worth trying - would - win. — **4** thank - for. — **5** very - indeed - at all.

Second wave: 52nd Lesson

Hundred and second (102nd) Lesson

1 Out**side** the art **ga**llery:
— I liked that exhi**bi**tion very much,
2 es**pe**cially the **mo**dern **pain**ting of a man on a horse.
3 — How do you know* it was a man on a horse?
4 — Well, it was **ob**vious, w**as**n't it?
5 — In that case, it **cou**ldn't have been a **mo**dern **pain**ting.

6 A **mo**ther had just **scol**ded her son and he **star**ted **cry**ing.
7 At that **mo**ment, his **fa**ther came* in. (**1**)
8 — What's the **mat**ter with you ? he asked.
9 The child **tur**ned his back and said **no**thing.
10 — Come on!, said his **fa**ther, tell **Da**ddy. (**2**)
11 The son turned round:
— If you must know, I've just had an **ar**gument with your wife!

12 *Em***ploy***er.* — We're **loo**king for **some**one who is **us**ed to **or**dering men. (**3**)
13 *Man.* — In that case, you want my wife.

14 Do not for**get*** to learn a few ir**re**gular verbs from time to time.

PRONUNCIATION

1 aut**said**... eksi**bi**shën... — **2** ... es**pe**shäli... — **4** ... **ob**viës... **uo**sent it ? — **5** ... **ku**dent. — **6** ... **skol**did... **crai**in. — **7** ... **moo**mënt... — **8** ... **ma**tër... aaskt. — **9** ... **tërnd**... — **10** ... sed... **da**di. — **11** ... **aar**guiumënt... — **12** im**ploi**ë... **ius**tu... — **14** ... för**guet**... taim.

Lección ciento dos

1 A la salida de una galería de arte : — Me ha gustado mucho esta exposición,
2 especialmente la pintura moderna de un hombre a caballo.
3 — ¿ Cómo sabes que era un hombre a caballo ?
4 — Bueno, estaba claro ¿ no ?
5 — En ese caso no sería (no habría podido ser) una pintura moderna.

6 Una madre acababa de reñir (había justo reñido) a su hijo y él comenzó a llorar.
7 En ese momento, su padre entró.
8 — ¿ Qué pasa ? preguntó.
9 El niño le dió la espalda (volvió su espalda) y [no] dijo nada.
10 — ¡ Vamos ! dijo su padre, dí [selo] a papá.
11 El hijo se volvió : — Si quieres (si tienes que) saberlo, ¡ acabo de tener una discusión con tu mujer !

12 *Patrono.* — Buscamos a alguien acostumbrado a mandar a los hombres.
13 *Hombre.* — En ese caso, necesita usted a mi mujer.

14 No se olvide de aprender algunos verbos irregulares de vez en cuando.

NOTES

(1) *That,* lo recordamos una vez más, significa ese y aquel y puede traducirse por lo que más convenga en cada caso.

(2) *Come on ! go on ! :* ¡ Vamos ! ¡ Venga !... *To go on :* continuar.

(3) *I'm used to* (iust tu) : tengo costumbre de, estoy acostumbrado a... *He's used to working hard :* tiene la costumbre de trabajar duro. Repare en el hecho de que esta forma (junto con *to look forward to* ...) es un caso excepcional porque es la única ocasión en la que encontramos *-ing* tras *to.*

EXERCISES

1 It could have been **Da**vid, but I'm not sure. — **2** I've just **fi**nished **break**fast so I'm not **hun**gry. — **3** How old was she last **bir**thday ? I don't like to ask. — **4** I heard a **symp**hony by **Mo**zart on the **ra**dio. — **5** What's the **mat**ter with you ? — I'm a**fraid** I've got a cold.

***

Fill in the missing words:

1 *Acababa de terminar de hablar, cuando sonó el teléfono.*

She . . . . speaking . . . . the phone . . . .

2 *No te preocupes, tengo costumbre de conducir por la derecha.*

Don't . . . . . , I . . . . driving . . . .

3 *Sacaba fotos para un libro que había escrito.*

He . . . . photos . . . a book he . . . .

4 *Pensaba que era novelista. — En absoluto, es fotógrafo.*

I . . . . he was . novelist. — . . . . . all, ... photographer.

EJERCICIOS

1 Podría haber sido David, pero no estoy seguro. — **2** Acabo de terminar [el] desayuno, así que no tengo hambre. — **3** ¿ Cuantos años cumplió en su último cumpleaños ? No me gusta preguntar. — **4** Escuché una sinfonía de Mozart por la radio. — **5** ¿ Qué te pasa ? — Temo estar constipado.

5 *Eso no hubiera podido cambiar nada.*

That .... changed ....

Respuestas

1 had just finished - when - rang. — **2** worry - am used to - on the right. — **3** was taking - for - had written. — **4** thought - a - Not at - he's a. — **5** could not have - anything.

One man's meat is another man's poison : la carne de un hombre (lo que a uno alimenta) es veneno para otro hombre (a otro la envenena) : lo que vale para una persona no siempre es válido para todo el mundo.

Second wave: 53rd Lesson

102nd LESSON

Hundred and third (103rd) Lesson

1 An Englishman uses an **av**erage of one thousand words in his **spo**ken vo**ca**bulary.

2 His **re**ading vocabulary is much larger — between three and four thousand,

3 but many of these words are not used in everyday communi**ca**tion. (**1**) (**2**)

4 When you come* to the end of this course, you will be able to use about three thousand English words. (**3**)

5 The **En**glish vo**ca**bulary is com**posed** of **rou**ghly 50 % (**fif**ty per **cent**) **La**tin words and 50 % Ger**ma**nic ones,

6 so there are **o**ften two words to de**scribe** the same thing.

7 But don't **wo**rry! Only those who do* **cross**-word **pu**zzles, or play **word**-games, know* the **thou**sands of un**u**sual words in the **lan**guage.

8 **En**glish also " a**dopts** " words very **ea**sily, so that **o**ften **pe**ople do not **re**alise that they are **fo**reign words,

9 so all natio**na**lities feel* at home **spea**king **En**glish!

PRONUNCIATION

1 ... avëridch... spoukën... — **2** ... riidin... — **3** ... iusd... evëridei kömiunikeishën. — **4** ... koors... — **5** ... raflii... përsent... — **6** ... ofën... — **7** ... päsëls... zausends... aniushäl... — **8** ... riëlais... foorën... — **9** ... näshönalitiis...

Lección ciento tres

1 Un inglés usa una media de mil palabras en su vocabulario hablado.
2 Su vocabulario de lectura es mucho más amplio — entre tres y cuatro mil palabras,
3 pero muchas de estas palabras no se usan en la conversación (comunicación) de todos los días.
4 Cuando llegue usted al final de este curso, podrá usar unas tres mil palabras inglesas.
5 El vocabulario inglés está compuesto aproximadamente por un 50 % [de] palabras latinas y un 50 % [de palabras] germánicas,
6 de manera que a veces hay dos palabras para describir una (la) misma cosa,
7 pero no se preocupe ; sólo los que hacen crucigramas o practican juegos de palabras conocen los miles de vocablos insólitos del idioma.
8 [El] inglés también « adopta » palabras con mucha facilidad, de modo que muchas veces la gente no se da cuenta de que son palabras extranjeras,
9 así que [la gente de] todas [las] nacionalidades se sienten a gusto (como en casa) hablando inglés.

NOTES

(1) *Daily :* cotidiano ; *everyday :* de todos los días, pero « todos los dias » se escribe *every day.*

(2) Recordemos que las palabras que terminan en *« -ion »* se acentúan en la penúltima sílaba.

(3) *A course :* un curso. *Lesson* significa lección y también clase ; « aula » se dice *classroom.*

10 — **Doc**tor, tell* me **fran**kly what is wrong with me: not in **La**tin or Greek, but in **sim**ple, plain words.

11 — There is **no**thing wrong with you; you are a **drun**kard and a **glu**tton.

12 — Oh! Well say it in **La**tin and Greek, so I can tell* my wife!

10 ... rong... plein... — **11** ... drankärd... glatön.

EXERCISES

1 Both ideas are interesting, but the first one is too formal. — **2** Has he written his book yet? — **3** He is used to borrowing from me, and I let him. — **4** We've already seen that play. — **5** Distribution of wealth is an important part of Socialist ideology.

Fill in the missing words:

1 *Cuando hayas acabado ese trabajo, ven a ayudarme, por favor.*

.... you ... . that job, come ... help me ......

2 *La persona de quien tomó prestada esa chaqueta quiere que se la devuelva.*

The person .... he .... that jacket ..... it back.

3 *Dile que pase, ¿ quieres ?*

.... to .... .., will you?

4 *Hay muchas palabras que son iguales en las dos lenguas.*

.... many words ..... are ... . in .... languages.

10 — Doctor, dígame francamente lo que tengo (lo qué está mal en mí) : no en latín o griego, sino en palabras simples y normales.
11 — A usted no le pasa nade (no hay nada malo en usted) ; es usted un borracho y un glotón.
12 — ¡ Oh ! Bueno, dígamelo en latín y griego, a fin de que pueda decírselo a mi mujer.

***

EJERCICIOS

1 Ambas ideas son interesantes, pero la primera es demasiado formal. — **2** ¿ Ha escrito ya su libro ? — **3** Está acostumbrado a tomar prestadas [cosas] de mí, y yo se [lo] permito. — **4** Ya hemos visto esa obra. — **5** [La] distribución de la riqueza es una parte importante de [la] ideología socialista.

5 *Inglaterra es más fría que Italia, pero la gente es más tranquila.*

England is .... Italy, but the ...... are ......

Respuestas

1 When - have finished - and - please. — **2** from whom - borrowed - wants. — **3** Tell him - come in. — **4** There are - which/that - the same - both. — **5** colder than - people - calmer.

Second wave: 54th Lesson

103rd LESSON

Hundred and fourth (104th) Lesson

Aphorisms

1 Don't **cri**ticise so**ci**ety: **o**nly those who can't get* **in**to it do that.
2 The **o**nly way to get* rid of a temp**ta**tion is to **yi**eld to it.
3 An ex-**Pre**sident, re-**vi**siting the White House: " It's a nice place to **vi**sit, but I pre**fer** to live here ".
4 The best way to for**get*** your **trou**bles is to wear* tight shoes. (**1**)
5 An en**thusi**astic young priest: " What a **beau**tiful moon! And it's in my **pa**rish! ".
6 **Mo**ney **can**not buy* you friends, but it can buy* you a **be**tter class of **en**emy.
7 Man, to a **wo**man who ac**cu**sed him of **be**ing drunk:
8 " **Ma**dam, **you** are **u**gly — but to**mor**row **I** will be **so**ber ".
9 It's not that **mo**ney makes* **ev**erything good; it's that no **mo**ney makes* **ev**ery-thing bad.
10 The **o**nly way to be**have** to a **wo**man is to make* love to her if she is **beau**tiful, and to **some**one else if she is plain. (**2**) (**3**)

PRONUNCIATION

1 ... sö**sai**etii... — **2** ... tem**tei**shën... iild... — **4** ... **tra**bëls... ueär tait... — **5** ... en**zu**siastik... priist... — **7** ... drank. — **8** ... agli... — **10** ... bi**heiv**... plein.

Lección ciento cuatro

Aforismos

1 No critique a la sociedad : sólo los que no pueden entrar en ella [lo] hacen (eso).
2 La única manera de librarse de una tentación es caer en ella.
3 Un ex-presidente, visitando de nuevo la Casa Blanca : « Es un bonito lugar para visitar, pero prefiero vivir [en él] (aquí) ».
4 La mejor manera de olvidar los (sus) problemas es llevar (vestir) zapatos estrechos.
5 Un sacerdote joven y entusiasta : «¡ Qué (una) luna [tan] hermosa ! ¡ Y está en mi parroquia ! »
6 [El] dinero no puede comprarle [a unos] amigos, pero puede comprarle [a uno] una clase mejor de enemigos.
7 [Un] hombre, a una mujer que lo acusaba de estar borracho :
8 « Señora, usted es fea, pero mañana yo estaré sobrio ».
9 No es que [el] dinero haga todo bueno ; es que [el] no [tener] dinero [lo] hace todo malo.
10 La única manera de comportarse con una mujer es hacerle la corte (el amor) si es bella, y hacérsela a otra, si es fea.

NOTES

(1) *Tight*: apretado, ajustado. *To be in a tight situation*: estar en una situación difícil, comprometida, peligrosa. *To be tight with money*: ser tacaño.

(2) Cuando se escribió esta frase -es de Oscar Wilde- la expresión *to make love* quería decir « hacer la corte a... » ; pero ahora tanto en inglés, como en su traducción literal española significa otra cosa.

(3) *Plain*: sin decoración, sin importancia, sin atractivo, sin gracia ni salero, o sea, soso, cuando se aplica a personas ; pero cuando se aplica a un tejido significa « liso ». *A striped tie*: una corbata a rayas ; *a plain tie*: una corbata lisa.

11 Your health comes* first, you can hang yourself later. (4)

12 A fool is someone who walks into his friend's antique shop and shouts: " What's new? "

11 ... helz... — 12 ... antiik...

EXERCISES

1 Have you read what he has written? — 2 I've never actually read his books but I've heard of them. — 3 We were charged thirty pence for a cup of tea. — 4 He won't be here tomorrow, he's going on a business trip. — 5 Be careful! That gun is loaded.

Fill in the missing words:

1 *Le gustaría ver a un especialista, pero cobran demasiado.*

She .... to ... a specialist, but they ...... too ....

2 *Actualmente trabaja en un banco pero le gustaría cambiar.*

.. .., he .. .. in a bank, but .. .. like .. ..

3 *Ese viaje hubiera sido demasiado agotador, por eso no fuimos.*

That .... would .... too exhausting, that's ... we ....

4 *No pude ver lo que pasaba, estaba demasiado lejos de la pantalla.*

I .... see .... was happening, I was ... ... the screen.

11 Tu salud es (viene) [lo] primero, puedes colgarte más tarde.
12 Un tonto es alguien que entra en la tienda de antigüedades de su amigo y grita : «¿ Qué hay de nuevo ? ».

NOTES (continued)

(4) Preste atención a este verbo, porque tiene dos formas : una **irregular**: *to hang, hung, hung* (colgar algo) ; y la forma **regular**: *hang, hanged, hanged,* que quiere decir « colgar a alguien », o sea, ahorcar. Así pues, no se confunda.

EJERCICIOS

1 ¿ Has leído lo que ha escrito ? — **2** De hecho no he leído nunca sus libros pero he oído [hablar] de ellos — **3** ¡ Nos cobraron treinta peniques por una taza de té ! — **4** Mañana no estará aquí, [se] va de viaje de negocios. — **5** ¡ Tenga cuidado ! ese rifle está cargado.

5 *Su casa parece un castillo, debe ser muy rico.*

His house . . . . a castle, he . . . . . . very rich.

Respuestas

1 would like - see - charge - much. — **2** At present - is working - he would - to change. — **3** trip - have been - why - didn't go. — **4** couldn't - what - too far from. — **5** looks like - must be.

Second wave: 55th Lesson

Hundred and fifth (105th) Lesson

REVISIONS AND NOTES

Notas para revisar: Lección **100**: (1), (3) - Lección **102**: (1), (3).

1 Phrasal verbs. — Son verbos que cambian de significación de acuerdo con la preposición que los sigue. Como ya hemos visto, el ejemplo *to get* es típico. Veamos otro:

To look at: mirar. *He looked at the painting* (miró el cuadro);

To look for: buscar. *We're looking for a new typist* (buscamos una nueva mecanógrafa);

To look after: ocuparse de. *Helen is looking after the kids* (Elena se ocupa de los críos);

To look up: buscar en un libro. *Look this word up in the dictionary* (busca esta palabra en el diccionario);

To look forward to: esperar con impaciencia. *I'm looking forward to seeing you* (espero con impaciencia verle). Recordemos que esta expresión, junto con alguna otra (ver lección 102, N. 3) es un caso excepcional y va seguida de un verbo en *-ing*.

Veremos más ejemplos en las lecciones siguientes.

2 Used to. — Expresión muy útil que significa una costumbre que se ha perdido, o algo que antes se hacía y ya no se hace. *I used to like sweets when I was a child*: me gustaban los dulces cuando era niño. *We used to get to the country once a week*: acostumbrábamos a ir al campo una vez a la semana.

No confundir con *to be used to*: tener la costumbre de, acostumbrar a: *I'm used to this car* (estoy acostumbrado a este coche). En este caso el segundo verbo tiene la forma del gerundio en *-ing*.

Lección ciento cinco

3 Annoyed es menos fuerte que *angry*. *Annoyed* es el equivalente de « enfadado », y *angry* significa « encolerizado ». *Bored* equivale prácticamente a « aburrido ».

4 Expresiones que conviene recordar. — 1 *Dial this number.* — 2 *It's a matter of time.* — 3 *He did it in order to earn money.* — 4 *Of course (not).* — 5 *He's just had breakfast.* — 6 *He's working in London at present.*

5 Traducción. — 1 Marca este número. — 2 Es cuestión de tiempo. — 3 Lo hizo para ganar dinero. — 4 Por supuesto (que no). — 5 Acaba de desayunar. — 6 Actualmente trabaja en Londres.

Second wave : 56th (revision) Lesson

Hundred and sixth (106th) Lesson

We must make a decision

1 — We must (**N. 1**) de**cide** where to go for our **hol**idays.

2 We should have de**cid**ed months a**go**. (**N. 2**).

3 — I'll be down in a **min**ute, I've got to **fin**ish this **ar**ticle I'm **wri**ting*. (**1**)

4 — Have you got **ev**erything you need? — Yes thanks.

5 Joan picked up a **bro**chure and read*: "To be **sure** of ob**tain**ing a place, it is **nec**essary to book well in ad**vance** ". (**2**)

6 And, in **an**other one: "You must book **ear**ly to a**void** the rush ". (**3**)

7 Joan was very **an**gry be**cause** it was al**rea**dy the **mi**ddle of June and they had done **no**thing.

8 Well, if you're **go**ing to do **some**thing, you should do it **pro**perly, she thought*.

9 She looked through the pile of **bro**chures and then went to make* a cup of tea. (**4**)

10 **Da**vid, **ha**ving **fin**ished his **ar**ticle, came* down**stairs.**

11 He stopped and picked up the post from the mat. (**5**)

PRONUNCIATION

1 ... di**said**... — **2** ... ä**gou**. — **3** ... **aar**tikël... — **5** ..., pikt... **brö**uchuër red... **shu**ër... pleiss... — **6** ... **ër**li... ä**void**... — **7** ... ool**re**di... dchun... — **8** ... **pro**pëli... zoot. — **9** ... zru... pail... — **11** ... stopt... pikt... poust.

Lección ciento seis

Tenemos que tomar una decisión

1 — Debemos decidir donde vamos de vacaciones.
2 Habríamos tenido que decidir hace meses.
3 — Bajo en un momento. Tengo que acabar este artículo que estoy escribiendo.
4 — ¿ Tienes todo lo que necesitas ? — Sí, gracias.
5 Joan cogió un folleto y leyó : « Para estar seguro de tener (una) plaza, es necesario reservar (la) con suficiente antelación ».
6 Y, en otro : « Debe usted hacer la reserva pronto para evitar aglomeraciones ».
7 Joan estaba muy enfadada porque estaban ya a mediados de Junio y no habían hecho nada.
8 Bien, si se va a hacer algo, hay que hacerlo bien, pensó.
9 Repasó el montón [entero] de folletos y luego se fué a hacer una taza de té.
10 David, al acabar su artículo, bajó.
11 Se paró y cogió el correo del felpudo.

NOTES

(1) *I've got to* es similar a *I have to :* estoy obligado a, tengo que... pero su uso es muy común y es ya un giro de empleo corriente (una vez más *got*).

(2) *A book :* un libro ; *to book :* reservar. Una reserva se dice *reservation* (para hoteles) y *booking* (para el teatro). En EE.UU. este matiz desaparece y se usa *reservation* en todos los casos.

(3) *To rush :* precipitarse apresurarse, etc. : *the rush :* afluencia, multitud, aglomeración. *The rush hour :* la hora punta.
En las frases 5 y 6, al tratarse de expresiones hechas, la traducción no es literal sino la correspondiente a las expresiones en español.

(4) *To look through :* hojear (literalmente, mirar a través de). Ver la lección 105, **N. 1**.

(5) *To post :* echar al correo. El correo se dice *the post o the mail.* Las oficinas de correo inglesas se llaman *G.P.O. (General Post Office) ;* sin embargo, coloquialmente, se dice *the post office,* que es el equivalente a nuestro « correos ».

12 — Oh look, still more **bro**chures. We've got more than we need.
13 Joan was **fur**ious: "You need a stick of **dy**namite to move you!", she **shou**ted.
14 — Oh come on, don't be **an**gry. Make* the tea.
15 — Make* it your**self! shou**ted Joan and went out **slam**ming the door.
16 **Da**vid **scra**tched his head: "But what did I do?"

13 ... fiuriëss ... dainämait... muv... shautit. — **15** ... skratcht ... hed...

EXERCISES

1 We should have bought it when we had the **mo**ney. — **2** She was **try**ing to a**void** an **ar**gument. — **3** He went out **clo**sing the door **qui**etly. — **4** You might have a touch of 'flu. — **5** You may **bo**rrow it but you can't keep it.

Fill in the missing words:

1 *Hay que reservar con antelación, para evitar la espera.*

You .... in advance in ..... to ..... waiting.

2 *¿ Tiene usted todo lo que necesita ?*

Have you ... everything you ....?

3 *Tengo que terminar esta novela antes que me la pida.*

I've ... .. finish this ..... before he .... me ... it.

4 *¡ Basta ! Tengo más de lo que necesito.*

....! I've got ....

12 — Oh, mira, todavía más folletos. Tenemos más de los que necesitamos.
13 Joan estaba furiosa : ¡ « Necesitas un cartucho de dinamita para moverte ! » gritó.
14 — Oh, vamos, no te enfades. Haz el té.
15 — ¡ Háztelo tú ! gritó Joan y salió cerrando la puerta de golpe.
16 David se rascó la cabeza : «¿ Pero qué he hecho yo ? ».

EJERCICIOS

1 Deberíamos haberlo comprado cuando teníamos dinero. — **2** Intentaba evitar una discusión. — **3** Salió y cerró la puerta despacio. — **4** Puede que tengas un poco de gripe. — **5** Puedes tomarlo prestado pero no puedes quedarte con ello.

5 *Tengo que irme, tengo una cita con el médico.*

I . . . . go, I've got an . . . . with the . . . . . .

Respuestas

1 must book - order - avoid. — **2** got - need. — **3** got to - novel - asks - for. — **4** Stop - more than I need. — **5** must - appointment - doctor.

No permita que las palabras nuevas que aparecen le desanimen ; en las lecciones siguientes, volverán a surgir y le parecerán más familiares.

Second wave: 57th Lesson

Hundred and seventh (107th) Lesson

Too many experts

1 De**spite** the fact that there are many more jobs to**day** than **twen**ty years a**go**:
2 com**pu**ter **o**perators, **air**line **pi**lots, tele**vi**sion engi**neers**, **e**ven **as**tronauts (**1**)
3 unem**ploy**ment re**mains** a **se**rious **pro**blem. (**2**)
4 We are in the age of speciali**sa**tion and the **ex**pert.
5 **Stu**dents are no **lon**ger safe **stu**dying a **ge**neral **sub**ject, like **li**terature; (**3**)
6 to be sure of a job, they must **spe**cialise.
7 Some **peo**ple work by **tel**ling* **o**thers what to do.
8 There are edu**ca**tional **ex**perts, scien**ti**fic **ex**perts, all sorts of **ex**pert.
9 There is a **sa**ying which goes: " Too many chiefs and not e**nough In**dians ".
10 **Some**times, this is the case in **mo**dern **in**dustry.
11 **Al**so, **peo**ple do not **al**ways work as ef**fi**ciently as they could.
12 There is a law which states: " Work ex**pands** so as to fill the time a**vai**lable for its com**ple**tion ". (**4**)

PRONUNCIATION

1 ... dispait... — **2** ... kömpiutër opëreitörs, earlain pailöts... indcheniiërs... aströnoots. — **3** anemploimënt... — **4** ... eidch... speshälaiseishën... ekspërt. — **5** stiudënts... seif litërächör. — **6** ... speshälais. — **8** ... ediukeishënöl... saiëntifik... soorts... — **9** ... seiën... göus... chiifs... inöf indiäns. — **10** ... keiss... indëstri. — **11** ... efishëntli... kud. — **12** ... loo... steits... ekspands... äveilëböl ... kömplishën.

Lección ciento siete

Demasiados expertos

1 A pesar del hecho de que hay muchos más oficios hoy que hace veinte años :
2 programador de ordenadores, pilotos de líneas aéreas, ingenieros de televisión, incluso astronautas ;
3 el paro sigue siendo (permanece) un problema serio.
4 Estamos en la época de la especialización y del experto.
5 Los estudiantes no se sienten (están) ya seguros estudiando un tema general, como la literatura.
6 Para asegurarse (estar seguros de conseguir) un empleo, deben especializarse.
7 Algunas personas trabajan diciendo a las otros lo que [tienen que] hacer.
8 Hay expertos en educación, expertos científicos, y toda clase de expertos.
9 Hay un dicho que reza (que va) : « Demasiados jefes y no suficientes indios ».
10 A veces, éste es el caso de la industria moderna.
11 Por otro lado (también), la gente no siempre trabaja tan eficazmente como podría.
12 Hay una ley que establece : « El trabajo se expande hasta (para) llenar el tiempo disponible para llevarlo a cabo (para su terminación) ».

NOTES

(1) *A pilot:* un piloto de avión ; un piloto de carreras : *a racing driver.*

(2) *Unemployement:* desempleo, paro ; *to be unemployed:* estar en paro, estar parado (en el sentido de sin trabajo) ; un parado : *a jobless person.*

(3) « Ya no », y también « no... ya » : *no longer.* Ya no fumo : *I no longer smoke.*
También tenemos la fórmula con *any more. He doesn't work here any more : he no longer works here :* ya no trabaja aquí.

(4) *So as to,* fórmula literia similar a *in order to.* En la conversación no suele emplearse porque las palabras cortas, en inglés, tienden a perderse en la pronunciación.

13 It means* that, if you have two hours to do a job, whatever (**N. 3**) it is, (**5**)
14 the job will take* two hours, even if you could finish it sooner.

13 ... miins... uotevër. — **14** ... sunër.

EXERCISES

1 He is head of a team of computer operators. — **2** Despite the number of jobs available, — **3** unemployment remains a serious problem. — **4** This job will take too long, please give me a hand. — **5** He is no longer an airline pilot; at present, he is an astronaut.

Fill in the missing words:

1 *No puede ya permitirse una asistenta, es demasiado costoso.*

He can .. .. a " help ", it .. ... costly.

2 *A pesar de la niebla, el avión llegó a su hora.*

.... the ... the plane arrived .. ....

3 *Tienes noticias. Dímelas sean las que sean.*

You've got some .... Tell it to me ....

4 *Está interesado en todo, especialmente en (los asuntos de) los demás.*

He .. .. everything, especially the affairs of ......

13 Esto quiere decir que, si tiene usted dos horas para hacer un trabajo, cualquiera que sea,
14 el trabajo tardará dos horas, incluso aunque pudiera usted acabarlo antes.

NOTES (continued)

(5) *A job* es un empleo y también un trabajo. *A work,* una obra.

EJERCICIOS

1 Es jefe de un equipo de programadores de ordenadores. — **2** A pesar del número de empleos disponibles, — **3** [el] desempleo queda un serio problema. — **4** Este trabajo llevará mucho tiempo, por favor écheme una mano. — **5** Ya no es piloto de líneas aéreas ; actualmente es astronauta.

5 *Se ha cortado el pelo ¡ Qué diferencia !*

He has had . . . . cut; . . . . a difference!

Respuestas

1 no longer afford - is too. — **2** Despite - fog - on time. — **3** news - whatever it is. — **4** is interested in - others. — **5** his hair - what.

Second wave: 58th Lesson

Hundred and eighth (108th) Lesson

Jobs and industry

1 Let's look at some of the occu**pa**tions available to **peo**ple to**day**. (**1**)
2 As a **tra**desman, you can be a **bu**tcher, a **green**grocer, a **ba**ker; (**2**)
3 you can be an ironmonger, a **mil**liner, a **jew**eller or a **book**seller, etc.
4 As a **craft**sman, you can be a **joi**ner, a **gold**smith, a **watch**maker or a **fi**tter.
5 There are **al**so **ma**nual **wor**kers, such (**N. 4**) as **brick**layers. (**3**)
6 Then there are the pro**fess**ions: **tea**cher, **doc**tor, **law**yer or **bro**ker.
7 **Mi**litary **ser**vice was a**bo**lished in **En**gland in May 1963
8 (nine**teen** **six**ty three)
9 so the armed **ser**vices are **al**so con**si**dered as a ca**reer.**
10 There are **ma**ny **pro**blems in **in**dustry to**day:** strikes are **fre**quent and **of**ten **se**rious. (**4**)
11 The trade **u**nions, which look **af**ter their **mem**bers' **in**terests, (**5**)

PRONUNCIATION

1 ... okiu**pei**shëns **äveil**eiböl... — **2** ... **treid**smän... **butch**ër... **griin**grousër... **bei**kër. — **3** ... aiernmönguër... **mil**inër ... **dchu**ëlër... **buk**selër... — **4** ... **kraaft**smän... **dchoi**nër... **goold**smiz... **uoch**meikër... **fit**ër... — **5** ... maniuäl... **brik**leiërs. — **6** ... prö**fesh**ëns ; **tii**chër ... **looy**ër... **brou**kër. — **7** **mil**itri... äbo**lisht**... — **9** ... aarmd... ka**riiër**. — **10** straiks... **oo**fën... — **11** ... iuniöns ... **in**tërests.

NOTES

(**1**) *Available :* disponible, válido. *The results will be available in three months :* los resultados estarán disponibles dentro de tres meses.

Lección ciento ocho

Empleos e Industria

1 Veamos algunas de las ocupaciones disponibles hoy para la gente.
2 Como (un) comerciante, se puede ser carnicero, verdulero, panadero ;
3 se puede ser ferretero, sombrerera, joyero o librero, etc.
4 Como artesano, se puede ser carpintero, orfebre, relojero o ajustador.
5 Hay también trabajadores manuales como los albañiles.
6 Luego hay las profesiones [liberales] : profesor, médico, abogado o agente de bolsa.
7 El servicio militar se abolió en Ingaterra en mayo de 1963
8 (mil novecientos sesenta y tres)
9 así pues, las fuerzas armadas se consideran también una carrera.
10 Hay muchos problemas hoy en la industria : las huelgas son frecuentes y a menudo graves.
11 Los sindicatos, que se ocupan de los intereses de sus miembros,

NOTES (continued)

(**2**) *Trade* es el oficio y el comercio. *Tradesman :* comerciante. En inglés todos los oficios llevan el artículo indeterminado. Lo hemos incluído sólo en el primer caso entre paréntesis, y en los demás lo hemos dado por supuesto.

(**3**) *To lay :* colocar, poner. *A brick :* un ladrillo. Así pues : *bricklayer :* albañil. Puede decirse también *mason,* pero es más general. Existe además la palabra *freemason,* que quiere decir « francmasón » o simplemente masón.

(**4**) *To strike :* su primer sentido es golpear (esto indica, en cierto sentido, los efectos de una huelga) ; *a strike :* una huelga ; *to go on strike :* estar en huelga ; *a striker :* un huelguista.

(**5**) (Ver lección 105, **N** 1.) *To look after the children :* ocuparse de los niños.

12 do not **al**ways a**gree** with the em**ploy**ers.
13 If coal-**mi**ners or **rail**waymen go on strike, the re**sults** can be very **ser**ious for the country.
14 Such **prob**lems are known as " **indus**trial re**la**tions ".

12 ... ägrii... — **13** ... koul mainërs... reilueimän... — **14** ... releishëns.

EXERCISES

1 There are no **lon**ger many **gold**smiths in this part of **Lon**don. — **2** I'm a**fraid** I don't a**gree** with you. — **3** Does he be**long** to a trade **u**nion? — I think so. — **4** Where did you put my watch? — In the **bed**room. **5** He will be a**vai**lable from eight **thir**ty.

Fill in the missing words:

1 *¿ Por qué no estás en el ejército ? — El servicio militar ya no existe.*

Why . . . . . . you . . the army? — Military service . . . . exists.

2 *Hubiera podido ser carpintero, pero mi padre quería que estudiase.*

I . . . . . have . . . . , but . . father . . . . to study.

3 *Deberías empezar a pensar en una carrera, nunca es demasiado tarde.*

You . . . . . . start . . . . about . . . . , it's . . . .

12 no están siempre de acuerdo con los patronos.
13 Si los mineros del carbón o los ferroviarios van a la huelga, los resultados pueden ser muy graves para el país.
14 Tales problemas se conocen como « relaciones industriales ».

EJERCICIOS

1 Ya no hay muchos orfebres en esta parte de Londres. — **2** Me temo que no estoy de acuerdo contigo. — **3** ¿ Pertenece a un sindicato ? — Así lo creo. — **4** ¿ Dónde pusiste mi reloj ? — En la alcoba. — **5** Estará disponible desde las ocho y media.

4 *Llegaría a ser médico si pudiera.*

I . . . . . become . . . . if . . . . . .

5 *Los dos políticos se pusieron de acuerdo.*

. . . . politicians . . . . . .

Respuestas

1 aren't - in - no longer. — **2** could - been a joiner - my - wanted me. — **3** should - thinking - a career - never too late. — **4** would - a doctor - I could. — **5** Both - agreed.

Second wave: 59th Lesson

Hundred and ninth (109th) Lesson

Another look

1 We have seen* many new words **re**cently. Let's re**vise** some of them.
2 We should have bought* a new fridge be**fore** the **pri**ces went up. (**1**) (**2**)
3 No **thank** you, I al**read**y have more than I need.
4 **Ev**eryone needs **mo**ney, but some need more than **o**thers.
5 If the **do**ckers go on strike, **we**'ll have to stay in the ship.
6 Unem**ploy**ment **ben**efit is av**ai**lable to those who need it.
7 My son the **doc**tor is four and the **law**yer is three.
8 I hate **wal**king past the **jew**eller's with my **girl**-friend.
9 Would you look **af**ter the **ba**by while I go to the shops?
10 **Iden**tity cards were a**bo**lished in **En**gland **af**ter the war.
11 My boss and I don't **al**ways a**gree.**
12 He picked up a **pen**ny out**side** the bank and the **man**ager em**ploy**ed him. (**3**) (**4**)

PRONUNCIATION

1 ... riisëntli... rivais... — **2** ... shud... boot... frich... praisis... — **4** ... evëriuan... — **5** ... dokërs... uiil... — **6** ... anëmploimënt... — **7** ... looyër... — **8** ... heit ouokin... dchuelërs... — **9** uail. — **10** aidentiti kaards... — **12** ... manädchër...

Lección ciento nueve

Otra ojeada (mirada)

1 Hemos visto recientemente muchas nuevas palabras. Revisemos algunas.
2 Habríamos debido comprar un nuevo frigorífico antes de que los precios subieran.
3 No gracias, tengo más de lo que necesito.
4 Todo el mundo necesita dinero, pero unos necesitan más que otros.
5 Si los estibadores van a la huelga, tendremos que quedarnos en el barco.
6 La indemnización de desempleo está disponible para aquellos que la necesiten.
7 Mi hijo el médico tiene cuatro años y el abogado tres.
8 Odio pasar delante de la joyería con mi novia.
9 ¿Querrías ocuparte del niño mientras voy de compras?
10 Los carnets de identidad fueron abolidos en Inglaterra después de la guerra.
11 Mi jefe y yo no siempre estamos de acuerdo.
12 Recogió un penique delante (fuera) del banco y el director le dió empleo.

***

NOTES

(**1**) *Fridge*, es una contracción de *refrigerator* y corresponde a cuando en español decimos « el frigo ».

(**2**) *To go up*: subir y aumentar. *The prices went up last week*: los precios subieron (aumentaron) la semana pasada.

(**3**) *Outside* (fuera), puede tener también el sentido de « delante de » (un edificio) (ver lección 102, línea 1).

(**4**) *An employee*: un empleado; *an employer*: un patrono; *to employ*: dar empleo. También puede usarse (especialmente en EE.UU.) el verbo *to hire* (alquilar) para significar « dar empleo », « contratar ».

13 If you work in this **fac**tory, you must join a trade **u**nion. (**5**)

14 We've got to a**gree** on a sol**u**tion soon.

13 ... faktöri... dchoin... — **14** ... sölushën...

EXERCISES

1 Ex**cuse** me, I think that's mine. — **2** The **doc**kers were on strike and we **cou**ldn't get off the ship. — **3** I had to get up **ear**ly, I had an app**oint**ment with my **law**yer. — **4** Would you get me a **pa**per while I do the **wash**ing-**up**? — **5** The train should have got in half an hour a**go**.

Fill in the missing words:

1 *Odia salir ahora que se está quedando ciega.*

She hates .... now that she .. .. blind .

2 *Todo el mundo gritaba a la vez y la vendedora no podía hacer nada.*

.... was shouting .. .... and the salesgirl .... do ....

3 *Ya no hay héroes románticos en la literatura.*

There ... no .... romantic heroes in literature.

4 *No puedo estar de acuerdo contigo, encuentro estúpida la idea.*

I can't ...., I find ... .

13 Si usted trabaja en esta fábrica, debe inscribirse en (unirse a) un sindicato.
14 Tenemos que ponernos pronto de acuerdo sobre una solución.

NOTES (continued)

(**5**) *To join* (unirse) es un verbo muy útil en inglés. *To join the army*: enrolarse en el ejército. *To join a party*: inscribirse en un partido.

EJERCICIOS

1 Perdone, creo que es mío. — **2** Los estibadores estaban en huelga y no podíamos salir del barco. — **3** He tenido que levantarme pronto, tenía una cita con mi abogado. — **4** ¿Querrías traerme un periódico, mientras friego los platos? — **5** El tren tendría que haber llegado hace media hora.

5 *¿Dónde tengo que bajarme del autobús? — La parada después de mí.*

Where .... I .... the bus? The stop ....

Respuestas

1 going out - is getting. — **2** Everyone/everybody. - at once - could not - anything. — **3** are - more. — **4** agree with you - the idea stupid. — **5** must - get off - after me.

The way to ensure summer in England is to have it framed and hung in a comfortable room. (Horace Walpole)*
(*To frame:* enmarcar ; *to hang:* pender, colgar un cuadro.)

Second wave: 60th Lesson

109th LESSON

Hundred and tenth (110th) Lesson

1 — **Thank** you very much for all your help. — Not at all.
2 **Di**al this **num**ber and ask for Mr Smith's **sec**retary.
3 The **per**son whose **mo**tor-bike was **sto**len* last week is com**plai**ning.
4 That **cou**ldn't have been **Da**vid, he **did**n't say " Hel**lo** ".
5 She is **us**ed to **loo**king **af**ter **pe**ople, she is a nurse. (**1**)
6 At **pre**sent, she is **wor**king in a **hos**pital, but next month she is **chan**ging jobs.
7 I was charged **twen**ty francs for a cup of tea in **Pa**ris!
8 — Ex**cuse** me, I'm a **for**eigner; could you help me? I'm lost. (**2**)
9 — But you speak* **En**glish **ve**ry well. — I should speak* it **bet**ter.
10 — If I learned my **les**sons **bet**ter, I would speak* it **flu**ently.
11 — George spent* three months on the **Ri**viera last year. — **Lu**cky George!
12 It's not worth **bu**ying* a new **re**cord-**play**er; I might get one for my **birth**day.

PRONUNCIATION

2 ... daiäl... sekrëtäri. — **3** ... mootör baik... stoulën... kömpleinin. — **4** ... kudent... helou. — **5** ... iustu... nërs. — **6** hospitäl... cheindchin. — **7** ... chaarcht... franks... — **8** ... forëner... — **10** ... lërnd... — **11** ... rivierä... laki... — **12** ... uörz... mait... bërzdei.

NOTES

(**1**) *Nurse,* palabra de origen francés, es enfermera. A veces hemos visto en español la palabra « *nurse* » en

Lección ciento diez

1 — Muchas gracias por (toda) su ayuda. — De nada.
2 Marque este número y pregunte por la secretaria del Sr. Smith.
3 La persona cuya motocicleta fue robada la semana pasada, se queja *(prog.)*.
4 No podría haber sido David, ni dijo « Hola ».
5 Está acostumbrada a ocuparse de la gente, es enfermera.
6 Actualmente, está trabajando *(prog.)* en un hospital, pero el mes próximo cambia *(prog.)* de empleo.
7 Me cobraron veinte francos por una taza de té, en Paris.
8 — Perdone, soy extranjero ; ¿ puede usted ayudarme ? Me he perdido.
9 — Pero usted habla inglés muy bien. — Debería hablarlo mejor.
10 — Si aprendiera las (mis) lecciones mejor, hablaría con fluidez.
11 — George pasó tres meses en la Riviera el año pasado. — ¡ Qué suerte la de George ! (¡ Afortunado George !).
12 No vale la pena comprar un tocadiscos nuevo ; puede que me regalen uno para mi cumpleaños.

NOTES (continued)

el sentido de « ama de cría », o de señorita encargada del cuidado de los niños.

(2) *To lose :* perder. Perderse : *to get lost. He's lost :* se ha perdido. *Get lost ! :* ¡ piérdete !, ¡ esfúmate !, ¡ fuera de aquí !

13 I **was**n't a**ware** she spoke Chi**nese**. — **Nei**ther was she! (**3**)
14 **Hor**ses are **ve**ry strong **an**imals.

13 ... äuër ... spouk chainiis. **nai**dzër... — **14** ... **hoor**sis.

***

EXERCISES

1 She might buy me a new **re**cord-**play**er. — **2** **Nei**ther of us wants to change jobs. — **3** I **was**n't a**ware** that you knew George. — **4** I **hav**en't known him for very long. — **5** Is it worth **sen**ding a **te**legram? I don't think so.

Fill in the missing words:

1 *He perdido mi trabajo hace poco tiempo.*

I . . . . . . job a little while . . .

2 *La secretaria de este hombre hace todo su trabajo por él. ¡ Qué suerte!*

. . . . secretary does . . . his work . . . . . . Lucky man!

3 *No sé cuanto gana. — Yo tampoco.*

I don't know . . . . he . . . . . — Neither . . .

13 No sabía que hablara chino. — Ella tampoco.
14 Los caballos son animales muy fuertes.

NOTES (continued)

(**3**) *To be aware :* estar al corriente ; *to be unaware* o *to be not aware :* no saber.

***

EJERCICIOS

1 Puede que me compre un nuevo tocadiscos. — **2** Ninguno de nosotros quiere cambiar de trabajo. — **3** Ignoraba que conocieras a George. — **4** No hace mucho que le conozco. — **5** ¿ Vale la pena mandar un telegrama ? — No creo.

4 *Actualmente trabaja en un hospital, pero va a cambiar de trabajo.*

.. .., she .. working .. a hospital, but she .. .. to change ....

5 *Tiene la costumbre de ayudar a la gente ; es guía.*

He is .... .. helping people, ... guide.

Respuestas

1 lost my - ago. — **2** That man's - all - for him. — **3** how much - earns - do I. — **4** At present - is - in - is going - jobs. — **5** used to - he's a.

Second wave: 61st Lesson

Hundred and eleventh (111th) Lesson

Clever answers

1 *Young* **au***thor.* — Why have you put* my **no**vel with the **me**dical books?

2 **Pub***lisher :* — Be**cause** I found* it **ex**cellent for **sen**ding* **pe**ople to sleep. (**1**)

3 **Tea***cher.* — What is wrong with this **sen**tence : " The horse and the cow is in the field "?

4 **Lit***tle girl.* — Please miss, **la**dies first.

5 *Pro***fes***sor.* — How do you pro**tect** your**self** a**gai**nst im**pure** **wa**ter? (**2**)

6 **Stu***dent.* - I drink* **bee**r.

7 **Jo***hnny.* — **Gran**dad, a **ba**by was fed* on **e**lephant's milk and gained **twen**ty pounds in a week. (**3**)

8 **Grand***father.* — That's im**possi**ble. Whose **ba**by?

9 **Jo***hnny.* — The **e**lephant's.

10 An aunt **wan**ted to see* which of her **nie**ces was the most po**lite,**

PRONUNCIATION

1 ... **oo**zör... put... — **2** **pä**blishër... — **3** ... rong... kau... fiiëld. — **5** prö**fe**sör ... ägueisnt im**piur**... — **6** **stiu**dënt... **bii**ër. — **7** ... **gran**dad... **bei**bi... **e**lëfänt... gäind... — **10** ... aant... **nii**sis... pö**lait**.

Lección ciento once

1 *El escritor joven.* — ¿ Por qué ha puesto usted mi novela con los libros de medicina ?
2 *El editor.* — Porque la encuentro excelente para hacer (enviar) dormir a la gente.

3 *Profesora.* — ¿ Qué está mal en esta frase : « El caballo y la vaca está en el campo » ?
4 *Niña.* — Por favor, señorita, las señoras primero.

5 *Profesor.* — ¿ Cómo se protege usted del agua contaminada ?
6 *Estudiante.* — Bebo cerveza.

7 *Johnny.* — Abuelo, un bebé fue alimentado con leche de elefante y aumentó (ganó) veinte libras [de peso] en una semana.
8 *Abuelo.* — Eso es imposible. ¿ De quien [es] el bebé ?
9 *Johnny.* — Del elefante.

10 Una tía quería ver cual de sus sobrinas era la más educada.

NOTES

(1) *To send :* envíar. *He sent a letter last week :* envió una carta la semana pasada. *To send someone to sleep* (literalmente, enviar a alguien a dormir) : hacer dormir a alguien.

(2) *A teacher* es un profesor en una escuela o colegio (equivalente al maestro y al profesor de instituto, en España), y *a professor* es un profesor en una facultad universitaria. Ya hemos visto que conferencia se dice *lecture* (lekchër) ; un conferenciante se dice *a lecturer.*

(3) *To feed :* alimentar, dar de comer. *Please feed the cat :* por favor da de comer al gato. Alimentarse de : *to feed on.* Recordemos : *I am fed up :* estoy harto, estoy hasta la coronilla.
En la misma frase encontramos *baby* como base del chiste que se cuenta. Bebé equivale, pues proviene de dicha palabra, al significado de *baby ;* lo importante aquí es notar que tambien se emplea para las crías de los animales.

11 so she put* one small **ap**ple and one big one on a plate.
12 — Let's see* who has the best **man**ners.
13 — She has, said Joan, **ta**king* the **big**gest.

14 Do not for**get*** to learn a few ir**re**gular verbs from time to time.

11 ... pleit. — **12** ... manërs ? — **14** ... lërn... fiu...

EXERCISES

1 Whose **hair**-brush is this? — My **sis**ter's. — **2** Who has the best **man**ners? — I have. — **3** Who wants to go to **Scot**land with me? — We do. — **4** This flour is **ex**cellent for **ma**king cakes. — **5** He sent his son to the shop to buy some wine.

Fill in the missing words:

1 *Mi radio no funciona. ¿ Qué es lo que no marcha ?*

My radio .... What's .... it?

2 *Es el chico más educado que he conocido.*

.. is the .... boy I have .... met.

11 Entonces puso en una bandeja una manzana pequeña y otra grande.
12 — Veamos quien tiene mejores modales.
13 — Ella [los] tiene, dijo Joan, cogiendo la más grande.

14 No se olvide de aprender algunos verbos irregulares de vez en cuando.

EJERCICIOS

1 ¿ De quién es este cepillo del pelo ? — De mi hermana. — **2** ¿ Quién tiene los mejores modales ? Yo (los tengo). — **3** ¿ Quién quiere ir a Escocia conmigo ? — Nosotros. — **4** Esta harina es excelente para hacer pasteles. — **5** Envió a su hijo a la tienda para comprar vino.

3 *Nunca he estado interesado en la historia romana.*

I have ..... been interested .. .. history.

4 *Aunque le dije que no lo hiciera, insistió..*

.... I .... him .... .. do it, he insisted.

5 *Un bolígrafo es excelente para escribir rápidamente.*

A biro is excellent ... .

Respuestas

1 doesn't work - wrong with. — **2** He - most polite - ever. — **3** never - in Roman. — **4** Although - told - not to. — **5** for writing quickly.

Can you repeat the four anecdotes in today's lesson ? Please try again.

Second wave: 62nd Lesson

111th LESSON

Hundred and twelfth (112th) lesson

REVISION AND NOTES

Notas para revisar: Lección **106** : (1), (2) - Lección **107** : (2), (5) - Lección **109** : (2), (3) - Lección **110** : (2).

1 Formas perifrásticas. — Son locuciones que no suelen corresponder entre sí, en los diversos idiomas. Así pasa entre el español y el inglés con expresiones como « tener que », « hacer falta », « tener necesidad », etc. ; veamos algunos ejemplos.

Tengo que irme : *I must go (leave).*

Debes hacer (algunos) ejercicios : *you must do some exercises.*

¿ Tiene usted todo lo que le hace falta ? : *do you have everything you need*?

¿ Qué más me hace falta ? : *what else do I need?*

A veces podemos usar *necessary. It is necessary to book* : es necesario (hay que) reservar. Intente usted encontrar en cada caso el giro español más apropiado. Por lo demás, para resolver este problema, recurriremos a nuestro método de siempre : la práctica cotidiana.

2 El pasado del condicional. — No debería plantear problemas. Por ejemplo : « ella lo habría comprado » : Primero tomamos el condicional, *she would*, luego el auxiliar de pasado, *have : she would have*, y por fin el participio de pasado del verbo de que se trata, en este caso *bought*, lo que nos da como resultado :

she would have bought it.

Con los verbos auxiliares y defectivos, seguimos el mismo sistema : « Tendría que habérselo dicho ». El auxiliar de condicional es *should* : *I should* ; el auxiliar del pasado, *have : I should have*, y luego el

Lección ciento doce

participio, « dicho », *told*: *I should have told him.* Habría podido ayudarme : *he could have helped me.*

3 Whatever : cualquiera que, calquier cosa que, sea lo que sea... La traducción dependerá del contexto. Así por ejemplo, la frase *« whatever he says, he's wrong »* admite diversas traducciones, como « cualquier cosa que diga (o « sea lo que sea lo que diga », o mejor aún, « diga lo que diga ») está equivocado. »
Whoever : Vale lo dicho en el caso anterior. *Whoever phones, don't answer it*: llame quien llame, no respondas.
Wherever : Lo dicho ; *call me, wherever you are*: llámame estés donde estés.

4 Tal. — Se traduce al inglés por *such*. Tenía tal acento que no podía comprenderle : *he had such an accent that I couldn't understand him.*
Cuando « tal » quiere decir « por ejemplo » o « como », se traduce al inglés por *« such* **as** ». Le gustan los autores clásicos tales como Dickens, etc. : *He likes classical authors such as Dickens*, etc.

5 Expresiones que conviene retener. — 1 *He'll be down in a minute.* — 2 *We should have decided a month ago.* — 3 *You've got more than you need.* —

4 *Despite his money, he's still unhappy.* — 5 *She no longer works here.* — 6 *How long will the job take ?* — 7 *The miners went on strike.* — 8 *A doctor is available all night.* — 9 *I don't want to join a trade union.* — 10 *Thanks for your help.* — *Not at all.* — 11 *We always get lost in Paris.* — 12 *I might buy a new one.*

6 Traducción. — 1 Bajará dentro de un momento. — 2 Habríamos debido decidir hace un mes. —

Hundred and thirteenth (113th) Lesson

Another little mystery

1 — I had* a **pro**blem last week, said Mr Hind to his friend the in**spec**tor.
2 — When my **fa**ther died, I in**her**ited his **for**tune of **se**veral **mil**lion pounds.
3 But, last week, Gregg came* to see* me. He **us**ed to be the **gar**dener
4 un**til** I fired him in De**cem**ber. (**1**)
5 He told* me that, just be**fore** my **fa**ther died, he was **wor**king out**side** his **win**dow
6 and he heard* Dad **dra**wing* up a new will in **fa**vour of my **bro**ther. (**2**) (**3**)
7 My **fa**ther and I had **ar**gued a**bout some**thing at the end of No**vem**ber,

PRONUNCIATION

1 ... mistë haind... — **2** ... daid... forchën... — **3** ... iustu bii gaardnër. — **4** ... faiäd. — **5** ... autsaid. — **6** ... hërd... drooin... uiil... feivör... — **7** ... aarguiud...

3 Tienes más de lo que necesitas. — 4 A pesar de su dinero, todavía es desgraciado. — 5 Ya no trabaja aquí. — 6 ¿Cuanto tiempo llevará el trabajo? — 7 Los mineros hicieron (fueron a la) huelga. — 8 Hay un médico disponible toda la noche. — 9 No quiero inscribirme en un sindicato. — 10 Gracias por su ayuda. — De nada. — 11 Siempre nos perdemos en París. — 12 Puede que compre uno nuevo.

Second wave : 63rd (revision) Lesson

Lección ciento trece

Otro pequeño misterio

1 — Tuve un problema la semana pasada, dijo el Sr. Hind a su amigo el inspector.
2 — Cuando mi padre murió, heredé su fortuna de varios millones de libras.
3 Pero, la semana pasada, Gregg vino a verme. Era (acostumbrada a ser) el jardinero
4 hasta que lo despedí en diciembre.
5 Me dijo que, justo antes de que mi padre muriera, estaba trabajando ante (fuera) su ventana
6 y oyó a papá redactar un nuevo testamento en favor de mi hermano.
7 Mi padre y yo habíamos discutido sobre algo a finales de noviembre,

NOTES

(**1**) *A fire*: un fuego. *To fire a gun*: disparar un rifle. Para despedir a alguien se usa *to dismiss*, o más familiarmente, *to fire* (lo contrario de *to employ* o *to hire*: emplear, contratar).

(**2**) *To draw*: dibujar; *to draw up* (un informe, etc.): redactar. Un redactor: *an editor*.

(**3**) *The will*: la voluntad. *A will*: un testamento (se sobre entiende *my last will*: mi última voluntad).
He's willing to help us: está dispuesto a ayudarnos.

8 so it was **poss**ible that he had de**cid**ed to **al**ter the will. (**4**)
9 Gregg told* me that the **doc**ument was in his pos**ses**sion and that he would sell* it to me for **fif**ty **thou**sand pounds.
10 He said it was **da**ted No**vem**ber the **thir**ty-first, three days **af**ter the first will,
11 so it was worth a lot of **mo**ney to me.
12 When I re**fused,** he tried to **bar**gain with me. First, he asked for **twen**ty five **thou**sand pounds.
13 and then, **fi**nally, ten **thou**sand.
14 — I hope you **did**n't give* him **any**thing, said* the in**spec**tor.
15 — **On**ly my foot in his **back**side, said* Hind. What was Gregg's mi**stake?** (The **an**swer is in **Les**son 119.)

8 ... **ool**tër... — **9** ... **dok**iumënt... po**seshën**... — **10** ... **dei**tid... — **12** ... traid... **baar**gein... — **13** ... **fai**nëli... — **14** ... houp... — **15** ... **bak**said ... **an**sër...

EXERCISES

1 He used to work here un**til** he was fired. — **2** I am used to **wor**king un**til** ten o'clock **e**very night. — **3** This **car**pet is a **bar**gain, only **twen**ty three pounds. — **4** I hope you gave him **no**thing. — **5** He said he would sell it to me if I **wan**ted it.

Fill in the missing words:

1 *¿ Cómo vas a hacerlo ? — Pediré ayuda.*

How ... ... to do it? — I .... ask ... help.

8 así que es posible que hubiera decidido alterar el testamento.
9 Gregg me dijo que el documento estaba en su poder y que me lo vendería por cincuenta mil libras.
10 Dijo que estaba fechado en noviembre, el día treinta y uno, tres días después del primer testamento,
11 de manera que valía mucho dinero (para mí).
12 Cuando rehusé, intentó regatear conmigo. Primero, pidió veinticinco mi libras,
13 y luego, finalmente, diez mil.
14 — Espero que no le haya dado usted nada, dijo el inspector.
15 — Sólo una patada (mi pié) en el trasero, dijo Hind. ¿Cual fue el error de Gregg? (La respuesta está en la lección 119).

NOTES (continued)

(**4**) *To alter*, palabra de claro origen latino : alterar, cambiar los detalles de algo.

EJERCICIOS

1 Trabajaba aquí hasta que fue despedido. — **2** Estoy acostumbrado a trabajar hasta las diez, cada noche. — **3** Esta alfombra es una ganga, sólo treinta y tres libras. — **4** Espero que no le hayas dado nada. — **5** Dijo que me lo vendería si yo quería.

2 *Espero que no alteren este edificio ; es tan bonito.*

I hope they .... this ...., it's .. beautiful.

3 *Me preguntó cómo estabas y le dije que no te había visto.*

He asked me ... you .... and I .... him I ... not .... you.

4 *Primero me pidió tres mil, luego dos y finalmente mil.*

..... he asked me ... three ...., ... two and .... thousand.

Hundred and fourteenth (114th) Lesson

Make and do (1)

1 Here are a few **exam**ples of these two verbs.
2 Try and learn these **sen**tences, but it is **re**ally a **ques**tion of **prac**tice.
3 — What is she **do**ing*? — She is **ma**king* a **birth**day cake for her **dau**ghter.
4 Be**fore** you go* out, please make your bed and do the washing-**up.**
5 Is he **do**ing well in his new job? — Yes, he's **ma**king a great deal of **mo**ney.
6 They **al**ways make mi**stakes** with this new maths.

PRONUNCIATION

2 ... **riëli**... — **3** ... **bërz**dei keik... **doo**të. — **4** ... uoshin-**ap**. — **5** ... diil. — **6** ... mazs.

5 *Vale tanto dinero que nadie lo comprará.*

It is .... money that .. ... will buy it.

Respuestas

1 are you going - will - for. — **2** won't alter - building - so. — **3** how - were - told - had - seen. — **4** First - for - thousand, then - finally one. — **5** worth so much - no one/nobody.

Second wave: 64th Lesson

Lección ciento catorce

Hacer

1 He aquí algunos ejemplos de estos dos verbos.
2 Intente aprender estas frases, pero recuerde que dominarlas es sólo cuestión de práctica.
3 ¿ Qué hace ? Hace un pastel de cumpleaños para su hija.
4 Antes de salir, por favor haz tu cama y friega los platos (haz el lavado).
5 ¿ Se desenvuelve (hace) bien en su nuevo empleo ? — Sí, está ganando (haciendo) mucho dinero.
6 Siempre cometen (hacen) errores con estas nuevas matemáticas.

NOTES

(**1**) El empleo de estos dos verbos depende a veces de estructuras prefijadas. Como regla general, podemos decir que *to make* tiene un sentido más preciso que *to do*. Generalmente se emplea *make* si se trata de una acción o de una cosa claramente determinada, sobre todo con la idea de construcción o de creación. *To do* se utiliza cuando el sentido es más amplio. Si sabe usted alemán, recuerde la diferencia entre *machen* y *tun*.

7 I speak* **En**glish, and **enough Ger**man to make my**self** under**stood***. (**2**)
8 Make him **ano**ther **o**ffer, I think* he will ac**cept.**
9 I will have **no**thing to do with his firm, I don't trust him. (**3**)
10 If you want **some**thing done well, do it your**self.**
11 With all this se**lec**tion, it is **di**fficult to make a choice.
12 He was **do**ing a **hun**dred miles an **hour** (m.p.h.) on the **mo**torway when the po**lice** stopped him.
13 When you have read* this **les**son, do the **ex**ercises.
14 At the o**ffi**cial **o**pening of **Par**liament, the **mo**narch makes a speech. (**4**)

7 ... **inaf dchër**män ... mai**self**... — **8** ... äk**sept.** — **9** ... fërm... trast... — **10** ... dan... — **11** ... së**lek**shën... choiss. — **12** ... mails än **auë**... **moo**töruei... pö**liis** stopt... — **13** ... red... **ek**sësaisis... — **14** ... ö**fi**shäl **ou**pnin... **paar**liäment... **mo**närk... spiitch.

NOTES (continued)

(**2**) Fíjese bien en esta fórmula : ¿ Puede usted hacerse entender ? : *can you make yourself understood?*

EXERCISES

1 You are not al**lowed** to do a **hun**dred miles an hour on the **mo**torway. — **2** Check this and see if I have made a mi**stake**. — **3** It's un**like** him to make a re**mark** like that. — **4** Please make your**self** at home. — **5** You should have done your work more **qui**ckly.

7 Hablo inglés y suficiente alemán para hacerme entender (hacerme comprendido).
8 Hazle otra oferta, creo que aceptará.
9 No tengo nada que ver (hacer) con su empresa, no confío en él.
10 Si quieres algo bien hecho, hazlo tú mismo.
11 Con toda esta variedad (selección) es difícil elegir (hacer una elección).
12 Iba (hacía) a cien millas por hora por la autopista cuando la policía lo paró.
13 Cuando haya usted leído esta lección, haga los ejercicios.
14 En la apertura oficial del parlamento, el monarca pronuncia (hace) un discurso.

NOTES (continued)

(**3**) Conocemos, en términos de negocios, la palabra « trust », que es una asociación de varias sociedades en la que las ganancias se transfieren a un comité central, al que son « confiadas ». *Trust :* confianza. *Please trust me :* por favor, confía en mí. *We can't trust him :* no podemos confiar en él.

(**4**) Repare usted en la pronunciación : **paar**lämënt.

EJERCICIOS

1 No está usted autorizado a ir (hacer) a cien millas por hora por la autopista. — **2** Revisa esto y mira si he hecho alguna (una) falta. — **3** Es impropio de él hacer una observación como esa. — **4** Por favor está usted en (haga usted mismo en) su casa. — **5** Deberías haber hecho tu trabajo más deprisa.

Fill in the missing words:

1 *Por favor, no haga usted un discurso, simplemente agradéz caselo.*

Please .. .. a speech ; simply ..... him.

2 *No confío en él, siempre toma malas decisiones.*

I don't ...., he always ..... bad decisions.

3 *¿ Qué hace usted en su empresa ? — Intento hacer dinero.*

.... do you .. in your ....? — I try to ....

Hundred and fifteenth (115th) Lesson

Make and do *(continued)*

1 Some more examples of " make " and " do ":
2 He is making* a film about living conditions in a peasant village. (1)
3 I needed his help, but all he could do* was make jokes.

PRONUNCIATION

2 ... këndishëns... pesänt... — **3** ... dchouks.

4 *Me hago entender fácilmente : hablo inglés.*

I .... myself .... easily: I speak English.

5 *Hace mucho ruido. ¿ Que está haciendo ?*

He is ...... a lot of noise. What .. ..?

Respuestas

1 do not make - thank. — **2** trust him - makes. — **3** What - do - firm - make money. — **4** make - understood. — **5** making - is he doing?

Second wave: 65th Lesson

Lección ciento quince

Hacer *(continuación)*

1 Algunos ejemplos más de *make* y *do*:
2 Está haciendo una película sobre las condiciones de vida en un pueblo campesino.
3 Necesité su ayuda, pero todo lo que pudo hacer fue hacer chistes.

NOTES

(**1**) Repare en la pronunciación [pesänt]. Aunque hay un diptongo (dos vocales juntas), la vocal es corta (ver *head, pleasant, dead,* etc.).

4 They are **bu**sy **ma**king prepa**ra**tions for their **ho**liday.
5 The smell of good **coo**king makes my mouth **wa**ter. (**2**)
6 You're **go**ing* to **mar**ry a millio**naire?** Don't make me laugh!
7 I have no **co**ffee, **you**'ll have to make do with tea. (**3**)
8 He always suc**cee**ds in **ma**king me **an**gry.
9 Please make up your mind, we don't have very much time and the shop is **go**ing to close. (**4**)
10 What**e**ver you look at **now**adays, you will see*: " Made in Hong **Kong** ".

11 Mrs **Rich**ard's guests were ad**mi**ring a large stuffed shark that was **moun**ted on her wall. (**5**)
12 — My **hus**band and I caught* it on a **fish**ing trip, said* the proud **ow**ner.
13 — What is it stuffed with? asked one **la**dy.
14 — My **hus**band, re**plied** their **hos**tess.

4 ... **bi**si... prepä**rei**shëns... — 5 ... mauz... — 6 ... lääf! — 8 ... säk**ssiids**... **an**gri. — 9 ... maind... klous. — 10 uo**te**vë ... **nau**ädeis... — 11 missis **ri**chärds guests ... ad**mai**rin... staft shaark... **maun**tit... — 12 ... koot... praud **oo**nër. — 14 ... **hoos**tess.

Desde que emprendió usted la « segunda vuelta », hace usted ejercicios de traducción inversa, o sea, pone el texto español en inglés, cosa que irá usted logrando hacer cada vez mejor, como comprobará hoy con la lección 66.

4 Están ocupados haciendo [los] preparativos de sus vacaciones.
5 El olor de la buena cocina me hace la boca agua.
6 ¿ Vas a casarte con un millonario ? ¡ No me hagas reír !
7 No tengo café, tienes que conformarte con té.
8 Siempre consigue enfadarme (hacerme enfadado).
9 Por favor, decídase, no tenemos mucho tiempo y la tienda va a cerrar.
10 Mires lo que mires hoy día, verás : « Hecho en Hong Kong ».

11 Los invitados de la Sra. Richard admiraban un gran tiburón disecado que estaba colgado (fijado) en la pared.
12 — Mi marido y yo lo cazamos en un viaje de pesca, dijo la orgullosa propietaria.
13 — ¿ Con que está relleno ? preguntó una señora.
14 — [Con] mi marido, respondió su anfitriona (huésped).

NOTES (continued)

(2) *Water :* el agua ; *to water :* mojar, regar. *W.C. :* water closet.

(3) *To make do with :* conformarse, contentarse con, « aviarse ».

(4) *To make up one's mind :* decidirse. *Mind :* ya lo hemos visto, es espíritu, mente. *I can't make up my mind :* no puedo decidirme.

(5) *To stuff :* rellenar, disecar ; *stuffing :* el relleno. *Stuff* es también un término coloquial que significa « asuntos, cosas ». *Hurry up and move your stuff :* date prisa y muda (mueve) tus cosas.

EXERCISES

1 She can never make up her mind when she is shopping. — 2 They are busy making preparations for their departure. — 3 Don't make me laugh! This is a serious play. — 4 What will happen if I don't do my revision? — 5 Why must I always do all the work?

Fill in the missing words:

1 *No tengo café, te tendrás que conformar con té.*

I haven't ... ... coffee, you'll have to .... tea.

2 *Cualquier cosa que intente hacer, lo conseguiré.*

.... I try .. .. I ....

3 *Debes decidirte ahora ; ya no hay tiempo.*

You must .... your mind; there is .. .... time.

Hundred and sixteenth (116th) Lesson

Let's go to Oxford

1 On Sunday, David decided he would go and see* his parents who lived in Oxford.
2 They wanted to leave* early to avoid the crowds, so they got up at half past six. (1)

PRONUNCIATION

1 ... disaidid... oksfëd. — 2 ... ävoid... krauds...

EJERCICIOS

1 Nunca puede decidirse cuando va de compras. — **2** Están ocupados haciendo los preparativos para su partida. — **3** ¡ No me hagas reír !, es una obra de teatro seria. — **4** ¿ Que pasará si no hago mi revisión ? — **5** ¿ Por qué tengo que hacer siempre todo el trabajo ?

4 *¿ Hace siempre frío en Inglaterra en invierno ?*

.. .. always cold .. England .. ..?

5 *¿ Con qué está hecho ? — Con harina, huevos y mantequilla.*

.... is this made ....? — With ....., ... and ......

Respuestas

1 got any - make do with. — **2** Whatever - to do - succeed. — **3** make up - no more. — **4** Is it - in - in winter. — **5** What - with - flour eggs - butter.

Second wave: 66th Lesson

Lección ciento dieciseis

Vayamos a Oxford

1 El domingo, David decidió que iría a ver a sus padres que viven en Oxford.
2 Querían salir pronto para evitar las aglomeraciones, así que se levantaron a las seis y media.

NOTES

(1) *The crowd :* muchedumbre, aglomeración ; *crowded :* repleto.

3 By **se**ven o'clock, they were **rea**dy. They got **in**to the car and set off.
4 — Have you got **e**verything? said Joan.
5 — Of course I have. I rang* Dad last night and told* him we would ar**rive** at about ten. (**2**)
6 They took* the **mo**torway and were soon **dri**ving* (**N. 1**) **quick**ly towards **Ox**ford.
7 — I'm sure we've for**got**ten* **some**thing, said Joan.
8 — No, the **pre**sents are on the back seat and the book Dad **wan**ted is in the glove com**part**ment, (**3**)
9 our **o**ver-night bag is in the boot — what could we have for**got**ten*?
10 They drove* on in **si**lence. Joan looked at the **coun**tryside,
11 and from time to time glanced (**N. 5**) at the spee**do**meter to make* sure they were not **brea**king* the **speed-li**mit. (**4**) (**5**)
12 — How far to go? — Only a**no**ther **fif**ty miles. **We**'ll be there in an hour.
13 **Sud**denly, the **mo**tor coughed and the car be**gan*** to slow down. (**6**)
14 — Damn! I know what I for**got***. I for**got*** to fill the tank be**fore lea**ving*.

***

3 ... redi... — **4** ... sed... — **6** ... **moo**töruei... **drai**vin **kuik**li tu**ö**rds... — **7** ... shuë... — **8** ... **pre**sënts ... siit... glav köm**paar**tmënt. — **9** ... **ou**vënait ... but... — **10** ... drouv... **sai**lënss... **kan**trisaid. — **11** ... glaanst... spi**doo**metë... **brei**kin... — **13** ... koft... slou**daun**. — **14** damm !... fër**got**.

3 Hacia las siete estaban listos. Subieron al coche y salieron.
4 — ¿ Está (tienes) todo ? dijo Joan.
5 — Por supuesto (yo tengo). Llamé a papá anoche y le dije que llegaríamos hacia las diez.
6 Tomaron la autopista y pronto marchaban (conducían) rápidamente hacia Oxford.
7 — Estoy segura de que hemos olvidado algo, dijo Joan.
8 — No, los regalos están en el asiento de atrás y el libro que papá quería está en la guantera,
9 nuestro neceser está en el portamaletas- ¿ que podemos haber olvidado ?
10 Siguieron (condujeron) en silencio. Joan miraba el paisaje,
11 y de vez en cuando echaba una ojeada al cuenta kilómetros para asegurarse de que no sobrepasaban el límite de velocidad.
12 — ¿ Cuanto nos queda ? — Sólo (otras) cincuenta millas más. Estaremos allí en una hora.
13 De repente, el motor hizo un ruido (tosió) y el coche empezó a perder velocidad.
14 — ¡ Vaya ! [Ya] sé lo que olvidé. Olvidé llenar el depósito antes de salir.

***

NOTES (continued)

(2) *To ring :* llamar a la puerta, llamar por teléfono.
A ring : significa timbre y también anillo.

(3) *Back :* atrás, detrás. *The back door :* la puerta de atrás.
The back seat : el asiento de atrás.
Front : ante, delante ; *Front door, front seat,* etc.

(4) *To glance :* echar un vistazo, echar una ojeada.

(5) *To break :* romper, tiene también el sentido de transgredir, incumplir.
To break the law : violar, incumplir la ley. *To break the speed limit :* sobrepasar el límite de velocidad. *To break a promise :* incumplir, no mantener una promesa.

(6) *To cough* [cof] : toser. Aquí tiene sentido figurado.

EXERCISES

1 What time did he ring last night? — **2** How far to go? — **3** Only about twenty miles. — **3** You shouldn't arrive at the theatre during the performance. — **4** They stopped to fill the tank, then drove on. — **5** Before leaving, please lock all the doors and close all the windows.

Fill in the missing words:

1 *Mientras que David conducía, Joan miraba el paisaje.*

While David . . . . Joan . . . . the . . . .

2 *Lo llamé ayer para decir[le] que llegaríamos hacia las ocho.*

I . . . . yesterday . . . . . that we . . . . . arrive . . . . eight.

3 *¿ Está (tienes) todo ? — Seguro ¿ qué puedo haber olvidado ?*

. . . . you . . . . ? — Of course, what . . . . . . have forgotten?

4 *Durante la semana, lee durante tres horas al día.*

. . . . . . the week, he reads . . . three hours . day.

5 *Asegúrate de que no has olvidado nada.*

. . . . that you . . . . nothing.

EJERCICIOS

1 ¿ [A] qué hora llamó ayer ? — **2** ¿ Cuanto queda ? (¿ como lejos ir ?) — sólo unas (sobre) veinte millas. — **3** No deberías llegar al teatro con la función empezada (durante la representación). — **4** Se pararon para llenar el depósito, luego siguieron. — **5** Antes de irte, por favor, cierra [con llave] todas las puertas y cierra todas las ventanas.

Respuestas

1 was driving - was looking at - countryside. — **2** rang him - to say - would - at about. — **3** Have - got everything - could I. — **4** During - for - a. — **5** make sure - have forgotten.

Cada vez nos encontramos con más expresiones y giros ; por supuesto no hay que aprendérselas todas, sino más bien hacerse una idea de la forma de las frases y pequeñas locuciones, como of course, I have, *etc.*

A partir de la **second wave** *(segunda ola), conviene hacer ejercicios por escrito ; pero puede usted comenzar ahora si lo desea.*

Second wave: 67th Lesson

Hundred and seventeenth (117th) Lesson

A slight misunderstanding

1 **For**tunately, there was a can of **pe**trol in the boot.

2 **Da**vid put* that into the tank and they drove* on to a **ser**vice **sta**tion.

3 — Fill her up, said **Da**vid, and you had **bet**ter check the **oil**.

4 — Why don't we go and have a cup of **co**ffee? said Joan.

5 — **Okay**, fine. When he's **fi**nished, **I'll** join you. (**1**)

6 Joan got out of the car and walked towards the cafe**te**ria.

7 She stopped at a **ki**osk to buy* a maga**zine** and then went into the **ca**fé and bought* two **co**ffees.

8 David arrived five **mi**nutes **la**ter and sat* down.

9 — I'm **so**rry, love, I should have **lis**tened to you,

10 you said we had for**go**tten* **some**thing and you were right.

11 — Yes, it's **si**lly to run* out of **pe**trol on the **mo**torway. You ought to have checked be**fore**. (**2**) (**3**)

PRONUNCIATION

1 forchënätli... kan... peträl... — **2** ... servis steishën. — **3** ... oiöl. — **5** ... dchoin... — **6** ... uokt tuörds... kafëtiiriä. — **7** ... stopt... magäsin... boot. — **8** ... leitë... — **9** ... lisënd... — **10** ... sed... rait. — **11** ... oot...

Lección ciento diecisiete

Un ligero malentendido

1 Afortunadamente, había una lata de gasolina en el portamaletas.
2 David la puso en el depósito y siguieron hasta la estación de servicio.
3 — Llénelo, dijo David, y estaría bien que comprobara (usted hacía mejor comprobar) el aceite.
4 — ¿ Por qué no vamos a tomar una taza de café ? dijo Joan.
5 — Vale, estupendo. Cuando haya terminado me reuniré contigo.
6 Joan salió del coche y fue hacia la cafetería.
7 Se detuvo junto a un kiosko para comprar una revista y luego entró en el café y pidió dos cafés.
8 David llegó cinco minutos después y se sentó.
9 — Lo siento, cariño, debería haberte hecho caso (escuchado),
10 dijiste que habíamos olvidado algo y tenías razón.
11 — Sí, es una tontería quedarse sin gasolina en la autopista. Deberías haberlo comprobado antes.

NOTES

(1) ¡ **Cuidado** !, la contracción aquí es de *has* y no *is : When he has finished.* Resulta así más fácil de decir, incluso para los propios ingleses dado que las dos « h » habrían de ser aspiradas.

(2) *To run out of,* recordemos, significa « agotar las reservas de... » *To run out of petrol :* quedarse sin gasolina. « Avería se dice *break down.*

(3) *Ought to* es lo mismo que *should,* es decir el condicional de *must* (repare en la pronunciación). Ambos van seguidos del infinitivo sin *to : You should go = You ought to go.*

¿ Hace usted de vez en cuando ejercicios de repaso de los números ?

12 — Alright! I said I was sorry, didn't I? Let's finish our coffee and leave*.
13 They got back (**N. 2**) into the car and continued their journey in silence.
14 Joan read* her magazine and an hour later they arrived in Oxford.

12 ... didentai ?... — 13 ... dchërni... sailenss. — 14 ... red... auër...

EXERCISES

1 What's the matter? — I think we've run out of petrol. — **2** When they were bored with driving, they stopped at a service station. — **3** You ought to have checked before leaving. — **4** It is forbidden to break the speed limit. — **5** When he's finished, I'll buy you a cup of coffee.

Fill in the missing words:

1 *Deberíamos ir a ver a mis padres : no los he visto desde hace tiempo.*

We . . . . go and see . . parents, I haven't . . . . them . . . a long time.

2 *Soy muy aficionado a la lectura. Compro una novela cada mes.*

I'm very . . . . . . reading. I buy a . . . . month.

3 *No tenemos más gasolina pero hay una lata en el portamaletas.*

We've . . . . petrol but . . . . a . . . in the boot.

12 — ¡ Está bien ! Dije que lo sentía ¿ no ? Acabemos el café y vámonos.
13 Volvieron al coche y siguieron el viaje en silencio.
14 Joan leía la revista y una hora después llegaron a Oxford.

EJERCICIOS

1 ¿ Qué pasa ? — Creo que se nos ha terminado la gasolina. — **2** Cuando estaban cansados (aburridos) de conducir, se pararon en una estación de servicio. — **3** Deberías haberlo comprobado antes de salir. — **4** Está prohibido sobrepasar el límite de velocidad. — **5** Cuando haya terminado te invitaré a (te compraré) una taza de café.

4 *Mejor será que compruebes el aceite, no quiero tener una avería.*

You .... check the ..., I don't want to break down.

5 *Gana mucho dinero pero su trabajo es muy aburrido.*

He .... money but ... job is very ......

Respuestas

1 ought to - my - seen - for. — **2** fond of - novel every. — **3** run out of - there is - can. — **4** had better - oil. — **5** earns a lot of - his - boring.

Second wave: 68th Lesson

117th LESSON

Hundred and eighteenth (118th) Lesson

At the Wilson's

1 **Ox**ford looked very **beau**tiful that **mor**ning. It is not for **no**thing that it is called " The **Ci**ty of **Spi**res ".
2 They drove* through the **cen**tre and soon ar**ri**ved at the **qui**et street where **Da**vid's **pa**rents lived.
3 **Da**vid's **fa**ther **gree**ted them at the door. — Hel**lo**, you look well. Come* in! (**1**) (**2**)
4 Did you have a good trip? **Da**vid and Joan looked at one a**no**ther un**com**fortably. (**3**)
5 — Er, yes thanks, it was* al**right**.
6 — Put* your bags down there and come* into the front room. (**4**)
7 **Da**vid's **mo**ther was **sit**ting in front of the **fire**.
8 She stood* up as they came* in and kissed them both.
9 Joan took* a **par**cel from be**hind** her back and gave* it to Mrs **Wil**son.
10 — It's just a little **some**thing I found* in a junk ... I mean*, in an an**tique** shop. (**5**)
11 Mrs **Wil**son **o**pened the **par**cel and took* out a small **sil**ver box.

PRONUNCIATION

1 ... **spai**ës. — **2** ... zru... **sen**të... **kuai**ët... — **3** ... **grii**tit. — **4** ... an**kön**förtäbli. — **5** ... ool**rait**. — **6** ... frönt... — **7** ... **fai**ër. — **8** ... kist... — **9** ... **paar**söl... bi**haind**... — **10** ... faund ... dchank... an**tiik**... — **11** ... **sil**vër boks.

NOTES

(**1**) *To greet*: acoger, recibir, saludar. *He greeted me with a smile*: me saludó con una sonrisa. *Greetings*: sa-

Lección ciento dieciocho

En casa de los Wilson

1 Oxford estaba (parecía) precioso esa mañana ; no es casualidad (no es por nada) que se la llame « la ciudad de los campanarios ».
2 Pasaron (condujeron a través de) por el centro y pronto llegaron a la tranquila calle en la que vivían los padres de David.
3 El padre de David los saludó en la puerta. — Hola, tenéis buen aspecto, ¡ pasad !
4 ¿ Tuvistéis buen viaje ? David y Joan se miraron uno a otro enfadados (incomodamente).
5 — Eh,... sí gracías, todo fue bien.
6 — Poned las bolsas ahí y vamos al salón (habitación de delante).
7 La madre de David estaba sentada ante el fuego.
8 Se levantó cuando entraron y los besó a los dos.
9 Joan sacó (cogió) un paquete de detrás de su espalda y se lo dió a la Sra. Wilson.
10 — Es sólo una cosita (pequeño algo) que encontré en una cacharrería... quiero decir en una tienda de antigüedades.
11 La Sra. Wilson abrió el paquete y sacó una cajita de plata.

NOTES (continued)

ludos ; asimismo en las tarjetas de Navidad vemos « *Christmas Greetings* ». Tarjeta de felicitación : *greetings card*.

(**2**) Hemos visto que este verbo puede tener muchos sentidos, aquí significa « tener aspecto ».

(**3**) *Uncomfortable* : *to feel uncomfortable* : sentirse incómodo, no sentirse a gusto ; *an uncomfortable silence* : un silencio incómodo, molesto.

(**4**) Para decir salón los Ingleses usan varias expresiones : *front room, sitting room, lounge*. La más corriente es *sitting room*.

(**5**) *Junk* se refiere, en general, a objetos de poco valor, o incluso de ninguno, cosas que pueden tirarse o desecharse. En los Estados Unidos se usa la expresión *junk food* para indicar el alimento que tiene poco valor nutritivo, que es sintético, con muchos colorantes ; podría traducirse por « comida basura ».

12 — Oh, it's **lo**vely! she cried, but what is it?
13 — Well, it's Vic**to**rian. It's a... thing.
14 — Oh good, you don't know* **ei**ther. I can't of**fend** you, can I?
15 I think* **I**'ll put* my ear-rings in it.

12 ... kraid... — **13** ... vik**too**riän... zin... — **14** ... **ai**dzë... ö**fend**... — **15** ... **ii**rings...

EXERCISES

1 I've bought you a **pres**ent but I don't know what it is. — **2** I can't af**ford** a new car ; I'll have to buy a **se**cond-**hand** one. — **3** She stood up and kissed them both. — **4** I've **ne**ver bought a cow in my life. — **5** They spoke to one a**noth**er for the first time for months.

Fill in the missing words:

1 *¿ Dónde has puesto mis zapatillas ? — Allí, detrás del sillón.*

Where have you . . . . . slippers? — Over there, ... the armchair.

2 *El autobús para delante del museo. Baje allí..*

The bus stops . . . . the museum . . . . . . there.

12 — ¡ Oh, es maravilloso !, gritó, pero ¿ Qué es ?
13 — Bueno, es victoriano. Es... una cosa.
14 — Ah bueno, tampoco lo sabes. No te he ofendido ¿ verdad ?
15 Creo que pondré en él mis pendientes.

EJERCICIOS

1 Te he comprado un regalo pero no sé lo que es. — **2** No puedo permitirme un coche nuevo ; tendré que comprar uno de segunda mano. — **3** Se levantó y los besó a los dos. — **4** Nunca he comprado una vaca en mi vida. — **5** Se hablaron el uno al otro por primera vez desde hacía meses.

3 *Pon tus cosa allí y pasa conmigo al salón.*

... your things .... there and .... the front room with ..

4 *¿ Cómo se llama esa cosa de allí ? — No tengo ni idea.*

What is that ..... over there ......? — I have .. idea.

5 *¿ Has tenido buen viaje ? — No, me sentía (estaba) incómodo en el avión.*

Did you have . ...? — No, I was .... in the plane.

Respuestas

1 put my - behind. — **2** in front of - Get off. — **3** Put - down - come into - me. — **4** thing - called - no. — **5** a good trip - uncomfortable.

Second wave: 69th Lesson

118th LESSON

Hundred and nineteenth (119th) Lesson

REVISION AND NOTES

Notas para revisar : Lección **113** : (1) - Lección **114** : (1), (2) - Lección **115** : (1) - Lección **116** : (3), (5) - Lección **117** : (3).

1 To drive. — A lo largo de las últimas lecciones este verbo ha aparecido con frecuencia, acompañado de diversas preposiciones postpuestas. Recordemos algunas :
He drove on: siguió (conduciendo). *They drove through Oxford*: pasaron en coche por Oxford. *To drive around*: conducir de un lado a otro. *To drive to London*: ir a Londres en coche.
Estas fórmulas pueden también usarse con otros verbos de movimiento, como *to walk, to run, to ride*, incluso *to fly* (volar). Si, por ejemplo, decimos *to cross Oxford by car*, insistimos en el medio de transporte. Tales expresiones son mucho menos corrientes.

2 Back. — Una palabra que puede hacer cambiar el significado de un verbo. *To go back*: volver. *To put back*: volver a poner, reponer. *To give back*: devolver, entregar. *To take back*: tomar de nuevo, devolver (llevar de vuelta). Hemos visto su empleo para indicar « atrás-detrás » (ver lección 116, **N. 3**).

Lección ciento diecinueve

Como sustantivo significa « la espalda » (*front and back*: delante y detrás).

3 Make and do. — Aunque hayamos dado una regla básica [*make*: fabricar, hacer algo más preciso y concreto ; *do*: hacer, ejecutar, con un carácter más general ; ver lección 114 **(1)**], su empleo depende bastante de frases ya hechas. La práctica de la lengua inglesa será lo que le ayudará a elegir automáticamente lo que en cada caso conviene.

Para los que no han estudiado antes ninguna lengua, un buen ejemplo de la relativa imposibilidad (e inutilidad) de la traducción « palabra por palabra », lo constituye la expresión *to make do with*: arreglarse con.

4 A little mistery (lección 113). — Gregg dijo al Sr. Hind que el segundo testamento de su padre, el que lo desheredaba, estaba fechado el 31 de noviembre. Pero noviembre sólo tiene treinta días. Para recordar el número de días de cada mes, los niños en la escuela aprenden este pequeño poema :

Thirty days hath September,
April, June and November ;
all the rest have thirty one.
Save February, which hath twenty eight days clear
and twenty nine in every leap year.

Desde luego no es Shakespeare, pero igual que su equivalente español, aunque el poema no sea muy bueno sí que es, al menos, bastante útil.

Notes. — *Hath*: forma arcaica de *to have*. — *save*: excepto, salvo (hoy día se usa *except*). — *a leap year*: un año bisiesto.

5 To glance: echar un vistazo ; hay otros verbos que expresan el sentido de algunos giros españoles : *to wink*: guiñar un ojo ; *to frown*: fruncir el ceño ;

to fuss: fastidiar con (o « afligirse por ») naderías. Lo importante es que tengamos en cuenta que con un sólo verbo pueden expresarse locuciones completas.
Intente recordar todo esto, pues una traducción literal del verbo o expresión castellana carecería de sentido en inglés.

6 Expresiones que conviene recordar. — 1 *He tried to bargain with the shopkeeper.* — 2 *It's worth a lot of money.* — 3 *Please make up your mind quickly.* — 4 *I don't trust you.* — 5 *She can make herself understood.* — 6 *Don't make me laugh.* — 7 *Please ring back later.* — 8 *What could we have forgotten ?*.

Hundred and twentieth (120th) Lesson

Some traditions

1 It is **of**ten said that the **En**glish are con**ser**vative (**N. 1**).
2 I pre**fer** to hear* it said that they are tra**di**tionalist.
3 There are many tra**di**tions and **cus**toms in **Bri**tain and some may ap**pear** strange to **for**eigners.
4 For ex**am**ple, on Oc**to**ber the **thir**ty-first, one can see **chil**dren **ma**king masks from pumpkins (**1**)
5 and **put**ting* **can**dles in**side** to **fri**ghten **wit**ches.
6 This is called Hallow**e'en** and is the day be**fore** All Saints' Day. (**2**)

PRONUNCIATION

1 ... sed... könsërvätif. — **2** ... trädishönälist. — **3** ... kastëms... äpiiër... — **4** ... maasks... pamkinns — **5** ... kandëls... fraitën uitchis. — **6** ... halouiin... seints...

— 9 *How far to go?* — 10 *Fill her up and check the oil.* — 11 *You look well.*

7 Traducción. — 1 Intentó regatear con el tendero. — 2 Vale mucho dinero. — 3 Por favor, decídete rápidamente.. — 4 No confío en tí. — 5 Puede hacerse entender. — 6 No me hagas reír. — 7 Por favor, llame más tarde. — 8 ¿Qué podemos haber olvidado? — 9 ¿Cuánto queda para llegar? — 10 Llénelo y compruebe el aceite. — 11 Tienes buen aspecto.

Second wave : 70th (revision) Lesson

Lección ciento veinte

Algunas tradiciones

1 Se dice frecuentemente que los ingleses son conservadores.
2 Prefiero que se diga (oír decir) que son tradicionalistas.
3 Hay muchas tradiciones y costumbres en [Gran] Bretaña y algunas pueden parecer extrañas a los extranjeros.
4 Por ejemplo, en Octubre, el día treinta y uno, podemos ver a los niños haciendo máscaras con calabazas
5 y poniendo velas dentro para asustar a las brujas.
6 Se llama *Hallowe'en* y es la víspera (día antes) de Todos los Santos.

NOTES

(**1**) *One can see :* podemos ver, puede verse, uno puede ver. Es un uso similar al que hacemos en español con el pronombre « uno ». Con todo, hoy día, esta expresión es un poco afectada y cursi en inglés. No conviene, pues, usarla demasiado. Fíjese en las diferentes formas de las frases de este texto para evitar la palabra *one.*

(**2**) *To hallow* es un verbo que sólo existe actualmente en el « Padre Nuestro *(Our Father who art in heaven*

7 Just be**fore** **Eas**ter, on Good **Fri**day, you can buy* Hot Cross Buns. (**3**)

8 These are de**li**cious **spi**cy cakes, with a cross on them, to re**mind** us of the Crucifixion.

9 The day after **Christ**mas is called **Box**ing Day.

10 This is be**cause** **house**holders used to give **lit**tle **pre**sents or " **box**es " to the **trade**smen who had served them.

11 **Now**adays, it is **u**sual to give* **mo**ney.

12 Per**haps** the most spec**ta**cular tra**di**tion is " **Bon**fire Night " or " Guy Fawkes Night ".

13 This takes place on the fifth of No**vem**ber and **ce**lebrates the ar**rest**, in six**teen**-oh-five (1605), (**4**)

14 of Guy Fawkes, who at**tem**pted to blow up the **Hou**ses of **Par**liament.

15 To**day**, **peo**ple **ce**lebrate by **li**ghting **bon**fires, **set**ting off **fi**reworks and **bur**ning* **ef**figies called " guys ". (**5**) (**6**)

7 ... iistër ... bans. — **8** ... dälishës spaisi... krusifikshën. — **9** ... krissmäs... boksin... — **10** ... hausholdërs... treidsmëmn... — **11** nauädeis... — **12** ... spektakiulär... bonfaiër... gai fooks... — **14** ... blou ap... paarlämënt. — **15** ... laitin... faiëruërks ... bërnin efidchiis...

NOTES (continued)

hallowed be thy name). El sentido es « alabar », « honrar », « santificar » (*hallowed :* santo). *E'en* es una antigua contracción de *evening* (víspera), o sea la víspera de Todos los Santos. « Víspera » se traduce por *eve,* aunque suele usarse la expresión « the day before » (« nochebuena » es *Christmas Eve* (vísperas de Navidad) y « nochevieja » es *New Year's Eve* (vísperas de Año Nuevo). « El día siguiente » se dice *the day after.*

7 Poco antes de la Pascua, el Viernes Santo, se pueden comprar [los] Hot Cross Buns.
8 Son deliciosos pasteles de especias, con una cruz encima (sobre ellos) para recordamos (de) la crucifixión.
9 El día siguiente (después) de Navidad se llama Boxing Day.
10 Esto se debe a que (es porque) los cabezas de familia acostumbraban a dar pequeños regalos o « cajas » a los comerciantes que les habían servido.
11 Hoy día se acostumbra a (es usual) dar dinero.
12 Quizá la tradición más espectacular es « la noche de las hogueras », o *Guy Fawkes Night.*
13 Tiene lugar el cinco de noviembre y festeja el arresto, en 1605,
14 de Guy Fawkes quien intentó hacer saltar por los aires el Parlamento.
15 Hoy día, la gente [lo] festeja encendiendo hogueras, lanzando fuegos artificiales y quemando efigies llamadas *guys.*

NOTES (continued)

(**3**) *A bun* es un bizcocho, un bollo de leche, o incluso, un moño del pelo.

(**4**) *To celebrate :* festejar. Fiesta (en el sentido de « ir a una fiesta », « dar una fiesta ») se dice *party.* Al no ser un país católico, no hay traducción exacta para nuestra expresión « fiesta religiosa ». Por ello se necesita una paráfrasis o rodeo para expresarlo.

(**5**) *To set off,* ya lo hemos visto, es ponerse en camino. *They got into the car and set off* (subieron al coche y se pusieron en camino). *To set off* tiene también el sentido de « poner en marcha », « activar » algo ; por eso la expresión *to set off fireworks* significa « lanzar fuegos artificiales ».

(**6**) *Guy* es hoy día un vulgarismo (especialmente en Estados Unidos), que corresponde a nuestro « chaval », « chico » « tío », etc.

EXERCISES

1 One can still see this **cus**tom in **cer**tain parts of the **cou**ntry. — **2** He does that to **fri**ghten his **sis**ter. — **3** This **paint**ing **reminds** me of **Tur**ner. — **4** He was **ligh**ting a fire when he was ar**res**ted. — **5** How much must we pay to get in?

Fill in the missing words:

1 *Hace tiempo, la gente daba regalos, pero, hoy día, da dinero.*

A long time . . . , people . . . . presents but . . . .
. . . . give money.

2 *Se puso en pie, cerró la ventana y siguió leyendo.*

He . . . . , ... the window and continued
. . . .

3 *Se dice que los ingleses son conservadores, pero yo no lo creo.*

It . . . . . . that the English are . . . . , but I
. . . . so.

4 *Hay muchas costumbres que pueden parecer curiosas a los extranjeros.*

. . . . many customs which . . . appear . . . .
. . . .

Hundred and twenty-first (121st) Lesson

Some more traditions

1 If you go to the **Tow**er of **Lon**don, you will see* six **ra**vens.

EJERCICIOS

1 Puede verse esta costumbre en ciertas partes del país. — **2** Lo hace para dar miedo a su hermana. — **3** Esta pintura me recuerda a Turner. — **4** Estaba encendiendo un fuego cuando fue arrestado. — **5** ¿ Cuanto debemos pagar para entrar ?

5 *Comenzó comiendo el postre y terminó bebiendo la sopa.*

He ..... by ...... the sweet and finished .. .. the soup.

Respuestas

1 ago - gave - nowadays they. — **2** stood up, closed/shut - reading. — **3** is said - conservative - don't think. — **4** There are - may - strange to foreigners. — **5** began/started - eating - by drinking.

Second wave: 71st Lesson

Lección ciento veintiuna

Algunas tradiciones más

1 Si va usted a la Torre de Londres, verá usted seis cuervos.

PRONUNCIATION

1 ... tauër... reivëns.

2 These birds — or rather their ancestors — have been there since the eleventh century. (1)

3 But, today, they are there for a very important reason.

4 According to tradition, the British Empire will remain only as long as there are ravens in the Tower. (2)

5 No one knows* the reason for this legend, but there are many suggestions.

6 One is that a gang of thieves broke* into the Tower while the sentries were asleep, (3) (4)

7 but the ravens made so much noise that the sentries woke* up and were able to kill the thieves. (5)

8 Whatever the reason, the birds are fed* every day and receive a State pension.

9 Scotland and Ireland, too, are full of legend and tradition.

2 ... bërds... radzër... anssesstörs... ilevens senchëri. — 4 ... äkoodin... empaiër... rimein... — 5 ... ledchënd... södcheschëns. — 6 ... gäng... ziivs brouk... sentriis... — 7 ... nois... eiböl... — 8 ... risiiv... penshën. — 9 ... aiërland...

2 Estos pájaros — o más bien sus antepasados — han estado allí desde el siglo once.
3 Pero, hoy día están allí por una razón muy importante.
4 Según la tradición, el Imperio Británico permenecerá sólo mientras (tan largo como) haya cuervos en la Torre.
5 Nadie sabe la razón de esta leyenda, pero hay muchas hipótesis (sugerencias).
6 Una es que una banda de ladrones entró en la Torre mientras los centinelas estaban dormidos,
7 pero los cuervos hicieron tanto ruido que los centinelas se despertaron y pudieron matar a los ladrones.
8 Sea cual sea la razón, los pájaros son alimentados diariamente y reciben una pensión del estado.
9 Escocia e Irlanda, también, están llenas de leyendas y tradiciones.

NOTES

(1) *Rather:* como adjetivo quiere decir bastante: *It's rather important:* es bastante importante (puede sustituirse por *quite*).
Su otro sentido es el de « más bien »: *The birds — or rather — their ancestors:* los pájaros — o más bien — sus antepasados.

(2) *As long as,* quiere decir, literalmente, « tan largo como. » *This ship is as long as a house:* este barco es tan largo como una casa. *As long as* (o *so long as*) tiene también el sentido de « mientras que », « con tal que », « siempre y cuando ». *You can go out, as long as you're back by ten:* puedes salir con tal que estés de vuelta a las diez.

(3) El singular de *thieves* es *thief.*

(4) *To break:* romper, violar (una ley). *To break into:* entrar violentamente. *Our house was broken into last night:* entraron violentamente en nuestra casa (nuestra casa fue forzada) anoche; así pues, quizá el sentido más aproximado sea el de « asaltar » (también puede decirse *to burgle* [bërguël]).

(5) *Were able to* = *could.* El pasado de *can* se emplea para evitar la confusión entre *could* como pasado y *could* como condicional.

10 In **Scot**land, **Christ**mas is not a big feast. For the Scots, New **Ye**ar's Day is more im**por**tant. (**6**)

11 This is called " **Hog**manay ". At **mid**night, a tall dark man must cross the **thresh**old of your house

12 **car**rying a lump of coal, a piece of bread and a **bot**tle of **whis**ky. (**7**)

13 These **i**tems **sym**bolise warmth, food and drink for the **com**ing **ye**ar.

10 ... fiist... — **11** ... **hog**mänë... tool... **zresh**old... — **12** ... lamp... — **13** ... aitems **sim**bölais uoormz...

EXERCISES

1 So long as the birds are there, the **Em**pire will re**main.** — **2** Whate**ve**r the **rea**son, you **shoul**dn't have done it. — **3** The **bur**glar broke into the house while **e**veryone was a**sleep.** — **4** The birds have been in the **Tow**er for e**lev**en **hun**dred **ye**ars. — **5** He pre**ten**ded to be **asleep** in **or**der not to **an**swer.

Fill in the missing words:

1 *Con tal que no llegues tarde, puedes venir cuando quieras.*

.. .. you ... not ...., you can come when you like.

2 *El hombre medía por lo menos dos metros de alto.*

The man was ...., ... six feet four.

3 *Se despertaron y pudieron matar a los ladrones.*

They .... .. and .... to kill the ....

10 En Escocia, la Navidad no es una gran fiesta. Para los escoceses el día de Año Nuevo es más importante.
11 Este se llama *Hogmanay.* A medianoche, un hombre alto y moreno debe cruzar el umbral de la (su) casa
12 llevando un trozo de carbón, un pedazo de pan y una botella de whisky.
13 Estos artículos simbolizan el calor, la comida y la bebida para el año venidero.

NOTES (continued)

(**6**) *Feast:* festín, y también fiesta religiosa [ver lección 120, (**4**)].

(**7**) *A lump* es un trozo informe, equivalente a *a piece.*

EJERCICIOS

1 Mientras que los pajáros estén allí, el imperio se mantendrá — **2** Sea cual sea la razón, no deberías haberlo hecho. — **3** El ladrón asaltó la casa mientras todos estaban dormidos. — **4** Los pájaros han estado en la torre durante once siglos (once cientos de años). — **5** Simulaba estar dormido para no responder.

4 *Diga lo que diga no estoy de acuerdo con él.*

. . . . he says, I don't . . . . . with . . .

5 *En el año venidero, esperamos mejorar nuestro servicio.*

In the . . . . . . year, we . . . . improve our service.

Respuestas

1 So (As) long as - are - late. — **2** tall, at least. — **3** woke up - were able - thieves. — **4** Whatever - agree him. — **5** coming - hope to.

Second wave: 72nd Lesson

Hundred and twenty-second (122nd) Lesson

Meeting a client at the airport (1)

1 David was waiting near the arrival lounge at Heathrow's Terminal One.
2 He was waiting for a client who was coming* from Geneva.
3 The loudspeaker crackled and he heard* a voice say : " British Airways announce the arrival of Flight One Oh Seven (107) from Geneva ".
4 David started looking for his client. He knew* that the man would be wearing* a carnation in his button-hole,
5 and carrying a copy of the " Sunday Times " under his arm. (2)
6 He caught* sight of the man, who was tall and grey-haired with long side-boards. (3) (4)
7 He went forward and said : " You must be Mr Legarde? I'm David Wilson. How do you do? "
8 They shook* hands. David picked up the man's case and said:
9 " Follow me, will you? My car is in the car park, it's just outside ".

PRONUNCIATION

1 ... niië... äraivöl laundch... hiizrous tërminal... — **2** ... klaiënt... dchëniivä. — **3** ... laud spiikër krakëld... ännouns ... flait... — **4** ... niu... ueerin... kaarneishën ... batën-houl, — **5** ... kapi... — **6** ... koot ... greiheerd... said-boords. — **7** ... foruërd... — **8** ... shuk... — **9** ... kaar-paark...

Lección ciento veintidos

Cita (encuentro) con un cliente en el aeropuerto

1 David estaba esperando junto a (cerca) la sala de llegadas de la terminal uno de Heathrow.
2 Esperaba a un cliente que venía de Ginebra.
3 El altavoz crepitó y oyó una voz que decía « British Airways anuncia la llegada del vuelo 107 procedente de Ginebra ».
4 David empezó a buscar a su cliente. Sabía que el hombre llevaría un clavel en el ojal,
5 y llevaría un ejemplar del « Sunday Times » bajo el brazo.
6 Vió al hombre, que era alto y de pelo gris, con largas patillas.
7 Avanzó y dijo : «¿ Es usted el Sr. Legarde ? Soy David Wilson. ¿ Cómo está usted ? ».
8 Se estrecharon las manos. David cogió la maleta del hombre y dijo :
9 « Sígame, ¿ quiere ? Mi coche está en el aparcamiento, ahí fuera ».

***

NOTES

(**1**) Conviene hacer bien la distinción entre *the customer*: cliente que compra mercancías y *the client* [klaiënt], cliente que compra servicios, por ejemplo de un abogado.

(**2**) No lo olvidemos : *to carry*: llevar (en la mano) y *to wear*: llevar (puesto, un vestido, etc.).

(**3**) *To catch*: atrapar, coger (un autobús, un tren, etc.). *Sight*: la vista ; *to catch sight of*: ver, apercibirse, darse cuenta.

(**4**) *His hair is too long*: su pelo es demasiado largo. *Hair*: pelo, cabello, incluso cabellera ; *a hair, hairs*: pelo, pelos. A partir de *hair* se forman diversos adjetivos terminados en « *-haired* », *long-haired*: melenudo ; *grey-haired*: de pelo gris.

10 When they were **dri**ving* to**wards Lon**don, **Da**vid said: " **I**'ll take* you to your ho**tel** first, then **we**'ll get some lunch ".

11 Mr Le**garde** re**plied:** " **Thank** you. I'm **stay**ing at the **Chur**chill. My **sec**retary booked the room by **te**lex ".

12 At the ho**tel**, the **door**man took* Mr Le**gar-de**'s case and a**no**ther **ser**vant parked the car.

13 The two men went to the re**cep**tion desk: " My name's Le**garde,** I have a **sin**gle room re**served** ". (**5**)

14 " Yes sir, room two three **se**ven (237). The hall-**por**ter will show you up ". (**6**)

10 ... hotel... — **11** ... chërchil... bukt... teleks. — **12** ... doormän... sërvänt... — **13** ... risepshën ... singuöl... risërvd. — **14** ... hool-poortë...

EXERCISES

1 I knew he would be **wear**ing a grey hat. — **2** **Fol**low me, will you, **I**'ll take you to your ho**tel**. — **3** You should have booked the room **ear**lier. — **4** He caught sight of his friend in the crowd. — **5** She **coul**dn't hear the voice of the loud-**spea**ker.

Fill in the missing words:

1 *Sin conocer su nombre, lo reconocí a causa de sus ropas.*

.... his name, I recognised him .... his clothes.

2 *Coja mi maleta, ¿ quiere ?, y muéstreme mi habitación.*

Take my case, ..., and .... to my room.

10 Cuando iban hacia Londres dijo David : « Primero le llevaré a su hotel, luego tomaremos algo de comer ».
11 El Sr. Legarde respondió : « Gracias, estoy en el Churchill. Mi secretaria reservó la habitación por telex ».
12 En el hotel, el portero cogió la maleta del Sr. Legarde y otro empleado aparcó el coche.
13 Los dos hombres fueron al mostrador de recepción : « Mi nombre es Legarde. Tengo reservada una habitación individual ».
14 « Si señor, habitación 273. El conserje se la mostrará ».

NOTES (continued)

(**5**) *Single or double room ?* : ¿ Habitación doble o individual ?

(**6**) Se sobreentiende que quiere decir « *upstairs* », « *up to your room* ». *He'll show you up* : le conducirá y se la mostrará. Como puede verse, al igual que los números de teléfono, los números de habitación de hotel (y de autobús) se dicen uno a uno.

EJERCICIOS

1 Sabía que llevaría un sombrero gris. — **2** Sígame ¿ quiere ?, le llevaré a su hotel. — **3** Deberías haber reservado antes la habitación. — **4** Vió a su amigo entre la multitud. — **5** No podía oír la voz del altavoz.

3 *Te ayudaría si pudiera, pero tengo mucha prisa.*

I .... you if I ..... but I am in a .....

4 *¿ Usted debe ser el Sr. Legarde ? Yo soy David Wilson, ¿ cómo está usted ?*

You .... .. Mr Legarde? ... David Wilson, how .. ..?

Hundred and twenty-third (123rd) Lesson

How is your English getting on?

1 Have you **no**ticed that **ev**ery day you are **lea**rning new words and ex**press**ions?
2 You can now hold* conver**sa**tions, read* **no**tices, ask your way — **e**ven **ar**gue with **some**one!
3 We must con**tin**ue to add new ma**te**rial **ev**ery day,
4 so that, at the end of the course, you will be **a**ble to under**stand*** **En**glish as it is **spo**ken* by the **En**glish. (**1**)
5 We hope that you find* time to re**vise** the past **les**sons, and that, a**bove** all, you do it a**loud**. (**2**)

PRONUNCIATION

1 ... nootist... — **2** ... konvërseishëns... nootisis... aarguiu... — **3** ... mätiiriäl... — **4** ... spouken... — **5** ... rivais... äla**ud**.

5 *Centenas y millares de personas despegan y aterrizan en Heathrow.*

. . . . and . . . . of . . . . . . take off and land at Heathrow.

Respuestas

1 Without knowing - because of. — **2** will you - show me up. — **3** would help - could - hurry. — **4** must be - I'm - do you do? — **5** Hundreds - thousands - people.

Second wave: 73rd Lesson

Lección ciento veintitres

¿ Cómo va su inglés ?

1 ¿ Se ha dado usted cuenta de que cada día aprende nuevas palabras y expresiones ?
2 Ahora puede usted mantener conversaciones, leer avisos, preguntar por una dirección (su camino) — incluso ¡ discutir con alguien !
3 Debemos continuar añadiendo nuevo material cada día,
4 de modo que, al final del curso, sea usted capaz de entender el inglés tal y como lo habla (es hablado por) un inglés.
5 Esperamos que encuentre usted tiempo para repasar las lecciones anteriores, y, sobre todo, que lo haga usted en voz alta.

NOTES

(**1**) Conocemos ya *in order to* (a fin de, para) ; veamos ahora *so that :* de modo que, a fin de que. *You repeat so that you can speak better :* repite usted a fin de que pueda hablar mejor.

(**2**) *Loud :* fuerte, alto, rugiente ; *speak louder :* hable más alto ; *aloud* (o *out loud*) : en alta voz ; *a high voice :* una voz alta, aguda ; a *loudspeaker :* un altavoz.

6 This is **vi**tal, be**cause** it helps you to re**mem**ber and to im**prove** your pronunci**a**tion.
7 You will **al**ways have a slight **ac**cent,
8 but don't **wo**rry: **pe**ople will be **a**ble to under**stand** you, which is most im**por**tant.
9 And, be**si**des, a slight **fo**reign **ac**cent is **char**ming.
10 There are **cer**tain ex**press**ions which you **can**not **re**ally trans**late**,
11 so you can say them in your own **lan**guage and **pe**ople will say: " How **char**ming! " (**N. 2**.)
12 So re**vise** and read* **aloud e**very day as much as you can.
13 You will find* that your **En**glish is be**com**ing* more and more **na**tural.

6 ... **vaitäl**... **impruv**... prënansi**ei**shën. — **7** ... slait **aksënt**. — **9** ... bi**saids**... **chaarmin**. — **10** ... trans**leit**, — **12** ... ri**vais**... riid... — **13** ... bi**kamin**... **nachöräl**.

EXERCISES

1 Let me help you with your **home**work. — No **thank** you. — **2** It is be**com**ing more and more **vi**tal to speak **En**glish. — **3** Let me intro**duce Da**vid Hide. — Pleased to meet you. — **4** A**bove** all, don't for**get** to take your um**bre**lla. — **5** Did you **no**tice her new dress?

Fill in the missing words:

1 *Su inglés es cada vez más natural. Pronto podrá hablar con fluidez.*

His English is .... and .... natural. Soon he .... speak fluently.

6 Esto es esencial, porque le ayuda a recordar y a mejorar su pronunciación.
7 Tendrá usted siempre un ligero acento,
8 pero no se preocupe : la gente podrá entenderle, y eso (lo que) es lo más importante.
9 Y, además, un ligero acento extranjero es encantador.
10 Hay ciertas expresiones que no se pueden en verdad traducir con exactitud (realmente),
11 así que usted puede decirlas en su propia lengua y la gente dirá «¡ Qué encanto ! ».
12 Así pues, revise y lea en voz alta cada día tanto como pueda.
13 Se dará usted cuenta (encontrará) de que su inglés se está haciendo (convirtiendo) cada día más natural.

EJERCICIOS

1 Déjeme ayudarte en (con) tus deberes. — No gracias. — **2** Está llegando a ser cada día más vital hablar inglés. — **3** Permítame presentarle a David Hide. — Encantado de conocerle. — **4** Ante todo, no olvides coger el paraguas. — **5** ¿ Te diste cuenta de su nuevo vestido ?

2 *Tienes un ligero acento, pero no te preocupes. Te entenderán (serás comprendido).*

You have a . . . . . accent, but . . . . You will . . . .

3 *Raramente se estrecha la mano en Inglaterra. Se hace sólo una vez.*

People rarely .... in England. It is done .... only.

4 *Lea tanto como pueda. La lectura es extremadamente importante.*

Read as .... can. .... is extremely important.

Hundred and twenty-fourth (124th) Lesson

A little revision

1 In **or**der to help you with your task of re**vi**sion, to**day** and to**mor**row, we will look a**gain** at some of the words
2 we have seen* **re**cently, to**ge**ther with a few new ones. (**1**)
3 This **sen**tence may ap**pear dif**ficult to you, but **ac**tually it is **sim**ple.
4 From the top of the Post **O**ffice **Tow**er, you can see* the whole of **Lon**don.
5 **In**dian **coo**king is de**li**cious but it can be **ve**ry **spi**cy. (**2**)
6 I bought* this **o**vercoat **sec**ond-hand. Does it suit me? (**3**)

PRONUNCIATION

1 ... taask... — **2** ... riisëntli... tu**gue**dzë... — **3** ... **sim**pöl. — **4** ... poost... hooul... — **5** ... dë**lis**his... **spai**si. — **6** ... boot... **ou**vëcout... sut...

5 *Sobre todo, hable tan frecuentemente como sea posible.*

. . . . speak . . often . . possible.

Respuestas

1 becoming more - more - will be able to. — **2** slight - don't worry be understood. — **3** shake hands - once. — **4** much as you - Reading. — **5** Above all - as - as.

Second wave: 74th Lesson

Lección ciento veinticuatro

Un poco de repaso

1 Con el fin de ayudarle con su tarea de repaso, hoy y mañana repasaremos algunas palabras
2 [que] hemos visto recientemente, junto con algunas nuevas.
3 Esta frase puede parecer difícil para usted, pero de hecho es simple.
4 Desde lo alto de la Torre de Correos, puede verse todo Londres.
5 La cocina india es deliciosa pero puede tener muchas especias (puede ser muy « especiada »).
6 Compré este abrigo de segunda mano ¿ me queda bien ?

NOTES

(**1**) *Together :* juntos. Salen siempre juntos : *they always go out together. Together with :* junto con, así como (tambien se dice *as well as*).

(**2**) *Spice :* especia ; *spicy :* « especiado » — palabra que no se usa en castellano — o sea, con muchas especias. Para indicar que una cocina muy condimentada es « fuerte », se usa *hot. Variety is the spice of life :* la variedad es el salero (el gusto, el condimiento, la gracia) de la vida. Equivale a nuestro refrán : « En la variación está el gusto ».

(**3**) *To suit* [sut] : convenir a, ir bien, quedar bien. Este sombrero te queda muy bien : *this hat suits you.* ¿ Le iría bien el 25 ? : *would the twenty-fifth suit you ?* (no olvidemos que *a suit* [sut] es un traje).

7 So long as you warn me first, you can take* the lawn-**mo**wer when you like.
8 On No**vem**ber the fifth, **pe**ople set* off **fi**reworks, light* **bon**fires and burn* guys.
9 Al**though** he's **ve**ry in**tel**ligent, he won't pass the e**xam**, he **has**n't worked. (**4**)
10 My car is parked just out**side** the **cin**ema.
11 I have a room re**ser**ved in the name of **Wil**son.
12 What**ev**er he wants, tell* him to go a**way**, I'm far too **bu**sy. (**5**)
13 **In**side the **Tow**er, **ra**vens could be seen* **ea**ting from **sil**ver bowls.
14 Would you mind **wai**ting for ten **min**utes, Mr **Wil**son is not back yet.

7 ... uoorn... loon-mooué... — **8** ... lait... gais. — **9** ... uount... eksam... — **12** ... uot evë... bisi. — **13** ... bouls. — **14** ... maind...

EXERCISES

1 The whole **fam**ily came to the **wed**ding. — **2** Al**though** he **had**n't worked, he passed the e**xam**. — **3** As it was **rai**ning, I had to **bor**row an **o**vercoat. — **4** He tried to light the **bon**fire but it **did**n't burn. — **5** I'm far too **bu**sy; tell him to come back to**mor**row.

7 Con tal que me adviertas primero, puedes coger la máquina de cortar el césped cuando quieras.
8 El cinco de noviembre, la gente lanza fuegos artificiales, enciende hogueras y quema efigies.
9 Aunque es muy inteligente, no pasará el examen, no ha trabajado.
10 Mi coche está aparcado justo enfrente del cine.
11 Tengo una habitación reservada a nombre de Wilson.
12 Quiera lo que quiera, dile que se vaya, estoy muy ocupado.
13 Dentro de la Torre, podían verse los cuervos comiendo en cuencos de plata.
14 Le importaría esperar diez minutos, el Sr. Wilson aún no ha vuelto.

NOTES (continued)

(4) *To take an exam :* hacer un examen ; *to pass an exam :* pasar un examen, aprobar un examen ; *to fail an exam :* suspender un examen. *Exam* es una abreviación de *examination.*

(5) *Far :* lejos ; *far too :* muchísimo, demasiado. *he smokes far too many cigarettes :* fuma muchísimos cigarrillos. « Mucho más lejos », para evitar confusiones, se dice *much too far.*

***

En las lecciones de repaso, como la presente y la siguiente, no se olvide de hacer las « señales » en las expresiones que usted no acabe de asimilar.

***

EJERCICIOS

1 Toda la familia vino a la boda. — **2** Aunque no había trabajado, pasó el examen. — **3** Como estaba lloviendo, tuve que tomar prestado un abrigo. — **4** Intentó encender una hoguera pero no ardía. — **5** Estoy muy ocupado, dile que vuelva mañana.

Fill in the missing words:

1 *Aunque sean compañeros, se odian.*

. . . . they are colleagues, they hate . . . .

2 *Desde lo alto de la torre se puede ver todo Londres.*

From . . . . the tower, you can see the . . . . London.

3 *Ese vestido verde te va muy bien.*

That green dress . . . .

Hundred and twenty-fifth (125th) Lesson

A little revision *(continued)*

1 Ac**co**rding to my **dic**tionary, this word means* " **ca**refree ".
2 **Du**ring the night, a **bur**glar broke* into the **cas**tle and stole* all her **je**wels.
3 You e**rase** it with a " **rub**ber ", not a " **rob**ber ", you **si**lly thing.
4 The ad**ver**tisement says that if you pour milk onto this **ce**real, it will **cra**ckle. (**1**)

PRONUNCIATION

1 ... dikshönäri... keäfrii. — **2** ... bërglär... kaasël... dchuëls. — **3** ... ireis... robë... — **4** ... ädvërtismënt... siiriäl... krakël.

4 *Le importaría esperar cinco minutos, aún no ha vuelto.*

..... you .... for five minutes, he's not ....

5 *Tengo que concertar una cita ¿ le viene bien el 23 ?*

I .... make an appointment. — Does the twenty-third ....?

Respuestas

1 Although - one another. — **2** the top of - whole of. — **3** suits you. — **4** Would - mind waiting - back yet. — **5** have to - suit you?

Second wave: 75th Lesson

Lección ciento veinticinco

Un poco de repaso (continuación)

1 Según mi diccionario, esta palabra quiere decir « despreocupado ».
2 Durante la noche, un ladrón asaltó el castillo y robó todas sus joyas.
3 Se borra con una « goma » no con un « ladrón », estúpido.
4 La publicidad dice que si se echa leche encima de este cereal, cruje (crujirá).

NOTES

(**1**) *A cereal* [siiriäl] : un cereal ; también se refiere a los productos que tienen como base los cereales, y que se comen para el desayuno, como los *corn-flakes*, etc.

5 He bought two **se**cond-**hand** loud**spea**kers for his **ste**reo, but they **did**n't work. It was a bad **bar**gain.

6 There is a **but**ton **mis**sing from this **jac**ket, or else I've got an **ex**tra **but**ton-hole! (**2**)

7 I have no change (**3**) for the ciga**rette**-ma**chine.** Lend* me **fif**ty pence will you?

8 You ought to stop **smo**king, it's bad for your health.

9 " Your health! ", said the **bar**man. " **Che**ers! ", said the **cus**tomer.

10 Let me intro**duce** you to Mr Le**garde;** he has just ar**ri**ved from Ge**ne**va.

11 He seems a **plea**sant man. What does he do? — He's a **den**tist — Then I was wrong, he's an un**plea**sant man. (**4**)

12 You will speak* **En**glish more and more **flu**ently if you re**vise** a **lit**tle **e**very day.

5 ... boot... **sti**rio ... **baar**gein. — **6** ... **dchak**ët... els... **eks**trä... — **7** ... cheinch... mä**chin**... — **8** ... oot... helz. — **9** ... **bar**män... **kas**tömë. — **10** ... intrë**dius**... — **11** ... **ple**sänt... **den**tist... an**ple**sänt.

5 Compró dos altavoces de segunda mano para su estéreo, pero no funcionaban. Fue un mal negocio.

6 Falta un botón de esta chaqueta, o bien tengo un ojal de más.

7 No tengo cambio para la máquina de cigarrillos. Préstame 50 peniques ¿ Quieres ?

8 Deberías dejar de fumar, es malo para la salud.

9 ¡ A su salud ! dijo el barman. ¡ A la suya ! dijo el cliente.

10 Permítame que le presente al Sr. Legarde, acaba de llegar de Ginebra.

11 Parece un hombre agradable. ¿ A qué se dedica ? — Es dentista. — Entonces estaba equivocado, es un hombre desagradable.

12 Hablará usted inglés cada vez con más fluidez, si repasa usted un poco cada día.

***

NOTES (continued)

(**2**) *Something else* : algo más, otra cosa ; *or else* : o bien, o si no, de otro modo. *Do this or else I'll hit you* : hazlo o si no te pegaré. *Elsewhere [elsueer] : por otra parte, en otra parte.*

(**3**) *To change* : cambiar ; **pero** también se usa para decir cambio de dinero, o sea, moneda suelta.

(**4**) La palabra simpático no tiene traducción al inglés (*sympathetic* significa compasivo). Por eso nos vemos obligados a buscar adjetivos equivalentes según las circunstancias. Los más usuales son *nice* y *pleasant* [plesänt].

EXERCISES

1 I **wou**ldn't like to be a **den**tist, no one likes them. — **2** You should never be**lieve** ad**ver**tisements. — **3** If you said that, you would be wrong. — **4** There is a **but**ton **mis**sing from my shirt. — **5** Pour the **boi**ling **wa**ter **on**to the **co**ffee.

Fill in the missing words:

1 *Si no hubiera cerrado usted las puertas con llave le hubieran desvalijado.*

If you . . . . . . locked the doors you . . . . burgled.

2 *Falta algo ¿ qué podrá ser ?*

. . . . . is something . . . . What . . . . . it . . ?

3 *Sólo tengo un billete de cinco libras. — Lo siento, no tengo cambio.*

I've . . . . got a five-pound note. — I'm . . . . . I haven't got any . . . . . .

Hundred and twenty-sixth (126th) Lesson

REVISION AND NOTES

Notas para revisar : Lección **120** : (1), (4) - Lección **121** : (1), (2), (4) - Lección **122** : (2), (4) - Lección **123** : (1), (3) - Lección **124** : (3), (5) - Lección **125** : (4).

EJERCICIOS

1 No me gustaría ser dentista, a nadie le gustan. — **2** No deberías creer en los anuncios. — **3** Si dijeras eso te equivocarías. — **4** Le falta un botón a mi camisa. — **5** Echa agua hirviendo en el café.

4 *¿ Qué quiere decir esta palabra ? — No lo sé, nunca aprendí ruso.*

.... does this word ....? — I don't know, I have .... Russian.

5 *¿ Cuanto costaría un nuevo equipo estéreo ? — Demasiado para mí.*

... much ..... a new stereo ....? — Far ... . for me.

Respuestas

1 hadn't - would have been. — **2** There - missing - could - be? — **3** only - sorry - change. — **4** What - mean - never learned (o : learnt). — **5** How - would - cost - too much.

Second wave: 76th Lesson

Lección ciento veintiseis

1 Formas reflexivas e impersonales (ver lección 120). — Las formas reflexivas e impersonales del castellano se traducen al inglés de diversas maneras. Hemos visto (lección 120, n° **1**) que la forma *one* se usa para expresar las ideas referentes a todo el mundo (refranes, proverbios, dichos, etc.). Hay que obedecer a los padres : *one must obey one's parents.* En otras ocasiones, conviene evitar las frases con *one*, pues resulta un tanto « estirado ».

Siempre que sea posible lo « personalizaremos ». Desde aquí se puede ver todo Londres : *from here, you can see the whole of London.*
Por otra parte, puede ponerse la frase en pasiva. Le han robado la cartera : *his briefcase was (has been) stolen.* Se le llama el « cisne de Avon » : *he was called the « Swan of Avon »* (Shakespeare).
Se dice que : *they say that* (o sea, la gente dice que). Me han dicho que : *I have heard that... (I was told that...).* Me han dicho que podría telefonear desde aquí : *I was told that I could phone from here.* Me han dicho que es un ladrón : *I have heard that he's a robber.*
Igualmente vemos expresiones como *English spoken* : se habla inglés. *Wanted - a shorthand typist* : se necesita taquimecanógrafa. Parece un palacio : *It looks like a palace.*
Así pues, como podemos ver, hay que « sentir la frase » antes de ponerla en inglés. No hay misterio y en el vocabulario que usted ya posee hay las palabras suficientes como para expresar todos los matices reflexivos e impersonales.

2 How charming (Lección 123, línea 1). — Las exclamaciones se hacen con *how... !* o con *What...* !
How lucky you are ! : ¡ Qué suerte tienes ! *How hungry I am !* : ¿ Qué hambre tengo ! *How happy she was ! : ¡ Qué feliz era ! What a noisy child !* : ¡ Qué niño más escandaloso ! *What a miserable day !* : ¡ Qué día tan desafortunado ! *What a lot of people !* : ¡ Cuánta gente ! *What a lot of noise !* : ¡ Cuánto ruido !

3 To miss (faltar, fallar, echar de menos, perder). *He missed the train* : perdió el tren. *She shot, but missed the target* : tiró pero falló el blanco.
I miss you : te echo de menos. *Do you miss me?* : ¿ Me echas de menos ? *They miss Madrid* : echan de menos Madrid (Madrid les falta). El hombre al que le falta un brazo : *the man with a missing arm. This jacket has a button missing* : a esta chaqueta le falta un botón.

Falta de... *lack of.* Hay falta de respeto en esta clase : *There is a lack of respect in this class.* A este té le falta azúcar : *this tea needs sugar* (necesita azúcar).

4 Care (cuidado, precaución). — *To care*: cuidarse, preocuparse. *I don't care what he says*: no me preocupa (no me importa, me burlo de) lo que diga. *Careless*: descuidado, despreocupado. *His work is terribly careless*: su trabajo es terriblemente descuidado (no presta atención).

Be careful: ten cuidado, sé prudente, cuídate.

5 To suit y **to fit**. — Son dos palabras que se usan en relación con el vestir. *These trousers don't suit me*: este pantalón no me viene, no me está bien. *Does it suit me?*: ¿ me viene bien ? *This coat doesn't fit (me)*: este abrigo no es de mi talla. *These shoes don't fit me, they're too big*: estos zapatos no son de mi número, me están demasiado grandes.

To suit significa también convenir, venir bien. *Any day will suit me fine*: cualquier día me viene bien. *Would Tuesday suit you?*: ¿ te viene bien el martes ?

6 To look like y **to sound like**. — She looks exactly like her mother : parece exactamente igual que su madre. *You look like a clown*: pareces un payaso. *On the telephone, he sounds like his father*: por teléfono parece su padre (suena como su padre, su voz es como la de su padre). *This singer sounds like a dying cat!*: ¡ este cantante parece un gato moribundo !

7 Para decir las fechas. — Lo recordamos una vez más : se trata de dividir las cifras en dos y leer las dos mitades : 1723 = 17 - 23 (*seventeen twenty three*) ; 1977 = 19 - 77 (*nineteen seventy seven*).

Excepciones : 1800, etc. : *eighteen hundred*. 1902, etc. : *nineteen hundred and two* (oh, en la conversación : *nineteen-oh-two*). Los años veinte : *the 20's - the twenties*, etc. ; 800 B.C. : *eight hundred bii sii (before Christ)*. 1260 A.D. : *twelve sixty ei dii* (anno domini).

Ya hemos visto que los números de teléfono, habitación de hotel y autobús se dicen uno a uno : 70556 : *seven-oh-five-five (oh double five)-six*.

8 Problemas de traducción. — Hemos hablado ya de las dificultades de traducir palabra por palabra. Este problema se agudiza con las palabras propias de los usos, objetos, costumbres y regiones de cada país. Por ejemplo, no pueden traducirse al inglés palabras como churro, sainete, zambomba, peineta y tantas otras de las jergas culinaria, taurina, del baile, etc. Igualmente hay expresiones y palabras como *fish and chip shop, football pools, a half of bitter*, etc. que no tienen equivalente en español. Lo más fácil es dejar la palabra en cuestión en el mismo idioma, aunque esto puede traer otras consecuencias, especialmente en estos tiempos de gran influencia cultural y comercial americana, como el excesivo empleo de términos extranjeros incluso en casos en que existen términos españoles exactamente equivalentes. De todas formas, si evitamos los excesos, todas estas palabras nos servirán para comprender no sólo la riqueza de una lengua, sino también de una cultura y un modo de vida.

9 Expresiones que conviene recordar. — 1 *It may appear strange to you.* — 2 *We've been here for three and a half hours.* — 3 *No one knows the reason.* — 4 *Follow me, will you?* — 5 *Let's go and get some lunch.* — 6 *The porter will show you up.* — 7 *How charming you look tonight!* — 8 *When he sings, he sounds like a nightingale* (naitinguëil)... *with a toothache.* — 9 *Your hair is too long.* — 10 *He's far too busy.* — 11 *You ought to stop smoking.*

10 Traducción. — 1 Puede parecerte extraño. — 2 Hemos estado aquí desde hace tres horas y media. — 3 Nadie sabe la razón. — 4 Sígueme ¿ quieres ? — 5 Vamos a comer. — 6 El portero les mostrará el camino. — 7 ¡ Qué linda estás esta noche ! — 8 Cuando canta parece un ruiseñor... con dolor de muelas. — 9 Tu pelo es demasiado largo. — 10 Está pero que muy ocupado. — 11 Debería usted dejar de fumar.

Languages are the pedigree of nations (Samuel Johnson) : Las lenguas son el « pedigree » de las naciones.

***

Second wave : 77th (revision) Lesson

Hundred and twenty-seventh (127th) Lesson

The news

1 — Would you mind if I turned on the television, **Da**vid? I want to **lis**ten to the news. — Of course not. (**1**)

2 This is the B.B.C. It is six o'clock and here is the news.

3 The **Go**vernment to**day** an**noun**ced that it would re**sign.**

4 The Prime **Min**ister made the an**nounce**ment in a speech to the **Co**mmons this after**noon.** (**2**)

5 The de**ci**sion was **ta**ken* in the light of the **re**cent de**feat** of the **Go**vernment's **pri**ces and **in**comes **po**licy, (**3**)

6 and **al**so **re**cent de**feats** in **lo**cal **by**-elec**tions.** A **Gen**eral E**lec**tion is ex**pec**ted next month.

7 The **ci**vil war in Ru**ta**nia con**tin**ues. The **mil**itary **jun**ta which last month over**threw*** the **Go**vernment,

8 ap**peal**ed to**day** to A**merica for mil**itary aid. (**4**)

9 At home a**gain,** the **re**cent strike by toolmakers at **Dag**wood's Car Plant has **fin**ished.

PRONUNCIATION

1 ... tërn... nius... — 2 ... bii-bii-sii... — 3 ... änaunst... risain. — 4 ... änaunsmënt... komöns... — 5. ... disishën... riisënt difiit... praisis... inkams polisi. — 6 ... lookäl bai-ëlekshöns... dchenëräl... — 7 ... sivël uoor... ruteniä... militri dchantä... ouvërzru... — 8 äpiild... ämerikä... eid. — 9 ... daguuds... plaant...

Lección ciento veintisiete

Las noticias

1 — ¿Te importaría si pongo la televisión, David? Quiero escuchar las noticias. — Por supuesto que no.
2 Aquí la B.B.C. Son las seis y estas son (aquí está) las noticias.
3 El gobierno anunció hoy su dimisión (que dimitiría).
4 El primer ministro hizo el anuncio en un discurso en los Comunes esta tarde.
5 La decisión se tomó a la luz de la reciente derrota de la política de precios y salarios del gobierno,
6 y también las recientes derrotas en las elecciones parciales. Se esperan elecciones generales para el próximo mes.
7 La guerra civil de (en) Rutania prosigue. La junta militar que el pasado mes depuso al gobierno
8 solicita hoy de América ayuda militar.
9 De nuevo información nacional (en casa), la reciente huelga de (por) torneros en la fábrica de coches Dagwood ha terminado.

NOTES

(**1**) *To turn :* girar, dar vueltas ; *to turn on :* abrir (un grifo), encender, poner (la televisión). Lo contrario es *to turn off.* Si el encendido o puesta en marcha se hace con un interruptor *(a switch :* suitch), puede decirse *to switch on* y *to switch off.*

(**2**) *The House of Commons* y *The House of Lords* (las dos cámaras del parlamento británico). Se abrevia la expresión diciendo *The Commons* y *The Lords* [loords].

(**3**) La política (el arte o ciencia del gobierno) se dice *politics* (siempre en plural). La política (acción respecto a algo) se dice *policy.* Por otro lado, « una póliza de seguros » : *an insurance policy.*

(**4**) Aquí se usa *aid* (eid) y no *help,* por tratarse de una ayuda material.

10 The men are ex**pec**ted to re**turn** to work on **Wed**nesday.

11 **A goril**la es**caped** from **Lon**don Zoo and at**tack**ed four **pas**sers-by.

12 It was **la**ter re**cap**tured **sa**fely and re**tur**ned to its cage. (**5**)

13 A **spokes**man for **Lon**don Zoo said that the **a**nimal **prob**ably felt* **lone**ly. (**6**)

14 **Fi**nally, the **wea**ther **fore**cast: the night will be fine with **scat**tered **show**ers in the North. (**7**)

15 And that is the end of the news. (**8**)

10 ... **uens**dei. — **11** ... görilä es**keipt**... su... ä**takt**... **pa**sërs-bai. — **12** ... rii**kap**chörd... keidch. — **13** ... **spouks**män... **loun**li. — **14** **fai**näli... **ue**dzë **foor**kaast... **ska**tërd **shau**ërs...

EXERCISES

1 Would you mind **tur**ning off the tele**vi**sion, I want to go to bed. — **2** In the light of **re**cent **prob**lems, the di**rec**tor has re**signed.** — **3** A **Gen**eral E**lec**tion is ex**pec**ted next month. — **4** Are you **wor**ried a**bout** the strike?— **5** You al**rea**dy know e**nough** English to **an**swer these **ques**tions.

Fill in the missing words:

1 *A veces veo la televisión, pero nunca oigo las noticias.*

I often . . . . . the television, but I . . . . the . . . .

2 *Si el gobierno es depuesto, puede esperarse una política estricta.*

If the Government is . . . . , we can . . . . . . strict . . . .

10 Se espera que los hombres vuelvan al trabajo el miércoles.
11 Un gorila se escapó del zoo de Londres y atacó a cuatro transeúntes.
12 Más tarde fue capturado de nuevo sin incidentes y devuelto a su jaula.
13 Un portavoz del zoo de Londres dijo que el animal probablemente se sentía solo.
14 Finalmente, la previsión del tiempo : la noche estará despejada (buena) con chaparrones dispersos en el norte.
15 Y esto es todo (Y esto es el fin de las noticias).

NOTES (continued)

(5) *Safe :* salvo, seguro. *Is this cliff safe ? :* ¿ está segura esta roca ? *Safely :* a salvo, sin accidentes, sin incidentes, sin peligro, sin problemas. *Did he arrive safely ? :* ¿ Llegó bien ?

(6) *Alone :* solo, sin acompañamiento. *He prefers to work alone :* prefiere trabajar solo ; pero *lonely* tiene un sentido afectivo : alguien que se siente solo, aislado. *She feels lonely when I'm not here :* se siente sola cuando no estoy aquí.

(7) *A shower (of rain) :* un chaparrón, un chubasco (de lluvia) ; por otra parte, *a shower* es una ducha.

(8) Recuerde que *news* es siempre singular.

EJERCICIOS

1 Te importariá apagar la televisión, quiero irme a la cama. — **2** A la luz de los recientes problemas, el director dimitió. — **3** Se esperan elecciones generales para el mes que viene — **4** ¿ Está usted preocupado por la huelga ? — **5** Ya sabe usted suficiente inglés para responder a estas preguntas.

3 *Debe usted aprender a andar antes de querer correr.*

You .... learn .. .... before .... to run.

4 *Si alguna vez te sientes sola, ven a verme de inmediato.*

If .... you ... ., come and see me straight ....

5 *Es fácil hacer un discurso, pero no me gustaría hacer uno.*

...... a speech is .... but I .... like to make ...

Hundred and twenty-eighth (128th) Lesson

Prob**lems**

1 **Pa***tient.* — **Doc**tor, help me. I keep (**N. 1**) **tal**king to my**self.**

2 *Psy***chi***atrist.* — Don't **wor**ry sir, it's not un**com**mon. In fact, **thou**sands of **pe**ople do it.

3 **Pa***tient.* — Yes, but **doc**tor, you don't **rea**lise how **stu**pid I sound!

PRONUNCIATION

1 ... pei**shënt... mai**self. — **2** sai**kai**ätrist... an**kom**ën... — **3** ... **rii**ëlais... **stiu**pid... saund !

Respuestas

1 watch - never listen to - news. — **2** overthrown - expect - policies. — **3** must - to walk - wanting. — **4** ever - feel lonely - away. — **5** Making - easy - wouldn't - one.

Cuando escuche usted una grabación, siga el texto, primero con el libro e imitando mentalmente los sonidos ; luego empiece de nuevo hasta que comprenda usted todo **de oído,** *y por fin, repítalo párrafo por párrafo en voz alta, sin la ayuda de la grabación.*

Second wave: 78th Lesson

Lección ciento veintiocho

Problemas

1 *Enfermo.* — Doctor, ayúdeme. Hablo continuamente conmigo mismo.

2 *Psiquiatra.* — No se preocupe, señor, no es extraño. De hecho, miles de personas lo hacen.

3 *Enfermo.* — Sí, pero, doctor, ¡ no se da usted cuenta de lo estúpido que parezco ! (sueno).

4 At their first meeting, a psychiatrist asked his patient a few standard questions. (**1**)
5 — What is the difference between a little boy and a dwarf? he asked.
6 — There could be a lot of difference, replied the patient.
7 — What, for example?
8 — Well, the dwarf could be a girl, came* the reply.

9 — Hello, I haven't seen* you for ages. Have a drink.
10 — No thanks, I never drink*. — Really, why not?
11 — Well I don't believe in drinking* in front of my children, (**2**)
12 and when I'm away from them I don't need to drink! (**3**)

13 — Your girl-friend is good-looking, but she limps.
14 — Only when she walks!

4 ... standärd... — **5** ... diférenss... duoorf?... — **6** ... kud... riplaid... — **9** ... havent... eidchis... — **11** ... biliiv... frönt... — **12** ... äuei... — **13** ... limps.

EXERCISES

1 Haven't you ever been to see a psychiatrist? You should. — **2** He sounds intelligent, but he isn't really. — **3** I'm sorry, but I don't believe in lending money. — **4** We've just drunk all your whisky. What a pity! — **5** I haven't seen him for ages, is he well?

4 En su primer encuentro, un psiquiatra preguntó a su paciente una serie de preguntas tipificadas (standard).
5 — ¿ Cuál es la diferencia entre un niño pequeño y un enano ? preguntó.
6 — Puede haber muchas diferencias, respondió el paciente.
7 — ¿ Cuál, por ejemplo ?
8 — Bueno, el enano podría ser una chica, fue (vino) la respuesta.

9 — Hola, no te he visto desde hace años (edades). Tómate algo.
10 — No gracias, nunca bebo. — ¿ De verdad, por qué ?
11 — Bueno, no me gusta (no creo en) beber delante de mis chicos,
12 y cuando estoy lejos de ellos, ¡ no necesito beber !

13 — Tu novia es guapa, pero cojea.
14 — ¡ Sólo cuando anda !

NOTES

(1) *A meeting :* una reunión, un encuentro, una asamblea, o incluso, palabra ya admitida en español, un mítin.

(2) *To believe in... :* creer en. *I don't believe in God :* no creo en Dios. *To believe in drinking,* tener el sentido que beber es bueno. *I don't believe in talking to strangers :* no creo que sea bueno hablar con extraños.

(3) *Away :* lejos, ido. *When the cat's away, the mice will play :* cuando el gato está lejos (o se ha ido), los ratones juegan.
Go away : ¡ Vete ! ¡ Fuera !
Se habrá dado usted cuenta de que la historia del psiquiatra no tiene mucho sentido en español. Y ello es porque *dwarf,* en inglés, puede referirse tanto a un hombre como a una mujer.

EJERCICIOS

1 ¿ No has ido nunca a ver a un psiquiatra ? Deberías. — **2** Parece inteligente, pero en realidad no lo es. — **3** Lo siento, pero no creo que sea bueno prestar dinero. — **4** Nos hemos bebido todo tu whisky. ¡ Qué pena ! — **5** No lo he visto desde hace años, ¿ está bien ?

Fill in the missing words:

1 *¡ Qué guapa es y qué inteligente parece!*

How . . . . . . she looks! and . . . intelligent she . . . . . . !

2 *El no cree que sea bueno beber y ella no tiene necesidad de beber.*

He . . . . in drinking and she doesn't . . . .

3 *¿ Lo has visto recientemente ? — Por supuesto, lo vi el jueves pasado.*

. . . . you . . . . recently? — Of . . . . . . , I . . . . . last . . . .

Second wave: 79th Lesson

Hundred and twenty-ninth (129th) Lesson

A few idioms

1 Here are a few idio**ma**tic ex**press**ions you might meet (**N. 2**) when you go to **En**gland.

2 I've been **sit**ting* down for too long; I've got pins and **nee**dles in my foot.

3 He put* on his new coat **in**side out and you could see the **price**-tag.

4 *¿ Quién va a ocuparse de la casa mientras estamos fuera ?*

Who . . .. to look ..... the house ..... we are ....?

5 *¿ Cual es la diferencia entre una « goma » y un « ladrón » ?*

....is the difference .... a " ...... " and a " ...... "?

Respuestas

1 pretty - how - sounds. — **2** doesn't believe - need to drink. — **3** Have - seen him - course - saw him - Thursday. — **4** is going - after - while - away. — **5** What - between - " rubber " - " robber "

Con las lecciones de repaso le ayudamos a fijar las palabras nuevas, pero debe usted hacer siempre « señales » cuando aparezca una expresión o palabra que no comprenda.

Lección ciento veintinueve

Algunos giros

1 He aquí algunas expresiones idiomáticas que puede usted encontrar cuando vaya a Inglaterra.
2 He estado sentado durante mucho tiempo ; se me ha dormido el pie (tengo agujas y espinas en mi pié).

PRONUNCIATION

1 idiömatik... mait. — **2** pins... niidëls. — **3** insaid aut... prais-tag.

4 He was a very blunt man who called a spade a spade. (1)
5 It's not difficult to do, but there's a knack to it. (2)
6 If you wait for a bus at a request-stop, you must put* out your hand to make* the bus stop (N. 3). (3)
7 My husband doesn't understand* me, he takes* me for granted. (4)
8 When you buy* on hire-purchase, you make* a down-payment of fifty pounds and then sixteen monthly instalments of eight pounds. (5)
9 All the fruit had gone bad, but she couldn't stand* the idea of throwing* it away. (6) (7) (8)
10 He pretended to be a millionaire, but actually he was broke.
11 We will have to put* off the meeting until next Thursday since nobody is free.
12 I hope we can eat* soon. I'm starved! (9)

4 ... blant... speid. — 5 ... nak... — 6 ... rikuest... — 7 ... teiks... graantit — 8 ... haiërpërcheis... peimënt... instoolmënts... — 9 ... frut... stand aidiä... zrouin... äuei. — 10 ... brouk. — 11 ... zërsdei... — 12 ... staarvd !

NOTES

(1) *Blunt* es lo contrario de *sharp* (romo y agudo, respectivamente), cuando se habla de un cuchillo o utensilio, etc. Pero aplicado a las personas, *sharp* quiere decir ingenioso y *blunt* seco, que no se anda con rodeos. *To speak bluntly :* hablar claramente. *To speak sharply to someone :* hablar duramente a alguien.

(2) *A knack* es una palabra familiar que indica la forma de hacer algo ; puede significar maña, chispa, gracia, estilo, truco, etc.

3 Se puso su nuevo abrigo al revés (dentro-fuera) y se podía ver la etiqueta del precio.
4 Era un hombre muy seco que llamaba a las cosas por su nombre (a un azadón un azadón).
5 No es difícil de hacer, pero hace falta maña.
6 Si se espera el autobús en una parada facultativa hay que levantar (extender) la mano para que el autobús se pare.
7 Mi marido no me entiende, no me presta la atención suficiente.
8 Cuando se compra a crédito, se hace un desembolso de 50 libras y luego 16 plazos mensuales de ocho libras.
9 Toda la fruta estaba podrida, pero no podía soportar la idea de tirarla (lejos).
10 Finjía ser millonario, pero de hecho estaba arruinado.
11 Tendremos que aplazar la reunión hasta el próximo jueves, dado que nadie está libre.
12 Espero que podamos comer pronto. Me muero de hambre.

NOTES (continued)

(**3**) *To put on :* poner, ponerse (un disco, un vestido). *To put out :* tender, extender, apagar (un fuego, un cigarillo). *To put off* (frase 11) : aplazar (una cita, etc.).

(**4**) *To grant :* conceder conferir, transferir ; *a grant :* una beca, una subvención. *To take for granted* es un giro que quiere decir que se tiene como seguro a alguien porque se sabe que está siempre donde se espera que esté.

(**5**) *To instal :* instalar ; *an instalment :* un plazo ; *weekly instalments :* plazos semanales.

(**6**) *To go bad :* pudrirse, echarse a perder. Se puede usar también, más exactamente, el verbo *to rot.*

(**7**) Tambien podemos usar *she can't bear...* pues tiene el mismo sentido.

(**8**) *To throw :* tirar, arrojar (una piedra, etc.) ; *to throw away :* rechazar, desembarazarse de algo, tirar.

(**9**) *To starve* (al igual que la palabra alemana *sterben,* proviene del antiguo anglosajón : morir) quiere decir actualmente « morir de hambre », « desfallecer ». Se usa para indicar la expresión española « me muero de hambre », « estoy desmayado de hambre ».

13 **Dad**dy asked me if I **wan**ted a **sports**-car or a yacht. I **could**n't care less.

14 What's on at the **Gau**mont this week? — It **does**n't make* any **dif**ference to me, I'm hard up. (**10**)

13 ... iot... keer... — **14** ... difërenss... haard ap.

EXERCISES

1 This knife is so blunt that it won't cut. — **2** **Af**ter a week all the fruit had gone bad. — **3** I **hav**en't **eat**en for weeks. I'm broke. — **4** He **al**ways puts off his **den**tist's ap**point**ments. — **5** I can't stand up, I've got pins and **nee**dles in my foot.

Fill in the missing words:

1 *No puedo soportar a este hombre cuando finje ser un experto.*

I can't . . . . . that man when he . . . . to be an expert.

2 *Siempre me falta dinero a finales de mes. — A mí también.*

I'm always . . . . . . at . . . . . . of the month. — Me . . .

3 *Esto no es difícil pero hace falta maña.*

It's not difficult but . . . . (to it).

4 *¡ Ten cuidado ! No te pongas los guantes al revés.*

. . careful! Don't . . . your gloves on . . . .

13 Papá me ha preguntado si quería un coche deportivo o un yate. Me da igual.
14 ¿Qué ponen en el Gaumont esta semana? Me da igual (ello no hace diferencia). No tengo un duro.

NOTES (continued)

(**10**) *What's on:* ¿qué ponen? ¿qué dan? En las oficinas de turismo se pueden obtener folletos que se llaman « *What's on in London* » (distracciones, espectáculos, etc.)

EJERCICIOS

1 Este cuchillo es tan romo que no corta (cortará). — **2** Después de una semana, toda la fruta se había podrido. — **3** No he comido desde hace semanas, estoy arruinado. — **4** Siempre aplaza sus citas con el dentista. — **5** No puedo levantarme, se me han dormido los pies.

5 *Puedes romper lo que quieras. Me da igual.*

You can break ...., I couldn't ....

Respuestas

1 stand - pretends. — **2** hard up - the end - too. — **3** there's a knack. — **4** Be - put - inside out. — **5** what you like/want - care less.

Birds of a feather flock together (los pájaros del mismo plumaje se juntan en bandada); refrán que equivale al español « Dios los cría y ellos se juntan », etc.

Second wave: 80th Lesson

Hundred and thirthieth (130th) Lesson

Letters (N. 4)

1 In this **les**son and the next one, we will look at **di**fferent sorts of **let**ters.

2 Dear Mike, I'm **writ**ing* to thank you and your wife for **hav**ing us last week**end.** (**1**)

3 We **tho**roughly en**joyed** our**selves,** and it was so nice to see* you and Mary a**gain.**

4 It was nice, too, to see* **Lon**don **af**ter all this time.

5 Life in the **su**burbs is **qui**et, but **some**times a bit too **qui**et.

6 On the way home, we gave* a lift to a **hitch-hi**ker — a young **stu**dent **go**ing back to uni**ver**sity. (**2**) (**3**)

7 We had a long chat — you know* what Joan is like — (**4**)

8 and it seems that **stu**dent life has changed from the life you and I knew*.

9 For a start, the kid was **stu**dying " **So**cial Anthro**po**logy ", which I **al**ways thought* had **some**thing to do with **mon**keys.

10 Then he told* us that he **did**n't at**tend** **lec**tures but spent* his time pre**par**ing po**li**tical **mee**tings.

11 At the week**end,** he goes to demon**stra**tions. (**5**)

PRONUNCIATION

1 ... soorts... — **2** ... maik... raitin... — **3** ... zaröli endchoid auërselvs... nais... — **5** ... saböbrbs... — **6** ...hich-haikë ... iunivërsiti. — **7** ... chat... — **8** ... cheindchd. — **9** ... staart... stadiin soushäl anzröpolödchi... zot... mönkiis. — **10** ... lekchörs... — **11** ... demönstreishëns.

Lección ciento treinta

Cartas

1 En esta lección y la próxima, consideraremos (miraremos) diferentes tipos de cartas.
2 Querido Mike, te escribo para darte las gracias a tí y a tu esposa por invitarnos (tenernos) la semana pasada.
3 En verdad nos divertimos mucho, y fue muy agradable veros a tí y a Mary de nuevo.
4 También fue muy agradable ver Londres después de todo este tiempo.
5 La vida en las afueras es tranquila, pero a veces demasiado tranquila.
6 En el camino a casa cogimos a un autostopista, un joven estudiante que volvía a la universidad.
7 Tuvimos una larga charla — ya sabes como es Joan —
8 y parece que la vida de estudiante ha cambiado en relación con la vida que tu y yo conocimos.
9 Para empezar, el chico estaba estudiando « Antropología Social », [cosa] que yo siempre pensé que tenía que ver (hacer) con los monos.
10 Luego nos dijo que no asistía a conferencias sino que pasaba el tiempo preparando reuniones políticas.
11 En el fin de semana, va a manifestaciones.

NOTES

(1) *To have someone* (se sobreentiende *at home*), quiere decir invitar, recibir a alguien en casa. *Thank you for having us*: gracias por invitarnos.

(2) *A lift*: ascensor. *To give someone a lift* o *to give a lift to someone*: coger a alguien en coche. *I'll give you a lift to the station*: te acompañaré en coche a la estación.

(3) *To hitch-hike* (o, ya simplemente *to hitch*) ; hacer autostop. *A hitch-hiker* (o *a hitcher*) : autostopista.

(4) *To chat* [chat] : charlar ; *a chat*: una charla, conversación.

(5) *A demonstration*: manifestación (política, etc.). También tiene el sentido de demostración, prueba, etc.

12 In our day, it **wou**ldn't have been al**lowed,** would it?

13 Do I sound old and in**to**lerant? I sup**pose** I am **re**ally... (**6**)

14 Thanks a**gain** for your hospi**ta**lity, and I look **for**ward to **see**ing* you both a**gain** soon.

15 **Kin**dest re**gards** to you and your wife, Yours,

David.

12 ... älaud... — **13** ... oold fashënd... intolëränt?... — **14** ... sii-in... — **15** rigaards.

EXERCISES

1 On the way home we had to stop at a **ser**vice **sta**tion. — **2** It has **no**thing to do with you. — **3** When I was at school, that would not have been al**lowed.** — **4** He owns three **hou**ses and two **sports-**cars. — **5** We will put off the **meet**ing since **no**body can at**tend.**

Fill in the missing words:

1 *Hemos escrito tres cartas, dos de ellas a los amigos.*

We . . . . . three letters, two . . . . were to friends.

2 *En el camino de vuelta, cogimos a un autostopista.*

On . . . . , we gave . . . . . to a . . . . . - . . . . .

12 En nuestros tiempos no se nos hubiera permitido ¿ verdad ?
13 ¿ Parezco chapado a la antigua e intolerante ? Supongo que realmente lo soy...
14 Gracias de nuevo por vuestra hospitalidad, y espero veros a los dos pronto, una vez más.
15 [Con] mis mejores deseos para tí y tu esposa, Tuyo, David.

NOTES (continued)

(**6**) *Old*, ya lo hemos visto, significa viejo ; *fashion* significa moda. La expresión *old-fashioned* significa, pues, pasado de moda ; aplicado a personas : chapado a la antigua.

EJERCICIOS

1 En el camino de vuelta a casa tuvimos que pararnos en una estación de servicio. — **2** No tiene nada que ver contigo. — **3** Cuando estaba en el colegio, esto no se hubiera permitido. — **4** Posee tres casas y dos coches deportivos. — **5** Aplazaremos la reunión ya que nadie puede asistir.

3 *¿ Parezco cansado ? No he dormido mucho ultimamente.*

Do I . . . . . tired? I . . . . much recently.

4 *De verdad nos divertimos y esperamos veros de nuevo.*

We . . . . ourselves and we . . . . to seeing you . . . . .

5 *Su autobiografía no tiene nada que ver con las novelas que ha escrito.*

. . . autobiography has nothing . . . . the . . . . . . he . . . .

Respuestas

1 wrote - of which. — **2** the way home - a lift - hitch-hiker. — **3** sound - haven't slept. — **4** thoroughly enjoyed - look forward - again. — **5** His - to do with - novels - has written.

Second wave: 81st Lesson

Hundred and thirty-first (131st) Lesson

A business letter

1 Today we see* a letter from someone who is applying for a job: (**1**)

2 Dear Sir,
I have just read* your advertisement in the " Situations Vacant " column of the *Times.* (**2**)

3 I wish to apply for the post of bilingual secretary which you are offering.

4 I am twenty-three years old and single, live in London and own a car. (**3**)

5 After qualifying from St Dunstan's Secretarial College in nineteen seventy four (1974), I worked for two years in France.

6 I was based in the Bordeaux region and was working for an import-export firm.

7 While there, I perfected my French, which I write* and speak* perfectly.

8 I also type and know* both English and French shorthand.

9 I will be free from March the twenty-third, as my firm is being taken* over by a French company. (**4**)

10 I hope I may be granted an interview.
Yours faithfully,

Marjorie Watson (Miss).

PRONUNCIATION

1 ... äplaiin... — **2** ... red... ädvërtismënt ... situeishëns veikänt kolëm... — **3** ... poost... bailinguäl... — **4** ... singöl... oun... — **5** ... kuolifaiin... dönstäns... kolich... spein. — **6** ... beist... riidchön... — **7** uail... përfektit... — **8** ... taip... shoort-hand. — **10** ... graantit... intërvitu... feizfuli, maardchöri...

Lección ciento treinta y una

Una carta de negocios

1 Hoy vemos una carta de alguien que solicita un trabajo :
2 Estimado señor, acabo de leer su anuncio en la « oferta de empleos » del *Times.*
3 Deseo solicitar el puesto de secretaria bilingüe que usted ofrece.
4 Tengo veintitres años y soy soltera, vivo en Londres y poseo coche.
5 Tras obtener el diploma (cualificar) de St.-D.S.C. en 1974, trabajé durante dos años en Francia.
6 Residí en la región de Bordeaux y trabajé en una importante empresa de importación-exportación.
7 Mientras estuve allí, perfeccioné mi Francés, que escribo y hablo perfectamente.
8 También escribo a máquina y conozco la taquigrafía inglesa y Francesa.
9 Estaré libre desde el veintités de marzo, dado que mi empresa será absorbida por una compañía Francesa.
10 A la espera de (espero) que me sea concedida une entrevista, quedo a sus disposición (fielmente suya), Marjorie Watson (Srta.).

NOTES

(1) *To apply for a job:* solicitar un empleo, un puesto, proponer una candidatura a un puesto. Una solicitud : *an application.*

(2) *An advertisement* (recalque bien el acento tónico) quiere decir un anuncio y se abrevia muy a menudo en *advert* o, simplemente, en *ad* (*small ads :* pequeños anuncios, o sea, nuestros anuncios por palabras). *To advertise* (el acento cambia de lugar) : hacer publicidad. *Publicity :* publicidad en general : anuncios, televisión, exposiciones, desfiles, etc.

(3) Es una forma más respetuosa ; se dice *I'm twenty* (tengo 20 años), pero en una solicitud o en cualquier documento se escribiría : *I'm twenty years old.* La pregunta *How old are you ?* no cambia.

(4) *To take over :* sustituir ; en este caso absorber una empresa.

11 Per**haps** she will be **lu**cky. Here is the re**ply** she re**cei**ved:

12 Dear Miss **Wat**son,
Thank you for re**ply**ing to our ad**ver**tisement so **promp**tly.

13 If you would like to come* to my **o**ffice on the **twen**ty-third of March at ten o'clock,

14 I will be glad to give* you an **in**terview and a short test in bi**lin**gual corres**pon**dence.

15 Please con**firm** this ap**point**ment by re**turn** of post or by **te**lephoning my **sec**retary.
Yours sin**cere**ly,

John Hind

12 ... **promp**tli. — **14** ... korës**pon**dëns. — **15** ... kön**fërm**... ä**point**mënt... ri**tërn**... sin**siër**li... haind.

EXERCISES

1 I want you to re**ply** by re**turn** of post. — **2** Are you **sin**gle or **mar**ried? — **3** He **wan**ted me to come at ten o'clock but I **could**n't. — **4** I will be glad when this **les**son is **fi**nished. — **5** Do you know **En**glish or French **short**hand? — Both.

Fill in the missing words:

1 *Tras haber leído su anuncio, he decidido que quiero trabajar con ustedes.*

After .... your .... I have decided .... I want to work with you.

2 *Todo el mundo se puso a escribir, menos Joan que miraba por la ventana.*

.... started ...., ... Joan who looked .... .. the window.

11 Quizá tenga suerte. Aquí está la respuesta que recibió.
12 Estimada Srta. Watson, Gracias por responder con tanta presteza a nuestro anuncio.
13 Si quisiera venir a mi oficina el 23 de marzo a las diez,
14 estaría encantado de mantener una entrevista y [proponerle] una prueba de correspondencia bilingüe.
15 Por favor, confirme esta cita a vuelta de correo o telefoneando a mi secretaria. Sinceramente suyo, John Hind.

EJERCICIOS

1 Quiero que me respondas a vuelta de correo. — **2** ¿ Estás soltero o casado ? — **3** Quería que viniera a las diez pero no pude. — **4** Estaré encantado cuando esta lección acabe. — **5** ¿ Sabe usted taquigrafía inglesa o Francesa ? — [Las]dos.

3 *Estaré libre a partir del treinta y uno, nuestra empresa ha quebrado.*

I . . . . be . . . . from the . . . . . . - . . . . . , our . . . . has gone bankrupt.

4 *Gracias por haber respondido con tanta presteza a nuestro anuncio.*

Thank you for . . . . so . . . . to our . . . .

Suponemos que ya sabrá usted bastantes verbos irregulares. No se olvide de estudiarlos y repetirlos cada vez que aparezca alguno con asterisco.

5 *Solicita el puesto, asiste a la entrevista y tendrás el empleo.*

.... the job, ... the interview, and you'll ... the job.

Hundred and thirty-second (132nd) Lesson

More about letters

1 Did you **no**tice how **sim**ple the style of the last **let**ter was?
2 In an **En**glish **let**ter, and es**pe**cially a **busi**ness **let**ter, it is **bet**ter to be as di**rect** as **pos**sible.
3 There are no frills or ex**tra**vagant salu**ta**tions and the style is plain. (**1**)
4 Our Miss **Wat**son could have **writ**ten* her life **his**tory or talked a**bout** her **bro**ther-in-law,
5 but she did not, and it worked. Sim**pli**city **al**ways pays.
6 In of**fi**cial corres**pon**dence, the **En**glish use many abbrevi**a**tions. " For ex**am**ple " is **writ**ten* " e.g. "; (**2**)
7 " That is to say " is **writ**ten* " i.e. " (from the **La**tin *id est*).

PRONUNCIATION

1 ... **noo**tis... stail... — **2** ... es**pe**shäli... **bii**snes... — **3** ... frils... ëks**tra**vägänt salu**tei**shëns... plein. — **5** ... sim**pli**siti... — **6** ... ö**fi**shöl... äbriiveishëns... ii dchii. — **7** ... ai ii...

Respuestas

1 reading - advertisement - that. — **2** Everybody/everyone - writing, except - out of. — **3** will - free - thirty-first - company/firm. — **4** replying - promptly - advertisement. — **5** Apply for - attend - get/ have.

Second wave: 82nd Lesson

Lección ciento treinta y dos

[Algo] más sobre cartas

1 ¿Se ha dado usted cuenta de lo simple que era el estilo de la última carta?
2 En una carta inglesa, y especialmente en una carta de negocios, es mejor ser lo más directo posible.
3 No hay términos afectados o saludos extravagantes y el estilo es claro.
4 Nuestra Srta. Watson podría haber escrito la historia de su vida o hablado de su cuñado,
5 pero no lo hizo, y funcionó. La simplicidad siempre triunfa (paga).
6 En la correspondencia oficial, se usan, en inglés, muchas abreviaturas. « Por ejemplo » se escribe *e.g.*
7 « Es decir » se escribe *i.e.* — del latín *id est* —.

***

NOTES

(**1**) *Plain*: simple, sin ornamentos, liso (referido, por ejemplo, a una camisa). *A plain girl*: un chica no muy guapa, corriente, común, simple, una de tantas.

(**2**) *e.g.* (del latín *exempli gratia*): por ejemplo.

8 The **twen**ty-four hour clock is not **wid**ely used in **Bri**tain. (**3**)

9 (It is used **main**ly on the **rail**ways, which might ex**plain** why the trains are so **of**ten late!)

10 So in**stead, En**glish **pe**ople write* " a.m. " to **in**dicate the **mor**ning and " p.m. " for the after**noon** and **e**vening. (**4**)

11 e.g.: 10.00 a.m., 9.30 p.m.

12 **O**ther abbrevi**a**tions you might find come* **af**ter **pe**oples' names, like " B.A. " (**Bache**-lor of Arts) or " M.Sc " (**Mas**ter of **Sci**ence). (**5**)

13 You could **al**so come* **across** " V.C. " or " D.S.O. " or **a**ny of the **nu**merous **mil**itary or ci**vil**ian deco**ra**tions. (**6**)

14 Twice a **ye**ar, the Queen draws* up an " **Ho**nours List " which **dec**orates **pe**ople who have **given*** **ser**vice to the **na**tion.

8 ... **uaidli**... — **9** ... mait... — **10** ... **insted**... ei em... **indikeit**... pii em. — **12** ... **bach**ëlör... aarts... **saiens**. — **13** ... vii sii... dii es ou... **niu**mërës... dekö**reis**höns. — **14** ... droos... **o**nërs...

NOTES (continued)

(**3**) *Wide*: ancho, amplio ; *wide spread*: extendido, expandido.

(**4**) *a.m.* (del latín *ante meridiem*) y *p.m. (post meridiem)*: antes y después del mediodía.

EXERCISES

1 You must never use abbreviations when speaking. — **2** She could have helped him, but she did not. — **3** You should have been more simple, it always works. — **4** Sangria is not widely drunk in England — **5** If you want me to send you a postcard, you must buy me a stamp.

8 El reloj de 24 horas no se usa mucho (ampliamente) en [Gran] Bretaña.
9 (Se usa principalmente en (sobre) los ferrocarriles lo que podría explicar por qué los trenes van tan a menudo con retraso).
10 Así pues, en cambio, los ingleses escriben *a.m.* para indicar la mañana y *p.m.* para la tarde y la noche.
11 *e.g.* — por ejemplo — : 10.00 *a.m.* ; 9.30 *p.m.*
12 Otras abreviaturas que se pueden encontrar van (vienen) tras los nombres de personas como B.A. (Graduado en Artes) o M. Sc. (Licenciado en Ciencias).
13 También puede usted encontrarse (venir a través de) V.C. o D.S.O. o cualquiera de las numerosas condecoraciones militares o civiles.
14 Dos veces al año la Reina redacta una « Lista de Honores » [con la] que condecora a gente que ha prestado (dado) servicios a la nación.

NOTES (continued)

(**5**) Son títulos universitarios : *bachelor* : graduado ; *master* : licenciado. No son exactas las equivalencias, pero es lo más aproximado.

(**6**) *V.C. (Victoria Cross)* : condecoración que podría equivaler a las condecoraciones españolas de las órdenes de Isabel la Católica y Carlos III. *D.S.O. (Distinguished Service Order)* : medalla al mérito militar.

EJERCICIOS

1 No se debe usar abreviaturas al hablar. — **2** Podría haberle ayudado, pero no lo hizo. — **3** Deberías haber sido más simple, eso siempre surte efecto. — **4** La sangría no se bebe mucho en Inglaterra. — **5** Si quieres que te envíe una postal, tienes que comprarme un sello.

Fill in the missing words (and abbreviations):

1 *Se ruega llegar a la hora, o sea a las 20.30.*

You are requested to arrive . . . . . . , ... 8.30 . . . .

2 *Hay numerosas condecoraciones, por ejemplo la « Victoria Cross ».*

There . . . . decorations, ... the Victoria Cross (V.C.)

3 *¿ Qué tipo de camisa quieres ? ¿ Lisa o a rayas ?*

. . . . of shirt do you . . . . ? . . . . . or striped?

Hundred and thirty-third (133rd) Lesson

REVISION AND NOTES

Notas para revisar : Lección **127** : (4), (7) - Lección **128** : (3) - Lección **129** : (3), (8), (10) - Lección **130** : (1) - Lección **131** : (2), (3) - Lección **132** : (1).

1 To keep (guardar, conservar, quedarse con). — *Please keep it, it is a present* : por favor, quédate con ello, es un regalo.
To keep tiene también un sentido de continuidad : Sigue intentándolo : *Keep trying. I keep talking to myself* : me hablo a mí mismo continuamente, no dejo de hablarme a mí mismo.
Igualmente para dar órdenes : *Keep quiet* : ¡ cállate ! *Keep out* : ¡ prohibida la entrada !
Un periodista americano recalcó que en Irlanda los letreros de los parques no dicen *« Keep off the grass »* : « prohibido pisar el cesped (la hierba) » sino *« please keep on the footpaths »* : « por favor, siga los senderos ».

4 *Cuando haya usted acabado de redactar el informe, venga a verme a mi oficina.*

When you .... finished .... the report, ...
... ... me in my office.

5 *Mientras estaba de compras, me encontré con este viejo fusil.*

..... I ... shopping, I .... this old gun.

Respuestas

1 on time, i.e. - p.m. — **2** are numerous - e.g. — **3** What sort - want? - Plain. — **4** have - drawing up - come and see. — **5** While - was - came across.

Second wave: 83rd Lesson

Lección ciento treinta y tres

A keeper: un guarda, un vigilante (*goal keeper*: portero de fútbol).

2 Might y **may** (podría ser que, puede que...). Estas dos palabras expresan una cosa que es posible pero no cierta. *He may come tomorrow, I'm not sure*: Puede ser que venga mañana, no estoy seguro. De un punto de vista puramente gramatical, *might* es el pasado de *may*. *She said she might come*: Ella dijo que quizas vendría. En el inglés de todos los dias se puede decir *might* or *may* indiferentemente. La misma idea se puede expresar con *could* (condicional de *can*): *They could pay us a visit, you never know*: Puede ser que nos vengan a visitar, nunca se sabe.
Las lenguas vivas, en su evolución, incorporan constantemente vocablos extranjeros y neologismos. Hemos intentado aquí tener este hecho en cuenta, en lugar de circunscribirnos a las normas del inglés literario.

3 To make the bus stop. — Veamos algunas expresiones con los verbos *to make* y *to have*:
He makes me laugh: me hace reír. Me hicieron comprar algo que no quería: *they made me buy something I didn't want. We'll make him understand*: se lo haremos comprender.
Hizo que le construyeran una casa: *He had a house built*. Tengo que hacer reparar el coche: *I must have my car repaired*. Mandará pintar de nuevo el cuarto de baño: *He'll have his bathroom repainted.*

Las primeras frases incluyen dos personas, una de las cuales « hace » la acción a otra (me haces reír: *you make me laugh*) mientras que, en las segundas la acción de la que se habla será ejecutada por otro (que normalmente no está en la frase, aunque hay excepciones). *He had a car built*: se hizo construir un coche.
Para el primer grupo se usa la estructura « *to make*-pronombre-presente » (sin « s » en la 3a persona). *To make someone do something*: inducir a alguien a hacer algo.
Para el segundo, se usa la estructura « *to have*-complemento-participio pasado ». *To have something*

done: hacer que se haga algo. Relea ahora los ejemplos.

4 Cartas. — Veamos algunos consejos suplementarios: Ante todo simplicidad; hay que evitar formas de cortesía excesivamente empalagosas. Se termina la carta de negocios con *Yours faithfully* si se empieza por *Dear Sir* y *Yours sincerely* si se empieza por *Dear Mr...* (la fórmula americana *Yours truly* se usa para evitar el « engolamiento »).
En una carta familiar o amistosa, puede terminarse como se quiera: *yours, your friend, love from, best wishes*, etc. (y en estas cartas se usan las contracciones). En las cartas se pone la dirección del remitente arriba a la derecha y en una carta de negocios, la dirección del destinatario va **a la izquierda**, debajo de la propia.

32, Mount Drive LONDON SE2
Messrs JOHNSON 31, Crescent Drive

Pero la palabra clave para redactar una carta es « la simplicidad » (ver lección 145).

5 To realise (darse cuenta de). — *Do you realise what this means?*: ¿Te das cuenta de lo que esto significa? *I'm sorry, I didn't realise*: Lo siento, no me di cuenta.
Tenga pues cuidado con este verbo, pues es otra palabra « engañosa ». No significa realizar, como hemos visto. Realizar según el sentido de la frase, se traduce de diversas formas: *perform, accomplish*, etc. Realizador (de cine): *Film director, filmmaker. Film producer*: productor cinematográfico.

6 Expresiones que conviene recordar. — 1 *Please don't turn on the television.* — 2 *We were expecting them at a quarter past two.* — 3 *Hello! I haven't seen you for ages.* — 4 *I feel lonely when she's away.* — 5 *He always puts it on inside out.* — 6 *We couldn't bear the thought of having him go.* — 7 *I'm starved, aren't you?* — 8 *I couldn't care less.* — 9 *We gave him a lift to Bath.* — 10 *It wouldn't have been allowed, would it?* — 11 *I hope I may be granted an interview.* — 12 *Please confirm by return of post.*

Hundred and thirty-fourth (134th) Lesson

A visit to England

1 Pierre has met* his **En**glish friend **To**ny, and they are **drin**king* **beer** to**ge**ther on the Champs-Ely**sées**.

2 — So, I hear* you've been to **En**gland **re**cently. Tell* me a**bout** your trip.

3 — Well, as I had a long wee**kend**, I de**ci**ded to take* ad**van**tage of it. (**1**) (**2**)

4 I was **go**ing to **tra**vel by boat, but then I read* an ad**ver**tisement for the **ho**vercraft.

5 I'd **ne**ver **ta**ken* one be**fore**, so I thought* it would be an ad**ven**ture. (**3**)

PRONUNCIATION

1 ... **tou**ni... — **2** ... iuv... — **3** ... dë**sai**did... äd**vaan**tich... — **4** ... bout... **hou**vëkraaft. — **5** ... äd**ven**chör.

7 Traducción. — 1 Por favor no pongas la televisión. — 2 Les esperábamos a las dos y cuarto. — 3 ¡ Hola ! no te he visto desde hace mucho tiempo. — 4 Me siento solo cuando ella no está. — 5 Siempre se lo pone del revés. — 6 No soportábamos la idea de que se nos fuera. — 7 Me muero de hambre ¿ tú no ? — 8 Me da igual. — 9 Lo llevamos en coche a Bath. — 10 No lo hubieran permitido ¿ verdad ?. — 11 Espero que se me conceda una entrevista. — 12 Por favor confírme [lo] a vuelta de correo.

Lección ciento treinta y cuatro

Una visita a Inglaterra

1 Pierre se ha encontrado con su amigo inglés Tony, y están bebiendo cerveza juntos en los Campos Elíseos.
2 — Bien, me enteré de que has estado en Inglaterra recientemente. Cuéntame el viaje.
3 — Bueno, como tenía puente, decidí aprovecharlo.
4 Iba a ir (viajar) en barco, pero leí un anuncio del « hovercraft » (aerodeslizador).
5 Nunca lo había cogido antes, así que pensé que sería una aventura.

NOTES

(**1**) El « puente » Francés es algo que no está demasiado institucionalizado en Inglaterra, por eso no hay palabra para ello, usándose *a long weekend.* Puente se dice *bridge ;* el puente de Alcántara : *Alcántara Bridge.*

(**2**) *An advantage :* ventaja. *To take advantage of an opportunity :* aprovechar una oportunidad.

(**3**) Contracción de *had* y no de *would ;* para distinguir cúal es hay que considerar la forma verbal a la que auxilia y el contexto.

6 I went by train to Bou**logne.** At the **ho**verport, I bought* some **du**ty-free ciga**ret**tes. (**4**)

7 Then the **ho**vercraft ar**ri**ved. It was **ve**ry im**press**ive. Like (**N. 1**) a huge **seamon**ster.

8 Not **o**nly does it **ca**rry **pa**ssengers, but **al**so cars, **coa**ches and **e**ven **lo**rries. (**5**)

9 E**ven**tually, when **e**veryone was on board, the thing rose* up on a **cush**ion of air and set* off.

10 You **cou**ldn't see* **any**thing through the **win**dows, be**cause** there was too much spray.

11 It was fan**tas**tic! In **o**nly half an hour we were in **Do**ver.

12 My first im**press**ions weren't **mar**vellous. It was **rai**ning!

13 As I got out of the **ho**vercraft and **head**ed for the **Cus**toms, I **sud**denly **re**alised that I was in a **fo**reign **coun**try.

14 **E**verything was in **En**glish and I **sud**denly be**gan*** to **pa**nic.

15 I went through the " **no**thing to de**clare** " lane and got **on**to a coach to go to the **sta**tion. (**6**)

16 I **had**n't **spo**ken* a word and **no** one had **spo**ken* to me.

6 ... **hou**vepoort... **diu**ti frii... — **7** ... im**pre**siv ... hiudch... — **8** ... **pa**sëndchiërs... **kou**chis... **lo**riis. — **9** i**ven**chuëli... on boord... rous... — **10** ... zru sprei. — **11** ... fan**tas**tik !... **dou**vë. — **12** ... im**pre**shëns... **maar**vëlës... — **13** ... **he**dëd... **kas**tëms ... rii**ë**laisd... — **15** ... di**kleär** lein...

6 Fui en tren hasta Boulogne. En el hoverport compré cigarillos libres de impuestos.

7 Luego llegó el hovercraft. Era (muy) impresionante. Como un enorme monstruo marino.

8 No sólo lleva pasajeros, sino también coches, autobuses y camiones.

9 Finalmente, cuando todo el mundo estaba a bordo, el aparato se elevó sobre un cojín de aire y salió.

10 No se podía ver nada por las ventanas, pues había mucha espuma.

11 ¡ Era fantástico ! En sólo media hora estábamos en Dover.

12 Mis primeras impresiones no fueron maravillosas. ¡ Estaba lloviendo !

13 Al salir del hovercraft y encaminarme a la aduana, de repente me dí cuenta de que estaba en un país extranjero.

14 Todo estaba en inglés y de repente empecé a sentir miedo.

15 Pasé por el pasillo de « nada que declarar » y subí al autobús para ir a la estación.

16 No había hablado una palabra y nadie me había hablado a mí.

NOTES (continued)

(**4**) *To hover* quiere decir « cernerse », es decir volar sin hacer movimientos. *A craft :* un barco. Aunque pueden traducirse, ya se admiten en castellano *hovercraft* y *hoverport*.

(**5**) *« Does »* sirve para subrayar la idea « no sólo... sino también ». Puede decirse : *it carries not only passengers, but also cars.* Ponga atención : *a car :* un coche ; *a coach :* un autobús o autocar.

(**6**) *A lane :* pasillo, corredor, carril (de autopista), etc.

EXERCISES

1 He got out of the coach and **head**ed for the **Cus**toms **buil**ding. — **2** The **mon**ster rose up from the loch. — **3** You **cou**ldn't see **any**thing through the **win**dows be**cause** of the spray. — **4** Let's take ad**van**tage of the fine **wea**ther. — **5** We can go for a **pic**nic if you like.

Fill in the missing words:

1 *Tras haber comprado cigarrillos y haber tomado un café subió al autocar.*

After . . . . . . some cigarettes and . . . . a coffee he . . . . the coach.

2 *Se ha recuperado de su enfermedad y se ha ido a Suiza.*

She has . . . . her illness and . . . . to Switzerland.

3 *No sólo bebe demasiado, sino que posee una cervecería.*

. . . . does he . . . . but he . . . . a brewery!

4 *Finalmente, cuando todo el mundo estuvo a bordo, el avión despegó.*

. . . ., when everyone was . . . ., the plane took . . .

5 *No importa, podemos coger el hovercraft, es más rápido.*

Never . . . ., we can . . . . the . . . ., it's . . . .

EJERCICIOS

1 Salió del autocar y se encaminó al edificio de aduanas. — **2** El monstruo surgió del lago. — **3** No se podía ver nada por las ventanas a causa de la espuma. — **4** Aprovechemos el buen tiempo. — **5** Podemos ir de campo si te parece.

Respuestas

1 buying - drinking - got into. — **2** got over - has gone. — **3** Not only - drink too much - owns. — **4** Eventually - on board - off. — **5** mind - take - hovercraft - quicker/faster.

Quizá las grabaciones le parezcan demasiado rápidas, pero están grabadas a la velocidad de la conversación normal. Cuando tenga el texto delante, lo comprenderá usted todo fácilmente. Se trata de acostumbrarse a comprender sin leer.

No debe olvidar que incluso sus propios compatriotas son difíciles a veces de entender cuando hablan deprisa o en voz baja ; así pues, piense que lo mismo ocurre con los ingleses. No se preocupe si tiene que volver a escuchar de nuevo las audiciones desde el principio para ir acostumbrando el oído.

Second wave: 85th Lesson

Hundred and thirty-fifth (135th) Lesson

Arrival in London

1 On the train, I **man**aged to re**lax** a **lit**tle and look at the **coun**tryside. (**1**)
2 It's true what they say, **En**gland is **beau**tiful and green, **e**ven in the rain. (**2**)
3 I **star**ted **rea**ding* my **guide**-book and **look**ing for ad**dre**sses of ho**tels** and " Bed and **Break**fasts ".
4 The door of my com**part**ment **sud**denly **o**pened and a man in **u**niform said: " **Tick**ets, please ".
5 The first words **some**one had **spo**ken* to me, and I had under**stood*** them!
6 I took* my **cou**rage in both hands and asked: " What time do we ar**rive** in **Lon**don? "
7 — " **We**'ll be at **Cha**ring Cross in a**bout** an hour, sir ". I still under**stood***.
8 I was now very ex**ci**ted. I had found* the ad**dress** of a cheap ho**tel**
9 and I **coul**dn't wait to ar**rive.**
10 **Cha**ring Cross is like any big **rail**way **sta**tion, big, **noi**sy and **crow**ded.
11 Out**side,** I found* a **ta**xi, **so**rry, a " cab " and gave* the **dri**ver the ad**dress.** (**3**)
12 **Dri**ving* in **Lon**don was **hea**ven com**pa**red to **Pa**ris.

PRONUNCIATION

1 ... manidchd... rilaks... — **2** ... tru... — **3** ... gaid-buk... ädresis... beden brekfësts. — **4** ... iunifoorm sed... — **6** ... kärëdch... aaskt... — **8** ... eksaitit... chiip... — **10** ... noisi... kraudid. — **12** ... hevën...

Lección ciento treinta y cinco

Llegada a Londres

1 En el tren, conseguí tranquilizarme un poco y mirar el paisaje.
2 Es verdad lo que se dice, Inglaterra es hermosa y verde, incluso bajo (en) la lluvia.
3 Empecé a leer mi guía (libro) y a mirar direcciones de hoteles y « pensiones ».
4 La puerta de mi departamento se abrió de repente y un hombre de uniforme dijo : « billetes, por favor ».
5 [Eran] las primeras palabras que alguien me dirigía (había hablado) y las había entendido.
6 Me armé de valor (cogí mi valentía con las dos manos) y pregunté : «¿ A qué hora llegaremos a Londres ? ».
7 — « Estaremos en Charing Cross dentro de una hora, aproximadamente, señor ». También (aún) comprendí.
8 Estaba entonces (ahora) muy animado. Había encontrado la dirección de un hotel barato
9 y estaba impaciente por (no podía esperar para) llegar.
10 Charing Cross es como cualquier gran estación de ferrocarril, ruidosa y llena de gente.
11 Fuera, tomé (encontré) un taxi, perdón un « cab » y dí la dirección al conductor.
12 Circular por Londres era el paraíso comparado con Paris.

NOTES

(1) *To manage* (de donde proviene *a manager*) : dirigir una empresa. Aquí : conseguir, llegar a, arreglárselas para. *He managed to improve his English in only three months :* consiguió mejorar su inglés en sólo tres meses.

(2) *True :* verdadero, cierto ; *the truth :* la verdad. *Tell me the truth :* dime la verdad. *A truthful person :* alguien que dice la verdad.

(3) Los londinenses, para referirse a los taxis negros típicos de la ciudad usan preferentemente *cab* en lugar de *taxi.*

13 **Ev**eryone was much more po**lite** and calm, but they were **dri**ving* on the wrong side of the road!
14 The ho**tel** I had **cho**sen* was in **Ken**sington, so I saw* quite a lot of **Lon**don from the cab.
15 At last, we ar**ri**ved at the ho**tel.** I paid the **dri**ver and gave* him a tip.

13 ... pö**lait**... kaam... — 14 ... **ken**singtön... — 15 ... peid... tip.

EXERCISES

1 I took my **cou**rage in both hands and said " No ". — **2** Don't take a **ta**xi, it's too **crow**ded. — **3** Is it true what they say, it rains all the time? — **4 We**'ll be there in a**bout** an hour. — **5** Pay the **dri**ver and give him a tip.

Fill in the missing words:

1 *Aunque hablaba muy deprisa, conseguí entenderlo.*

.... he was speaking quickly, I .... understand ...

2 *Los dos estábamos muy animados e impacientes por llegar.*

We were .... very .... and .... wait .. ..

3 *Dale la dirección al conductor y que la encuentre él.*

Give the ...... the .... and ... him find ..

13 Todo el mundo era mucho más educado y tranquilo, pero ¡conducían por el lado de la calle que no era (equivocado)!
14 El hotel que había elegido estaba en Kensington, así que vi bastante de Londres desde el taxi.
15 Finalmente llegamos al hotel. Pagué al conductor y le di una propina.

EJERCICIOS

1 Me armé de valor y dije «no». — **2** No cojas un taxi, hay demasiada gente. — **3** ¿Es verdad lo que dicen, que llueve todo el tiempo? — **4** Estaremos allí en una hora aproximadamente. — **5** Paga al conductor y dale una propina.

4 *Quiero que me des la dirección de un hotel barato.*

I want . . . to . . . . . . the address of a . . . .

5 *¡Estoy harto! Aunque Inglaterra es muy bonita llueve todo el tiempo.*

I'm . . . up! Although England . . very beautiful, it rains . . . .

Respuestas

1 Although - managed to - him. — **2** both - excited - couldn't - to arrive. — **3** driver - address - let it. — **4** you - give me - cheap hotel — **5** fed - is - all the time.

Second wave: 86th Lesson

135th LESSON

Hundred and thirty-sixth (136th) Lesson

Conversions

1 The ho**tel** was fine: small but **com**fortable and only thirty-five pounds a night with **break**fast.

2 I checked in, put* my case in my room and set* out to dis**co**ver **Lon**don.

3 **To**ny inter**rup**ted: " You were **lu**cky, you know. Thirty-five pounds a night is **ve**ry cheap.

4 You could have paid (**N. 2**) up to sixty pounds — and for a small room, too ".

5 " I know* ", said Pierre, " but **Lon**don is **chea**per than **Pa**ris.

6 Ex**cept** the tube: that's much **dea**rer, and far less **mo**dern than our **Mé**tro.

7 I de**cid**ed straight a**way** to walk **e**very-where. I **e**ven bought* a pair of shoes. (**1**)

8 That was a bit of a **prob**lem. The **sa**lesman asked: " What size do you take*? "

9 I had no id**e**a. **For**tunately he had a con**ver**sion **ta**ble.

10 " You take* a size **for**ty-two! that makes* you nine and a half.

11 We have a nice pair in the sales: only fifty pounds re**du**ced from one hundred pounds. " (**2**)

12 I got* a **bar**gain. I put* my old shoes in a bag and walked out in my new ones. (**3**)

PRONUNCIATION

1 ... fain... **kamf**tëböl... — **2** ... chektin... — **3** ... intë**rap**tit... — **6** ... **dii**ërë... — **7** ... streit ä**uel**... **ev**riueär... — **8** ... **seil**smän... sais... — **9** ... ai**dii**ä... kön**ver**shën **tei**bël... — **11** ... ri**diust**...

Lección ciento treinta y seis

Equivalencias

1 El hotel estaba bien : pequeño pero cómodo y sólo treinta y cinco libras por noche, con el desayuno.
2 Me inscribí, llevé (puse) mi maleta a la habitación y salí para descubrir Londres.
3 Tony [me] interrumpió : « Tuviste suerte, sabes. Treinta y cinco libras por noche es muy barato.
4 Podrías haber pagado hasta sesenta libras — incluso por una habitación pequeña ».
5 « Lo sé », dijo Pierre « pero Londres es más barato que Paris,
6 menos el metro ; es mucho más caro, y bastante más moderno que el nuestro ».
7 Decidí inmediatamente ir a pie a todos lados. Incluso [me] compré un par de zapatos.
8 Esto supuso un pequeño problema. El dependiente [me] preguntó «¿ Qué número calza usted ? ».
9 No tenía ni idea. Afortunadamente tenía (él) una tabla de equivalencias.
10 « Usa usted un cuarenta y dos ; lo que equivale al (le hace a usted) nueve y medio.
11 Tenemos un bonito par en rebajas : sólo cincuenta libras en lugar de (reducido des) cien ».
12 Fue una buena compra. Puse mis zapatos viejos en una bolsa y salí con los nuevos puestos.

***

NOTES

(**1**) *Everywhere* : por todas partes, por cualquier parte ; *nowhere* : [**noo**ueer] : en ninguna parte.

(**2**) *To sell* : vender ; *a sale* : una venta. *The sales* : rebajas, saldos.

(**3**) *Old* : viejo o antiguo. *My old school* : mi antigua escuela.

13 I had no idea **Lon**don was so large. It took* me an hour to walk to Tra**fal**gar Square.
14 I **wan**ted to look at the **pain**tings in the **Nat**ional **Gal**lery.
15 I had a**no**ther nice sur**prise**: it was free.

13 ... laarch... träfalgä skueer. — **14** ... peintings... — **15** ... sërprais...

EXERCISES

1 I like all the **pain**tings ex**cept** one. — **2** She should have walked a**round** **Lon**don. You see more. — **3** I **cou**ldn't re**mem**ber what size I took. — **4** I can't af**ford** de luxe ho**tels,** I have to stay in " Bed and **Break**fasts ". — **5** There is a nice pair of shoes in the sales.

Fill in the missing words:

1 *No tengo ni idea del número que uso. Quizá el nueve.*

I have . . . . . . what . . . . I take. . . . . a nine.

2 *No tenían ya zapatos de rebajas, tuve que contentarme con unas botas.*

They had . . . . . . shoes . . . . . sales, I had to . . . . . . with boots.

13 No tenía idea de que Londres era tan grande. Me llevó una hora llegar [andando] a Trafalgar Square.
14 Quería ver los cuadros de la National Gallery.
15 Me llevé otra buena sorpresa : era gratis.

***

EJERCICIOS

1 Me gustan todos los cuadros menos uno. — **2** Debería haber recorrido Londres a pie. Se ve más. — **3** No pude recordar que número uso. — **4** No me puedo permitir hoteles de lujo, tengo que alojarme en pensiones. — **5** Hay un bonito par de zapatos en las rebajas.

***

3 *Tuvimos suerte, entramos en seguida.*

We ...., we went in ....

4 *Tenemos un pequeño problema : he perdido mi cartera y mi pasaporte.*

We have a ... of . problem: I've .... my ......

and my ....

5 *Habrías podido pagar mucho más que eso. Hasta trece libras.*

You .... paid .... than that. .. ..

.... pounds.

Respuestas

1 no idea - size - Perhaps. — **2** no more - in the - make do. — **3** were lucky - straight away. — **4** bit - a - lost - wallet - passport. — **5** could have much (far) more - Up to thirteen.

Second wave: 87th Lesson

Hundred and thirty-seventh (137th) Lesson

1 After an hour's **wal**king and an **hour**'s **cul**ture, I felt* **hun**gry. (**1**)
2 I looked in vain for an **En**glish **res**taurant but there **was**n't one in sight.
3 I could have **ea**ten* **pi**zza, crêpes, **ham**burgers, but no **En**glish food.
4 So I went **in**to a pub and had a pint of **be**er and a **sand**wich. (**2**)
5 Then I con**tin**ued my explo**ra**tions. One thing struck* me:
6 The **the**atres and **cin**emas were all **chea**per than at home.
7 A good seat in a **the**atre was a**bout** ten pounds. (**3**)
8 I made* up my mind to go and see a play be**fore** **lea**ving*.
9 My first day was exh**au**sting. I saw* so much that I can't re**mem**ber **ev**erything. (**4**)
10 I **no**ticed how the **Lon**doners I saw seemed **cal**mer, **e**ven at five o'clock **du**ring the rush hour.
11 A**no**ther thing that im**pressed** me was the **num**ber of parks:

PRONUNCIATION

1 ... auërs kölchär... — **2** ... vein... — **3** piitsä, krëps... hambörguërs... — **4** ... pab... paint... sanduich... — **5** ... eksplöreishëns ... strak... — **7** ... siit... sietë... äbaut... sinëmas... — **8** ... maind... — **9** ... eksoostin... evrizin. — **10** ... nootist... löndönërs... rash auä... — **11** ... imprest...

Lección ciento treinta y siete

1 Tras una hora de paseo y una hora de cultura, tenía hambre (me sentía hambriento).
2 Busqué en vano un restaurante inglés, pero no había ninguno a la vista.
3 Podría haber comido pizza, crêpes, o hamburguesas, pero no comida inglesa.
4 Así pues, entré en un pub y pedí una pinta de cerveza y un sandwich.
5 Luego seguí mis exploraciones. Una cosa me llamó la atención :
6 Los teatros y cines eran todos más baratos que en nuestro país.
7 Una buena localidad en un teatro valía alrededor de diez libras.
8 Me decidí a ir a ver una obra de teatro antes de irme.
9 Mi primer día fue agotador. Vi tanto que no puedo recordarlo todo.
10 Me dí cuenta de lo tranquilos que parecían los londinenses que ví, incluso a las cinco, durante la hora punta.
11 Otra cosa que me impresionó fue el número de parques :

***

NOTES

(**1**) Sinómino de : *I was hungry.*

(**2**) *A sandwich :* [**sand**uich], plural *sandwiches* [**sand**uichis]. La palabra proviene probablemente del *'Earl of Sandwich* (1718-1792) quien « inventó » esta forma de comer el pan con diversos ingredientes.

(**3**) ¡ Ojo, Los precios que le proponemos no reflejan forzosamente la realidad !

(**4**) *To exhaust* [eks**oost**] : agotar. *She's exhausted :* está agotada. *An exhaust pipe :* tubo de escape.

12 St **James**, Hyde Park, Green Park — and you were al**lowed** to walk on the grass. (**5**)
13 I went to **Spea**ker's **Cor**ner and **lis**tened to **some**body **tal**king a**bout** immi**gra**tion. (**6**)
14 He said the **coun**try was full of **for**eigners, so I went a**way** qu**i**etly.

12 ... seint **dcheims**, haid... **äla**ud... — **13** ... **spii**kërs... **li**sënd... imi**greis**-hën. — **14** ... **fo**rënërs... ku**aië**tli.

EXERCISES

1 I feel a bit ill. May I sit down please? — **2** I'm exh**au**sted, I have been **wal**king all day. — **3** What struck me was the **num**ber of parks. — **4** You can choose **ei**ther **pi**zza or **ham**burger, but not both. — **5** She likes **li**ving a**broad**: she meets many **di**fferent **pe**ople.

Fill in the missing words:

1 *Desde hace una hora camina bajo la lluvia y se siente cansado.*

He . . . . walking . . . an hour . . the rain and he . . . . . tired.

2 *Buscaron en vano una cabina telefónica, pero no había ninguna.*

. . . . looked . . . . for a telephone box: there . . . . . . one.

3 *Suspiró cuando le dijeron que no podía reservar los asientos.*

He . . . . . . when . . . . told him he . . . . his . . . . .

12 Saint-James, Hyde Park, Green Park — y se permite andar por el césped (la hierba).
13 Fuí al Speaker's Corner y oí que alguien hablaba de la inmigración.
14 Decía que el país estaba lleno de extranjeros, así que me fuí discretamente.

NOTES (continued)

(5) *Grass* (hierba) se usa a veces en lugar de *lawn* [loon] (césped).

(6) *Speaker's Corner* (el rincón de los oradores) es una esquina de Hyde Park en el que cualquiera puede pronunciar el discurso que desee. Merece la pena escuchar algunos.

EJERCICIOS

1 Me siento un poco enfermo. ¿ Puedo sentarme, por favor ? — **2** Estoy agotado. He estado paseando todo el día. — **3** Lo que me llamó la atención fue el número de parques. — **4** Se puede elegir entre pizza o hamburguesa, pero no las dos. — **5** Le gusta vivir en el extranjero : se encuentra con mucha gente distinta.

4 *Los londinenses son generalmente tranquilos, pero los londinenses que yo ví eran ruidosos.*

. . . . are . . . . calm, but . . . Londoners I . . . were . . . . .

5 *El metro es caro, así que coge un taxi, no cuesta mucho más.*

The tube is . . . . , so take a taxi; . . . . not . . . .

Hundred and thirty-eighth (138th) Lesson

1 I had changed my **mo**ney in **En**gland and had got a good rate for my francs. (**1**)
2 I did some **sho**pping and bought* all the tra**di**tional things that **tou**rists buy*.
3 **Shet**land **pul**lovers, a tweed **jack**et. I was **e**ven **go**ing to buy* a **di**nner-jacket, (**2**) (**3**)
4 but it would have been a **lit**tle too ex**tra**vagant.
5 The night be**fore** I left*, I went to see a **musical.** (**4**)
6 As you know*, we don't have **ma**ny in **Par**is, so I was **loo**king **for**ward (**N. 4**) to it very much.
7 I **thor**oughly en**joyed** it. The **ac**ting, the **sin**ging and the **cos**tumes were all so pro**fess**ional!
8 **Lea**ving* the **the**atre was like **com**ing* out **in**to a**no**ther world.

PRONUNCIATION

1 cheindchd... reit... — **2** boot... trä**di**shënöl... — **3** **shet**länd **pu**loovërs... tuiid... **dii**në-dchakët. — **4** ... ä **li**tël tuu ex**tra**vägänt. — **5** ... **miu**sikäl. — **6** ... **foo**ruärd... — **7** ... **zo**röuli en**dchoid**... **Kö**stiums... prö**fes**hënöl !

Respuestas

1 has been - for - in - feels. — **2** They - in vain - wasn't. — **3** sighed - they - couldn't book - seats. — **4** Londoners - generally the - saw - noisy. — **5** dear/expensive - it's - much more.

Second wave: 88th Lesson

Lección ciento treinta y ocho

1 Había cambiado mi dinero en Inglaterra y había logrado un buen cambio para mis francos.
2 Hice unas compras y compré todas las cosas tradicionales que compran los turistas.
3 Jerseys « shetland », una chaqueta de tweed. Iba incluso a comprarme un smoking (chaqueta de etiqueta),
4 pero hubiera sido un poco extravagante.
5 La noche antes de irme, fui a ver un (espectáculo) musical.
6 Como sabes, no hay muchos en Paris, así que estaba esperando con impaciencia verlo.
7 Me divertí de veras. La interpretación, las canciones (el canto), y el vestuario (trajes) ¡ eran tan profesionales !
8 Dejar el teatro fue como salir a otro mundo.

***

NOTES

(**1**) *A rate* : una tasa. *The rate of exchange* : el cambio, el tipo de cambio (en inglés *change* también quiere decir « cambio » en el sentido de « dinero suelto »).

(**2**) *Tweed* es un tejido escocés muy resistente. El más conocido es el *Harris Tweed.*

(**3**) Nunca se ha sabido por qué en España, y también en otros países, se ha usado la expresión *« smoking »* para ir vestido de etiqueta. Los ingleses lo llaman *a dinner-jacket.* En Estados Unidos se dice *a tuxedo.*

(**4**) También podría decirse : *before leaving.*

9 I had a late **su**pper, this time in an **ex**cellent Chi**nese res**taurant.
10 The next day, I packed my bags and my souve**nirs**, (**5**) (**6**)
11 said good**bye** to **ev**erybody and strolled to the **sta**tion.
12 The **jour**ney back was less **plea**sant. I was un**ha**ppy to leave
13 and the **Chan**nel was **ve**ry rough that day. (**7**)
14 If you are in a boat on a rough sea, you roll;
15 but in a **ho**vercraft you go up and down as in a lift. (**8**)
16 **Sev**eral **pe**ople were sick, so I had a large **bran**dy to **stren**gthen my**self.** (**9**)

9 ... sapë... — **10** ... pakt... suvëniiërs, — **11** ... strroold... — **12** ... plesänt... anhapi... — **13** ... raf... — **16** ... brandi... strengzën...

EXERCISES

1 I was in a bad mood be**cause** I had to leave. — **2** These souve**nirs** re**mind** me of my stay in **Eu**rope. — **3** It was such a rough day that the ship was **rol**ling. — **4** It would have been a**mu**sing to buy a **bow**ler hat. — **5** Through**out** the **mu**sical the **ac**ting was su**perb.**

9 Cené tarde, esta vez en un excelente restaurante chino.
10 Al día siguiente, hice las maletas y (metí en ellas) mis souvenirs,
11 dije adiós a todo el mundo y fui paseando hasta la estación.
12 El viaje de regreso fue menos agradable. No estaba contento de volver,
13 y el canal estaba muy picado ese día.
14 Si se está en un barco con el mar picado, se bambolea uno ;
15 pero en un hovercraft, se baja y se sube como en un ascensor.
16 Mucha gente se puso enferma, así que me tomé un brandy doble para fortalecerme.

NOTES (continued)

(**5**) *To pack* : hacer las maletas. *Please pack these books* : por favor, pon estos libros en la maleta. *Packaging* : embalaje.

(**6**) *Souvenir* es una palabra de origen francés que se usa en casi todos los idiomas para indicar los recuerdos típicos de una región, en los que los turistas se gastan la mayor parte de su dinero. *Memories* significa recuerdos, pero recuerdos de la mente.

(**7**) *Rough* [raf] : rudo, duro ; aplicado al mar quiere decir, mar picado, movido, revuelto, marejada. *A rough copy* : un borrador.

(**8**) Cuando se comparan dos acciones se dice *as : He changes cars as I change my socks* : cambia de coche como yo de calcetines.
Cuando se comparan cosas se dice *like* : *This meat is like rubber* : esta carne es como de goma.

(**9**) *Strength* : fuerza. *To strengthen* : fortificar, fortalecer, reforzar.

EJERCICIOS

1 Estaba de mal humor porque tenía que marcharme. — **2** Estos souvenirs me recuerdan mi estancia en Europa. — **3** Era un día tan agitado que el barco se bamboleaba. — **4** Habría sido divertido comprar un sombrero hongo. — **5** A lo largo de todo el (espectáculo) musical, la actuación fue soberbia.

Fill in the missing words:

1 *No le gusta coger el barco con mal tiempo.*

She doesn't .... the boat .. ... weather.

2 *El día antes de irme estaba de muy mal humor.*

The day ...... I ...., I was in a very ... .

3 *El viaje de vuelta es siempre más triste. ¿ Estás de acuerdo ?*

The .... is always ...... Do you .....?

Hundred and thirty-ninth (139th) Lesson

Mothers

1 — My son **Tho**mas is **do**ing very well on the stage. (**1**)
2 He writes* and says that **e**very night he plays a **vi**llager, a **gy**psy and two **sol**diers,
3 where**as** the star of the play — a Mr **Ham**let — **on**ly plays one part.

4 A young man was **sit**ting* in the lounge of a large ho**tel** **sip**ping a glass of punch. (**2**)

PRONUNCIATION

1 ... tömäs... steidch — **2** ... ses... vilädch ë... dchipsi... souldchërs, — **3** ueras... — **4** laundch... panch.

4 *¡ Has cogido el hovercraft ! ¿ Cómo es ?*

You've ..... the hovercraft! What's .. ....?

5 *No soporto los espectáculos musicales — Yo tampoco.*

I can't .... — Neither .... .

Respuestas

1 like taking - in bad/rough. — **2** before - left - bad mood. — **3** journey back - sadder - agree. — **4** taken - it like. — **5** stand musicals - can I.

Second wave: 89th Lesson

Lección ciento treinta y nueve

Madres

1 — A mi hijo Thomas le va muy bien en el teatro (escena).
2 Escribe que cada noche interpreta a un aldeano, a un gitano y a dos soldados,
3 mientras que el protagonista de la obra — un tal Sr. Hamlet — interpreta sólo un papel.

4 Un joven estaba sentado en el salón de un gran hotel sorbiendo [de] un vaso de punch.

NOTES

(**1**) *To do well :* irle bien a uno, desenvolverse bien, triunfar. *Her new novel is doing well :* su nueva novela es un éxito. Lo contrario es *to do badly*.

(**2**) *A punch :* un puñetazo (ya hemos visto *kick,* una patada) ; *to punch :* dar un puñetazo. Sin embargo, la bebida en cuestión no ha recibido este nombre por los efectos de su consumo sino por la palabra hindú *« panch »* que quiere decir « cinco », pues dicha bebida tenía en su origen cinco ingredientes.

5 A **lit**tle girl came* up to him and said: " What's your name? "

6 The young man told* her his name.

7 — Are you **ma**rried? she asked. — No, said the man.

8 The **li**ttle girl was **qu**iet for a **mo**ment, then she turned to a **wo**man **stan**ding* near**by** and **shou**ted: (**3**) (**4**)

9 — What else did you tell* me to ask him, **Mu**mmy?

10 Young **Ji**mmy was **gree**dily **ea**ting* a bar of **cho**colate. (**5**)

11 His **fa**ther said **an**grily: " I've told* you not to eat* be**tween me**als. Did you ask Mum if you could have that **cho**colate? "

12 — Yes, said **Ji**mmy. — Come on, I want the truth.

13 A pause. — Yes, I did, and she said " No ".

14 " The man who is **ti**red of **Lon**don is **ti**red of life ".

Dr **John**son (**6**)

7 ... mariid ?... — **8** ... niiërbai... shautit. — **9** ... els... — **10** ... dchimi... griidili... baa... choklit. — **11** ... bituin... — **12** ... truz. — **13** ... poos... — **14** ... dchonsën.

EXERCISES

1 I **he**ar he is **do**ing very well in his new job. — **2** What a **gree**dy **lit**tle boy! That is your fourth bar of **cho**colate. — **3** He might be an **ac**tor. I've seen him on stage. — **4** Try not to ask too **ma**ny **ques**tions. — **5** There is a church near**by.**

5 Una niña se acercó a él y dijo «¿ Cómo se llama usted ? »
6 El joven le dijo su nombre.
7 — ¿ Esta usted casado ? — preguntó — No, dijo el hombre.
8 La niña permaneció callada durante un momento, luego se volvió a una mujer que estaba (en pie) cerca y gritó :
9 — ¿ Qué más me dijiste que le preguntara, mamá ?

10 El joven Jimmy estaba comiendo ávidamente una barra de chocolate.
11 Su padre, enfadado, le dijo : « Te he dicho que no comas entre comidas. ¿ Preguntaste a mamá si podías comerte esa chocolatina ? ».
12 — Sí, dijo Jimmy. — Vamos, quiero [que me digas] la verdad.
13 Un silencio (pausa). — Sí, lo hice, y ella dijo « no ».

14 « El hombre que está cansado de Londres esta cansado de la vida ».

Dr Johnson.

NOTES (continued)

(**3**) *Quiet :* tranquilo, pero también callado. *Be quiet :* no hagas ruido, cállate, estáte quieto.

(**4**) *Near, nearby :* cerca, al lado.

(**5**) *Greedy :* goloso ; *greedily :* golosamente, ávidamente, con fruición. La palabra francesa « gourmet » se usa también en inglés, al igual que en español, dado que tiene su origen en el país galo.

(**6**) *Doctor Samuel Johnson* (1709-1784), escritor y lexicógrafo, publicó su *Dictionary* en 1755. Su biografía, escrita por Boswell, es quizá el mejor ejemplo de este género en lengua inglesa.

***

EJERCICIOS

1 Oigo [decir] que se desenvuelve muy bien en su nuevo empleo. — **2** ¡ Qué chico más goloso ! Es tu cuarta barra de chocolate. — **3** Podría ser actor. Lo he visto en el teatro (escena). — **4** Intenta no hacer demasiadas preguntas. — **5** Hay una iglesia aquí cerca.

Fill in the missing words:

1 *Le estaría muy agradecido si pudiera darme alguna información.*

I . . . . . be very . . . . if you . . . . . give me some . . . .

2 *¿ Has preguntado a mamá si podías tomar prestadas las tijeras ?*

Did you . . . Mum if you . . . . the scissors?

3 *¿ Qué más necesitamos ?*

. . . . do we . . . . ?

4 *Quiero que me digas la verdad. ¿ Dónde pusiste la escalera ?*

I . . . . you . . . . . . me the . . . . . Where did you . . . the ladder?

Hundred and fortieth (140th) lesson

REVISION AND NOTES

Notas para revisar : Lección **134** : (3) - Lección **136** : (1) - Lección **137** : (1) - Lección **138** : (8).

1 As y **like.** — Pueden hacerse comparaciones entre dos cosas o dos personas o dos acciones ; la palabra « como » española puede decirse, según los casos, *as* o *like*.

5 *Se me acercó y me pidió fuego.*

He .... me and asked me for a .....

Respuestas

1 would - grateful - could - information. — **2** ask - could borrow. — **3** What else - need. — **4** want - to tell - truth - put. — **5** came - up to - light.

Second wave: 90th Lesson

Lección ciento cuaranta

Al comparar dos cosas o personas: Londres, como Madrid, es una capital: *London, like Madrid, is a capital.* Su casa es como un palacio: *His house is like a palace.* A Mary, como a Jane, le gustan las naranjas: *Mary, like Jane, likes oranges.*
Al comparar dos acciones: Se visten como hace 200 años: *They dress as they did two hundred years ago.* Preste atención al segundo término de la comparación que puede llevar o no verbo: habla como su padre: *He talks like his father* (el segundo término no lleva verbo). Habla como habla su padre: *He talks as his father talks* (el segundo término lleva verbo).

Si hay duda es mejor usar *like.* Es preferible cometer una falta gramatical y dejar claro el sentido, que usar un vocablo como *as* que tiene tantos usos y sentidos.

Tan... como. Es tan grande como su madre : *she's as big as her mother.* No son tan importantes como nosotros : *They are not as (so) important as us.*

2 Veamos posibles traducciones en el uso de *could* y *might. He could have done it :* podría haberlo hecho y habría podido hacerlo. *He might have done it :* puede que lo haya hecho ; *I can do it :* puedo hacerlo, *I may do it :* puede que lo haga.

No olvidemos que *could* es a las vez pasado de *can* y auxiliar condicional de otros verbos. Si puede haber confusión se usa *was able to* para la forma del pasado. *He was able to do it (he could do it) :* podía hacerlo. Si « poder » se usa en el sentido de « tener permiso para » (como en la lección 137, línea 12) se dice empleando *to be allowed to... Are we allowed to smoke ? :* ¿ Podemos fumar ?

3 La preposición se sitúa al final de la frase en las preguntas y en las oraciones subordinadas. *What are you looking at ?* ¿ Que estás mirando ? *Who did you buy it from ? :* ¿ A quién se lo has comprado ? *I don't know what he has come for :* no sé por qué ha venido.

What should I do it with ? ¿ con qué debería hacerlo ? Aunque los puristas lo hayan criticado como « mal inglés », se usa tanto que ya es « lo correcto ». El uso hace la ley. Uno de los defensores de este uso fue nada menos que Winston Churchill. Así pues, adelante con ello, sin preocuparse por purismos.

4 ¿ Recuerda usted el sentido de estos verbos ? (ver párrafo 8).

I am looking forward to see you. — We thoroughly enjoyed ourselves. — We took advantage of the long weekend. — Please, make up your mind quickly. —

He glanced over his shoulder. — You'll have to make do with tea.

5 Enfermedades. — *Deaf* [def] : sordo ; *dumb* [dam] : mudo ; *deaf and dumb :* sordo-mudo ; *blind* [blaind] : ciego ; *lame* [leim] : cojo ; *a cripple* [kripël] : inválido, tullido.
Enfermo se dice *patient* (paciente decimos también en castellano) cuando se le está atendiendo y *a sick person* en los restantes casos. Un ciego : *a blind person,* etc. (en plural, con sentido general, se dice *the sick* o *the blind*).

6 ¿ Singular o plural ? — Las palabras siguientes tienen siempre forma plural en inglés : *the trousers :* el pantalón (o pantalones) ; *the pyjamas :* el pijama ; the stairs : la escalera (o las escaleras).
Y las palabras siguientes tienen siempre forma singular : *The hair :* los cabellos (o el cabello, pelo, pelos, cabellera, melena, etc.) ; *The news :* las noticias ; *the information :* la información (y las informaciones) ; *the furniture :* los muebles (y el mobiliario).

7 If y **whether** [uedzë] significan « si ».
El primero es simplemente dubitativo : *if he comes, tell him to meet me at ten :* si viene, le dices que se reúna conmigo a las diez.
El segundo, *whether,* implica más de una alternativa : *I don't know whether he will come :* no sé si vendrá o no.

8 Traducción del párrafo 4. — Espero verle con impaciencia. — Nos hemos divertido de verdad. — Hemos aprovechado el puente. — Por favor, decídete rápido. — Echó un vistazo por encima de su hombro. — Tienes que conformarte con el té.

9 Expresiones que conviene recordar. — 1 *Tell me about your trip.* — 2 *It carries not only passengers, but also cars and lorries.* — 3 *I managed to relax.* — 4 *I can't wait to arrive.* — 5 *England is beautiful, even in the rain.* — 6 *Driving in Madrid is a bit dangerous.* — 7 *We gave the driver a tip.* — 8 *You can pay up to 100 pounds a night.* — 9 *They walked everywhere.* — 10 *What size do you take ?* — 11 *It took me an hour on foot.* — 12 *Did you listen to that man talking about politics ?* — 13 *It would have been a little too extravagant.* — 14 *There was a tall woman standing nearby.*

Hundred and forty-first (141st) Lesson

Do you remember?

1 — Ask him if you can **bo**rrow the **lawnmo**wer. — I did, and he said no.

2 He told* me that he **nee**ded it to**day.** What could I say?

3 — You could have said that the grass **nee**ded **cu**tting*. Well, **ne**ver mind. (**1**)

PRONUNCIATION

1 ... loonmooue... sed... — **2** ... kud... — **3** ... nüdid kattin... nevëmaind.

10 Traducción. — 1 Cuéntame tu viaje. — 2 No sólo lleva pasajeros, sino también coches y camiones. — 3 Conseguí tranquilizarme. — 4 Estoy impaciente (no puedo esperar) por llegar. — 5 Inglaterra es bonita, incluso bajo la lluvia. — 6 Conducir por Madrid es un tanto peligroso. — 7 Dimos propina al conductor. — 8 Se pueden pagar hasta 100 libras por noche. — 9 Pasearon por cualquier parte. — 10 ¿ Qué talla usas ? — 11 Me llevó una hora a pie. — 12 ¿ Oyó usted a ese hombre hablando de política ? — 13 Hubiera sido un poco extravagante. — 14 Había una mujer alta (en pie) al lado.

Second wave: 91 st (revision) Lesson

Lección ciento cuarenta y una

1 — Pregúntale si puedo tomar prestado la segadora de césped. — Lo hice y dijo que no.
2 Me dijo que la necesitaba hoy. ¿ Qué podía decirle ?
3 — Podrías haberle dicho que había que cortar la hierba. Bueno, no importa.

NOTES

(1) Repare en la fórmula : *the grass needs cutting* (la hierba necesita ser cortada).
This house needs repairing: hay que reparar esta casa (esta casa necesita ser reparada). Puede sustituirse *needs* por *wants. Your hair wants cutting* : tienes que cortarte el pelo (tu pelo necesita ser cortado -o cortarse-).

4 I was struck* by the calm of the **Lon**doners I met*. (**2**)
5 **Nel**son's **Co**lumn is **ve**ry im**press**ive. The bronze **li**ons at the foot are made* from French **can**nons.
6 I like **pain**tings, and the **pain**tings in the **Na**tional **Gal**lery were **mar**vellous. (**3**)
7 I **har**dly spoke* **a**ny **En**glish. Would you be**lieve** it? **Ev**eryone I met* was French. (**4**)
8 He said he **cou**ldn't wait. He had an **ur**gent ap**point**ment and had to leave*.

9 She must have left*, be**cause** her car **is**n't in the **ga**rage. (**5**)
10 If we had thought* of it **ear**lier, you could have come* with us.
11 He might have come* while I was out, but he would have left* a **mes**sage.
12 I was **a**ble to under**stand*** **ev**erything they said, de**spite** the fact that most of them had heavy **ac**cents. (**6**)

5 ... nelsëns kolëm... brons laiëns... kanëns. — **6** ... maarvëlës. — **7** ... haardli... — **8** ... ërdchënt... — **10** ... ërliä... — **11** ... mait... mesidch. — **12** ... eibël... dëspait...

4 Estaba impresionado por la calma de los londinenses que me encontré.
5 La columna de Nelson es (muy) impresionante. Los leones de bronce, al pie, están hechos de los cañones franceses.
6 Me gusta la pintura (los cuadros) y los cuadros de la National Gallery eran maravillosos.
7 Apenas hablé algo de inglés ¿lo creería usted? Toda la gente que conocí eran españoles.
8 Dijo que no podía esperar. Tenía una cita urgente y tuvo que irse.
9 Tuvo que irse porque su coche no está en el garaje.
10 Si hubiéramos pensado en ello antes, podrías haber venido con nosotros.
11 Puede que haya venido mientras yo estaba fuera, pero habría dejado una nota.
12 Pude comprender todo lo que decían, pese el hecho de que la mayor parte de ellos tenían un fuerte acento.

***

NOTES (continued)

(**2**) La calma de los londinenses: *the Londoner's calm;* **pero** cuando se especifica alguna circunstancia, se usa *of the* para el posesivo. *The wife of the man I was talking to*: la mujer del hombre a quien hablaba (ver lección 140, n° 3).

(**3**) Me gustan los cuadros (en general, o sea, la pintura): *I like paintings*; y los cuadros de la National Gallery eran soberbios: *and the paintings in the National Gallery were superb.*

(**4**) *Hard*: duro; *hardly*: apenas, casi nada. *We hardly saw him*: apenas lo vimos.

(**5**) **No se olvide**: tuvo que, debió de, tiene dos sentidos: el de pasado que se traduce por *he had to*; y el sentido dubitativo que se traduce por *he must have* (líneas 8 y 9).

(**6**) *Most people*: la mayor parte de la gente; *most of them*: la mayor parte, la mayoría de ellos.

13 You bought* so many souvenirs. You must have spent* a fortune!
14 She made* up her mind to study medicine, despite her father's advice.
15 Tell him to come* straight away. We're late already and I don't want to miss the beginning.

13 ... foorchën... — 14 ... stadi medisin... ädvais. — 15 ... uir leit olredi...

EXERCISES

1 Would you like to come round for drinks this evening? — **2** I hardly recognised him dressed like that. — **3** They must have left: their coats have gone. — **4** The oil needs changing. — **5** What time do you want me to come?

Fill in the missing words:

1 *Habrías podido decirle que había que cortar la hierba.*

You ..... have .... that the grass ....

2 *Quiere que nos demos prisa, no le gusta esperar.*

She wants .. .. (up), she .... like ....

Second wave: 92nd Lesson

13 Compraste muchos souvenirs. ¡ Debes haberte gastado una fortuna !
14 Se decidió a estudiar medicina pese a los consejos de su padre.
15 Dile que venga inmediatamente. Ya llegamos tarde y no quiero perderme el comienzo.

***

EJERCICIOS

1 ¿ Te gustaría venir a casa para tomar una copa esta noche ? — **2** Apenás lo reconocí vestido así. — **3** Deben haberse ido, sus abrigos no están (han ido). — **4** Hay que cambiar el aceite. — **5** ¿ A qué hora quieres que vaya ?

***

3 *Han debido cogerlo, no lo encuentro en ningún sitio.*

They .... have ..... it, I can't find it ....

4 *Si hubiera pensado en ello antes, habrías podido venir con nosotros.*

If I ... . it .... you .... left with ..

5 *Puede que haya venido ayer por la tarde, no había nadie en casa.*

She .... come last night, there was .. ... at ....

Respuestas

1 could - told him her - needed cutting. — **2** us to hurry - doesn't - waiting. — **3** must - taken - anywhere. — **4** had thought of - earlier could have - us. — **5** might have - no one/nobody - home.

Hundred and forty-second (142nd) Lesson

English or American?

1 It was **ei**ther **O**scar Wilde or George **Ber**nard Shaw who said that **En**gland and A**meri**ca are di**vi**ded by the same **lan**guage.

2 Who**ev**er it was ought to have said: " **Ame**rican and **En**glish **are** two **si**milar **lan**guages ".

3 An **En**glishman can feel* more dis**o**rientated in the **Uni**ted States than a **French**man or a **Ger**man. (**1**)

4 For ex**am**ple, he will be told* he is **wal**king on a " **side**walk " in**stead** of a **pave**ment.

5 To go up to the third floor of his ho**tel**, he takes* the " **el**evator " and not the lift.

6 If he **wi**shes to **tra**vel a**round** New **York** he must take* the " **sub**way " and not the **un**derground, (**2**)

7 (wher**eas** in **Lon**don, the **sub**way is a **pas**sage **un**der a **bu**sy street). (**3**)

8 He must **ne**ver ask for the **toi**let, but **al**ways the " **bath**room " or the " **rest**room ". (**4**)

9 In some **pub**lic **pla**ces he might **ev**en hear* it called the " **com**fort **sta**tion "!

PRONUNCIATION

1 ... aidzë oskär uaild... bënärd shoo... divaidid... — **2** huevë... ootu... similä... — **3** ... dissooriëntit... steits... — **4** ... saiduook instëd... — **5** ... elëveitö... — **6** ... sabuei... — **7** ... pasidch... — **8** ... toilët... baazrum... restrum. — **9** ... pablik... kamfërt...

Lección ciento cuarenta y dos

¿ Inglés o americano ?

1 Fue Oscar Wilde o George Bernard Shaw quien dijo que los ingleses y los americanos están divididos por la misma lengua.
2 Fuera quien fuese habría que haber dicho « el inglés y el americano son dos lenguas parecidas ».
3 Un inglés puede sentirse más desorientado en Estados Unidos que un francés o un alemán.
4 Por ejemplo le dirán que anda sobre un *sidewalk*, en lugar de un *pavement* — acera —.
5 Para ir al tercer piso de su hotel, coge el *elevator* no el *lift* — ascensor —.
6 Si desea trasladarse en Nueva York debe tomar el *subway* y no el *underground* — metro —,
7 [mientras que en Londres el subway es un paso subterráneo bajo una calle muy transitada].
8 No se debe preguntar nunca por *the toilet* (servicio), sino siempre por *the bathroom* (baño) o *the rest-room* (sala de reposo).
9 En algunos lugares públicos podría incluso oirlo llamar *comfort station* (punto de alivio) !

NOTES

(**1**) *Disoriented*, equivale en la práctica a nuestro « desorientado ». También se puede emplear en el sentido de « inadaptado ». Para expresar la nostalgia del propio país, se suele decir : *I'm home-sick.*

(**2**) *To wish*: desear. *If you wish to leave, please tell me*: si desea usted irse, dígamelo por favor.
To wish puede también tener el sentido de « me gustaría que... », « ojalá ». Suele ir acompañado del condicional. *I wish you would hurry up*: me gustaría que te dieras prisa. *I wish it would rain tomorrow*: ¡ ojalá lloviera mañana !
A wish: un deseo, un anhelo.

(**3**) *Subway* (U.S.A.) : metro. *Subway* (G.B.) : paso subterráneo.
Busy: ocupado. Aquí, aglomerado, muy transitado.

(**4**) Se considera muy vulgar preguntar por *the toilet* en E.U., por lo que la palabra se sustituye por diversos eufemismos (*bathroom* el más corriente).

10 To wash his hands he " **o**pens a **fau**cet " **in**stead of **tur**ning on a tap.

11 Thanks to the **te**levision, how**e**ver, **ma**ny **En**glish **peo**ple, and es**pe**cially **teen**agers, are fa**mi**liar with these words. (**5**)

12 **Spel**ling, too, is **dif**ferent, thanks to a New **York teach**er called **No**ah Webster. (**6**)

13 In **eigh**teen **twen**ty-eight (1828) he **pu**blished his " **Ame**rican **Dic**tionary of the **En**glish **Lan**guage ".

14 Not all his re**forms** were a**dop**ted, but **cer**tain **spel**lings were ac**cep**ted and **exist** to**day.**

15 **En**glish words that end in " -our " (e.g. **neigh**bour, **fa**vour, **ho**nour) are **writ**ten* with**out** the " u " in **Ame**rican,

16 and words that end in " -re " (**thea**tre, **cen**tre) are **writ**ten* as they are pro**nounced** (i.e., **the**ater, **cen**ter) in **Ame**rican.

10 ... foosët... — 11 ... hauevë... tiineidchërs ... fämiliär... — 12 ... nooä uebstë. — 14 ... ädoptit... eksist... — 15 ... neibë, feivë, onë... ämerikän, — 16 ... sentë... prönounst...

EXERCISES

1 It is worth learning to speak American if you go to America. — **2** Thanks to the Assimil books, it is easy. — **3** Whoever wants to can be a pop star. — **4** Take the lift up to the third floor and ask for room one-oh-one. — **5** Whose is this dictionary? I think it's David's.

10 Para lavarse las manos abre el *faucet* en lugar de abrir (girar) el *tap* (grifo).
11 Gracias a la televisión, sin embargo, muchos ingleses, y especialmente los jóvenes, están familiarizados con estas palabras.
12 La ortografía también es diferente, gracias a un profesor de Nueva York llamado Noah Webster.
13 En 1828 publicó su « Diccionario americano de la lengua inglesa ».
14 No todas sus reformas fueron adoptadas, pero ciertas normas de ortografía se aceptaron y existen aún hoy en día.
15 Palabras inglesas que acaban en « -our » — por ejemplo *neighbour, favour, honour* (vecino, favor, honor) — se escriben sin la « u » en americano,
16 y palabras que acaban en « -re » (*theatre, centre*) se escriben como se pronuncian (o sea, *theater, center*) en americano.

NOTES (continued)

(**5**) *Teens*, los años que van entre los 13 y los 20 (son los que acaban en « -teen » : *fourteen, eighteen*, etc.). *A teenager* : un joven, un adolescente.

(**6**) **To spell**, significa deletrear, y de ahí que *spelling* signifique lo equivalente a nuestra ortografía. *How do you spell that word?* : ¿ Cómo deletreas [escribes] esta palabra ?

EJERCICIOS

1 Vale la pena aprender a hablar americano si vas a América. — **2** Gracias al método « Assimil » es fácil. — **3** Cualquiera que quiera puede llegar a ser una estrella del pop. — **4** Coge el ascensor hasta el tercer piso y pregunta por la habitación 101. — **5** ¿ De quién es este diccionario ? Creo que es de David.

Fill in the missing words:

1 *Pese a su consejo, no deberíamos comprar estas acciones.*

.... his advice, we .... buy these shares.

2 *Me las arreglo siempre para evitar causar una discusión.*

I always ...... to avoid .... an ....

3 *No te olvides de apagar la televisión antes de irte a la cama.*

..... forget to turn ... the television before .....

to bed.

Hundred and forty-third (143rd) Lesson

1 When Pierre was in **Lon**don he had with him a list of **use**ful ex**press**ions. Let's have a look at them:

2 I beg your **par**don - I'm **sor**ry - Please ex**cuse** me.

3 I **won**der if you could help me? - Could you tell* me...? - Would you re**peat** that, please? (**1**)

PRONUNCIATION

1 ... iusföl... — **2** ... paardën... — **3** ... uöndë... kud... ripiit...

4 *No deberías haber preguntado por el servicio sino por el baño.*

You ...... not .... asked ... the toilet but the ....

5 *¿ Vale la pena coger el ascensor ? Hay sólo dos pisos.*

.. it .... the lift (elevator)? .... only two ......

Respuestas

1 Despite - should not. — **2** manage - causing - argument. — **3** Don't - off - going. — **4** should - have - for - bathroom. — **5** Is - worth - taking - There are - floors.

Second wave: 93rd Lesson

Lección ciento cuarenta y tres

1 Cuando Pierre estaba en Londres llevaba consigo una lista de expresiones útiles. Echémosles un vistazo.
2 Le pido perdón — Lo siento — Perdone, por favor.
3 ¿ Me pregunto si podría usted ayudarme ? — ¿ Podría decirme ? — ¿ Podría repetirlo, por favor ?

NOTES

(**1**) *To wonder,* ya lo hemos visto, quiere decir, entre otras cosas, preguntarse por. Se emplea frecuentemente en fórmulas de cortesía. *I wonder if you would mind... I wonder if you could tell me..* Son fórmulas excesivamente corteses y educadas.

4 **Thank** you, I'm very **grat**eful - That is very kind of you.
5 Would you mind...? - Is this seat **ta**ken*? - May I sit* down?
6 It **does**n't **mat**ter - It's not im**por**tant - I don't mind - Of course - Of course not.
7 I'm de**li**ghted to meet* you - Give* my re**gards** to your wife. (**2**)
8 What a **pi**ty - I'm a**fraid** I won't be **a**ble to come* - I'd love to.
9 Did you have a good trip? - How was the **cross**ing? - How was the **wea**ther? (**3**)
10 Could you tell* me the way to...? - Is there a bank **ne**ar here? Where?
11 Could you tell* me the time, please? - It's **ra**ther late - I seem to be **ear**ly. (**4**)
12 Where do you come* from? - I'm from Lyons - We've just ar**ri**ved.
13 Do you know* a good **rest**aurant? - There might be one in **Ox**ford Street.
14 I'm a**fraid** I can't help you, I'm a **for**eigner - I don't know* **Lon**don.

4 ... greitföl... — **5** ... siit teikën ?... — **6** ... matë... impoortänt... — **7** ... dëlaitit... — **8** ... äfreid... — **9** ... uedzë ? — **11** ... raadzë... ërli. — **13** ... restörant ?... mait... — **14** ... äfreid... forënë...

EXERCISES

1 Let me intro**duce** you to **Pe**ter, whose **fa**ther is a **far**mer. — **2** Do you mind if I bring my wife? — Of course not. — **3** Ex**cuse** me, what did you say? — It **does**n't **mat**ter. — **4** We are **loo**king **for**ward to **meet**ing you. — **5** It has been a long time since I last saw you.

4 Gracias. Se lo agradezco mucho. Muy amable de su parte.
5 ¿ Le importaría... ? ¿ Está ocupado este asiento ? ¿ Puedo sentarme ?
6 No importa. — No es importante. — No me importa. — Por supuesto. — Por supuesto que no.
7 Encantado de conocerle. — Salude a su esposa.
8 Qué pena. — Me temo que no podré ir. Me apetece.
9 ¿ Tuviste buen viaje ? — ¿ Cómo fue la traversía ? ¿ Qué tiempo hacía ?
10 ¿ Podría decirme el camino a... ? — ¿ Hay un banco cerca de aquí ? ¿ Dónde ?
11 ¿ Podría decirme la hora, por favor ? — Es más bien tarde. — Me parece que voy adelantado (pronto).
12 ¿ De dónde es usted ? Soy de Lyon. — Acabamos de llegar.
13 ¿ Conoces un buen restaurante ? — Podría haber uno en Oxford Street.
14 Me temo que no puedo ayudarle, soy extranjero. — No conozco Londres.

NOTES (continued)

(**2**) Entre gente que se conoce, habiendo confianza, se dice *give my love to...*

(**3**) *To cross :* atravesar ; *a cross :* una cruz ; *a crossing :* una travesía. *A level crossing :* un paso a nivel ; *a zebra crossing :* un paso de cebra. *He's cross :* está enfadado.

(**4**) *Early* (pronto, temprano), tiene también el sentido de ir adelantado.

***

EJERCICIOS

1 Permítame que le presente a Peter cuyo padre es granjero. — **2** ¿ Le importa si traigo a mi mujer ? — Por supuesto que no. — **3** Perdone, ¿ qué dijo usted ? No importa. — **4** Esperamos impacientemente verte. — **5** Ha pasado mucho tiempo desde la última vez que te ví.

Fill in the missing words:

1 *¿ Podría usted indicarme cómo llegar al (el camino del) banco más próximo ?*

..... you .... me the ... to the .... bank?

2 *Espero que los dos estéis bien, no os he visto desde hace mucho tiempo.*

I hope you ... . well, I haven't .... you ... a long time.

3 *¿ De dónde eres ? — De Bilbao, acabamos de llegar.*

..... do you ....? — From Bilbao, we've ... .

4 *Trabajo mucho desde hace un mes, pero no he encontrado suficiente información.*

I .... working hard ... a month, but I .... enough information.

Hundred and forty-fourth (144th) Lesson

In a bank

1 I'd like to change some **mo**ney. What is the rate to**day**?

PRONUNCIATION

... bank. — **1** aid laik tu cheindck... reit...

5 *¿ Está ocupado este asiento ? — No, señor. — ¿ Puede sentarme ?*

.. this seat .....? — No, sir — ... I ... .?

Respuestas

1 Could - tell - way - nearest. — **2** are both - seen - for. — **3** Where - come from - just arrived. — **4** have been - for - haven't found. — **5** is - taken - May - sit down.

Second wave: 94th Lesson

Lección ciento cuarenta y cuatro

En un banco

1 Quisiera cambiar algo de dinero. ¿ A cómo está hoy el cambio ?

2 **Twen**ty pounds in five-pound **no**tes and ten in one-pound **no**tes. (**1**)
3 Do you have **a**ny change? May I use my **cheque**book?

In a post-office

4 I'd like to send* a **tel**egram. How much per word?
5 I need some stamps. How much is it to send* a **post-**card to France?
6 I'd like to cash this **mo**ney-**or**der. (**2**)

At the hotel

7 I'd like a **sin**gle room please. You only have a **dou**ble left? (**3**)
8 Does the room have a **show**er and a **toi**let?
9 If **any**one calls while I'm out, could you take* a **mes**sage? (**4**)
10 Please pre**pare** my bill, I'm **lea**ving in the **mor**ning.

2 ... noouts. — **3** ... ius... chek... - poost... — **4** ... telëgram... për... — **5** ... stamps... poost-kaard... — **7** ... singuöl... daböl... — **8** ... shauë... — **9** ... mesidch ? — **10** ... pripeär...

2 Veinte libras en billetes de cinco libras y diez en billetes de una libra.
3 ¿ Tiene usted cambio ? ¿ Puedo usar mi chequera ?

En correos

4 Quisiera enviar un telegrama. ¿ Cuánto es por palabra ?
5 Necesito unos sellos. ¿ Cuánto vale enviar una postal a Francia ?
6 Quisiera ingresar en caja esta orden de pago.

En el hotel

7 Quisiera una habitación sencilla, por favor. ¿ Sólo le queda una doble ?
8 ¿ Tiene la habitación ducha y servicio ?
9 Si llama alguien mientras estoy fuera, ¿ podrías coger el aviso ?
10 Por favor, prepáreme la cuenta, me voy por la mañana.

NOTES

(**1**) Ya hemos visto las palabras compuestas, y, como usted recordará, dijimos que había que traducir primero la segunda, y luego la primera. A ten-pound note : un billete de diez libras. *A four-star hotel* : un hotel de cuatro estrellas (no hay « s » en el plural porque los adjetivos no la llevan ¿ verdad ?). Una moneda se dice *a coin* [koin], pero también puede decirse *a fifty-pence piece, a ten-pence piece.*

(**2**) *Cash* : dinero en metálico. *Would you prefer a cheque or cash ?* : Prefiere usted un cheque o dinero en metálico ?
To cash : ingresar en caja ; *a cashier* [kashiië] : un cajero, una cajera ; la caja : *cash-desk.*

(**3**) Repare en esta fórmula familiar : *I've only got two cigarettes left* : sólo me quedan dos cigarrillos. *How many do you have left ?* : ¿ cuántos te quedan ?

(**4**) No se usa *someone*, sino *anyone* porque se trata de una interrogación.

Shopping

11 I'm a**fraid** I don't know* my size. Do you have **any**thing **sma**ller?

12 May I try it on? It **does**n't fit very well. It **does**n't suit me. (**5**)

13 I'll think* it **o**ver. It's a **lit**tle too ex**pen**sive. (**6**)
I'll come* back **la**ter.

11 ... sais... smoolë ? — **12** ... sut... — **13** ... ouvë...

EXERCISES

1 Where can I change my **tra**vellers cheques? — **2 Hu**rry up, there are only five **min**utes left. — **3** I have been **wai**ting to be served for a **quar**ter of an **hour**. — **4** We ex**pect** you to pay your own bill. — **5** This **jack**et **does**n't fit very well.

Fill in the missing words:

1 *Si quieres comprarlo, debes decidirte, sólo quedan cinco.*

If you . . . . to buy it you . . . . make . . your . . . . ,
there are only . . . .

2 *Piénselo y llámeme cuando haya tomado una decisión.*

. . . . . It . . . . and . . . . me when you . . . .
your decision.

3 *No te esperaba antes de las dos ¿ has hecho buen viaje ?*

I didn't . . . . . . you . . . . . . two o'clock. Did you have
. . . . ?

11 Me temo que no sé mi talla. ¿ Tiene algo más pequeño ?
12 ¿ Puedo probármelo ? No [me] queda muy bien. No me viene.
13 Lo pensaré. Es un poco caro. Volveré más tarde.

NOTES (continued)

(**5**) *To put something on*: poner o ponerse algo (un disco, un vestido). Aquí tenemos *to try on*: con la idea de probar, probarse. *To try a hat on*: probarse un sombrero.

(**6**) *Think it over*: reflexionar sobre ello, pensarlo. P.T.O. (siglas que aparecen en documentos) : *Please Turn Over*: Por favor, mire el dorso.

EJERCICIOS

1 ¿ Dónde puedo cambiar mis cheques de viaje ? — **2** Dáte prisa, sólo quedan cinco minutos. — **3** He estado esperando que me sirvan durante un cuarto de hora. — **4** Esperamos que pagues tu propia factura. — **5** Esta chaqueta no queda muy bien.

4 *¿ Llamó alguien mientras estuve fuera ?*

Did ...... call ..... I was ... ?

5 *Está yendo a Inglaterra desde hace cuatro años y aún no conoce su talla.*

She has .... to England ... four years and she ..... doesn't know ... size.

Respuestas

1 want - must - up - mind - five left. — **2** Think - over - call/ring/phone - have taken/made. — **3** expect - before - a good trip? — **4** anyone/anybody - while - out. — **5** been coming - for - still - her.

Second wave: 95th Lesson

Hundred and forty-fifth (145th) Lesson

Signs and notices

1 Way in (**Ent**rance) - Way out (**Ex**it) - No ad**mit**tance - **Pri**vate - Ad**miss**ion free - En**qui**ries.
2 No **smo**king - **Spit**ting pro**hib**ited - Do not lean out of the **win**dow. (**1**)
3 **Pub**lic con**ven**iences - Gents - **La**dies - House full. (**2**)
4 The **Man**agement is not res**pon**sible for loss or **dam**age to guests' **pro**perty.
5 **Ear**ly **Clo**sing Day - Closed for lunch - Closed for re**pairs.** (**3**)
6 One-way street - Keep left - **Cul**-de-sac - No **U**-turns.

7 **Some**times, **no**tices are a waste of time. This was George **Ber**nard Shaw's **opi**nion, (**4**) (**5**)

PRONUNCIATION

1 ... entrënss... eksit... ädmitënss... praivët... enkuairiis. — **2** ... pröhibitit ... liin... — **3 ...** poablik kònviiniënssis... dchents — leidis. — **4** ... manidchmënt... damich... guests... — **6** ... köldësak... iu-tërns. — **7** ... ueist... öpiniën.

Lección ciento cuarenta y cinco

Signos y Avisos

1 Entrada — Salida — Se prohibe la entrada — Privado — Entrada libre — Información.
2 No fumar — Se prohibe escupir — No asomarse por la ventana.
3 W.C. públicos — Caballeros — Señoras — Completo (sala de espectáculos).
4 La dirección no se responsabiliza de los objetos de los clientes perdidos o dañados.
5 Cerrado — Cerrado durante la comida — Cerrado por reparaciones.
6 Dirección única — Manténgase a su izquierda — Callejón sin salida — Prohibido girar en dirección contraria.
7 A veces los avisos son una pérdida (desperdicio) de tiempo. Esta era la opinión de George Bernard Shaw,

***

NOTES

(**1**) *To prohibit:* prohibir. *Prohibition:* el periodo entre 1920 y 1933 en los Estados Unidos, cuando se prohibió la venta de alcohol.
Se usa igualmente *to forbid. Betting forbidden:* prohibidas las apuestas.

(**2**) *Convenient:* cómodo. *Conveniences:* comodidades.

(**3**) En Inglaterra todas las tiendas tienen derecho a cerrar una vez por semana por la tarde. Esta jornada se llama *Early Closing Day.*

(**4**) *To waste* [ueist] : devastar, malgastar, desperdiciar. El adjetivo *waste* se aplica a los desechos, como por ejemplo : *waste-ground:* estercolero ; *waste-paper basket:* papelera ; *waste-pipe:* tubo de desagüe. *To waste time:* perder el tiempo.

(**5**) George Bernard Shaw (1856-1950), dramaturgo irlandés famoso por sus declaraciones incisivas y críticas.

8 when he saw* a **fish**monger, out**side** his shop, **try**ing to put* up a **no**tice.

9 On the board was **wri**tten*: FRESH FISH SOLD HERE. — Where can I put* it? There's no room. (**6**)

10 — My good man, your sign is **use**less, said Shaw. — Why? en**quir**ed the **o**ther.

11 — FRESH: Would you sell* stale fish? Shaw de**let**ed the word with a piece of chalk. (**7**)

12 — FISH: one can see* — and smell — **per**fectly well that you do not sell* **ta**ble-cloths. The **sec**ond word was crossed out. (**8**)

13 — SOLD: Since when has a **fish**monger **gi**ven* a**way** his **mer**chandise? (**9**)

14 And this last word is ri**dic**ulous, he said, **put**ting* a line through the word HERE.

15 — It is **ev**ident that you do not sell* your fish else**where.** Good day, sir. (**10**)

8 ... **fish**möngüë... — **9** ... boord... — **10** ... **ius**lëss... in**kuai**ërd... — **11** ... steil... diliitit... chook... — **12** ... **tei**böl-klozs... krost... — **13** ... **mër**chändais ?... — **14** ... lain zru... — **15** ... **ev**idënt... els**ueer**...

***

EXERCISES

1 Whose is this watch? — I think it's hers. — **2** It's a waste of time in**vi**ting him. — **3** He gave a**way** all his **mo**ney and be**came** a priest. — **4** You an**noy** me sir! Take your bad **man**ners else**where**. — **5** If the bread is stale, you can throw it a**way.**

8 cuando vió a un pescadero, delante de su tienda, intentado colocar un aviso.
9 En el tablero estaba escrito: AQUI SE VENDE PESCADO FRESCO. — ¿Dónde puedo ponerlo? No hay sitio.
10 — Buen hombre, su anuncio es inútil, dijo Shaw. — ¿Por qué? preguntó el otro.
11 — FRESCO: ¿Acaso vende usted pescado pasado? Shaw tachó la palabra con un trozo de tiza.
12 — PESCADO: Se puede ver — y oler — perfectamente bien que usted no vende manteles. La segunda palabra fue tachada.
13 — SE VENDE: ¿Desde cuándo regala un pescadero su mercancía?
14 Y esta última palabra es ridícula; dijo, poniendo una raya a lo largo de la palabra AQUI.
15 — Es evidente, que no vende usted su pescado en otra parte. Buen día, señor.

NOTES (continued)

(**6**) *There's no room:* no hay sitio. *Make room, please:* hagan sitio, por favor.

(**7**) *Stale:* viejo, pasado (aplicado a la comida) *Stale bread* pan duro. Un calcetín viejo: *an old sock. Rotten:* podrido.

(**8**) No confundir *clothes,* vestidos (un vestido se dice *a piece of clothing*), con *cloths:* trapos, paños. *Table cloth:* mantel.

(**9**) *To give:* dar; *to give away:* regalar. *He gave all his money away and became a priest:* regaló todo su dinero y se hizo sacerdote.

(**10**) *Fish* puede ser singular o plural. *Five fish:* cinco pescados. *Your fish:* su (tu) pescado, o sus (tus) pescados.

***

EJERCICIOS

1 ¿De quién es este reloj? — Creo que es de ella — **2** Es una pérdida de tiempo invitarle. — **3** Regaló todo su dinero y se hizo cura. — **4** Me molesta usted, señor. Llévese sus malos modales a otra parte. — **5** Si el pan está duro, puedes tirarlo.

Fill in the missing words:

1 *¿ Tenemos que pagar para entrar ? — No, mira : « Entrada libre ».*

.. we .... pay .. go in? No, look: " ....
.... ".

2 *Sus ingresos son muy bajos. — Al menos esa era la opinión de George.*

... . is much too ... — At least, that was
.... opinion.

3 *La Dirección no se hace responsable de la pérdida de los objetos de los clientes.*

The .... is not responsible ... the .... of
.... property.

Hundred and forty-sixth (146th) Lesson

Our last lesson

1 You have reached the last **les**son, but not the end!
2 You can con**gra**tulate your**self** be**cause** the bulk of the work has been com**ple**ted. (**1**)
3 From now on, it will be " plain **sail**ing ". (**2**)

PRONUNCIATION

1 ... riich... — **2** ... kön**gra**tiuleit... bölk... köm**pli**itit. — **3** ... plein... **sei**lin.

4 *Asegúrense de que su texto no tenga palabras inútiles.*

.... that your text .... have any ....

words.

5 *Nada está permitido. Mira: « Prohibido fumar », « No asomarse por la ventana ».*

.... is .... Look: ".. ....", " Do not

.... the window ".

Respuestas

1 Do - have to - to - Admission free. — **2** His/Her income - low - George's. — **3** Management - for - loss - customers'/guests'. — **4** Make sure - doesn't - useless. — **5** Nothing - allowed/permitted - No smoking - lean out of.

Second wave: 96th Lesson

Lección ciento cuarenta y seis

Nuestra última lección

1 Ha llegado usted a la última lección, ¡ pero no es el final !

2 Puede usted felicitarse porque lo principal del trabajo ha sido llevado a cabo.

3 De ahora en adelante, será « coser y cantar ».

NOTES

(**1**) *Bulk*: masa, volumen, granel ; *the bulk of the work*: el grueso, lo principal del trabajo ; *a bulky parcel*: un enorme paquete : *a bulk order*: un pedido al por mayor.

(**2**) *To sail*: navegar a vela (*a sail*: una vela) ; *plain sailing*: indica un trabajo sencillo, sin complicaciones.

4 Of course, you **can**not ex**pect** to speak* like an **En**glishman **af**ter only a few months of **part**-time **stu**dy,
5 but now you know* **some**thing a**bout** the **coun**try and its **cus**toms.
6 If you went to **En**gland now, you could get by **fai**rly **easi**ly.
7 But re**mem**ber the **mo**tto of the " Méthode Assimil ": **dai**ly **prac**tice.
8 So, do not let* this book col**lect** dust at the back of a shelf: (**3**)
9 pick it up from time to time and read* a **pa**ragraph or an **an**ecdote.
10 Re**peat** them out loud, then do the " **sec**ond wave " **les**son; learn the ir**re**gular verbs.
11 In short, keep* in touch! (**4**)
12 By **rea**ding* the **news**papers, **lis**tening to **rec**ords and the **ra**dio, by **ta**king* **ev**ery oppor**tu**nity to speak*,
13 and by not **be**ing a**fraid** of **mak**ing* mis**takes**,
14 you will feel* the **lan**guage and use it **na**turally.
15 We hope you have en**joyed us**ing this **me**thod, and that you will en**joy speak**ing* **En**glish, " **pain**lessly ".

4 ... stadi. -... nau iu nou... — **7** ... deili... — **8** ... dast... — **9** ... parägraaf ... anëkdout. — **10** ... laud... ueiv... — **11** ... tach ! — **12** ... niuspeipërs... reidiou... — **13** ... bii-ën... — **14** ... langüich... nachëreli. — **15** ... iusin... peinlësli.

4 Por supuesto, no puede usted esperar hablar como un inglés tras sólo unos pocos meses de estudio parcial,
5 pero ahora sabe usted algo sobre el país y sus costumbres ;
6 Si fuera usted ahora a Inglaterra, podría desenvolverse bastante fácilmente.
7 Pero recuerde el lema del « Método Assimil » : práctica diaria.
8 Así pues, no deje que el libro se llene de polvo al fondo de la estantería :
9 Cójalo de vez en cuando y lea un párrafo o una anécdota.
10 Repitalos en voz alta, luego haga la lección de la « segunda ola » ; apréndase los verbos irregulares.
11 En una palabra, ¡ manténgase en contacto !
12 Leyendo periódicos, escuchando grabaciones y la radio, aprovechando cualquier ocasión para hablar,
13 y no teniendo miedo de cometer errores,
14 « sentirá » el idioma y lo usará con naturalidad.
15 Esperamos que se haya divertido usando este método, y que se divierta hablando inglés « sin esfuerzo ».

NOTES (continued)

(**3**) *At the back* : al fondo ; *at the front* : delante.

(**4**) *Keep in touch* : mantenerse en contacto.

EXERCISES

1 My **tail**or is still rich. — **2** From now on, you will be **a**ble to speak **En**glish. — **3** The bulk of the work has been com**ple**ted. — **4** Don't be a**fraid** of **ma**king mi**stakes.** — **5** I'm a**fraid** I had to **can**cel the ap**point**ment.

Fill in the missing words:

1 *Si fuera usted a Inglaterra podría desenvolverse bastante fácilmente.*

If you . . . . . . England you . . . . fairly easily.

2 *Leyendo los periódicos y escuchando la radio, podría usted hacer progresos.*

By . . . . the . . . . . . and . . listening . . the radio, you . . . . . . be able to make progress.

3 *Cuando se vaya usted no se olvide de mantenerse en contacto.*

When . . . . don't forget to . . . .

EJERCICIOS

1 Mi sastre todavía es rico. — **2** De ahora en adelante, podrá usted hablar inglés. — **3** Lo principal del trabajo ha sido hecho. — **4** No tema cometer errores. — **5** Me temo que tenga que cancelar la cita.

4 *Permítame felicitarle por su éxito ; ha trabajado usted bien.*

... me .... you on your .... ; you have ....

5 *No permita que este libro se llene de polvo : léalo de vez en cuando.*

Don't ... . book collect ....; read it .... to ....

Respuestas

1 went to - could get by. — **2** reading - (news) papers - by - to - should. — **3** you leave (go) - keep in touch. — **4** Let - congratulate - success - worked well. — **5** let this - dust - from time - time.

Second wave: 97th Lesson

Notes

Principales verbos irregulares

Para cada verbo incluímos el infinitivo, seguido del pasado (pretérito imperfecto) y del participio pasado. En unos casos, estas formas son diferentes : to do, did, done (I do, I did, I have done) ; *a veces dos de ellas son iguales :* to come, came, come (I come, I came, I has come) ; *y finalmente, otras veces, son iguales las tres formas :* to cost, cost, cost (it cost, it cost, it has cost). *Lo importante es que se los grabe usted bien en la memoria repitiéndolos muchas veces : a lo largo de las lecciones, se indican con asterisco todos los verbos irregulares. Así, aprenderá usted primero los verbos irregulares más usuales. Cuando llegue al final del curso, no estará de más que de un vistazo a la lista entera.*

To arise, arose, arisen .... *elevarse.*

To awake, awoke, awakened....... *despertarse.*

To be, was, been .... *ser, estar.*

To bear, bore, borne
(**born** = nacido) .... *llevar, soportar.*

To beat, beat, beaten .... *golpear.*

To become, became, become ...... *llegar a ser, convertirse en.*

To begin, began, begun .... *comenzar.*

To bend, bent, bent .... *plegar, curvar.*

To bid, bade, bid *o* **bidden** .... *pedir, ordenar, expresar.*

To bind, bound, bound .... *atar, amarrar.*

To bite, bit, bitten .... *morder.*

To bleed, bled, bled .... *sangrar.*

To blow, blew, blown .... *soplar.*

To break, broke, broken .... *romper.*

To breed, bred, bred .... *educar, engendrar.*

To bring, brought, brought .... *traer.*

To build, built, built .... *construir.*

To burn, burnt, burnt
o **burned** .... *quemar, arder.*

To burst, burst, burst .... *estallar.*

To buy, bought, bought .... *comprar.*

To catch, caught, caught .... *atrapar.*

To choose, chose, chosen .... *elegir.*

To cling, clung, clung .... *adherirse, aferrarse.*

To come, came, come .... *venir.*

To cost, cost, cost .... *costar.*

To creep, crept, crept .... *arrastrarse,*
reptar.

To cut, cut, cut .... *cortar.*

To deal, dealt, dealt .... *tratar,*
dar (naipes),
ocuparse.

To dig, dug, dug	*cavar.*
To do, did, done	*hacer, cumplir.*
To draw, drew, drawn	*sacar, dibujar.*
To dream, dreamt, dreamt *o* **dreamed**	*soñar.*
To drink, drank, drunk	*beber.*
To drive, drove, driven	*conducir.*
To dwell, dwelt, dwelt	*permanecer, alojarse.*
To eat, ate, eaten	*comer.*
To fall, fell, fallen	*caer.*
To feed, fed, fed	*alimentar(se).*
To feel, felt, felt	*sentir (experimentar).*
To fight, fought, fought	*combatir, luchar.*
To find, found, found	*encontrar.*
To flee, fled, fled	*huir.*
To fling, flung, flung	*arrojar, tirar.*
To fly, flew, flown	*volar.*
To forbid, forbade, forbidden	*prohibir.*
To forget, forgot, forgotten	*olvidar.*
To forgive, forgave, forgiven	*perdonar.*

To freeze, froze, frozen .... *helar, enfríar.*

To get, got, got.................... *obtener, llegar a ser.*

To give, gave, given .... *dar.*

To go, went, gone .... *ir.*

To grind, ground, ground.......... *moler.*

To grow, grew, grown............. *crecer.*

To hang, hung, hung (1) .... *suspender, pender, colgar.*

To have, had, had .... *tener.*

To hear, heard, heard............. *oir.*

To hide, hid, hidden .... *ocultar, ocultarse.*

To hit, hit, hit...................... *golpear, insistir.*

To hold, held, held................ *mantener.*

To hurt, hurt, hurt .... *dañar, hacer mal.*

To keep, kept, kept .... *guardar, conservar.*

To kneel, knelt, knelt.............. *arrodillarse.*

To knit, knit, knit
o **knitted, knitted**...... *tejer.*

To know, knew, known .... *saber, conocer.*

To lay, laid, laid.................. *colocar.*

(**1**) Cuando hablamos de la forma de la ejecución se dice *hanged* (hangd) y no *hung.*

To lead, led, led	*conducir, llevar.*
To lean, leant, leant	*apoyarse, inclinarse.*
To leap, leapt, leapt	*saltar.*
To learn, learnt, learnt	*aprender.*
To leave, left, left	*dejar, abandonar, irse.*
To lend, lent, lent	*prestar.*
To let, let, let	*dejar, permitir, alquilar.*
To lie, lay, lain (2)	*yacer, estar tumbado.*
To light, lit, lit	*encender.*
To lose, lost, lost	*perder.*
To make, made, made	*hacer, fabricar.*
To mean, meant, meant	*significar, querer decir.*
To meet, met, met	*encontrarse, conocer (al alguien).*
To mistake, mistook, mistaken	*confundirse.*
To mow, mowed, mown	*segar.*
To pay, paid, paid	*pagar.*
To put, put, put	*poner.*

(**2**) *To lie,* en el sentido de « mentir », es regular : *he lied, he has lied* (**la**id).

To read, read, read .... *leer.*

To rid, rid, rid .... *deshacerse de, librarse de.*

To ride, rode, ridden .... *cabalgar, montar.*

To ring, rang, rung .... *llamar (a la puerta).*

To rise, rose, risen .... *levantarse.*

To run, ran, run .... *correr.*

To saw, sawed, sawn (3) .... *aserrar.*

To say, said, said .... *decir.*

To see, saw, seen .... *ver.*

To seek, sought, sought .... *buscar.*

To sell, sold, sold .... *vender.*

To send, sent, sent .... *enviar.*

To set, set, set .... *poner, colocar.*

To shake, shook, shaken .... *sacudir.*

To shine, shone, shone .... *brillar.*

To shoot, shot, shot .... *tirar, disparar, fusilar.*

To show, showed, shown .... *mostrar, enseñar.*

To shrink, shrank, shrunk .... *encogerse.*

(**3**) No confundir *I saw:* yo sierro, con *I saw,* pasado de *I see:* yo ví, pues ambos se pronuncian igual.

To shut, shut, shut	*cerrar.*
To sing, sang, sung	*cantar.*
To sink, sank, sunk	*hundirse.*
To sit, sat, sat	*sentarse, estar sentado.*
To sleep, slept, slept	*dormir.*
To slide, slid, slid	*deslizarse.*
To slit, slit, slit	*rajar, hendir.*
To smell, smelt, smelt	*oler.*
To sow, sowed, sown (4)	*sembrar.*
To speak, spoke, spoken	*hablar.*
To spell, spelt, spelt (5)	*deletrear.*
To spend, spent, spent	*gastar.*
To spill, spilt, spilt (6)	*derramar, esparcir.*
To spin, spun, spun	*hilar, girar, hacer girar.*
To spit, spat, spit	*escupir.*
To split, split, split	*hendir, dividir, partir.*

(**4**) No confundir con *to sew,* coser, que se pronuncia « soou » (puede ser regular : *sew, sewed, sewed,* aunque es más frecuente que el participio pasado se convierta en *sewn*).

(**5**) Se dice también, *spelled.*

(**6**) O también: *spilled, spilled.*

To spread, spread, spread	*extender, propagar.*
To spring, sprang, sprung	*saltar, surgir.*
To stand, stood, stood	*estar de pie, mantenerse.*
To steal, stole, stolen	*robar.*
To stick, stuck, stuck	*clavar, encajar.*
To sting, stung, stung	*picar (un insecto).*
To stink, stank, stunk	*apestar.*
To strike, struck, struck	*golpear.*
To swear, swore, sworn	*jurar.*
To sweep, swept, swept	*barrer.*
To swell, swelled, swollen	*inflar, hinchar.*
To swin, swam, swum	*nadar.*
To swing, swung, swung	*balancear, columpiar.*
To take, took, taken	*coger, tomar.*
To teach, taught, taught	*enseñar.*
To tear, tore, torn	*rasgar.*
To tell, told, told	*decir.*
To think, thought, thought	*pensar.*
To throw, threw, thrown	*lanzar, tirar.*
To tread, trod, trodden	*pisar, andar sobre.*

To understand, understood, understood .... *entender.*

To upset, upset, upset .... *volcar.*

To wake, woke, woke (7) .... *despertar.*

To wear, wore, worn .... *llevar puesto.*

To weep, wept, wept .... *llorar.*

To win, won, won .... *ganar.*

To write, wrote, written .... *escribir.*

***

(7) O también : *woke, woken.*

Aubin Imprimeur

LIGUGÉ, POITIERS

Achevé d'imprimer en juin 2006
N° d'édition 2436 / N° d'impression P 70075
Dépôt légal, juin 2006
Imprimé en France

Reliure : BRUN à Malesherbes